Vallum Hadrianum
Hibernia
BRITANNIA
Londinium
Oceanus
Germanicus
Oceanus
Atlanticus
Albis
Suebi
Rhenus
GERMANIA
Germ. inf.
Colonia Agr.
Belgica
Limes
Mosella
Mogontiacum
Lutetia
Sequana
Augusta Trev.
Germ. sup.
Limes
Cenabum
Augusta Vindel.
Castra Regina
Liger
Danuvius
GALLIA
Vesontio
Raetia
Vindobo
Augusta Raur.
Lugdunum
Noricum
Dravus
Burdigala
Garumna
Rhodanus
Gallia cisalpina
Aquileia
Pannonia
Aquitania
Narbonensis
Mediolanum
Savus
ILLYR
Narbo
Aquae Sextiae
Padus
Genua
Ravenna
Dalmatia
Durius
Hiberus
Massilia
Tagus
HISPANIA
Tarraco
Mare Adriaticum
Toletum
Corsica
Tiberis
Roma
ITALIA
Corduba
Anas
Saguntum
Baetica
Baetis
Mare
Pompeii
Brunc
Gades
Baleares
Sardinia
Neapolis
Tarentum
Nova Carthago
Mare
Tyrrhenum
Ma
Panormus
Ionic
Mauretania
Sicilia
Carthago
Agrigentum
Syracusae
Numidia
Zama
Thapsus
Inte
AFRICA
Syrtis minor
Syrtis ma
Africa proconsularis
Imperium Romanum
Römisches Gebiet 264 v. Chr.
Größte Ausdehnung des Römischen Reiches unter Trajan 98-117 n. Chr.
Vorübergehend abhängige Gebiete
0
1000 km

SARMATIA
Borysthenes
Tyras
Tanais
Mare
Caspium
Colchis
Dacia
Hister
Pontus Euxinus
Cyrus
Moesia
Thracia
Pontus
Armenia
Bithynia
Byzantium
Macedonia
Nicomedia
Ancyra
ASIA
Halys
Mare
Pergamum
Lydia
REGNUM
PARTHORUM
Mesopotamia
Tigris
Athenae
Ephesus
Samus
Miletus
Tarsus
Corinthus
Delus
Caria
Cilicia
Antiochia
Euphrates
Sparta
Halicarnassus
Lycia
Syria
Ctesiphon
Aegaeum
Rhodus
Cyprus
Palmyra
Creta
Phoenicia
Sidon
Damascus
Babylon
Tyrus
Babylonia
Galilaea
Nazareth
Iudaea
Hierosolyma
Pharus
Bethlehem
Alexandria
ARABIA
Naucratis
Arabia
Memphis
Aegyptus
Nilus
Sinus
Arabicus

BELGICA
RAETIA
NORICUM
ALPES MONTES
PANNONIA
ILLYRICUM
DALMATIA
Spalatum
Salonae
Tridentum
Aquileia
Comum
GALLIA TRANSPADANA
VENETIA
Via Postumia
Mediolanum
Verona
Patavium
Vercellae
Padus
Cremona
Mantua
Atria
Placentia
LIGURIA
GALLIA
Parma
CISPADANA
Pola
Mutina
Ravenna
Genua
Via Aurelia
Bononia
Via Aemilia
Rubico
APPENNINI MONTES
Luca
Ariminum
Florentia
UMBRIA
Pisae
Arnus
Arretium
Ancona
ETRURIA
Tiberis
PICENUM
L. Trasimenus
Ilva
Perusia
Asculum
Clusium
Via Flamina
Volsinii
Hadria
Reate
CORSICA
Tarquinii
Veii
Caere
Corfinium
Alalia
Roma
Praeneste
SAMNIUM
Ostia
LATIUM
APULIA
Luceria
Antium
Cannae
Olbia
Tarracina
Formiae
Via Traiana
Brundisium
Vesuvius
Via Appia
CAMPANIA
Venusia
Capreae
Tarentum
Siris
SARDINIA
Paestum
LUCANIA
CALABRIA
Heraclea
Mare
Sulci
Thurii
Via Popilia
Tyrrhenum
Carales
Croton
INSULAE LIPARAEAE
BRUTTIUM
Mare Adriaticum
Mare Ionium
Locri
Mare
Panormus
Rhegium
Drepanum
Messana
Via Valeria
AEGATES
Aetna
Tauromenium
Lilybaeum
SICILIA
Catana
Selinus
Utica
Agrigentum
Mare Africum
Syracusae
Carthago
Clupea
Tunes
NUMIDIA
Zama
1 Capua
2 Cumae
3 Misenum
4 Puteoli
5 Neapolis
6 Pompeii
7 Nola
8 Beneventum
0
200
400 km
Veii
Tiberis
Fidenae
Allia
Roma
Ostia

Der Limes
Germanien und die Donauprovinzen
Legionslager
Kastell
Stadt
Lugduno (Leiden)
Batavi
Noviomagus (Nimwegen)
Vetera (Xanten)
GERMANIA INFERIOR
Ubii
Novaesium (Neuss)
Colonia Agrippinensis (Köln)
Aduatuca (Tongern)
Aquae (Aachen)
Bonna (Bonn)
Mosa (Maas)
Tungri
Confluentes (Koblenz)
Rhenus (Rhein)
Limes
Bructeri
Amisia (Ems)
Lupia (Lippe)
Marsi
Cherusci
Visurgis (Weser)
Chatti
Hermunduri
Marcomanni
Moenus (Main)
Treveri
Bingium (Bingen)
Mogontiacum (Mainz)
Augusta Treverorum (Trier)
Lopodunum (Ladenburg)
Borbetomagus (Worms)
Noviomagus (Speyer)
Mediomatrici
GERMANIA SUPERIOR
Aquae (Baden-Baden)
BELGICA
Argentorate (Straßburg)
Suebi
Sumelocenna (Rottenburg)
Nicer (Neckar)
Danuvius (Donau)
Mosella (Mosel)
Castra Regina (Regensburg)
Castra Batavia
Augusta Vindelicum (Augsburg)
RAETIA
Lingones
Cambodunum (Kempten)
Lacus Venetus (Bodensee)
Bedaium
Ponsaeni (Rosenheim)
Brigantium (Bregenz)
Arbor Felix (Arbon)
Augusta Raurica (Kaiseraugst)
Vindonissa (Windisch)
Turicum (Zürich)
Helvetii
Clunia (Feldkirch)
Teriolis (Zirl)
Aenus (Inn)
NORICUM
0
100 km

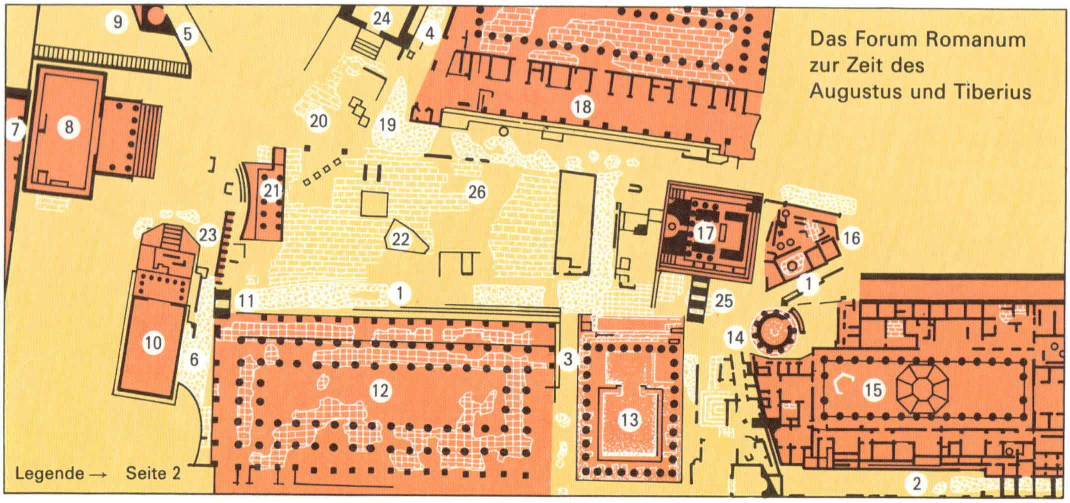
Das Forum Romanum
zur Zeit des
Augustus und Tiberius
1
2
3
4
5
6
7
8
9
10
11
12
13
14
15
16
17
18
19
20
21
22
23
24
25
26
Legende → Seite 2

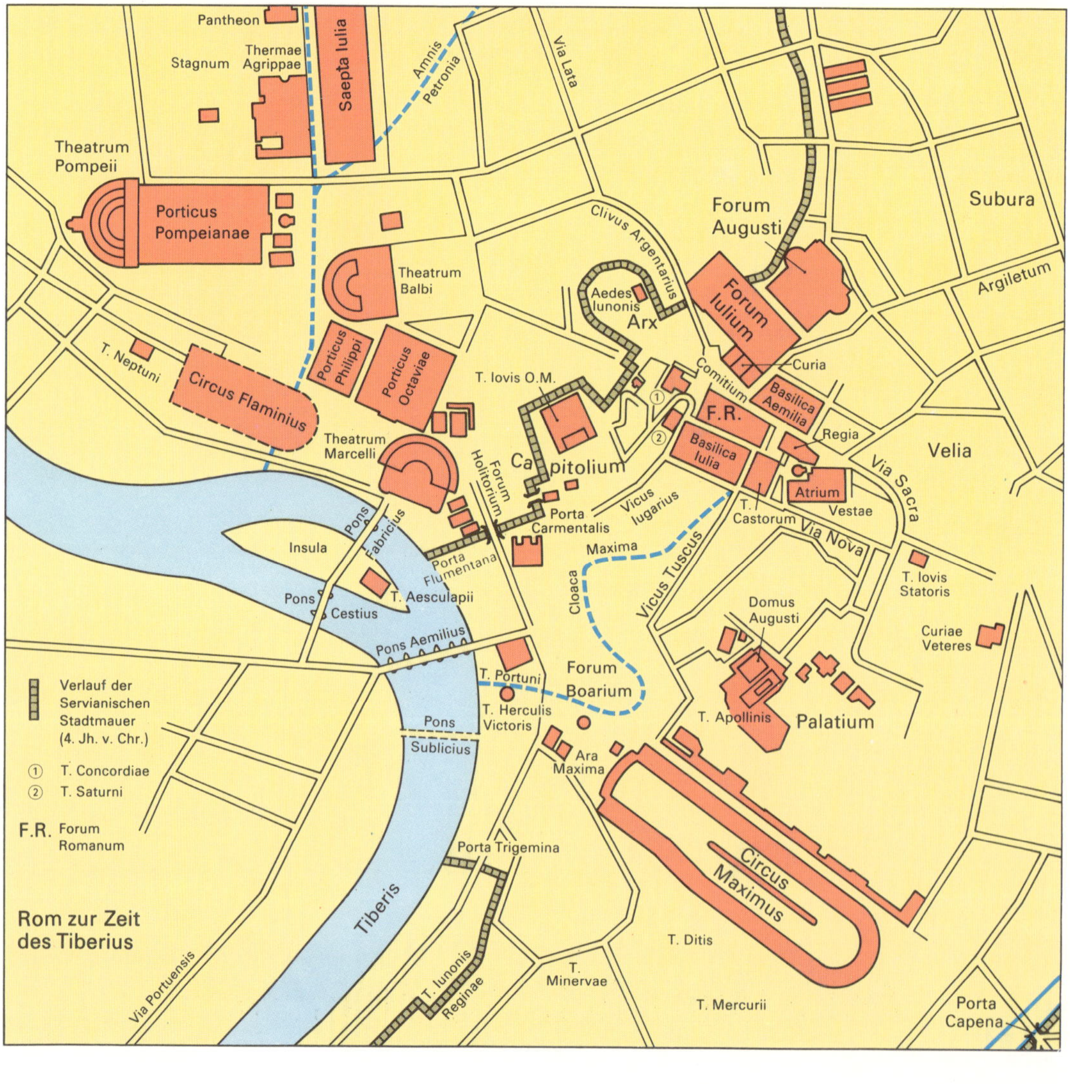
Pantheon
Stagnum
Thermae
Agrippae
Saepta Iulia
Amnis
Petronia
Via Lata
Theatrum
Pompeii
Porticus
Pompeianae
Theatrum
Balbi
Forum
Augusti
Subura
Clivus Argentarius
Aedes
Iunonis
Arx
Forum
Iulium
Argiletum
T. Neptuni
Circus Flaminius
Porticus
Philippi
Porticus
Octaviae
T. Iovis O.M.
Comitium
Curia
Basilica
Aemilia
F.R.
Regia
Theatrum
Marcelli
Forum
Holitorium
Capitolium
Basilica
Iulia
Via Sacra
Velia
Atrium
Vestae
Vicus
Iugarius
T.
Castorum
Via Nova
Pons
Fabricius
Porta
Carmentalis
Insula
Porta
Flumentana
Maxima
Cloaca
Vicus Tuscus
T. Iovis
Statoris
Pons
Cestius
T. Aesculapii
Domus
Augusti
Curiae
Veteres
Pons Aemilius
Forum
Boarium
T. Portuni
T. Herculis
Victoris
T. Apollinis
Palatium
Pons
Sublicius
Ara
Maxima
Verlauf der
Servianischen
Stadtmauer
(4. Jh. v. Chr.)
① T. Concordiae
② T. Saturni
F.R. Forum
Romanum
Porta Trigemina
Circus
Maximus
Tiberis
Rom zur Zeit
des Tiberius
T. Ditis
Via Portuensis
T. Iunonis
Reginae
T.
Minervae
T. Mercurii
Porta
Capena

OSTIA

Lateinisches Unterrichtswerk

Band 1

Walter Siewert
Werner Straube
Klaus Weddigen

Ernst Klett Schulbuchverlag

OSTIA

Lateinisches Unterrichtswerk in zwei Bänden

Band I

Band I wurde erarbeitet von
Walter Siewert, Neunkirchen/Saar
Werner Straube, Eberbach
Klaus Weddigen, Herford

Mitarbeit: Alfons Zimmer, Damme

Beratende Mitarbeit:
Dr. Caelestis Eichenseer, Saarbrücken
Dr. Zeno Stirnimann, Beromünster

Historisch-archäologische Mitarbeit:
Dr. Angela Steinmeyer, Stuttgart

Unter Mitarbeit und Leitung
der Verlagsredaktion Alte Sprachen,
Mitarbeit an diesem Buch:
Dr. Helmut Schareika, Verlagsredakteur

1. Auflage 1 9 8 7 6 | 1993 92 91

Alle Drucke dieser Auflage können im Unterricht nebeneinander benutzt werden, sie sind untereinander unverändert. Die letzte Zahl bezeichnet das Jahr dieses Druckes.

Einbandgestaltung: M. Muraro
Typographie: R. Schwob, Leinfelden
Zeichnungen und Karten: R. Hungreder, Leinfelden; J. Krüger, Stuttgart
Satz: Setzerei Lihs, Ludwigsburg
Druck: KLETT DRUCK H.S. GmbH, Korb
ISBN 3-12-617100-1 (kartoniert)
ISBN 3-12-617200-8 (Linson)

Legende zur Karte „Forum Romanum"

① – ⑥ Straßen:
① **Via Sacra**
② **Nova Via**
③ **Vicus Tuscus**
④ **Argiletum**
⑤ **Clivus Argentarius**
⑥ **Vicus Iugarius**
⑦ **Tabularium**: Das Staatsarchiv, 78 v. Chr.
⑧ **Templum Concordiae**
⑨ **Carcer Mamertinus**: Das römische Staatsgefängnis
⑩ **Templum Saturni**: Eine der heiligsten Stätten des Forums, geht bis ins 7. Jh. v. Chr. zurück
⑪ **Arcus Tiberii**: Bogen des Tiberius
⑫ **Basilica Iulia**: Von Caesar erbaut, Gerichtssitz
⑬ **Templum Castorum (Castoris et Pollucis)**: Nach der Überlieferung 484 v. Chr. errichtet, öfter erneuert, zuletzt von Tiberius
⑭ **Aedes Vestae**: Der Vesta-Tempel, das heiligste Gebäude Roms
⑮ **Atrium Vestae**: Das Haus der Vestalinnen
⑯ **Regia**: Haus des Oberpriesters, des *Rex Sacrorum*, Anfänge wohl aus der Anfangszeit der Republik
⑰ **Templum Caesaris**: Von Augustus für den zum Gott erhobenen Caesar errichtet
⑱ **Basilica Aemilia**: 179 v. Chr. erbaut, Haupthandelszentrum Roms
⑲ **Comitium**: Restfläche des ursprünglich eigenen Platzes für die Volksversammlungen
⑳ **Lapis Niger**: Schwarzer Stein, rätselhaftes Denkmal am Rand des Forums aus dem 6. Jh. v. Chr.
㉑ **Rostra**: Rednertribüne bei Zeremonien und anderen öffentlichen Anlässen; die neue Rostra wurde von Caesar erbaut
㉒ **Lacus Curtius**: Brunnenartige Öffnung, sagenhafter Ort der Geschichte Roms
㉓ **Miliarium Aureum**: Goldener Meilenstein, bronzeverkleidete Säule, von Augustus errichtet, auf der die Entfernungen zu allen größeren Städten des Reiches verzeichnet waren
㉔ **Curia**: Die Curia Iulia, von Caesar 52 v. Chr. anstelle der abgebrannten Curia Hostilia errichtet, Sitz des römischen Senats
㉕ **Arcus Augusti**: Bogen des Augustus
㉖ der Forumsplatz

Bildnachweis
11, 12, 69, 73, 84, 101 (2), 116, 296 (1), 297 (1): Verlagsarchiv / 14 (1), 25, 47 (1), 68, 86 (1), 95 (1), 110, 118 (2) nach: Tutto su Roma antica (Florenz 1963) / 26, 35, 37 (1), 47 (1), 58, 66, 94 (1): nach Bianchi-Bandinelli, Rom, Zentrum der Macht (München 1970) / 36: Ausstellungskatalog „Pompeji", Essen 1971 / 37 (1), 38 (1), 61, 62 (1), 67, 86 (1), 130 (1), 140: Leonard von Matt / 37 (1), 38 (1) nach: Carpiceci, Pompeii (Florenz 1977) / 45: Bayrischer Schulbuchverlag / 123 nach: P. Conolly, Pompeji / 49 nach: P. Connolly, Die röm. Armee / 50, 51 (1), 75, 82, 83 (2), 87: SCALA Florenz / 55: Nationalmuseum Kopenhagen / 59, 144: K. Weddigen / 93: Deutsches Museum München / 102: Rhein. Landesmuseum Trier / 105: W. Siewert / 111 nach: Horrenda, A Latin Reader, Slough [3] 1966 / 117 nach: Pleticha/Schönberger, Die Römer / 125 (6): Staatl. Landesbildstelle Saarland / 137 (o), 138 (o) nach: Coarelli, Rom (Freiburg 1975) / 131 (2) nach: Ecce Romani 1, Edinburgh 1982 / 13, 38 (1), 42, 48 (1), 62 (1), 99, 132 (1), 143, (1), 295 (2), 296 (2), 297 (1), 298 (1), 299 (3): nicht ermittelt / 14 (1), 17 (2), 19, 20, 21, 30, 37 (1), 38 (1), 43, 44 (3), 62 (1), 74, 77, 83 (1), 92, 94 (3), 95 (1), 101 (1), 104, 108 (7), 109 (7), 118 (1), 121 (2), 122, 130 (1), 131 (1), 132 (5), 137, 138 (2), 139, 141, 142, 143 (1), 147: Bildarchiv A. Steinmeyer, Stuttgart / 37 (1), 48 (1), 51 (1), 56, 79: F. Thiersch (1880) / 31: Gyldendal, Kopenhagen / 16: DAI Rom

Das Umschlagbild zeigt eine **Wanddekoration** 2. pompejanischen Stils (ca. 30 v. Chr.) aus der **Villa von Oplontis** (Torre Annunziata) in der Nähe Pompejis; die Villa wurde wie Pompeji beim Vesuvausbruch verschüttet und erst vor wenigen Jahren wieder entdeckt und ausgegraben.
Foto: Bernard Andreae, Rom

Die Quellenangaben mit „nach“ bedeuten eine ganz unterschiedliche Affinität zum angegebenen Fundort; teils sind Motive übernommen, teils sind die Texte nur wenig verändert.

XIX Lectio undevicesima

XX Lectio vicesima

Zur Information

Cursus grammaticus 147

Vocabularia

Verzeichnis der Eigennamen 295

Register

Karten

A-Texte: führen in den neuen Grammatikstoff ein und enthalten Lernvokabeln. Meist führt Dich der Sinn der Texte zum Verständnis des neuen Stoffes.

B-Texte: enthalten ebenfalls Lernvokabeln; hier werden die neuen Sprachkenntnisse angewandt, Du lernst zunehmend besser, lateinische Texte in ihrem Sinn zu erfassen.

C-Texte: gehören **nicht** zum **Pflichtstoff**; alle unbekannten Wörter werden direkt am Text erklärt. Hier erfährst Du noch mehr über interessante und eigentümliche Seiten der römischen Welt.

Abkürzungen

L	Lectio, Lektion, Lesestück
PE	Pensa exercitanda
CG	Cursus grammaticus
→	siehe, vgl.
Abl.	Ablativ
Abl. abs.	Ablativus absolutus
AcI	Akkusativ mit Infinitiv
Adj.	Adjektiv
Adv.	Adverb
adv. Best.	adverbiale Bestimmung
Akk.	Akkusativ
Akt.	Aktiv
Dat.	Dativ
Dekl.	Deklination
Gen.	Genitiv
Imp.	Imperativ
Impf.	Imperfekt
Ind.	Indikativ
Inf.	Infinitiv
KNG	Kasus-Numerus-Genus (-Kongruenz)
Konj.	Konjunktion
kons.	konsonantisch
f.	femininum
Fem.	Femininum
m.	masculinum
Mask.	Maskulinum
med.	medial
n.	neutrum
Ntr.	Neutrum
Obj.	Objekt

P.	Person
Part.	Partizip
Part. coni.	Participium coniunctum
Pass.	Passiv
Pf.	Perfekt
Pl.	Plural/Pluralwort
Plpf.	Plusquamperfekt
PVP	Partizip Vorzeitigkeit Passiv
Präd.	Prädikativum
Präs.	Präsens
Pron.	Pronomen
Sg.	Singular
Subj.	Subjekt
Subst.	Substantiv
Vok.	Vokativ
*	*vor einem einzelnen Wort oder einer Wortform:* das Wort kommt in der angegebenen Form nicht vor, sondern ist nur wissenschaftlich erschlossen
Ü (im CG)	Übersetzungshilfe

In den Pensa exercitanda

	Übung ins Heft übertragen bzw. im Heft lösen
E	Einsetzübung
F	Formenlehre
K	kombinatorische Übung
S	Satzlehre

T	Texterschließung/Interpretation
W	Wortkunde/Wortbildung/Wortschatz
Wh	Wiederholung
Z	Zusammenfassung
DL	deutsch-lateinische Übersetzung

Im Vokabular

Stichwort halbfett:
Diese Wörter mußt Du lernen!
*Stichwort mit Sternchen:
Diese Wörter sind nur zu lernen, wenn Dein Lehrer es angibt.
Stichwort im Normaldruck:
Diese Stichwörter sind in der Regel nicht zu lernen.

‚. . . .'	Lehnwort
⟨. . . .⟩	urverwandtes Wort
E	Englisch
F	Französisch
D	Deutsch
L	Latein
?	Bedeutung kann erschlossen werden
St	Stamm
<	entstanden aus
>	wird zu
≈	entspricht
(griech.)	Fremdwort aus dem Griechischen

Im übrigen werden gegebenenfalls gängige Abkürzungen verwendet.

Die **Begleitgrammatik (Cursus grammaticus)** dieses Buches folgt der systematischen Darstellung der Grammatik in den einzelnen Lektionen.

Die *kleingedruckten* Abschnitte sind kein eigentlicher Lernstoff, sie bringen zusätzliche Informationen oder dienen der Vertiefung, manchmal enthalten sie auch Wiederholungen oder Dir schon Bekanntes.

In der *Randspalte* findest Du die Begriffe, die Du lernen mußt, und das, was Du Dir an Formen und Funktionen von Wörtern und Satzgliedern fest einprägen mußt; außerdem wird manches, was im Text dargestellt wird, grafisch veranschaulicht.

Am Ende des Buches findest Du die *„Erklärung einiger grammatischer Begriffe"* (S. 301) und ein *Register*, das Dir beim Aufsuchen eines bestimmten Lernstoffes hilft (S. 300–301). Die gesamten *Wortformen*, die Du in diesem Buch lernst, sind schließlich auf den Seiten 302–303 in Tabellen übersichtlich zusammengefaßt; in diesen Tabellen wird auch auf die entsprechenden Abschnitte in der Begleitgrammatik verwiesen.

Die Welt der Römer und der lateinischen Sprache

ŌSTIA – *Zugänge, Eingänge* – heißt das Buch, das vor Dir liegt. Es soll Dir den Zugang zu einer vergangenen, fernen Welt eröffnen, die noch auf vielerlei Weise in unsere heutige Welt hineinwirkt. Nicht zuletzt tut sie das durch ihre Sprache, das Lateinische, die Du mit diesem Buch zu erlernen beginnst.

ōstium*): Tür, Eingang, Zugang

Die lateinische Sprache – lingua Latīna – war die Verkehrssprache des Römischen Reiches (Impĕrium Rōmānum), das vor ungefähr 2000 Jahren fast die gesamte um das Mittelmeer liegende Welt umfaßte, bis es ungefähr 500 Jahre später zerfiel. Zur Zeit seiner größten Ausdehnung reichte es vom Atlantischen Ozean (Ōcĕanus Atlanticus) im Westen, Britannien (Britannia) und Germanien (Germānia) im Norden bis nach Judäa (Iūdaea) und Syrien (Sўria) im Osten und Ägypten (Aegyptus), Libyen (Lĭbўa) und Mauretanien (Mauretānia) im Süden. Die Hauptstadt dieses Reiches, Rōma, führt ihre sagenhafte Gründung durch die Zwillinge Rōmulus und Rĕmus auf das Jahr 753 v. Chr. zurück.

lingua Latīna
Imperium Rōmānum
Germānia
Rōma
Rōmulus, Rĕmus

Sprache wird von Menschen gesprochen. Deshalb sollst Du in diesem Buch Menschen kennenlernen, wie sie damals gelebt haben. Wenn sie auch so, wie sie in diesem Buch auftreten, erfunden sind, kommen ihre Namen doch in der römischen Literatur, auf Inschriften, Wandkritzeleien oder sonstwie vor. Es sind Namen von Personen, die ungefähr zu der Zeit an den Orten, wo sie im Buch erscheinen, gelebt haben. Vielleicht erinnerst Du Dich später einmal z. B. an den Namen C. Cuspius Pānsa, wenn Du nach Pompeji kommst und sein Haus besuchst.

Im Mittelpunkt unserer Texte steht eine römische Familie (familia Rōmāna), die familia Pompōnia. Zu ihr gehören:

familia Rōmāna

Mārcus Pompōnius Mārcellus als Vater und Familienoberhaupt („păter familiās“, wörtlich: „Vater der Hausgemeinschaft“);
Aurēlia als Mutter; sie ist die māter familiās. Ihr offizieller Name ist – wie bei den Römern üblich – nur die weibliche Form des Namens der Familie, aus der sie gebürtig ist; sie hat einen Bruder Aulus Aurēlius Flaccus, den Du auch kennenlernen wirst;
Domitilla (11 Jahre) und Tertia (8 Jahre) als Töchter (fīliae);
Pūblius (14 Jahre) und Lūcius (7 Jahre) als Söhne (fīliī).
Zu einer familia Rōmāna gehören aber auch die in Haus und Hof, auf Feld und Weiden Beschäftigten: Sklaven (servī) und Freigelassene (lībertī), d. h. ehemalige Sklaven. Bei der familia Pompōnia sind das u. a.:
Selēnus, der Verwalter (vīlicus) des Landgutes (vīlla rūstica); er ist von Geburt Grieche und seit längerem lībertus; nach seinem Herren kann er sich M. Pompōnius Selēnus nennen;
Dāvus, Sўrus, Flāvus als Sklaven (servī) und als solche vorwiegend Landarbeiter;

fīliae
fīliī
servī, lībertī
vīlicus
vīlla rūstica

*) ¯ über einem Vokal heißt, daß er lang zu sprechen ist, sonst kurz. In manchen Fällen bezeichnet ein ˘ ausdrücklich die Kürze eines Vokals.

servae — Lȳdia, Corinthia, Āfra und Apollōnia als Sklavinnen (servae) und Arbeiterinnen in Haus und Hof.
Außerdem besitzt M. Pompōnius Mārcellus noch eine große Zahl weiterer Sklaven und Sklavinnen, die auf seinem Gut arbeiten.
Schließlich treten noch Lampriscus und Pŏlȳbĭus auf. Auch diese beiden sind Griechen und Sklaven.
Lampriscus ist der Lehrer (magister) für die jüngeren Kinder; an seinem Unterricht (lūdus) nehmen jedoch auch einige Nachbarskinder teil. (lūdus)
Polybius hat zwei Aufgaben: Er ist der Privatlehrer für Pūblius auf der höheren Schulstufe, also grammaticus, und gleichzeitig paedagōgus der Söhne der Pompōniī; der paedagōgus hatte die Aufgabe, die Söhne seines Herrn überallhin zu begleiten. (grammaticus, paedagōgus)
Daß sich die Pompōniī Hauslehrer leisteten, war nichts Außergewöhnliches. Diese Hauslehrer waren auch Sklaven (oder Freigelassene) – und natürlich teurer als ein einfacher Landarbeitersklave. Deswegen schlossen sich oft mehrere Eltern zusammen, um gemeinsam für einen Lehrersklaven aufzukommen (→ Kap. Die römische Erziehung).

Das ist die familia Pompōnia, und Du erkennst gleich den Unterschied zu einer heutigen Familie, die nur Eltern und Kinder umfaßt. Aber auch in anderen Dingen war manches anders:
dominus — Der dominus (wörtl. der „Haus"herr) war im wahrsten Sinne der Herr der familia, ihr Oberhaupt mit Weisungsgewalt über alle ihre Mitglieder.
domina — Seine Frau, die domina, die Herrin, genoß ebenfalls großes Ansehen und gebot über den weiblichen Teil der Sklavenschaft, doch auch sie unterstand in strenger Ordnung dem Familienoberhaupt. Für ihre Kinder hatten die Römer merkwürdigerweise den Begriff „līberī" („Freie") geprägt, wohl im Gegensatz zu dem unfreien Teil der familia, den Sklaven. (līberī)

Diese Sklaven – servī –: Wie mögen sie gelebt haben?
Menschen, die wie eine Ware auf Märkten gehandelt werden konnten und gehandelt wurden? Im ersten Jahrhundert nach Christus waren wohl die meisten Herren zu ihren Sklaven menschlich oder „human". Aber das war eine freiwillige Sache – Rechte besaß ein Sklave nicht. Deshalb war es die große Hoffnung eines jeden von ihnen, eines Tages freigelassen zu werden. Dann war man ein lībertus (oder eine līberta), also ein Freigelassener (bzw. eine Freigelassene). Natürlich stand man als lībertus immer noch ganz unten in der Gesellschaft, doch mit dem zusammengesparten pecūlium (so hieß das Spargeld des Sklaven) konnte man sich immerhin eine eigene Existenz aufbauen, als Handwerker, Imbißverkäufer, Schulmeister u. a. m., und oft gab der ehemalige dominus, der Herr, sogar noch ein kleines Startkapital hinzu. Die Sklavenmassen auf den Feldern, in Bergwerken usw. hatten allerdings so gut wie nie die Chance, ihr Schicksal zu verbessern. (lībertus, līberta; pecūlium)

Die Stadt, in der (genauer: bei der) unsere familia gewohnt hat, kannst Du heute noch besichtigen: Es ist Pompeji (Pompēiī) am Fuße des Berges Vesuv (mōns Vesūvius). (Vesuvius)

In dieser Stadt wohnten, wie überall, arme und reiche Leute. Die **familia Pompōnia** gehörte zu den Wohlhabenden, **Mārcus Pompōnius Mārcellus** zählte zum sog. *Ritterstand* (→ S. 115). Sein ausgedehntes Landgut, genannt „das **Pompēiānum**", ließ er von **Selēnus** bewirtschaften. Vorwiegend wurden Getreide (**frūmentum**), Wein (**vīnum**) und Oliven (**olīvae**) erzeugt. **Pompōnius** selbst hatte meist andere Geschäfte als Advokat und Mitglied des Gemeinderates von Pompeji.
Unsere **familia Pompōnia** lebte zur Zeit des Kaisers **Tĭbĕrius**, der von 14 bis 37 n. Chr. herrschte. Du weißt sicher, daß die Stadt Pompeji noch in dem Jahrhundert, in dem „unsere" **familia** in ihr wohnte, von einem gewaltigen Ausbruch des Vesuvs verschüttet und vernichtet worden ist (79 n. Chr.).

Pompēiān**um**
frūmen**tum**
vīn**um**, olīv**ae**

Im Innern des großen **Impĕrium Rōmānum** herrschte zur Zeit des **Tiberius** weitgehend Frieden; die Weite des Reiches ermöglichte einen ausgedehnten Handel. Sicher waren die Römer damals nicht nur froh über diesen Zustand, sondern auch stolz darauf, einem Volk anzugehören, das der „Welt" diese politischen und wirtschaftlichen Verhältnisse gegeben hatte. Auch **Mārcus Pompōnius Mārcellus** war davon überzeugt, daß es die Götter gewesen waren, die den Römern den geschichtlichen Auftrag gegeben hatten, die Welt zu „befrieden": „**pācāre**" war das lateinische Schlagwort dafür.
Freilich – viele „befriedete" Völker übersetzten **pācāre** eher mit „unterwerfen"; schließlich diente das **pācāre** nicht zuletzt zur Beschaffung von Arbeitskräften – von Sklaven. So kam es oft zu Unruhen an den Grenzen des Reiches, aber die erreichten die mittelgroße Landstadt Pompeji nicht: Hier konnte man weitgehend ungestört sein Leben verbringen – wenn nicht gerade der Vesuv ausbrach.

pācā**re** befried**en**

Von der **familia Pompōnia** also und von anderen Leuten, von der Umwelt, dem Glauben und den Erfahrungen der damaligen Menschen handeln die Lektionen dieses Buches – aber nicht nur: die Arbeit mit diesem Buch soll für Dich möglichst abwechslungsreich sein. Vieles wird Dir – zumindest am Anfang – fremdartig vorkommen: Das soll es auch. Gerade dieses Fremdartige wird Dir die Welt und damit die Sprache, die Du von nun an kennenlernst, auch interessant machen.

Die lateinische Sprache

Der Entschluß, Latein zu lernen, ist nicht gleichzusetzen mit dem Entschluß, ein beliebiges anderes Schulfach zu betreiben. Du hast es hier mit einer besonderen Sprache zu tun, allein schon deshalb, weil sie von keinem lebenden Volk mehr gesprochen wird. Dein Lehrer, dieses Buch und später Grammatik und Lexikon ersetzen Dir den Gesprächspartner, den Du in Deiner Muttersprache oder in einer modernen Fremdsprache immer nach dem richtigen Wort oder der richtigen Ausdrucksweise fragen kannst.

Es muß also eine besondere Sprache sein, wenn man sie noch heute an so vielen Schulen in Europa, in Amerika und anderswo in der Welt lehrt und lernt.
Wenn Du eine Karte betrachtest, auf der das Römische Reich (Impĕrium Rōmānum) abgebildet ist, mag Dir ein Grund klar werden: Alle darauf verzeichneten Völker haben lange unter römischer Herrschaft gelebt; bei ihnen haben sich Sprachen herausgebildet, die aus dem Lateinischen abgeleitet sind. Aber nicht nur diese „romanischen" Sprachen (Französisch, Italienisch, Spanisch, Portugiesisch, Rumänisch und einige andere) zeigen ihre Herkunft aus dem Lateinischen, auch andere, wie z. B. Englisch, haben einen wichtigen Teil ihres Wortbestandes aus der lateinischen Sprache abgeleitet.
Auch unsere Muttersprache. Über die räumlichen und zeitlichen Grenzen des Römischen Reiches hinaus hat das Latein nämlich einen noch viel größeren Einfluß gehabt, und zwar anfänglich durch die Kirche und ihre Klosterschulen, deren Sprache das Latein war und z. T. heute noch ist; später durch die Gelehrten: Noch vor wenigen hundert Jahren sprachen diese in ganz Europa wie selbstverständlich Latein und konnten sich so über alle europäischen Grenzen hinweg verständigen.
Einige Beispiele von Wörtern sollen Dir das Gesagte verdeutlichen.

Lehnwörter

1. Wörter aus der Zeit, als Teile Germaniens zum Römischen Reich gehörten:
Kaufmann (caupō), *Markt* (mercātus), *Speicher* (spīcārium), *Kiste* (cista), *Korb* (corbis), *Münze* (monēta), *Pfund* (pondus), *Sack* (saccus), *Ziegel* (tēgula), *Straße* (via strāta), *Wein* (vīnum); dazu noch viele andere Wörter aus den Bereichen Küche, Hausbau, Weinbau, Ackerbau, Gartenbau u. a. m.

2. Wörter aus dem Kirchenlatein:
Nonne (nonna), *Küster* (custōs), *keusch* (cōnscius), *nüchtern* (nocturnus), *spenden* (spondēre), *Orgel* (organum), *schreiben* (scrībere), *Schule* (schola), *Tinte* (aqua tīncta), *Meister* (magister), *Pult* (pulpitum), *dichten* (dictāre), *Vers* (versus), *Brief* (brĕvis), *Zettel* (schĕdŭla), und viele andere.

Fremdwörter

3. Wörter des Gelehrtenlateins:
Aula (aula), *Autor* (auctor), *demonstrieren* (dēmōnstrāre), *diktieren* (dictāre), *Examen* (exāmen), *Ferien* (fēriae) ... und ungezählte andere.
Bis in unsere Zeit bilden Gelehrte – besonders in den Naturwissenschaften – Wörter aus lateinischen Grundvokabeln; im Vokabular dieses Buches findest Du dazu weitere Hinweise.
Den meisten Wörtern unter 1 und 2 hast du ihre lateinische Herkunft gar nicht mehr angesehen, sie sind zu *Lehnwörtern* geworden. Das zeigt, daß mit jedem von ihnen ein Stück römischer Kultur in unseren Lebensraum übernommen worden ist. Sie hätten sich gar nicht einbürgern können, wenn nicht viele Jahrhunderte hindurch in unserem Schrifttum – in Dichtung, in „Gebrauchstexten", in amtlichen Schreiben usw. – das Lateinische eine wichtige, sehr oft führende Rolle innegehabt hätte.

Einfluß römischer Kultur und Sprache auf die europäische und auch die heimatliche Kultur

Kenntnis des Lateinischen öffnet also auch Wege zum Verständnis heimatlichen Kulturraumes.
Weil Du erst am Anfang des Lateinlernens stehst, ist der folgende Gedanke zunächst noch nicht so wichtig: In lateinischer Sprache sind in der Antike wie im Mittelalter wichtige literarische und wissenschaftliche, philosophische und theologische Werke verfaßt worden. Der Zugang zur griechisch-römischen Antike, dieser so wichtigen, aber nicht ohne weiteres zugänglichen Stufe der europäischen Kulturentwicklung wird durch die Kenntnis wenigstens einer der antiken Sprachen wesentlich erleichtert und eigentlich erst richtig möglich.

Zugang zur römischen und griechischen Antike

Zur Aussprache des Lateinischen

Latein – das war ursprünglich der Dialekt eines kleinen italischen Stammes, der Latiner (Latīnī). Er war ungefähr dort angesiedelt, wo heute Rom liegt.
Die Aussprache in den Anfängen war anders als in der Kaiserzeit (um Christi Geburt), die Mönche des Mittelalters und spätere Gelehrte sprachen wieder anders. Heute gibt es zudem ganz verschiedene nationale Ausspracheeigentümlichkeiten in den einzelnen Ländern Europas.
Da sehr viele der bedeutendsten Texte der römischen Literatur aus der Zeit der ausgehenden römischen Republik und der Kaiserzeit stammen (grob: zwischen 100 v. Chr. und 100 n. Chr.) und die Texte dieses Buches größtenteils in der römischen Kaiserzeit spielen, ist es am sinnvollsten, der Aussprache dieser Zeit zu folgen. Über diese Aussprache wissen wir durch griechische Umschriften lateinischer Namen, durch die Aussprache lateinischer Lehnwörter in anderen Sprachen, durch typische Schreibfehler (!) in Inschriften, vor allem auch durch Beschreibungen antiker Sprachwissenschaftler ziemlich genau Bescheid.
Ihre Schrift haben die Römer von den Griechen übernommen, und zwar das westgriechische Alphabet, das die Griechen der Städte Süd- und Mittelitaliens benutzten. Die erste griechische Kolonie in Italien war Cumae (griech. Kyme), gegründet um 750 v. Chr.

Das westgriechische Alphabet

Mit folgenden Buchstaben kamen die Römer zunächst aus:

A B C D E F H I K L M N O P Q R S T V X

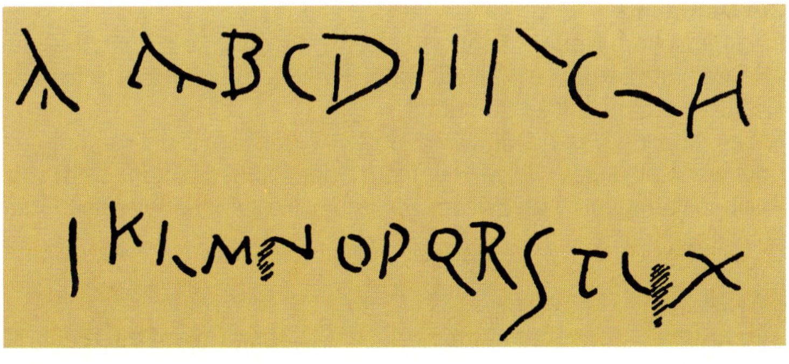

A A B C D E F G H
I K L M N O P Q R S T V X
Kritzelei (Graffito) an einer Hauswand in Pompeji

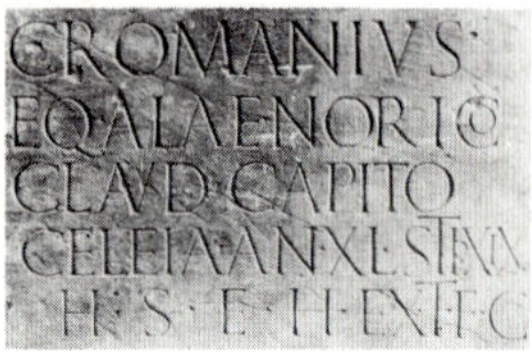

▲ *Inschrift auf einem Grabmal* (→ *Abb. S. 69*)

Später wurde durch Hinzufügen eines Häkchens zum C (das C bezeichnete [k] und [g]) das G dazugebildet, und für griechische Wörter oder Namen benutzte man zusätzlich Z und Y. K wurde bald als überflüssig empfunden und blieb nur in ganz wenigen Wörter erhalten, da C zur Bezeichnung des K-Lautes ausreichte. V wurde für u und v (gesprochen wie engl. w) geschrieben.
Das vollständige Alphabet der Römer sah also schließlich so aus:

A B C D E F G H I K L M
N O P Q R S T V X Y Z

Es gab nur Großbuchstaben – je nach Schreib- und Beschriftungsmaterial eckig oder kursiv geschrieben. Eine Worttrennung war unbekannt bzw. wurde nur unzureichend durchgeführt.
Heute werden im Lateinischen Satzanfänge und Eigennamen groß geschrieben, alle anderen Wörter klein; Satzzeichen werden weitgehend nach unseren Regeln gesetzt.

Cicerō = [kikero]
pulcher = [pulker]

s *immer wie* „ß"
Lătium = [latium]
iam = [jam]

vīvere = [wiwere]

ae = [ai] *oder* [ä]
oe = [oi] *oder* [ö]
neutrum = [ne-utrum]

Ausspracheregeln

① Grundregel: Man spricht, wie man schreibt.
② c bezeichnet im Lateinischen *immer* den Laut [k], ebenso das in wenigen Wörtern auftauchende ch (also schola = [skola]).
③ s ist *immer* stimmlos zu sprechen (wie ß), also auch s-t/s-p.
④ -ti- wird *immer* wie -t-i- gesprochen (also *nicht* [tsi]).
⑤ Das Zeichen i/I wird im Anlaut vor Vokal wie j gesprochen. Manchmal steht im Silbenanlaut einfaches i für [ji].
⑥ Das V wird heute je nach Lautung durch v oder u wiedergegeben. V wird dabei wie w gesprochen.
Nach ng, q und s sprechen wir u wie engl. [w] aus.
⑦ Die Diphthonge ae und oe werden in Deutschland meist wie ä und ö ausgesprochen, lauteten aber etwa wie [ai] und [oi].
⑧ Der Diphthong eu wird immer wie e-u gesprochen.
⑨ ph wurde wie [p^h] gesprochen: triumphus = [triump^{h}us], physica = [p^hysica]

Zweisilbige Wörter:

x́ x

drei- und mehrsilbige Wörter:

x x̄́ x | x x x̄́ x
x́ x̆ x | x x́ x̆ x

Zur Betonung

In lateinischen Wörtern können nur die vor- und die drittletzte Silbe eines Wortes betont sein. Ist die vorletzte Silbe lang, wird sie betont; ist sie kurz, wird die drittletzte betont.
Silben sind lang, wenn sie einen langen Vokal oder Diphthong haben oder wenn ein kurzer Vokal vor einem Doppelkonsonanten steht (sog. Positionslänge; ein r an zweiter Stelle bewirkt dabei aber keine Positionslänge). Also:

Eurōpă = E-urópa
Āfrĭcă = Áfrika
Tărĕntŭm = Taréntum

Aber: Clĕŏpătră, tĕnĕbrae

A Auf dem Pompeianum

Ein ganz gewöhnlicher Nachmittag ... Die Kinder der familia Pompōnia spielen im Garten vor der vīlla, während alle anderen ihrer Arbeit nachgehen.

Domitilla cantat.
Lūcius rīdet et clāmat:
„Domitilla ululat."
Domitilla tacet.
Nōn iam cantat.

Tertia autem saevit atque vocat:
„Nōn ululat, cantat."
Pūblius et Lūcius rīdent.
Iam Tertia et Lūcius iūrgant.

Polybius venit. Dīcit: „Quis clāmat?" Pūblius et Lūcius tacent. Sed Domitilla et Tertia saeviunt atque dīcunt: „Lūcius maledīcit. Semper iūrgat."

Deinde Polybius: „Nōn decet iūrgāre neque maledīcere neque saevīre." Tandem Lūcius et Tertia nōn iam saeviunt, sed lūdunt: Lūdere semper iuvat.

▼ *Kinder beim Reifenspiel.* *Marmorrelief von einem Sarkophag. Um 250 n. Chr. Rom, Vatikanische Museen*

B Ein Gewitter droht

Wolken sind heraufgezogen. Es wird zusehends dunkler. Eine eigentümliche Spannung liegt in der Luft. Es ist gerade Erntezeit. Das Getreide muß eingefahren werden. Jetzt ein Gewitter – das täte dem Korn gar nicht gut!

plaustrum: Zweirädriger Karren, meist noch mit Holzscheibenrädern, von Ochsen gezogen.

M. Pompōnius Mārcellus vocat: „Ubi est Selēnus?" Pompōnius dominus est et Selēnus vīlicus est. Selēnus nōn servus, sed lībertus est. Venit. Tum dominus: „Caelum obscūrum est. Ubī sunt servī servaeque? Cūr nōn veniunt?" Vīlicus: „Servī et servae labōrant."

Subitō fulget. Dominus inquiētus est: „Ubī sunt plaustra?" Frūmentum enim mātūrum est.

Domina quoque inquiēta est: „Ubī sunt Domitilla et Tertia?" Polybius: „Puellae lūdunt – – – ecce, iam veniunt."

Tum Selēnus: „Ecce, venit etiam plaustrum … plaustra veniunt!"

Tandem servī et servae veniunt. Plaustra onusta sunt. Servī servaeque dēfessī sunt. Iterum fulget. Cūnctī laetī sunt: Frūmentum salvum est.

▼ *Feldarbeit auf einem römischen Landgut. Im Hintergrund eine vīlla rūstica. Zeichnung im Archéodrome bei Beaune/Frankreich*

Pensa exercitanda

S1

1a) Lūcius iūrgat.	1b) Tertia et Lūcius iūrgant.
2a) Domitilla rīdet.	2b) Domitilla et Pūblius rīdent.
3a) Polybius venit.	3b) Lūcius et Tertia veniunt.
4a) Lūcius lūdit.	4b) Domitilla et Tertia lūdunt.

① Welche Satzglieder erkennst Du jeweils in a) und b)?
② Beschreibe die Veränderungen an den Prädikaten der jeweiligen Sätze b) gegenüber den Sätzen a).
③ Gib den Grund für die Veränderungen an.

S2

1) Domitilla cantat.
2) Lūcius rīdet et clāmat:
3) „Ululat, nōn cantat!“
Übersetze. Wer ist Subjekt in Satz 3? Mit welchem Wort wird dieses Subjekt bezeichnet?

S3

Polybius dīcit:
Iūrgāre nōn decet.
Saevīre nōn decet.
Lūdere iuvat.
Rīdēre iuvat.
Übersetze. Bestimme für jeden Satz, den Polybius spricht, das Subjekt.

E1

Vervollständige:
1) Tertia iūrga_.
2) Lūcius et Pūblius tace_.
3) Lūcius rīde_.
4) Tertia et Domitilla canta_.
5) Lūcius et Domitilla saevi_.
6) Lūcius maledīc_.
7) Domitilla et Tertia lūd_.
8) Domitilla veni_.
9) Maledīc_ nōn decet.
10) Rīdē_ iuvat.
11) Venī_ decet.
12) Iūrgā_ nōn decet.

E2

Serv**us** labōra_.	Serv**ī** labōra_.
Serv**a** tace_.	Serv**ae** tace_.
Plaustr**um** veni_.	Plaustr**a** veni_.

S4

1) Domina? / Plaustra? — veniunt.
2) Serva? / Plaustra? — venit.

Welches Subjekt ist jeweils das richtige?

E3

Ergänze und übersetze:
① 1) Puell_ cantat. 2) Vīlic_ vocat.
3) Puell_ lūdunt. 4) Plaustra nōn veni_.
5) Serva iūrga_.
② Serv_ et serv_ veniunt.
Wie viele Möglichkeiten gibt es?

S5

A	B
Tertia lūdit.	Tertia puella est.
Selēnus saevit.	Selēnus vīlicus est.
Aurēlia nōn rīdet.	Aurēlia laeta nōn est.
Puellae veniunt.	Puellae laetae sunt.
Servī maledīcunt.	Servī dēfessī sunt.
Caelum fulget.	Caelum obscūrum est.

Vergleiche die Prädikatsteile in den Reihen A und B. Zeichne von einem Satzpaar die Satzbilder. Welche Wortarten erkennst Du im Prädikatsteil der Spalte B?

S6

Vervollständige und übersetze. Nach welchen Gesichtspunkten nimmst Du die Ergänzungen vor?
1) Vīlicus inquiēt_ ___.
2) Puellae laet_ ___.
3) Frūmentum mātūr_ ___.
4) Serv_ laetī ___.
5) Servae inquiēt_ ___.
6) Plaustr_ onust_ sunt.
7) Cūnctī salv_ ___.
8) Cūnct_ dēfessae ___.
9) Servī servaeque laet_ nōn ___.

T1

Tertia cantat. Puella enim laeta est. Servus venit et vocat: „Plaustrum venit!"
Übersetze und begründe, warum Du im Deutschen den bestimmten und den unbestimmten Artikel gesetzt hast.

W

Kuckuckseier

In die folgenden Wortreihen hat sich jeweils ein nicht dazu gehörendes Wort „eingeschlichen". Warum stört es?

1) dominus – servus – mātūrus – vīlicus – lībertus
2) rīdēre – tacēre – decēre – dīcere – fulgēre
3) serva – caelum – puella – dominus – servus
4) iūrgāre – saevīre – maledīcere – lūdere

K1

Bilde aus dem Wortvorrat fünf sinnvolle Sätze. Jedes Wort soll mindestens einmal gebraucht werden.

Wortvorrat: clāmat – cūnctī – dominus – est – fulget – lūdere – nōn decet – Pompōnius – quis – sunt – dēfessī

K2

Ordne die Satzhälften zu jeweils einem sinnvollen Satz zusammen, und übersetze:

a) Selēnus	1) nōn decet.
b) Cūnctī	2) mātūrum est.
c) Domina	3) vīlicus est.
d) Frūmentum	4) labōrant.
e) Maledīcere	5) inquiēta est.

K3

Verändere das Wort in der ersten Reihe des Rätsels so, daß das Wort in der 5. Reihe dabei herauskommt. Zwei Regeln sind zu beachten:

1) Von einem zum anderen Wort *müssen immer zwei* Buchstaben verändert werden und damit *drei* unverändert bleiben.
2) Die Buchstabenfolge *kann* verändert werden.

V	O	C	A	T
.	.	.	.	.
.	.	.	.	.
.	.	.	.	.
R	I	D	E	T

T2

Dem **dominus** und der **domina** unterstehen verschiedene Bereiche der **familia**. Woran zeigt sich das an unserem Text?

DL

1) Das Mädchen schweigt. 2) Es singt nicht mehr. 3) Tertia ist wütend. 4) Tertia und Lucius streiten. 5) Polybius kommt und sagt: 6) „Streiten gehört sich nicht." 7) Endlich sind alle froh.

Mutter Latein und ihre Töchter

Wie heißt das lateinische Wort?

franz.	*ital.*	*span.*	*port.*	*rumän.*	*engl.*
chanter venir rire	cantare venire ridere	cantar venir reír	cantar vir rir	veni	(to deride)

A1 Wo ist Syrus?

▼ *Ochsengespann auf dem Weg zum Fleischmarkt. Rom, Palazzo Mattei*

Selēnus vocat.
Lȳdia interrogat: „Quid est? Quis vocat?“
Corinthia dīcit: „Selēnus vocat.“
Tum Lȳdia: „Quem vīlicus quaerit? Quid dīcit?“
Corinthia: „Syrum vocat, sed Syrus vīlicum nōn audit.“

Tum Selēnus Lȳdiam et Corinthiam videt et interrogat: „Ubī Syrus est?“
Cūnctī labōrant: saccōs complent aut portant, frūmentum apportant, plaustra onerant. Syrus autem deest.

A2 Panne

Tum Āfra et Apollōnia servae accurrunt et clāmant: „Syrus venīre nōn potest. Plaustrum enim haeret. Itaque Syrus nōndum adest. Rotam petit.“

Vīlicus Syrum stultum nōminat atque Dāvum Flāvumque servōs dīmittit; nam servae rotam apportāre non possunt. Itaque servī rotam apportant.

◀ *Plaustrum, von Rindern gezogen, beladen mit einem Schlauch. Relief auf einem Sarkophagdeckel. Rom, Vatikanische Museen*

B Wer den Schaden hat …

Und das war passiert …

Syrus servus plaustrum regit et iūmenta incitat. Iūmenta mūgiunt, nam plaustrum onustum est. Subitō plaustrum haeret. Syrus damnum spectat: Rota frācta est.

Prope servī et servae labōrant. Syrus servōs servāsque vocat. Statim veniunt. Syrum non iuvant, sed rīdent. Itaque Syrus: „Nōn decet rīdēre, mehercule!
Quis rotam et īnstrūmenta apportāre potest? Vīlla prope est.“ Iam Āfra et Apollōnia āvolant. Syrus diū servās exspectat.

*

Tandem Dāvus et Flāvus veniunt et rotam apportant. Īnstrūmenta autem dēsunt. Tum Syrus īrātus est: „Ubī sunt īnstrūmenta?“ Nunc Dāvus quoque īrātus est et Syrum asinum nōminat. Syrus autem Dāvum verberat. Cēterī rīdent …

◀ *S. 16: Kinder spielen mit Nüssen. Marmorrelief von einem Sarkophag. Um 250 n. Chr. Rom, Vatikanische Museen*

Römische Namensgebung

Der römische Bürger hatte in der Regel drei Namen, einen Vornamen, einen Familien- (oder: „Gentil"namen, gens: Sippe) und einen Beinamen.

Die **Vornamen** hatten nur geringe Bedeutung, ein Vorrat von knapp 20 Namen genügte den Römern; auf Inschriften wurden sie abgekürzt, z. B. C = Gaius, L = Lucius, M = Marcus, Tib = Tiberius. Hatte eine Familie viele Söhne, dann wurden diese vom fünften an numeriert. Die ‚Vornamen' Quintus, Sextus usw. bis Decimus kommen nicht selten vor, sie sind bei den knapp 20 Namen mitgezählt. Töchter trugen nur einen Namen, den Gentilnamen des Vaters in weiblicher Form. Die Tochter von Marcus Tullius Cicero hieß demnach Tullia; mehrere Töchter erhielten ebenfalls zur Unterscheidung Zahlnamen, so daß die Töchter einer Cornelius-Familie offiziell Cornelia Prima, Cornelia Secunda usw. hießen. Bei der Eheschließung behielten Frauen ihren Namen. Neben diesen offiziellen hatten Mädchen natürlich auch einen familiären Rufnamen wie Domitilla; hierbei handelt es sich um eine Koseform zu Domitia – die Großmutter mütterlicherseits könnte z. B. so geheißen haben. Tertia ist ganz klar das „dritte" Kind der Pomponii.

Vor- und **Gentilname** reichten in der Regel selten aus, eine Person unterscheidbar zu machen. Viele Sippen, z. B. die gens Iulia oder die gens Claudia, waren so verzweigt, daß zwangsläufig mehrere Personen den gleichen Vornamen hatten. Aus diesem Grund wurde ein charakteristischer **Beiname** sehr oft als wichtigster Name, auch zur Anrede, gebraucht. Dieser konnte einem Mann im Laufe seines Lebens aufgrund seines Berufs (z. B. Agricola = Bauer, Fabricius = Schmied), nach seinem Aussehen (Flavius = Blonder, Strabo = Schieler, Crassus = Dicker) oder nach seinem Charakter (z. B. Brutus = Tölpel) gegeben werden. Viele Beinamen sind fast beleidigend; wer möchte schon gern Galba = Schmerbauch heißen? Doch nach ein bis zwei Generationen – die Beinamen wurden vererbt – entsprach die Bedeutung des Namens weder dem Aussehen noch dem Charakter des Namensträgers, so daß sie wie bei den meisten unserer Namen auch ganz in den Hintergrund trat.

Sklaven hatten nur einen Rufnamen; wurden sie freigelassen, so nahmen sie noch den Gentilnamen ihres ehemaligen Herrn an, mit dem sie ja weiterhin in einem Abhängigkeitsverhältnis standen.

Zusätzlich gab es noch **Ehrennamen,** die ein Mann durch besondere Verdienste erhalten konnte (z. B. Publius Cornelius Scipio **Africanus**). Diese wurden nicht vererbt.

Pensa exercitanda

S 1

A	B
Domitilla venit.	Domitilla Tertiam quaerit.
Lūcius rīdet.	Selēnus servōs videt.
Tertia saevit.	Syrus puellās nōn audit.
Puellae lūdunt.	Servī plaustra onerant.

Übersetze. Welches Satzglied tritt in Spalte B neu hinzu?
Welche Wortart in den Sätzen der Spalte B verlangt diese Ergänzung?

S 2

① Servus apportat — **?** rota / **?** puella / **?** saccum

Nur eine Lösung ist grammatisch richtig. Welche?

② Servus apportat — **?** asinum / **?** frūmentum / **?** plaustrum

Nur eine Lösung ist *sinn*voll.

③ Servus rīdet.
Warum gibt es hier keine Ergänzung?

④ Suche selbst eine sinnvolle Ergänzung:
Asinus apportat → / **?** /.

K 1

a) Syrus sacc**um** complet.
Dāvus plaustr**um** onerat.
Plaustr**um** onustum est.
b) Serv**a** rotam apportat.
Servī plaustr**a** onerant.
Plaustr**a** onusta sunt.

Bestimme den Kasus der hervorgehobenen Formen. Was stellst Du für das Genus neutrum fest?

E 1

Ergänze das Fehlende:
1) Lȳdia Selēn_ interroga_.
2) Selēn_ serv_ et serv_ vocat.
3) Servī sacc_ comple_ et plaustr_ onera_.
4) Cūnctī labōr_ et frūment_ apporta_.
5) Syrus Corinthi_ voca_.

E2

Ersetze die fehlenden Ausgänge, und übersetze:
1) Serv_ plaustr_ onerant. 2) Vīlic_ Lȳdi_ et Syr_ videt. 3) Domina serv_ serv_ que exspectat.

K2

Suche die passenden Antworten und ergänze das Prädikat:

a) Quem Selēnus vocat?
b) Quid servī complent?
c) Quis plaustra onerat?
d) Quid servī apportant?
e) Quem servus interrogat?

1) Servī saccōs ___.
2) Servī frūmentum ___.
3) Servus dominum ___.
4) Servī plaustra ___.
5) Selēnus Syrum ___.

E3

Setze ein und übersetze:
1) Domitilla Apollōnia_ stult_ nōminat. 2) Lūcius Domitilla_ et Apollōnia_ stult_ nominat. 3) Tertia Domitilla_ et Pūbliu_ stult_ nōminat.

S3

1) Syrus venīre nōn potest. 2) Iūrgāre nōn decet.
Übersetze und bestimme die Satzglieder. Ein Satzbild kann Dir dabei helfen.

W1

Versuche herauszufinden, welche Wörter in den folgenden Sätzen lateinischen Ursprungs sind! Stelle auch fest, ob sich das Fremdwort vom lateinischen Wortsinn entfernt hat:
1) Peter hat einen Video-Recorder. 2) Der Jagdhund apportiert den erlegten Fasan. 3) Kaiser Tiberius regierte von 14 n. Chr. bis 37 n. Chr. Geburt. 4) Die Bürger wandten sich mit einer Petition an den Bundespräsidenten. 5) Die Instrumente des Arztes müssen sauber sein. 6) Der Propeller rotiert langsam. 7) Das Kartenspiel ist nicht mehr komplett. 8) Herr Müller wurde für das Amt des Bürgermeisters nominiert.

W2

Was fällt Dir an den Wörtern auf?
mūgīre – „muhen", ululāre – „jaulen, heulen"; suche ähnliche Wörter im Deutschen. Wie nennt man solche Wörter?

T

Von woher mögen die Sklaven Syrus, Lȳdia, Āfra, Corinthia stammen?
Woher könnte Flāvus *(„blond")* kommen?

DL

1) Die Sklaven arbeiten und beladen den Wagen. 2) Herr und Herrin warten auf die Sklaven, die Zugtiere und das Getreide. 3) Der Himmel ist dunkel. Plötzlich blitzt es. 4) Der Wagen kommt nicht; ein Rad ist kaputt. 5) Endlich bringt Syrus Werkzeug (Plural), und Syrus und Davus reparieren (reparāre) den Wagen. 6) Der Verwalter ist unruhig; denn das Getreide ist noch nicht unter Dach und Fach (= gerettet).

Mutter Latein und ihre Töchter

Wie heißt das lateinische Wort?

franz.	*ital.*	*span.*	*port.*	*rumän.*	*engl.*
voir	vedere	ver	ver	vedea	
nommer	nominare	nombrar	nomear		to nominate

▲ *Sklaven bei der Weinkelter. Relief. Archäolog. Museum Venedig*

A1 Früh am Morgen

Vīlicus servōs excitat. Servīs negōtia dat. Syrus iūmentīs aquam dat et Dāvus Syrō adest. Imperia servīs nōn semper iūcunda sunt. Tamen imperiīs pārent.

Cui domina imperat? Lȳdiae et Āfrae servīs imperat. Lȳdia et Āfra dominae balneum parant. Imperiō libenter pārent.

A2 Der Schulmeister

Līberī Lampriscum exspectant. Lampriscus magister est et līberōs docet. Domitilla et Tertia et Lūcius lūdō intersunt. Lūcius abecedārius est.

Intersunt lūdō et Sextus et Quīntus et Titus. Vīcīnī sunt atque abecedāriī sīcut Lūcius.

Lūcius litterās scrībit; deinde puer magistrō litterās mōnstrat: Hodiē magister Lūcium nōn vituperat, sed laudat et puerō praemium dat.

Tertia verba scrībit. Verba scrībere Tertiae iūcundum nōn est. Domitilla hodiē Homērum legit. Homērum libenter legit.

Lampriscus Domitillae hodiē etiam librum dōnat, nam Domitilla librōs libenter legit. Liber pulcher est, itaque puellae gaudiō est. „Nunc mihī liber est!“ Domitilla clāmat.

Lampriscus miser est, nam servus est: līber nōn est. Saepe dīcit: „Graecia pulchra est. Sed Graecī miserī sunt: Rōmānīs enim pārent. Līberī nōn sunt. Itaque vīta misera est.“

Homer: Griechischer Dichter; schuf um 750 v. Chr. die **Ilias** und die **Odyssee**, Großgedichte aus jeweils mehreren Tausend Versen. Schon die Griechen benutzten diese Erzählungen als „Schulbücher“, und die Römer taten es ihnen nach. Domitilla mit ihren zwölf Jahren wird sicher noch nicht sehr flüssig lesen können.

▼ *Privatunterricht im Hause eines reichen Römers. Aus Neumagen an der Mosel. Relief, um 200 n. Chr. Trier, Landesmuseum*

B Griechischstunde

Lūdus līberīs gaudiō nōn est, nam magistrum timent. Hodiē Lampriscus līberōs elementa Graeca docet. Discipulī enim et linguam Graecam et linguam Latīnam discunt.

Magistrum salūtant. Prīmum magister prōnūntiat: „Alpha, bēta, gamma, delta, epsilon ...“ Tum Sextus elementa repetit. Lampriscus Sextō crūstulum dat.

Deinde Quīntus elementa retrō dēclāmat: „Ōmega, psī, chī, phī ...“ Magister contentus est et Quīntō quoque praemium dat.

Nunc Lampriscus prōnūntiat: „Alpha, ōmega, bēta, psī, gamma, chī, delta, phī ...“ Subitō Lūcium vocat.
Lūcius autem attentus nōn est. Itaque magister Quīntō Sextōque sīgnum dat: Statim puerī Lūcium prehendunt et Lampriscus Lūcium verberat. Puer clāmat.

Postrēmō magister līberīs dictum dictat: „Non scholae, sed vītae discipulī discunt.“ Sīc lūdum fīnit.

elementa Graeca:
Das griechische Alphabet:

Α Β Γ Δ Ε Ζ
Η Θ Ι Κ Λ Μ
Ν Ξ Ο Π Ρ Σ
Τ Υ Φ Χ Ψ Ω

▼ *Statue des Grammaticus Marcus Mettius Epaphroditus. 2. Jh. n. Chr. Rom, Palazzo Altieri*

Der römische Schulunterricht

Eine gesetzliche Schulpflicht wie bei uns gab es bei den Römern nicht, öffentliche Schulen nur ganz vereinzelt. Die meisten Eltern legten jedoch Wert darauf, daß ihre Kinder Lesen und Schreiben und etwas Rechnen lernten. Da das Schulgeld, das zu zahlen war, recht niedrig war, konnten sehr viele Leute wenigstens die Elementarschule („**ludus**“ oder „**ludus litterarius**“) finanzieren.

Den Elementarunterricht besuchten Jungen und Mädchen im Alter von etwa 7 bis 12 Jahren gemeinsam. Der Lehrer („**magister**“ oder „**ludi magister**“) hielt seinen Unterricht gewöhnlich in einem Laden (**pergula**) am Forum ab. Wenn die Eltern jedoch reich genug waren, leisteten sie sich (manchmal gemeinsam mit anderen Eltern) einen Privatlehrer. Dieser war dann oft genug ein Sklave. Ein solcher Lehrer-Sklave war natürlich um ein Vielfaches teurer als ein gewöhnlicher Ackersklave. Aber Geld spielte bei den reichen Römern keine Rolle: Es wird berichtet, daß ein Reicher seinem Sohn 24 Sklaven schenkte, die die Namen der griechischen Buchstaben trugen, damit der Sohn diese leichter erlernte, indem er die Sklaven beim Namen rief.

Der einfache Schulmeister mußte, um einigermaßen leben zu können, möglichst viele Schüler haben, etwa 20 bis 30. Oft genug blieb aber das (monatlich zu zahlende) Honorar aus. So ist aus Pompeji die Aufschrift eines Elementarlehrers in seiner **pergula** erhalten:

„Wer mir das Unterrichtshonorar zahlt, soll bekommen, was er sich von den Göttern wünscht."

Entsprechend der niedrigen Bezahlung war der Beruf des Schulmeisters ziemlich schlecht angesehen: Umringt von seinen Schülern, die auf kleinen Schemeln saßen, die Schreibtafeln auf den Knien, versuchte er so, ihnen die Buchstaben im wahrsten Sinne des Wortes „einzubimsen", erst die lateinischen, dann die griechischen.

Die Lehrmethoden waren nämlich recht einfach: Für gute Leistungen gab es manchmal eine Belohnung (**praemium**), z. B. **crustula** (Zuckerplätzchen), für schlechte Leistungen gab es stets Schläge. Nicht ohne Grund also wurde der Ausdruck „**manum ferulae subducere**" = „die Hand unter der Peitsche wegziehen" zum umgangssprachlichen Ausdruck für „zur Schule gehen".

Viel mehr als Lesen und Schreiben in Latein und Griechisch lernten die Schüler in den 5 Jahren nicht, eine lange Zeit zum Einüben dieser Fertigkeiten, selbst wenn man die sehr langen Sommerferien von Juni bis September und viele Feiertage abzieht. Darüber hinaus lernten die Schüler noch ein wenig rechnen; jedoch erfordern römische Ziffern andere Rechenmethoden als arabische, das schriftliche Rechnen z. B. war ungemein kompliziert.

Die Lernmethoden hatten die Römer von den Griechen übernommen. Zunächst wurden die einzelnen Buchstaben geübt, dann einfache Silben, dann kompliziertere Silben, schließlich Wörter (darunter auch künstliche „Zungenbrecher") und Verse, alles in langwieriger, mühsamer Monotonie.

So litten also die römischen Schüler in der Regel sehr unter ihrem Magister: Nicht nur war der Unterricht äußerst langweilig und ermüdend, auch wurde jeder, der dann nicht aufpaßte, vom Lehrer, oft unter Mithilfe von Mitschülern, mit einem Stock geschlagen. Antike Autoren berichten übereinstimmend, daß die Schule für sie ein schreckliches Erlebnis war und sie ihre Kindheit deswegen z. T. als sehr traurig in Erinnerung behalten hätten. Auch bei den Griechen übrigens hat das seinen sprachlichen Niederschlag gefunden: Das altgriechische Wort für „erziehen" bekam bald die Bedeutung „verprügeln", und das ist die Bedeutung, die das Wort heute in der neugriechischen Sprache noch hat.

Nach der Ausbildung beim **ludi magister** erfolgte in der nächsthöheren Ausbildungsstufe Unterricht bei einem anderen Lehrer, dem **grammaticus**. Bei ihm lernte man Grammatik und las die griechischen und römischen Klassiker, in lateinischer Sprache vor allem Vergil.

Die höchste Bildungsstufe, die Rhetorik (Redekunst) war nur männlichen Jugendlichen vorbehalten, meist jungen Aristokraten, die in der Politik Karriere machen wollten und sollten (→ Kap. „Die Rhetorik").

Für Mädchen war, je nach Stand, die Ausbildung nach der 1. oder 2. Stufe beendet, es sei denn, die Eltern engagierten noch einen Hauslehrer für den musischen Unterricht. In Rom gab es viele hochgebildete Frauen, die Philosophie, Literatur und Musik studiert hatten und sich auch selbst auf diesen Gebieten betätigten.

Pensa exercitanda

Wh

a) Polybius servōs miserōs nōminat.
b) Lampriscus līberōs elementa docet.
Bestimme (mit Hilfe eines Satzbildes) die Satzgliedfunktion der Akkusativformen.

S1

a) Pūblius Lūcium videt.
b) Pūblius īnstrūmentum dat.
Welche (hier fehlende) Information verlangt das Verb in Satz b)?

S2

Welche Verben in L 3 A 1 und L 3 A 2 verlangen einen Dativ als Ergänzung (Objekt)?

K1

Ordne den Satzanfängen links passende Objekte aus dem Kasten rechts zu; zwei Objekte bleiben übrig.

Discipulus mōnstrat ___
Syrus regit ___
Magister docet ___
Dominus imperat ___
Puella pāret ___
Puer dōnat ___

damnō
rotae
librum magistrō
iūmenta
puerōs litterās
vīlicō
magistrō
librum Lūciō

K 2

Eine Endung – mehrere Möglichkeiten

Achtung! Welcher Satz ist unsinnig?

Puellae
- caelum est.
- attentae sunt.
- librī sunt.
- asinus pāret.
- magistrō pārent.

S 3

Dāvus adest.
Dāvus Syrō adest.

Übersetze. Wodurch wird die Bedeutung des Verbs jeweils bestimmbar?

E 1

Setze ein und übersetze:

1) Servī vīlic_ aut domin_, servae domin_ pārent. 2) Negōtia nōn semper serv_ iūcunda sunt. 3) Hodiē autem libenter imperi_ pārent. 4) Etiam Tertia et Domitilla domin_ Aurēli_ adsunt. 5) Servae Aurēli_ balneum parant.

W 1

Aufgepaßt!

Lampriscus līberōs docet.
Magister līberīs librōs dat.
Liber puerīs gaudiō est.
Lampriscus līber nōn est.

S 4

1) Servī līberī nōn sunt. 2) Servīs vīta misera est. 3) Hodiē līberīs lūdus gaudiō nōn est.

Bestimme die Erweiterungen zu esse und deren Funktion im Satz!

Mutter Latein und ihre Töchter

Wie heißt das lateinische Wort?

franz.	ital.	span.	port.	rumän.	engl.
le maître	il maestro	el maestro	metre		master
la lettre	la lettera	la letra	letra	litera	letter
écrire	scrivere	escribir	escrever	scrie	
le signe	il segno	el signo	sinal	signal	sign
l'école	la scuola	la escuela	escola		school

K 3

Voller Wut über seine Behandlung durch Lampriscus hat Lucius folgende Kritzelei an der Wohnungstür seines Lehrers angebracht:

LAMPRISCVSASINVSESTNAMPVEROSPV
ELLASQVEVERBERAT

Trenne die einzelnen Wörter ab und übersetze!

W 2

Ordne die folgenden Verben zu Wortpaaren:

adesse – dīcere – deesse – discere – docēre – imperāre – labōrāre – laudāre – lūdere – pārēre – vituperāre – saevīre – tacēre – rīdēre

T

Schon in früher Jugend lernten die Söhne vornehmer Römer Griechisch, doch war der Unterricht mühsam.

Sieh Dir das griechische Alphabet an und stelle im Vergleich mit dem Text 3 B fest, wie Lampriscus den Kindern die griechischen Buchstaben „einzutrichtern" versucht.

Α alpha	Β beta	Γ gamma	Δ delta	Ε epsilón
Ζ zeta	Η eta	Θ theta	Ι iota	Κ kappa
Λ lambda	Μ my	Ν ny	Ξ xi	Ο omikrón
Π pi	Ρ rho	Σ sigma	Τ tau	Υ ypsilón
Φ phi	Χ chi	Ψ psi	Ω oméga	

K 4

Setze in das Kreuzworträtsel die lateinische Bedeutung ein für:

dasein
dabeisein, teilnehmen
wegsein, fehlen
können
sein

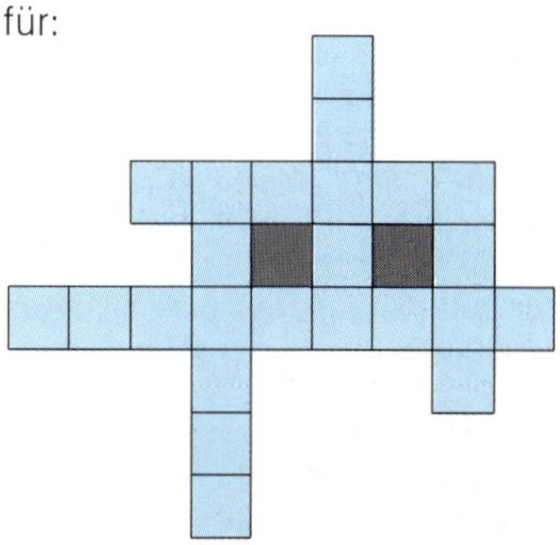

W 3

Latein lebt!

1) Hast Du das Manuskript parat?
2) Sein Interesse an der Schule war miserabel; deswegen mußte er die Klasse repetieren.
3) Die Versicherungsprämie ist fällig.
4) Das Signal stand auf „Halt".

DL

1) Die Kinder erwarten (ihren) Lehrer Lampriscus. 2) Nicht allen macht der Unterricht Spaß („ist zur Freude"). 3) Heute lehrt Lampriscus die Kinder griechische Buchstaben. 4) Aber die Jungen und Mädchen passen nicht auf („sind nicht aufmerksam"). 5) Die Kinder wiederholen die Buchstaben. 6) Der Lehrer gibt den Jungen und Mädchen Belohnungen und beendet den Unterricht.

Römer und Griechen

Seit dem 8. Jh. v. Chr. besiedelten Griechen Süditalien und Sizilien, indem sie dort zahlreiche Städte gründeten – Syrakus und Messina, Reggio und Tarent, Kyme/Cumae und Neapel u. a. m. So kamen auch die italischen Stämme schon früh mit griechischer Kultur in Berührung und ließen sich nachhaltig von ihr beeinflussen. Alphabet, Maße, Gewichte und Münzen, im Bereich der Religion viele Götter und kultische Gebräuche sowie der Tempelbau gehen auf griechische Einflüsse zurück. Teilweise waren dabei die *Etrusker* die Vermittler zwischen Griechen und Italikern, u. a. den Römern.

Eine erneute Übernahme griechischer Kultur erfolgte während der Eroberung Griechenlands und der „hellenistischen", d. h. der von griechischer Sprache und Kultur geprägten Staaten im 2. und 1. Jh. v. Chr. Die Römer, zwar schon Sieger über die Karthager, doch bisher immer noch ein Volk von Bauern, sahen in den hellenistischen Städten, daß das tägliche Leben sich auch angenehmer gestalten ließ. So hielt der private Luxus Einzug in Rom: Die vormals karg ausgestatteten Häuser erhielten Säulenhöfe (Peristyle), Mosaikfußböden, Wandverkleidungen; griechische Statuen schmückten jetzt die Räume. Die abendlichen Mahlzeiten nahmen neue Dimensionen an; nicht mehr wie vormals, sitzend, sondern nach griechischer Sitte, auf „Klinen" (griech. *klinai* = Liegen) liegend, nahm man am Gastmahl im triclinium (griech.: Drei-Liegen-Zimmer) teil.

Auch auf anderen Gebieten profitierten die Römer von den Griechen: In Handel, Geldwesen, Verwaltung, Kunst, Literatur, Philosophie und Naturwissenschaften. Im letzten Jh. v. Chr. war es für einen jungen Mann aus gutem Hause fast unerläßlich, zum Studium nach Athen oder Rhodos zu gehen, um sich an den führenden Philosophenschulen vor allem in der Rhetorik zu vervollkommnen; Griechisch so gut wie die Muttersprache zu beherrschen, gehörte in Rom zum gesellschaftlichen Muß.

Die Übernahme griechischer Kultur erfolgte jedoch nicht widerspruchslos: So prophezeite Cato d. Ä., der bekannteste Gegner des griechischen Kultureinflusses (234–149, Staatsmann und Redner), den Untergang Roms; ihm war alles Griechische suspekt, ja er mißtraute sogar griechischen Ärzten und meinte, sie wollten die Römer nur vergiften.

In der Tat hätten die Griechen allen Grund gehabt, die Römer zu hassen, die ihre Heimat verwüstet, Tempel und öffentliche Gebäude der Kunstwerke beraubt und diese nach Rom verschifft hatten; die Bevölkerung war dezimiert und viele Griechen als Sklaven nach Rom gebracht worden. Allein Aemilius Paullus, der Sieger der Schlacht bei Pydna in Griechenland 168 v. Chr., soll 150 000(!) Griechen nach Rom als Sklaven verkauft haben. Viele versahen hier dann jedoch auch gehobene Dienste als Ärzte, Architekten, Pädagogen u. a. m.

In der Kaiserzeit lagen diese Ereignisse der Eroberung Griechenlands schon weit zurück, die Römer hatten mit Hilfe der freiwillig oder unfreiwillig in Rom lebenden Griechen den kulturellen Rückstand längst aufgeholt; die griechischen Städte, wie z. B. Ephesos oder Athen, entwickelten sich während der langen Friedenszeit, der Pax Romana, fast prächtiger als jemals zuvor. Wegen des allgemeinen Wohlergehens gab es in diesen Städten auch kein Aufbegehren gegen die römische Herrschaft, sie wurde im Gegenteil als positiv empfunden. Und was die Versklavung von Griechen betraf: Diese war vorher ohnehin auch unter griechischen Städten üblich gewesen.

Es ist ein Römer gewesen, der Dichter **Horaz**, der im letzten Jh. v. Chr. lebte und einen Teil der Regierungszeit des Augustus miterlebte, der das Verhältnis von Griechen und Römern in einem Vers so formulierte:

Das eroberte Griechenland eroberte den wilden Sieger und brachte die Künste und Wissenschaften in das bäuerliche Latium.

A Strafe für Quintus

Zwar hatte Quintus keine andere Wahl, als zusammen mit Sextus dem Befehl des Lampriscus zu gehorchen und Lucius den Hieben des Lehrers auszusetzen. Doch Lucius meint, ein wahrer Freund würde lieber selbst Prügel beziehen als sich zu so etwas hergeben. Da ergibt sich die Gelegenheit, ihm einen Denkzettel zu verpassen.

Lūcius et Titus salamandrās capere cupiunt. Forte Quīntus venit et amīcōs salūtat.

Quīntus: Vōs salūtō, amīcī!
(Amīcī occupātī sunt; tacent.)
Cūr nihil dīcitis? Nōnne mē audītis?
Titus: (susurrat) Heus, Quīnte! Tē salūtāmus. Ssst! Tacē! Salamandrās capere cupimus.
Quīntus: (susurrat) Iam taceō. (Cistam videt.) Inestne salamandra cistae?
Lūcius: Multae iam īnsunt!
Quīntus: (clāmat) Salamandrās vidēre cupiō!
Lūcius: Ssst! Cūr nōn tacēs? Vidēre salamandrās tibī nōn licet: Venēnātae sunt!

salamandrae venēnātae sunt: Salamander haben tatsächlich Giftdrüsen hinter den Ohren, die freilich allenfalls Hautreizungen auslösen können. Lucius und Titus halten die Salamander also für gefährlicher als sie sind.

Quīntus: Cūr salamandrās capitis?
Lūcius: Lampriscum terrēre cupimus.
Titus: Magistrum nōn dīligimus. Num tū Lampriscum dīligis, Quīnte?
Quīntus: Nōn dīligō.
Titus: Proinde ades nōbīs! Nōs adiuvāre potes.
Quīntus: Quōmodo egō vōbīs adesse possum?
Lūcius: Cape cistam, intrā vīllam. Lampriscum pete et ēmitte salamandrās.

Quīntus: Egōne? Dīcite, amīcī: Cūr nōn vōs vīllam intrātis? Cūr nōn vōs Lampriscum terrētis? Cūr nōn tū salamandrās ēmittis, Lūcī, vel tū, Tite?
Titus: Non possumus. Lampriscus nōs semper improbōs nōminat: „Improbī estis!" Tū autem probus es.
Lūcius: Audī, Quīnte, nōnne mihi amīcus es?
Quīntus: Certē tibi amīcus sum! Iam cistam capiō ... (āvolat)
Lūcius: (rīdet) Lampriscus quoque dīcit: Improbum est adiuvāre amīcum posse neque amīcō adesse!

◄ *Zusammengebundene Wachstafeln, in die man mit einem Griffel die Buchstaben einritzte. Nachbildung im Museum der Römischen Kultur, Rom/EUR*

B Wir sind die Herren!

Polybius forte venit puerosque audit: „Quid audio? Vosne Lamprisco illudere cupitis? Causam mihi dicite, pueri!“

Lucius: „Audi Polýbi! Lampriscus est servus et tamen nos verberat. Sed nos Romani sumus atque liberi. Romani domini sunt. Domini servis imperant, sed servi dominis parent et imperata faciunt. Licetne servo Romanum verberare?“

Polybius: „Licet, Luci! Lampriscus enim magister est et vos discipuli estis. Magister docet, imperat, severus esse debet, nonnumquam verberat. Discipuli autem et discere et parere et studere et semper attenti esse debent. Intellegitisne, pueri?“

Lucius: „Non intellegimus. Cur servi, non Romani nos docent?“

Polybius: „Audite! Vos Romani hodie domini estis populisque imperatis. Imperare potestis, nam vobis legionarii sunt. Nos quidem Graeci nunc servi sumus. Sed docti sumus; itaque servi Graeci vos dominos Romanos antiquitus docent, itaque vobis magistri sumus. Vos cuncta docemus: Philosophiam, medicinam, architecturam, geometriam, arithmeticam, physicam, rhetoricam, poeticam. Studia quidem non semper discipulis gaudio sunt, sed semper necessaria sunt. Est nobis dictum: „Stultus neque natare neque scribere scit.“

philosophia: in der Antike das Streben nach Erkenntnis über den Ursprung der Welt, des Denkens, des Seins des Menschen, die Zusammenhänge der Dinge in der Welt;
architectūra: Baukunst;
geōmetria: Zweig der Mathematik, der sich mit Gebilden der Ebene und des Raumes befaßt;
arithmētica: Rechenkunst;
physica: Wissenschaft von den Grundgesetzen der Natur;
rhētorica: Kunst der politischen Rede;
poētica: Dichtkunst, Lehre von der Dichtkunst
In all diesen Disziplinen sind die Griechen anfangs Lehrmeister der Römer gewesen. Viele Römer hielten daher die griechische Kultur für überlegen.

► *Die sog. „Gemma Augustea“, ein Schmuckanhänger aus Onyx, 19 x 23 cm groß. Der Kaiser Augustus sitzt neben der personifizierten Roma; er wird von der Oikuméne, der personifizierten Weltmacht, gekrönt. Links oben steigt sein Nachfolger Tiberius von einem Wagen. Im unteren Teil siegreiche römische Legionäre und unterworfene „Barbaren“. Geschaffen zwischen 15 und 37 n. Chr. – Wien, Kunsthistorisches Museum*

Pensa exercitanda

F 1

a) tū – nōs – Polybius – vōs – puerī – egō

b) venit – salūtō – capiunt – audītis – terrēmus – dīligis

Woran erkennst Du bei allen Verbformen (b) eindeutig die zugehörige Person? Ordne die Verbformen den Subjektwörtern in der Reihe a) zu.

F 2

a) terrē/salūtā/audī/reg

b) -ō / -s / -t / -mus / -tis / -nt // -re

Bei der Verbindung der Endungen mit den angegebenen Stämmen (Auslaut auf -ā, -ē, -ī, Konsonant) fallen verschiedene Formen auf. Gib an, was Dir auffällig erscheint:

terrĕō – salūtāre – audīmus – regitis – terrēs – audītis – salūtō – regimus – terrĕnt – audīs – regunt – terrĕt – regere – salūtāmus – audĭunt – terrēmus

F 3

Lies laut und deutlich die Formen

videō – vidēs
timēmus – timent
rīdētis – rīdet

Kannst Du ein Aussprachegesetz feststellen?

F 4

clāmā- / fīnī- / terrē-.

Ordne richtig zu: -u-nt / -tis / -t

F 5

a) fīnĭō	b) faciō	c) regō
fīnīmus	facĭmus	regĭmus
fīnĭunt	facĭunt	regunt
fīnīre	facere	regere

Betrachte die Formen und sprich sie deutlich. Welche Gemeinsamkeiten hat die Spalte b) mit der Spalte a) bzw. c)?

F 6

o – ein Wortausgang, verschiedene Aufgaben

timeō – saccō – labōrō – lūdō – compleō – mittō – iuvō – regō – lūdō – parō – gaudiō – pāreō

Bilde zu allen Verbformen die 1. P. Pl. und den Infinitiv.

K 1

AVDITITE
AVDITEAMICI
DISCELVCI
RIDETEPVELLAE
VIDEPVBLI
COMPLESERVESACCVM
APPORTAINSTRVMENTAPVELLA
LABORATEQVINTEETTITE
CAPEPOLYBIPRAEMIA
SCRIBITEPVERI

Das Vorstehende könnte, ohne Worttrennung und nur in Großbuchstaben geschrieben, von römischen Schülern aufgezeichnet worden sein. Findest Du einen Sinn in diesen Zeilen? Um welche Art von Sätzen handelt es sich? Untersuche dazu die Formen der einzelnen Wörter.

K 2

Verbstamm sucht Ausgang!

Ordne die Verbstämme (Reihe a, hier um Auslautvokale gekürzt) den jeweils passenden Ausgängen (Reihe b) zu, und übersetze die entstandenen Verbformen.

a) cant – spect – rīd – vid – ven – aud – cap – cup – dīc – es – s – ads – poss

b) um – unt – umus – tis – ĕ̄re – ent – ētis – ō – iō – is – āmus – iunt – ĭ̄tis

E

Ergänze die fehlenden Ausgänge bei den Verbformen, und übersetze:

a) Egō semper labōr_, tū autem numquam (niemals) labōr_.
b) Nōs Lampriscum tim_. Nōnne vōs quoque magistrum tim_?
c) Lampriscus magister vōs quoque laud_.
d) Cūr lūdō interes_ nōn cup_, amīcī?
e) Mōnstr_ mihī litteram ‚ōmega', Tite!
f) Scrīb_ litterās ‚alpha' et ‚bēta', puerī!
g) Litteram ‚ōmega' nōndum scrīb_ poss_, magister!
h) Tūne salamandrās ēmittere cup_, Quīnte? Num īgnāvus ___?
i) Mehercule, īgnāvus nōn s_.
j) Quis elementa Graeca repete_ potes_?

K 3

Setze die Verbformen jeweils in den entgegengesetzten Numerus, und beachte die Konsequenz für Subjektwort und Prädikatsnomen!

a) Quid audiō?
b) Puer forte venit.
c) Nōn intellegimus, ō magister.
d) Nōs servī sumus.
e) Vōs dominī estis.
f) Audīte, discipulī!
g) Studia non semper gaudiō sunt.
h) Proinde nōbīs adeste, amīcī!
i) Cūr nōn tū salamandrās capis?
j) Egō quoque magistrum timeō neque dīligo.

K 4

Beantworte die folgenden Fragen in lateinischer Sprache (in Klammern zusätzliche Wörter zur Formulierung der Antwort):

a) Cūr rīdētis, Lūcī et Tite? (salamandrās, capere)
b) Nōnne tū quoque magistrōs timēs?
c) Quōmodo tibi adesse possum? (cistam capere, vīllam intrāre, salamandrās ēmittere)
d) Vōsne mihi amīcī estis?
e) Num vōs Lampriscum dīligitis?
f) Quis Lampriscō illūdere nōn cupit?

F 7

Stammauslaut oder Sprechvokal?

a) dīc-e-re – cup-e-re – pār-ē-re
b) ven-i-t – cap-i-t – leg-i-t
c) voc-a-nt – tim-e-nt – mitt-u-nt – mūg-i-u-nt – fac-i-u-nt

F 8

Verwandle die folgenden Verbformen in die jeweils vorgegebene Verbform:

vorgegeben	*zu verwandelnde Verbformen*
a) laudās	esse – dīcere – facere – scīre – pārēre
b) timent	petere – posse – audīre – onerāre – cupere
c) audiō	vocāre – vidēre – capere – ēmittere – inesse
d) sumus	portāre – docēre – fīnīre – scrībere – adesse
e) vocā	interesse – legere – venīre – cupere – timēre
f) intellegitis	esse – facere – saevīre – petere – posse
g) faciunt	dare – dēbēre – fīnīre – legere – inesse
h) ululāte	audīre – capere – illūdere – esse – vidēre

F 9

1) Egō___ saepe scrībō.
Cūr___ ___ nōn scrībitis?
2) Magister tē laudat.
___ (3) vituperat.
3) Vōbīs adsumus.
Cūr___ ___ nōn adestis?

Welche Wörter fehlen?

K 5

Störenfriede!

rīdeō	fīnīte	dominus	fīnītis	audī
taceō	capite	vocāmus	cupitis	vidē
audiō	clāmāte	servus	laetīs	nōminā
amīcō	ēmitte	salvus	complētis	vīta
faciō	este	mātūrus	datis	iuvā

S

In den folgenden Sätzen sehen einige Wortformen gleich aus.

1) Lūdō intersum. Nam libenter lūdō.
2) Lūcius lūdīs non interest. Cūr nōn lūdis, Lūcī?
3) Cūr Āfrae, nōn Dāvō imperātis, Domitilla et Pūblī?

Dāvus imperātīs nōn pāret.

DL

a) Wir lieben Lampriscus nicht; denn er verprügelt uns immer!
b) Ich kann den Buchstaben nicht lesen. Kannst du (ihn) lesen?
c) Könnt ihr uns denn nicht helfen? Seid ihr etwa nicht meine Freunde?
d) Ich will nicht am Unterricht teilnehmen.
e) Nimm (doch) an (unserem) Spiel teil, Sextus!
f) Ich kann nicht mitspielen (am Spiel teilnehmen), Freunde!

A1 Davus

Domina vocat: „Dāve, amīcīs vīnum apportā!“
Dāvus: „Quid? Licetne mihī Syrō et Flāvō amīcīs vīnum apportāre?“
Aurēlia: „Nōn amīcīs tuīs, sed amīcīs dominī vīnum apportā! Quam stultōs servōs habēmus!“

A2 Ein Brief für den Nachbarn

M. Pompōnius Dāvō litterās dat: „Trāde“, inquit, „litterās Postumiō Modestō, vīcīnō nostrō!“

Dāvus āvolat, sed vīllam Postumiī nōn reperit. Tandem videt servum aliēnum et interrogat: „Ubī vīlla Postumiī Modestī est?“

Servus tēctum longinquum mōnstrat: „Vidēsne tēctum vīllae?“
„Videō. Cuius tēctum est?“
„Est vīlla pulchra Postumiī Modestī, dominī meī!“
Dāvus autem: „Egō mūrum aedificiī ruīnōsī et tēcta stabulōrum miserōrum videō.“

Tum servus Postumiī: „Egō verba servī stultī audiō. Num dominus tuus multōs servōs tantae stultitiae habet?“

At Dāvus: „Num dominus tuus māgnum numerum servōrum servārumque tam superbōrum habet?“

Servus aliēnus: „Nēmō nostrum superbus est. Sed, mehercule, ūnus vestrum stultus est.“

A3 Kein Trinkgeld?

Nach längerem Marsch erreicht unser streitbarer Davus die vīlla des Q. Postumius Modestus.

Dāvus: „Salvē! Dominus meus M. Pompōnius Mārcellus est. Litterās dominī meī habeō. Ubī dominus vester est?“

Tīmaeus, servus Postumiī Modestī: „Dominus noster abest; dā mihī litterās!“

Dāvus autem dīcit: „Meum est litterās dominō tuō trādere, et dominī tuī est mihī praemium dare.“

Tum Tīmaeus: „Dominus nōn adest. Nostrum est litterās accipere dominōque nostrō trādere.“

Dāvus: „Nōnne domina vestra adest?“
Tīmaeus: „Domina nostra neque adest neque servīs tantae avaritiae praemia dat. Tene aut trāde litterās tuās!“

B Falernerwein

hōra cēnae: → Kap. „Essen und Trinken"

apothēca (griech. Wort): Eigentlich „Abstell"raum. Im Lat. meist Bezeichnung für das Weinlager bzw. die Weinkammer einer vīlla

amphōra (griech. Wort): Zweihenkliger Krug von etlichen Litern Fassungsvermögen

minister vīnī: der für das Servieren des Weines zuständige Sklave, „Mundschenk"

vīnum Falernum: Wein aus einem Gebiet in der nw. Campania, galt als exklusiver Wein höchster Qualität

Pomponii convivas exspectant. Hora cenae adest. Aurelia domina Lampriscum videt et vocat: „Audi, Lamprisce! Convivae nostri iam veniunt, Postumius vicinus et nonnulli amici domini vestri. Intra apothecam! Ibi nonnullae amphorae vini Falerni sunt. Amphoram unam apporta!"

Lampriscus dominae paret, sed clam murmurat: „Meum est liberos docere. Vinum apportare ministri vini est."

Tum Davum videt: „Heus, Dave! Salve! Ego magister linguae Graecae sum. Estne meum convivis vinum apportare?" Davus: „Tuum non est amphoras magnas apportare. Ego vero te adiuvare possum: Bonus sum vini minister."

Lampriscus: „Quam gaudeo, amice! Magnas gratias tibi ago." Davus apothecam villae intrat, Lampriscus autem avolat. Domina diu Lampriscum exspectat. Tandem vocat: „Lamprisce! Ubi vinum est? Servus magnae pigritiae es!"

Tum Davus apparet. Amphoram tenet et cantat: „O meum vinum Falernum ... Salve, domina! ... Hic ... hic vinum est."

Domina autem: „Quid? Tu vinum apportas? Ubi est Lampriscus? Vae vobis!"

At amphora iam vacua et domina irata est: „O te bibulum!"

▼ *Silberservice auf einem Tisch. Wandgemälde im Grab des C. Vestorius Priscus, Pompeji, 1. Jh. n. Chr.*

C Augustus und die sprechenden Raben

Augustus mußte viele Jahre gegen seine Feinde kämpfen, bevor er nach der Schlacht bei Actium (31 v. Chr.) Alleinherrscher wurde.
In dieser Schlacht besiegte er – noch ‚Octavianus' genannt – seinen Hauptgegner Antonius. Nach dem Sieg kehrte er in eines der in der Nähe liegenden griechischen Städtchen zurück; dort begrüßten ihn viele und gratulierten ihm zu seinem Erfolg.

Octavianum amicosque Octaviani vir ignotus salutat et corvum magnum monstrat: „Videte corvum! Audite corvum! Emite corvum!" clamat.
Octavianus spectat et audit – et iam corvus clamat: „Ave Octaviane! Victor! Imperator!" Octavianus corvum emit.
Tum puella advolat, Octavianum amicosque Octaviani salutat et clamat: „Attenti este! Vir fraudulentus est! Habet alterum corvum! Audite et spectate alterum corvum!"
Octavianus imperat: „Apporta alterum corvum!" Vir corvum apportat. Octavianus et amici spectant et audiunt; corvus alter clamat: „Ave Antoni! Victor! Imperator!"
Tum Octavianus ridet et dicit: „Vir et corvi – docti sunt!"

vir, *Gen.* **virī** Mann • **īgnōtus, -a, -um** unbekannt • **corvus** Rabe • **emere** kaufen • **avē** ... sei gegrüßt, Octavianus, Sieger, Herrscher!/sei gegrüßt, Antonius ... • **advolāre** herbeieilen • **fraudulentus, -a, -um** betrügerisch • **alter, -a, -um** (ein anderer;) ein zweiter • **doctus, -a, -um** gelehrt, gewitzt

Essen und Trinken

Ihre Hauptmahlzeit (**cena**) nahmen die Römer nachmittags etwa um vier Uhr ein. Dies war das Abendessen, das sich im Falle einer Einladung von Gästen bis nach Mitternacht hinziehen konnte.

Morgens aß man so gut wie nichts – etwas Wasser, ein Stück Brot, Oliven, etwas Käse. Das Mittagessen (**prandium**) bestand aus kalten Resten vom Vortag. Zu allen Tageszeiten wurde Wein getrunken, warm oder kalt, mit viel Wasser verdünnt, manchmal mit Honig versetzt.

Das Eßzimmer (**triclinium**) enthielt drei Liegen, auf denen jeweils bis zu drei Personen Platz hatten. Etwa seit der Kaiserzeit (vorher galt es als nicht sittsam) nahmen hier auch die Ehefrauen am Gastmahl teil. Die Liegen waren hufeisenförmig angeordnet, so daß die Sklaven bequem servieren konnten. Zwischen den drei Liegen stand ein runder Tisch, auf dem nacheinander die Speisen aufgetragen wurden. Weitere Tischchen zum Abstellen der Becher standen neben den Liegen. Da es einigermaßen schwierig war, im Liegen mit den Fingern zu essen, breitete jeder Gast eine Serviette vor sich aus. Sie diente auch dazu, das Übriggebliebene darin einzuwickeln und mit nach Hause zu nehmen. Eine weitere uns fremde Sitte war es, alle Essensreste, Knochen, Schalen, Gräten auf den Boden zu werfen, wo sie zwischendurch von einem Sklaven zusammengefegt wurden.

Im Sommer aß man am liebsten im Freien; in vielen Häusern Pompejis gab es hierfür eigens steinerne Liegen an einem besonders schönen Platz im Garten.

Selbstverständlich nahm man Mahlzeiten im Liegen, d. h. im **triclinium**, nur ein, wenn der Rahmen etwas gehobener war; hatte die Mahlzeit alltäglichen „routinemäßigen" Charakter, aß man im Sitzen oder gar im Stehen.

▼ *Brote aus Pompeji, durch Verkohlung konserviert (Pompeji, Antiquarium)*

Pensa exercitanda

Wh

Was man leicht vergißt

a) Vīnum bonum Dāvō bibulō gaudiō est.
b) Dominō sēvērō vīnum bonum est.

Wie mußt Du die Dative übersetzen?

F 1

Bestimme die Formen; achte dabei auf mehrdeutige Formen:

vīnī – ministrī – bonī – pulchrārum – lībertō – māgnōrum – librōrum – damna – vīllārum – damnōrum – īnstrūmentīs – asinī – plaustra – studium

Vertausche jeweils Singular und Plural!

S 1

a) Lampriscus → / ? / praemium dat.
b) Studium → / ? / laudat.

Welche Erweiterungen verlangen jeweils die beiden Sätze?
Von welcher Wortart wird die Erweiterung in Satz a), von welcher in Satz b) verlangt?

S 2

Līberī Rōmānōrum et linguam / ? / et linguam / ? / discunt.

Welche Wörter in diesem Satz verlangen eine Ergänzung? Setze ein!

E

Setze die Satzglieder bzw. Satzgliedteile ein und übersetze:

Rōmānīs | vīllae pulchrae | Graecās | Rōmānōrum | litterās Graecās | servōrum servārumque | plaustrī onustī

1) Vidēsne tēctum ___?
2) Numerus ___ māgnus est.
3) Līberī Rōmānī ___ discunt.
4) Lampriscus līberōs ___ litterās ___ docet.
5) Līberīs ___ lūdus nōn semper gaudiō est.
6) Rota ___ frācta est.

S 3

1) **Multī** laetī sunt.
2) **Multa** pulchra sunt.
3) Nōn **cūncta** iucunda sunt.
4) **Cāra** sunt rāra.
5) Lampriscus dīcit: sciō **multa et pulchra**.

Übersetze. Welches Satzglied bilden die hervorgehobenen Adjektive?

Z 1

1) Lampriscus magister līberōs docet.
2) Mūrum aedificiī videō.
3) Librum pulchrum habeō.
4) Ibī tēcta stabulōrum miserōrum sunt.
5) Pompōnius servīs sēdulīs pulchra praemia dat.
6) Dāvō et Syrō servīs praemia Pompōniī dominī māgnō sunt gaudiō.

Bestimme die verschiedenen Arten von Attributen in den Sätzen (nimm Satzbilder zu Hilfe).

S 4

1 a) Dāvus et Syrus servī stultī sunt.
1 b) Dāvus et Syrus servī māgnae stultitiae sunt.
2 a) Dāvus et Syrus stultī sunt.
2 b) Dāvus et Syrus māgnae stultitiae sunt.

Welche Position nehmen in den Sätzen jeweils „stultī" bzw. „māgnae stultitiae" ein? Auch hier hilft das Satzbild!

Z 2

Erkläre die Bedeutung der Genitive:

1) Vīlla dominī nostri māgna est. 2) Dominus tuus multōs servōs tantae stultitiae habet. 3) Pompōniō māgnus numerus servōrum est. 4) Rota plaustrī haeret. 5) Lampriscus studium Domitillae laudat.

F 2

1 a) Nēmō amīcōrum Lūciō adest.
1 b) Nēmō **vestrum** Lūciō adest.
2 a) Vīlla **vestra** pulchra est.
2 b) Pompēiānum **vestrum** pulchrum est.
2 c) Servus **vester** bibulus est.

Bestimme Formen und Wortart der hervorgehobenen Wörter.

S5

1) Servī dominō nōn libenter pārent. 2) Itaque Pompōnius dominus dīcit: 3) „Dominī est imperāre, servōrum est pārēre. 4) Meum est negōtia dare, vestrum est negōtia exspectāre.“

① Übersetze und benenne in Satz 3 und 4 die Prädikatsnomina.
② Tausche die Prädikatsnomina in Satz 3 und 4 aus.
③ Welche Wörter geben Dir einen Hinweis auf das Genus der Infinitive?

K1

S	A	I	T	A	R	A	T	I	A	S
A	I	T	A	R	G	R	A	T	I	A
I	G	A	R	G	O	G	R	A	T	I
T	A	R	G	O	E	O	G	R	A	T
A	R	G	O	E	D	E	O	G	R	A
T	A	R	G	O	E	O	G	R	A	T
I	T	A	R	G	O	G	R	A	T	I
A	I	T	A	R	G	R	A	T	I	A
S	A	I	T	A	R	A	T	I	A	S

Dieses Rätsel hing an einer Klosterpforte; darunter stand:

Welcher ist der Mann,
der dies hier lesen kann?
Der mag wohl bei uns essen.
Ist er aber so vergessen,
daß er dies nicht kann verstan,
so mag er lieber weiter gan.

In diesem Buchstabenrätsel ist eine Aufforderung vielfach versteckt; ein Verb mußt Du ergänzen.
deus: Gott

K2

Im folgenden Buchstabenquadrat sind sieben verschiedene Formen des lat. Verbs ‚können‘ versteckt. Schreibe die Formen, die Du gefunden hast, heraus!

A	B	C	D	E	F	T	G	H
I	L	M	N	O	N	P	P	Q
M	R	P	S	V	T	V	O	X
C	V	O	S	B	A	Z	T	Y
D	T	S	E	T	O	P	E	E
P	O	S	S	V	M	V	S	F
P	G	E	H	O	I	L	T	M
Q	S	E	T	O	P	O	I	N
R	S	T	V	X	Y	Z	S	A

Die Buchstaben können von links nach rechts, von rechts nach links, von oben nach unten, von unten nach oben und diagonal, nicht aber über Eck gelesen werden!

DL

1) Sextus hat eine kleine (parvus) Anzahl schöner Bücher. 2) Er gibt Marcus eines davon (= von den Büchern). 3) Marcus' Freude ist groß, denn er liebt schöne Bücher. 4) Er bedankt sich bei Sextus. 5) Auch Sextus freut sich.

Mutter Latein und ihre Töchter

Wie heißt das lateinische Wort?

franz.	*ital.*	*span.*	*port.*	*rumän.*	*engl.*
l'ami	l'amico	el amigo	amigo	amic	
faire	fare	hacer (h<f)	fazer	face	
le peuple	il popolo	el pueblo	povo	popor	people
étudier	studiare	estudiar	estudar	studia	to study
avoir	avere	haber	haver		
numéro	numero	número	numero	numar	number
accepter	accettare	aceptar	aceitar	accepta	to accept
apparaître	apparire	aparecer	aparecer	aparea	to appear

A1 Flavus und der Esel

Selenus hat frühmorgens Flavus mit einem Esel nach Pompeji geschickt; er soll zunächst bei Umbricius Agathopus eine Lieferung **garum** (eine flüssige Würze auf Fischbasis, die der Römer fast jeder Speise zufügte) bestellen und dann vor allem im Hafen einen Ballen ägyptischer Baumwolle abholen, die Aurelia dringend erwartet und von der gerade eine Ladung angekommen ist.

hōra sexta: Uhrzeit → CG 20.4.3

Flāvus hōrā sextā asinum onerat et Pompēiānum repetit. Asinum incitat, nam vīlicus servum exspectat.
Asinus autem multīs locīs cōnsistit. Postrēmō locō nōn iam cēdit.
Frūstrā Flāvus asinum verbīs bonīs incitat, frūstrā verberat: Asinus nōn pāret.
Tum servus māgnā diligentiā herbās colligit. Asinum herbīs incitāre studet neque locō movēre potest.

A2

forum: → Kapitel „Das Forum Romanum"

In Pompēiānō vīlicus cum Dāvō Flāvum exspectat. Flāvus hōrā decimā nōndum adest.
Selēnus: „Iam vesper adest. Ubī est Flāvus? Iam diū ā vīllā abest. Certē cum amīcīs in forō stat et fābulās narrat. Venī mēcum, Dāve!"
Vīlicus et Dāvus ē vīlla currunt et tumulum prō vīllā situm ascendunt. Dē tumulō spectant.
Quid vident?
Flāvus sub tumulō stat et prō asinō saccum portat. Asinus autem sine saccō stabulum petit …

B Fabula de equo superbo et de asino misero

Hōrā prīmā agricola cum equo et asino forum petit. Asinus annis iam confectus tamen saccos portat. Equus autem saccis vacat. Paulo post asinus in via consistit et equo „Valde" inquit „saccis defessus sum. Ego saccos porto, sed tu sine saccis forum petis. Ades mihi atque libera me a dimidio saccorum." Equus autem superbis verbis: „Cede a me! Verbis tuis mihi molestus es."

Paulo post asinus saccos portare non iam potest: cadit atque e vita excedit. Tum agricola saccos de asini tergo tollit et in equi tergo ponit. Et equus: „O me stultum! Pro dimidio saccorum nunc cunctos saccos porto."

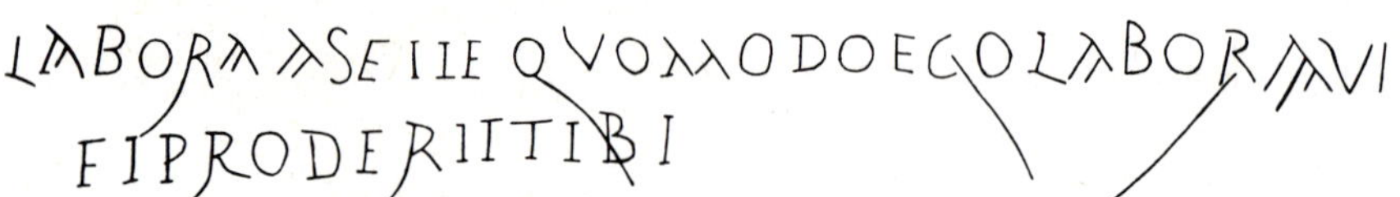

LABORA ASELLE QVOMODO EGO LABORAVI ET PRODERIT TIBI
„Arbeite, Esel, wie ich gearbeitet habe, und es wird dir nützen."

◄ *Graffito vom Palatin, Rom: Ein Esel dreht einen Mahlstein, indem er an einer Stange um den Mühlstein herumgeht*

C 1

Fabula de gallo superbo et de vulpecula callida

Hōrā nocturnā vulpecula hortum villae intrat. Ibi gallus in pōmō altā cantat. Vulpecula autem callida gallum interrogat: „Cur hora nocturna cantas, mi galle?“
Gallus respondet: „Domino et dominae et servis horam matutinam canticis meis praenuntio.“
Tum vulpecula: „Sine dubio propheta divinus es.“ Gallus verbis blandis gaudet iterumque cantat. Deinde vulpecula sub pomo saltat, sed gallus: „Cur sub pomo saltas, mi amice?“
Vulpecula: „Tecum gaudeo, nam cunctas bestias sapientia prudentiaque tua superas. Scisne in terra quoque horam praenuntiare? Devola de pomo tua, nam coronam tuam basiare cupio.“
Statim gallus devolat, sed vulpecula magna laetitia gallum superbum capit et „Sapientia tua“ inquit „prudentia eget.“ Deinde cum praeda ex horto currit.

gallus Hahn • **vulpēcula** Fuchs • **callidus, -a, -um** schlau • **nocturnus, -a, -um** nächtlich • **hortus** Garten • **pōmus** *f.* (!) Obstbaum • **altus, -a, -um** hoch • **respondēre** antworten • **mātūtīnus, -a, -um** morgendlich • **canticum** Lied • **praenūntiāre** ankündigen • **dubium** Zweifel • **prophēta** *(griech.)* Prophet • **dīvīnus, -a, -um** göttlich • **blandus, -a, -um** schmeichlerisch • **saltāre** springen, tanzen • **bēstia** Tier • **prūdentia** Umsicht • **sapientia** Weisheit • **superāre** übertreffen • **terra** Erde • **dēvolāre** herab-/hinabfliegen • **corōna** Krone • **bāsiāre** küssen • **laetitia** Freude • **egēre** *mit Abl.* Mangel haben *an etwas* • **praeda** Beute

C 2

„Genug“

Nach anfänglichen Siegen über die Römer mußte sich Hannibal (247–183) nach der Schlacht bei Zama (Naragarra) geschlagen geben. Er wirkte in seiner Heimat Karthago noch etwa ein Jahr gegen seinen Hauptfeind, die Römer, dann mußte er nach Kleinasien fliehen und fand bei dem König Antiochus Zuflucht. Der bereitete gerade einen Eroberungskrieg vor und rüstete sich auch zu einem Kampf mit den Römern.
Voller Stolz führte er seinem Gast die dafür vorgesehenen Truppen vor.

Antiochus: „Videsne, Hannibal, copias meas? Hic equi veniunt, ephippiis aureis onusti, hic incedunt elephanti, bellicosi, magni, multi! Satis sunt Romanis!“

Hannibal autem et divitias et ignaviam copiarum videt. Dicit: „Sunt satis Romanis – quamquam avari sunt!“

cōpiae, -ārum *(Pl.)* Truppen • **ephippium** *(griech.)* Sattel • **aureus, -a, -um** golden • **incēdere** einherschreiten, anrücken • **bellicōsus, -a, -um** kriegstüchtig, kämpferisch • **satis** genug • **dīvitiae, -ārum** *(Pl.)* Reichtümer • **īgnāvia** Trägheit, Feigheit • **quamquam** obgleich • **avārus, -a, -um** habgierig

▲ *Schale mit einem Kampfelefanten, um 250 v. Chr. Rom, Villa Giulia*

Die Stadt Pompeji

Pompeji war eine mittelgroße Stadt in einer der fruchtbarsten Gegenden Italiens, in Campanien; sie hatte ungefähr 15 000–20 000 Einwohner. Hier lebten viele Landbesitzer, deren Äcker und Weingärten vor den Toren der Stadt lagen, zum Teil aber auch innerhalb des Stadtgebietes, ferner viele Händler und Handwerker. Oliven und Wein wurden im Umland vorzugsweise angebaut. Die geographische Lage nahe dem Fluß Sarno, der unweit von Pompeji in den Golf von Neapel mündet, begünstigte den Handel: Vor allem Wein wurde ausgeführt. Der Hafen hatte im Wirtschaftsleben der Stadt eine wichtige Funktion und garantierte den Bürgern ein Leben in bescheidenem Wohlstand.

Die Stadt besaß all die öffentlichen Einrichtungen, die für den Römer jener Zeit Inbegriff städtischer Kultur und Zivilisation waren: ein Forum mit Tempeln und einer Basilika (Gerichtshalle), Theater, Amphitheater, Palästra für die Jugend, Thermenanlagen, ein öffentliches Wassernetz und gepflasterte Straßen; was die Hygiene und den Wohnkomfort betrifft, lebten diese Kleinstädter wahrscheinlich besser als die Bewohner Roms; andererseits waren hier die Aufführungen im Amphitheater viel bescheidener als in Rom, für die Attraktivität einer Stadt damals ein wichtigerer Gesichtspunkt als Komfort und billige Mieten.

Pompeji war von einer Stadtmauer mit 7 Toren umgeben, die aber in späterer Zeit, als sie überflüssig geworden war (Pax Romana, → pacare, S. 9), auf der Südseite mit eleganten Häusern bebaut wurde, von denen aus die Bewohner einen herrlichen Blick auf das Meer und auf den Vesuv genießen konnten.

Der Vesuvausbruch von 79 n. Chr.

Aus keiner antiken Epoche steht so viel Material über das Wohnen zur Verfügung wie aus dem 1. Jahrhundert n. Chr. Einem Ereignis sind all die für die Forschung so wichtigen archäologischen Quellen zu verdanken, dem Vesuvausbruch von 79 n. Chr.

Was für uns ein einmaliger Glücksfall ist, das war für die Pompejaner damals ein Inferno: Der Tag wurde zur

▼ *Blick über das Forum von Pompeji. Im Hintergrund der Vesuv.*

▲ *Straßenszene in Pompeji. Zeichnung aus dem 19. Jh.*
◀▲ *Das Forum von Pompeji mit dem Jupiter-Tempel. Rekonstruktionszeichnung*
◀ *Blick in eine Garküche (thermopolium) an der Via dell'Abbondanza*
◀▼ *Würfelspiel in der Kneipe. Wandmalerei aus Pompeji*
▼ *Bäcker mit Kundschaft. Aus Pompeji, 1. Jh. n. Chr. Archäologisches Nationalmuseum Neapel*

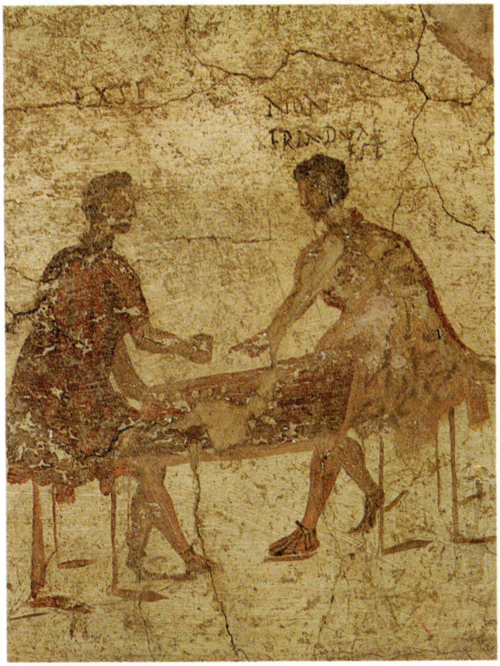

▲ *Abguß des Hundes Primus (Pompeji, Antiquarium)*
◀ *Abgüsse von Opfern des Vesuvausbruchs 79 n. Chr.*
◀▼ *Straßengabelung mit Brunnen*
▼ *Straßenzsene: Die sog. Via dell'Abbondanza*

Nacht, es ‚regnete' Asche und glühende Steine. Am 24. August 79 n. Chr., um 10 Uhr vormittags, sprang der Lavapfropfen, der die Spitze des Vesuvs verschlossen hatte, heraus, bereits gegen 13 Uhr war Pompeji unter einer 6 Meter hohen Schicht aus Asche und Lapilli begraben, und alles Leben der Stadt war erloschen. Wie viele Menschen rechtzeitig fliehen konnten, weiß man nicht; viele Pompejaner wurden in ihren Häusern, auf den Straßen und an den Stadttoren begraben, erstickt von den Schwefeldämpfen, die den Aschenregen begleiteten.
Viele Einzelschicksale der Bewohner sind bekanntgeworden, seit durch ein spezielles Ausgußverfahren die von der Asche dicht umschlossenen Körperumrisse in Form exakter Gipsabdrücke gewonnen werden konnten: Ein Abguß z. B. zeigt eine Frau, die vor der Flucht schnell ihren wertvollen Schmuck retten wollte, jedoch nicht mehr bis zur Haustür gelangte, zusammenbrach und erstickte; ein anderer zeigt ein junges Mädchen, das sein Gesicht zum Schutz vor den giftigen Gasen ins Gewand der Mutter preßt. Ähnlich qualvoll starben viele Haustiere, so ein Hund, der in einem Atrium festgebunden und vergessen worden war; soweit die Kette reichte, war er auf die durch das **compluvium** (→ Kap. „Wie die Römer wohnten") einfallenden Schuttmassen hinaufgeklettert und hatte sich, als der Überlebenskampf aussichtslos geworden war, auf den Rücken gewälzt und war verendet.

Frauen mit kleinen Kindern, Greise, Sklaven, Reiche, Arme, sie alle starben unter den Schuttmassen aus dem Inneren des Vesuv, eines zuvor lieblichen Berges, dessen Kuppe bewaldet war und an dessen Hängen ein ausgezeichneter Wein wuchs (und heute wieder wächst). Seither ist der Vesuv noch mehr als 40mal ausgebrochen.

Pensa exercitanda*

Wh

Welche Form ist richtig?

a) Flavus	domini domino dominum	paret.
b) Syrus iumenta	dominum domini domino	incitat.
c) Davus praemium	domina dominam dominae	laudat.
d) Rota	plaustrum plaustri plaustro	fracta est.
e) Selenus	servi servorum servos	audit.

F 1

Bestimme Kasus, Numerus und Genus folgender Formen! Achte auf Mehrdeutigkeit:

villae – verbum – sacco – herbae – herba – horas – horis – gaudio – ludis – ludi – studia – villa – villarum – amphora – magnorum – onustis – stultae – stulto – pulchrarum – miseris – miseri – miserum

Vertausche Singular und Plural.

S 1

Ergänze die Ausgänge. Welche inhaltliche Bedeutung haben jeweils die Ablative?

1) Flavus asinum mult_ verb_ incitare studet. 2) Asinus loc_ non cedit. 3) Magn_ studi_ herbas colligit. 4) Etiam mult_ herb_ Flavus asinum loc_ movere non potest. 5) Hor_ decim_ servus asinusque nondum adsunt.

* Ab hier werden in den Pensa exercitanda keine Längenzeichen mehr als Lesehilfe gegeben.

S 2

Übersetze, und bestimme die inhaltliche Bedeutung der Ablative:

1) Cenam parate, Afra et Lydia, magna cum diligentia! 2) Apporta, Dave, amphoram vini Falerni ex apotheca! 3) Etiam liberi dominam magno studio adiuvant. 4) Tumulum cum Seleno ascendunt et convivas pro villa exspectant. 5) Hora decima de tumulo convivas vident et sub tumulo convivas salutant. 6) Deinde et Pomponius et Aurelia convivas salutant. 7) Convivae cena vinoque gaudent.

F 2

amicus bonus – conviva bibulus

Dekliniere beide Ausdrücke nebeneinander.

S 3

a) Publius venit.
b) Davus onerat.

Welcher der beiden Sätze ist unvollständig? Welche Fragen läßt der unvollständige Satz offen?

c) Davus asinum sacco onerat.

Auf welche Frage antwortet die Ergänzung „asinum"?

Auf welche Frage antwortet die Ergänzung „sacco"?

d) Publius cum amico venit.

Worin unterscheidet sich inhaltlich und grammatisch die Angabe „cum amico" im Satz d) von der Angabe „sacco" in Satz c)?

S 4

Flavus stat
- a) sub tumulo.
- b) cum amico.

Ist die Angabe a) oder die Angabe b) nötig, damit eine sinnvolle Information zustande kommt?

S 5

Prüfe, wo in Übung S 2 bei den Angaben im Ablativ eine adverbiale Bestimmung oder ein Ablativobjekt vorliegt.

K

Verbinde:

a/ab mit: puer – dominus – agricola – vilicus – domina – hora – puella – aedificium

cum mit: amicus – amica – asinus – equus – conviva
sine mit: saccus – servus – aqua – herba – instrumentum
sub mit: tectum – tumulus – fenestra (Fenster) – villa
e/ex mit: villa – forum – numerus – ludus – herba – amphora
de mit: salamandra – vicinus – equus – studium – tergum
in mit: aedificium – stabulum – aqua – herba – ludus
pro mit: villa – murus – stabulum – conviva – asinus

Verbinde die Präpositionen mit den angegebenen Substantiven, und ordne die Präpositionalausdrücke nach den jeweiligen Bedeutungen des Ablativs. In welcher Funktion läßt sich dem Ablativ keine Präposition zuordnen?

W

Kennst Du die Fremdwörter?

Der Arzt hielt eine lokale Betäubung für ausreichend. – Zur Vesperzeit füllt sich das Lokal. – Der Physiklehrer hat ein Vakuum hergestellt. – Liberia ist 1847 von den USA für zurückgeführte Negersklaven als Freistaat gegründet worden. – Die Kur ist ihm gut bekommen.

DL

1) Davus belädt die Wagen mit vielen (und) großen Säcken. 2) Lucius ist mit den Freunden in der Schule. 3) Domitilla eilt mit Apollonia aus dem Haus. 4) Zur 10. Stunde sind die Gäste da. 5) Mit großer Sorgfalt bereitet die Herrin mit den Sklavinnen das Mahl vor. 6) Davus erzählt seinen Freunden auf dem Forum dumme Geschichten über seine Herrin Aurelia.

Mutter Latein und ihre Töchter

Wie heißt das lateinische Wort?

franz.	*ital.*	*span.*	*port.*	*rumän.*	*engl.*
l'heure	l'ora	la hora	hora		hour
le lieu	il luogo	el lugar	lugar	loc	
la fable	la favola	la fábula	fabula		fable
premier	primo	primero	primeiro	prime	prime
l'an	l'anno	el año	ano	an	

Kanon

Melodie: Ich armes welsches Teufli;
lt. Text: W. Siewert

angere beängstigen, Angst machen • **maximē** sehr, außerordentlich • **hic** dieser

1 Sklavenleben

1. Polybius saepe līberīs Pompōniīs verbīs pulchrīs dē Graeciā narrat. Lūcius gaudet: „Pulchrē narrāre scīs, Polýbī!"

2. Nōnnumquam Polybius dīcit: „Nōs servī miserī sumus: miserē in terrā aliēnā vīvimus. Līberī nōn sumus et multī dominī servīs superbē imperant."

3. Servī prīmā hōrā agrōs petunt. Multās hōrās in agrīs labōrant. Post quīntam hōram ibī cēnant. Decimā hōrā ex agrīs ad vīllam veniunt et olīvās sub horreī tēctum portant. Tandem olīvae sub tēctō sunt.

olīvae: Oliven gehörten zu den Hauptanbauprodukten der italischen Landwirtschaft, ihr Öl war eines der wichtigsten Grundnahrungsmittel

horreum: Scheune, Lagerschuppen

2 Kurier aus Rom

Sub vesperum nūntius ante portam stat. Ōstiārius ad portam currit. Nūntium ad portam salūtat et interrogat:
„Quis es et unde venīs?"
„Alexander sum, Rōmā veniō. Nūntium dominō tuō habeō. Nōnne dominus tuus domī est?"
„Nōn adest, nam Pompēiīs negōtia agit. Iam diū domō abest. Intrā vīllam." Tum nūntius per portam vīllam intrat. In ātriō Pompōnium exspectat. Vesperī M. Pompōnius domum venit.

Post cēnam Pompōnius Aurēliam līberōsque vocat: „Pompēiōs relinquere et iter facere mihī necesse est."
Līberī clāmant: „Cūr domō discēdis? Quō iter facere in animō habēs? Rārus apud nōs es."
Tum Pompōnius: „Pompēiīs nōn laetus discēdō, sed Rōmae mihī multa negōtia sunt."

„Nōnne nōbīs licet tēcum iter facere? Pulchrum est enim Rōmae per viam Sacram et Novam viam ambulāre atque tabernās templaque spectāre." Pompōnius rīdet: „Licet, līberī."

Der **ōstiārius** konnte sich als der wichtigste Haussklave fühlen: Er hatte die Tür zu bewachen, unerwünschte Besucher abzuweisen, die in das Haus gelangenden oder es verlassenden Waren und Gegenstände zu kontrollieren. Es kam allerdings vor, daß er in seiner **cella ōstiāria** angekettet war.

ātrium: das Atrium, Hauptraum des römischen Hauses, diente u. a. als Empfangsraum. → Kap. „Wie die Römer wohnten" (S. 131)

via Sacra, Nova via: Straßen am Forum Romanum in Rom

3 Nach Rom!

Hōrā prīmā Polybius līberōs excitat: „Agite, līberī! Iam discēdere necesse est. Hōra surgendī adest, nam dominus statim discēdere cupit. Parātīne estis ad surgendum?"

Paulō post Pompōnius cum līberīs Pompēiānum raedā relinquit. Prīmum Herculāneum veniunt. Procul Vesuvius appāret. Nebula ē Vesuviō discēdit. Statim Lūcius clāmat: „Ecce, Vulcānus deus labōrat."
Tum Polybius: „Sīc est. Circum Vesuvium multa oppida sita sunt. Nōnnumquam incolae oppidōrum prope Vesuvium sitōrum flammās vident et dīcunt: ‚Vulcānus deus labōrandī causā in Vesuviō est.'"
Lūcius nebulam timidus spectat.

Herculāneum: vom Vesuv ebenfalls 79 n. Chr. verschüttete Stadt, die z. T. ausgegraben wurde

Vesuvius: Vulkan am Golf von Neapel. Letzter Ausbruch 1944, heute ruhig

Puteolī: Pozzuoli, Stadt nw. von Neapel, ebenso **Bāiae** und **Mīsēnum** (M. war der röm. Kriegshafen)
Sibylla: Name für weissagende Frauen; eine soll in **Cūmae** ein Orakel gehabt haben
Cūmae, Formiae: weitere Städte an der Küste
caupōna: Kneipe, Gasthaus, → Kap. „Reisen im Römischen Reich"

Deinde Puteolīs oppidō appropinquant. Polybius līberīs in viā fābulās dē deīs Graecōrum narrat. Domitilla pulchrās vīllās rūsticās prope Bāiās et Mīsēnum sitās spectat. Cūmīs Polybius līberīs dē Sibyllā narrat.

Vesperī tandem Formiās veniunt. Ibī caupōnam quaerunt et cōnsistunt.

► *S. 43: Beim heutigen Sperlonga auf halber Strecke zwischen Pompeji und Rom besaß Tiberius eine prächtige vīlla maritima mit einer zu einem Festsaal ausgebauten Höhle, in der Statuengruppen gefunden wurden, die Szenen aus der Odyssee Homers darstellen (im Museum von Sperlonga)*

► *Hafen in der Campania, vielleicht Puteoli. Wandmalerei aus Stabiae (in der Nähe von Pompeji). 1. Jh. v. Chr.*

B Die lykischen Bauern

Mane Pomponii Formias relinquunt. Quinta hora stagno parvo appropinquant. Ibi cenandi causa consistunt. In cenando ranas audiunt. Tum Polybius: „Paratine estis ad audiendum? Vobis fabulam de ranis narrare cupio.

Latona dea cum Phoebo et Diana liberis per Lyciam errat. Dea liberique aquā egent. Tum stagno parvo appropinquant. Latona aquam bibere cupit et laeto animo bibendi causa ad stagnum currit. Tum agricolae vici propinqui apparent, ad stagnum currunt, deam aquā prohibent.

Lātōna (Lātō, griech. Lētō) war die Mutter des Gottes Apollon (= **Phoebus**, gr. Phoibos) und der Göttin Artemis **(Diāna); Lycia** hieß eine Gegend im sw. Kleinasien

Dea agricolas implorat: „Cur me aquā prohibetis? Adeste nobis et aquam date!" Agricolae autem impii deae maledicunt, in stagnum saliunt, aquam saliendo turbant. Tum dea agricolis irata: „Vae vobis, agricolae impii! Ego Latona dea sum. Vivite semper in stagno!"

Et statim agricolas in ranas commutat. Iam agricolae formam ranarum accipiunt; in stagno saliunt atque sub aqua maledicunt."

Bilderläuterung auf S. 42

C Ein böser Traum

Valerius et Telemachus, Valerii amicus, vesperi Megaram, in oppidum Graeciae, veniunt. Ibi Telemachus villam avunculi petit. Valerius autem in cauponam devertit.

Avunculus Telemachum libenter recipit; bibunt, narrant, cenant. Denique Telemachus dormit et somniat.

In somnio amicum videt: Valerius in cubiculo stat et multis cum lacrimis clamat: „Eheu! Ades mihi! Caupo me necare in animo habet!"

Statim Telemachus e lecto salit et avunculum excitat. Sed avunculus defessus dicit: „Somnia sunt! Vinum somnia mala excitat! Dormi!" Et Telemachus paret.

Ecce! Iterum Valerius amico in somnio apparet et dicit: „Nunc sero est. Caupo me plaustro ex oppido portat!"

Telemachus e lecto salit, e villa avunculi ad cauponam currit, neque vero amicum reperit neque amici bona …

avunculus Onkel • **dēvertere** einkehren • **recipere** aufnehmen • **dēnique** schließlich • **dormīre** schlafen • **somniāre** träumen • **somnium** ? • **cubiculum** Schlafkammer • **lacrima** Träne • **caupō** *(Nom.)* Wirt • **necāre** töten • **lectus** Bett • **malus, -a, -um** schlimm, böse • **sērō** (zu) spät • **bona** *N.Pl.* Güter, Hab und Gut

Reisen im Römischen Reich

Das Reisen auf dem Landweg war in der Antike für unsere Vorstellungen nicht nur recht mühselig, sondern vor allem auch langwierig. So benötigten die Pomponii für ihre Fahrt von Pompeji nach Rom – eine Strecke von ca. 250 km – zwei Tage. Für eine Fahrt von Rom nach Britannien brauchte man 1 Monat, von Rom nach Mainz 10 Tage.

Für uns heute ist die Reise auf dem Landweg die übliche und die Fahrt per Schiff die Ausnahme, genau umgekehrt war es bei den Römern: Flüsse (z. B. Rhein, Donau) wurden als Hauptverkehrsadern genutzt und galten gegenüber der Straße als bequemer und ungefährlicher. Reisen auf dem Mittelmeer verliefen relativ zügig, von Rom nach Karthago brauchte man nur 3 Tage. Wo sie konnten, benutzten die Römer die vertrauten Mittelmeerküsten und fuhren per Schiff.

Auf der anderen Seite war das römische Straßensystem für die damalige Zeit ausgesprochen hoch entwickelt. Jede Provinz war über gut ausgebaute Straßen binnen kurzem von Rom aus zu erreichen. In erster Linie war das Straßennetz zu militärischen Zwecken angelegt worden, nämlich um die Provinzen stets unter Kontrolle halten und bei Aufständen selbst in entlegenen Gebieten rasch Truppen zu den Brennpunkten schicken zu können. Ebenso wichtig waren die Straßen zur Nachrichtenübermittlung. Selbstverständlich wurden die Straßen daneben intensiv für den Handel und für Privatreisen genutzt, doch soll man hier stets der Gefahr von Überfällen ausgesetzt gewesen sein.

Die großen Fernstraßen trugen – entsprechend den Nummern unserer Autobahnen – die Namen der Leute, die ihren Bau finanziert hatten. Das waren – wie bei allen öffentlichen Einrichtungen – die reichen Privatleute, die anstelle von Steuerzahlungen solche Leistungen erbrachten – schließlich hatten sie meist ihre Reichtümer, z. B. in der Verwaltung von Provinzen, in öffentlichem Auftrag durch Steuern und Tribute „erworben".

▲ *Reisewagen (raeda). Relief an der Kirche von Maria Saal bei Klagenfurt*

▲ *Ein zweirädriger schneller Reisewagen (cisium oder esseda) nähert sich einem Meilenstein. Um 200 n. Chr. Trier, Landesmuseum*

Die Straßen führten von Rom aus in alle Richtungen. Noch heute kann man in allen Teilen des ehemaligen römischen Reiches gut erhaltene Reste oder zumindest Trassen von Römerstraßen erkennen, in Rom selbst z. B. die Reste der Via Appia, die über Tarracina, Formiae, Capua, Benevent bis nach Brundisium, dem Hafen im äußersten Südosten Italiens führte. Auch die Pomponii reisten ab Sinuessa (kurz vor Formiae) über die Via Appia nach Rom.

▼ *Speisekarte auf einem steinernen Spielbrett, gefunden in Rom: „Wir haben als Abendessen Huhn, Fisch, Schinken, Pfau." (Kapitolinische Museen)*

Für den Verkehr standen ganz verschiedene Fahrzeuge zur Verfügung, für den Warentransport andere als für Personen. Als Reisewagen gab es solche mit 2 oder 4 Rädern, die zweirädrigen **essedae** oder **cisia** waren die schnelleren. Mehrere Reisende mit Gepäck benutzten die vierrädrige **raeda.** Im Wagenbau hatten die Römer Entscheidendes von den Galliern gelernt, die Fachleute darin waren. Daher übernahmen die Römer auch viele Bezeichnungen für Wagen von den Galliern, auch das Grundwort **carrus** – „Karren".

Für die Rast oder zur Übernachtung standen **cauponae** oder **hospitia** zur Verfügung, die von römischen Autoren als zwielichtige Absteigequartiere geschildert werden, in denen Reisende übers Ohr gehauen oder ausgeraubt wurden; wir können heute nicht mehr entscheiden, wieviel daran wahr und wieviel Übertreibung ist. Oft bestand auch die Möglichkeit, privat einzukehren. Im Norden des Römischen Reiches sind riesige komfortable Hotelanlagen nachgewiesen worden.

Pensa exercitanda

Wh 1

Der schwedische Forscher Carl von Linné (1707–1778) hat alle damals bekannten Lebewesen und Pflanzen in ein übersichtliches System eingeordnet. Er gab ihnen zwei Namen; beide sind lateinisch, damit sie international verständlich seien. Der erste der beiden Namen gibt die große Gattung an, der zweite beschreibt als Attribut die besondere Art näher. In der folgenden Übersicht geht es um diese Artenbeschreibung.

a) Welche Arten von Attributen kannst Du feststellen?

b) Versuche eine deutsche Übersetzung. Diese wird oft nicht mit der im Deutschen üblichen Bezeichnung übereinstimmen, da es sich um eine Fachsprache handelt (z. B. lepus timidus: Schneehase).

lepus Hase lepus timidus lepus europaeus	**gastrophilus** **Bremsenfliege** gastrophilus equi
rattus Ratte* rattus norvegicus rattus alexandrinus	**anisophila** **Getreidekäfer** anisophila agricola
taraxacum **Löwenzahn** taraxacum alpinum	**dianthus Nelke** dianthus alpinus dianthus superbus

* mittelalterl. Latein; klass. Latein: **mūs** (Maus, Ratte)

Wh 2

Übersetze:

a) Publius multa et stulta scribit.

b) Tertia multa et iucunda narrat de Latona dea.

F 1

docte – domi – domum – domo – iam – ibi – iterum – Latine – libere – moleste – postremo – primum – pulchre – quam – raro – rustice – sedulo – severe – statim – subito – tam – tum – vesperi

a) Ordne die angeführten Adverbien nach ihren Endungen.

b) Welche Dir bekannten Kasusendungen stellst Du fest? Was sind diese Adverbien also ursprünglich gewesen?

c) Welche Adverbien sind von Adjektiven abgeleitet?

T 1

Auf der Karte ist die Reiseroute der Pomponii eingetragen. Gib zu den Städtenamen jeweils die lateinischen Formen auf die Fragestellungen:

a) woher? b) wo? c) wohin?

Reiseroute:

Pompeii – Herculaneum – [Neapolis] – Puteoli – Misenum – Baiae – Cumae – Liternum – Volturnum – Sinuessa – Minturnae (CAMPANIA) – Formiae – Fundi – Tarracina – Forum Appii – Aricia – Bovillae – Roma (LATIUM)

S 1

Welche Satzglieder bilden die hervorgehobenen Formen?

Welche Angaben enthalten sie?

a) Pomponii **Pompeiis** iucunde vivunt.

b) Lucius **in horreo** ludit.

c) **In foro** magnum templum stat.

d) Servus **de tecto** cadit.

e) Marcus iter **Romam** facit.

f) Unde venis? **Cumis** venio.

g) Quo iter facis? **Augustam Rauricorum** in provincia Gallia Belgica sitam iter facio.

E 1

Setze in den richtigen Kasus und übersetze:

a) Agricolae impii in aqu_ saliunt et in aqu_ deae maledicunt.

b) Sub vesper_ fulget. Servi sub stabuli tect_ currunt et sub tect_ consistunt.

c) Asinus sub tumul_ clamat.

K

Ordne die folgenden Orts- und Zeitangaben in eine Tabelle nach folgendem Muster ein:

Ortsangabe		Zeitangabe	
woher?	Herkunft	seit wann?	Beginn
wo?	Ort	wann?	Zeitpunkt
wohin?	Richtung	wie lange?	Dauer
...		...	

prīmā hōrā – ante stabulum – sub vesperum – in tecto – in tectum – ad tumulum – apud me – sub murum – sub muro – ante horam primam – post tergum – post horam quintam – domo – in stabulo – domi – in stabulum – domum – Romae – Pompeiis – Pompeios – de tecto – multas horas (→ CG 8.6) – pro muro – ante murum – e stabulo – a stabulo – ā prīmā hōrā – anno Domini – vesperi

S2

Unterscheide die Satzgliedfunktionen des hervorgehobenen Wortes:

a) Agricolae **impii** sunt.
b) Agricolae deam **impie** aquā prohibent.
c) Latona agricolas **impios** implorat.
(implorare: anflehen)
d) Dea agricolas **impios** in ranas commutat.

F2

Bilde aus den folgenden Bestandteilen vier nd-Formen und mache dabei (farbig) Bindevokale kenntlich.

nd – stude – i – e – capi – o – nd – nd – iuva – um – ad (Präp.) – nd – curr – e – i

E2

Überlege, ob Du einen Infinitiv oder eine -nd-Form einsetzen mußt.

a) Disce_ causa discipuli in scholam currunt.
b) Disce_ non cunctis discipulis gaudio est.
c) Nonnulli ad disce_ parati non sunt.
d) In disce_ saepe magistro illudunt.
e) Nunc hora disce_ est.
f) Lucius litteras disce_ non cupit.

S3

Bestimme jeweils die Satzgliedfunktion der hervorgehobenen Verbform:

a) **Laborare** molestum est.
b) Magister **ad narrandum** paratus est.
c) Discipulus **discendo** defessus est.

W

Ordne folgende Wörter zu Gegensatzpaaren:

a – ad – ante – bonus – domo – domum – e – iam – in – magnus – malus – nondum – parvus – pigre – post – postremo – primum – raro – saepe – sedulo

T2

Die Bauern in Text 7B werden als ‚impii' bezeichnet, d.h. es wird ihnen Pflichtbewußtsein, Ehrfurcht und Respekt abgesprochen.

1) Mit welchem Begriff kann man das lateinische Wort **impius** im Deutschen wiedergeben, wenn man bedenkt, daß für die lykischen Bauern Latona und ihre beiden Kinder ‚nur' Menschen sind. (Sie wissen ja nicht, daß sie eine Göttin vor sich haben!)
2) Mit welchem deutschen Begriff kann man dasselbe lateinische Wort wiedergeben, wenn man bedenkt, daß die Bauern mit ihrem Verhalten eine Gottheit treffen?
3) Warum gibt sich Latona nicht gleich als Göttin zu erkennen?
4) Warum verwandelt die Göttin die Bauern gerade in Frösche?
5) Welchen Sinn hat die Verwandlung?

DL

1) Die Göttin sagt zornig: „Ihr seid respektlose Bauern!"
2) Der Frosch springt froh im Wasser (umher).
3) Ein Esel läuft zum Trinken (wegen des Trinkens) ans Wasser.
4) Das Mädchen hört gern Geschichten.
5) Abends kommen sie nach Rom. In Rom erhält (empfängt) Polybius einen Brief.

Mutter Latein und ihre Töchter

Wie heißt das lateinische Wort?

franz.	ital.	span.	port.	rumän.	engl.
vivre	vivere	vivir	viver		
la porte	la porta	la puerta	porta	portal	portal
le temple	il tempio	el templo	templo	templu	temple

1 Rednerlob

Ōrātor in rōstrīs stat.
Vōx ōrātōris forum complet.
Plēbs Rōmāna ōrātōrem attentē audit.
Verba ōrātōris plēbī placent.
Māgnā vōce ōrātor imperātōrem Tiberium laudat.
Tiberius imperātor apud plēbem māgnō in honōre est.
Tamen multīs audītōribus verba ōrātōris displicent.
Et nōnnūllī senātōrēs dicta vituperant:
Multās laudēs imperātōris enim nōn probant.
Ōrātōrī est nōmen L. Memmius Rēgulus.
Nōmina ōrātōrum multōrum clāra sunt.

▲ *Statue des Aulus Metellus, 1. Jh. v. Chr., genannt „Der Redner". Florenz, Archäol. Museum*

2 Staatsbegräbnis in Rom

Am zweiten Tag abends waren die Pomponii in Rom angelangt. Freudig waren sie vom Personal in der römischen Stadtvilla des Pomponius begrüßt und bewirtet worden.
Am nächsten Tag zogen die Jungen in Begleitung des Polybius gleich in den Trubel der Großstadt. Den Mädchen hatte der Vater einen Spaziergang versprochen.

Lūcius et Pūblius cum Polybiō paedagōgō in forō ambulant. Tabernās aspiciunt, Argilētō appropinquant.

Subitō vōcem māgnam audiunt. Procul multōs hominēs vident. Itaque ad multitūdinem hominum currunt.

rōstra: eigt. „(Schiffs)schnäbel"; Rednerbühne auf dem Forum in Rom, geschmückt mit den Rammspornen 338 v. Chr. erbeuteter Schiffe

Argīlētum: Straße in Rom nördl. vom Forum mit Handwerker- und Buchhändlerbuden

▼ *Beerdigungszug einer höhergestellten Persönlichkeit. Aus Amiternum, Ende 1. Jh. v. Chr. L'Aquila, Nationalmuseum*

senātor: Mitglied des Senats, des röm. Staatsrates; während der Republik oberste Regierungsbehörde, verlor unter den Kaisern nach und nach an Bedeutung. → Kap. „Die römische Gesellschaft"

supplicātiō: öffentliches Buß-, Bitt- oder Dankfest, oft zu Ehren einer wichtigen Persönlichkeit

triumphus: Triumph(zug), vom Senat einem Feldherrn nach einem wichtigen Sieg bewilligt; → Text 8 B

via Appia: die älteste röm. Heerstraße, 312 v. Chr. von Rom (**porta Capēna**) bis Capua angelegt, unter Trajan (Kaiser 98–117) bis Brundisium verlängert; Name nach dem Erbauer Appius Claudius Caecus, an beiden Seiten heute noch von zahlreichen Gräbern **(sepulcra)** und Ehrendenkmälern **(tumulī honōrāriī)** flankiert

Ōrātor, homō cūnctīs nōtus, nōmine L. Memmius Rēgulus, dē rōstrīs ōrātiōnem habet. Multitūdō ante rōstra stat et attentē vōcem ōrātōris audit. Vōx Rēgulī forum complet.
Rōmānī hodiē senātōrī mortuō suprēmum honōrem habent. Senātōrī mortuō nōmen est L. Mūnātius Plancus. Ōrātor bonā ōratiōne virtūtem senātōris laudat.

Antīquus mōs Rōmānōrum est hominēs honestōs māgnīs honōribus afficere. Vīvōs Rōmānī aut supplicātiōne aut honōre triumphī afficiunt; mortuīs honōrem fūneris pūblicī habent. Itaque hodiē Mūnātiō mortuō fūnus pūblicum suprēmus honōs est. Virtūs L. Mūnātiī Plancī plēbī nōta est. Plēbs contenta est et ōrātōrī māgnō clāmōre acclāmat.

L. Memmius Rēgulus nōn modo virtūtem senātōris, sed etiam tempus antīquum et mōrēs māiōrum memorat.
Memoria temporis antīquī et mōrum māiōrum multīs audītōribus placet; nōnnūllīs autem patribus equitibusque laus familiae Mūnātiae valdē displicet.

Post ōrātiōnem amīcī senātōris corpus mortuī agmine longō extrā mūrōs ad viam Appiam portant. Lēx enim Rōmānīs est corpora mortuōrum extrā mūrōs sepelīre. Per portam Capēnam agmen longum ad viam Appiam pervēnit. Praeter viam Appiam sepulcra et tumulī honōrāriī incolārum urbis Rōmae sita sunt.

◄▼ *Ansicht der Via Appia mit dem antiken Straßenpflaster.*
▼ *Die Via Appia in einer Rekonstruktionszeichnung des 19. Jh.*

B Ein Triumphzug in der Zeit der Republik

Die Themen „alte Zeit“ (tempus antiquum) und „Sitten der Vorfahren“ (mores maiorum) waren politisch ein heißes Eisen: Mit dem Machtantritt des Kaisers Augustus (63 v. Chr.–14 n. Chr.; ab 27 v. Chr. Kaiser) war es endgültig zu Ende mit der römischen Republik, die seit der Vertreibung des letzten Königs 510 v. Chr. Bestand gehabt hatte. Viele propagierten nun die „gute alte Zeit“ der Republik und wandten sich damit indirekt gegen die Kaiserherrschaft.
Triumphzüge waren nach dem Ende der Republik nur noch den Kaisern vorbehalten, während sie vorher vom Senat vielen verdienten Feldherrn genehmigt worden waren.

Consul victor Romam venit et patribus victoriam nuntiat. Senatores consuli gratias agunt atque triumphum decernunt. Ab antiquis enim temporibus Romanis mos est victores honore triumphi afficere.

Multitudo hominum iam longum tempus agmen exspectat, nam multi homines triumphum spectare et victori acclamare cupiunt. Forum et viae clamoris plena sunt.

Tandem agmen longum et senatorum et tubicinum et captivorum et plaustrorum praeda onustorum apparet. Iam spectatores clamores militum victorum audiunt.

Nunc quadrigae equorum alborum et milites appropinquant. Triumphator cum servo publico in quadrigis stat. Homines nomen victoris vocant, victor homines salutat. Servus coronam supra caput consulis tenet et iterum iterumque victori dicit: „Tu quoque homo es.“

Post quadrigas milites triumphatori carminibus illudunt vel laudibus laudant; spectatores consuli militibusque victoribus „Io, triumphe, io, triumphe!“ acclamant.

Per viam Sacram agmen Capitolium petit. Ibi enim consul victor cum senatoribus deis gratias agit et Iovi Capitolino immolat.

cōnsul: zwei cōnsulēs waren für jeweils ein Jahr die höchsten Beamten in der röm. Republik, anfangs beide Patrizier, später einer Plebejer; nach ihnen wurden die Jahre bezeichnet (→ Kap. „Die röm. Gesellschaft“)

patrēs: „Väter“ – Bezeichnung für den Senat

Außer privaten Sklaven gab es auch **servī pūblicī**, Sklaven, die dem Staat gehörten

quadrīgae (Pl.): Viergespann

Capitōlium: sowohl der Hügel westl. des Forums als auch der Tempel des Jupiter Capitolinus, in dem Jupiter Optimus Maximus, Juno und Minerva verehrt wurden

◄ *Der Triumphzug des Tiberius von 10 n. Chr., nach einem Silberbecher aus Boscoreale bei Neapel. Paris, Louvre*

Das Forum Romanum

Forum nannten die Römer den zentralen Versammlungs- und Marktplatz ihrer Städte. Das älteste und bedeutendste Forum Roms war das **Forum Romanum**. Von ihm stammt auch die Bezeichnung **forum**, dessen Bedeutung unklar ist und vielleicht „Senke" (nämlich die zwischen Kapitol und Palatin) bedeutet. In dieser ehemals sumpfigen Niederung zwischen den Hügeln Palatin und Kapitol wurde schon in der Frühzeit ein Markt- und Versammlungsplatz eingerichtet, nachdem das Gelände durch den Bau der **Cloaca Maxima** entwässert worden war. Alle für das Gemeindeleben wichtigen Einrichtungen lagen hier: **Comitium** (Platz für die Volksversammlung – bestand in der Kaiserzeit nicht mehr), **Curia** (Sitz des Senats), **Rostra** (Rednertribüne), mehrere Tempel, alte Kultplätze wie **Lapis Niger** (Grab des sagenhaften Stadtgründers Romulus), **Carcer Tullianus** (Staatsgefängnis für politische Gegner und besiegte Feinde) und **basilicae** (Hallen für verschiedene öffentliche Angelegenheiten, z. B. für Gerichtsverhandlungen).

Der Warenmarkt wurde von den politischen Einrichtungen mehr und mehr an den Rand gedrängt, und am Ende der Republik bestimmte ausschließlich die Politik den Charakter des Forums. Für den eigentlichen Markt standen nun andere Plätze zur Verfügung: Das **forum boarium** zwischen Circus Maximus und Tiber („Rindermarkt"), **forum holitorium** am Südwesthang des Kapitols („Gemüsemarkt"), das **forum piscatorium** (südl. der **Subura**, „Fischmarkt".) Die vielen später errichteten **Fora**, die oft weit prächtiger aussahen, weil einheitlich konzipiert wie z. B. das **Forum Iulium** und das **Forum Augusti**, konnten die Bedeutung des **Forum Romanum** nicht schmälern. Bis zum Ende der Antike blieb es Zentrum Roms. Hier erfuhr der Römer die aktuellsten Neuigkeiten, hier traf sich, wer in Rom Rang und Namen hatte.

► *S. 51: Das Forum Romanum in Rekonstruktionsansichten des 19. Jh.*

C

Das Wundermittel

Die Angaben des Textes sind nicht erfunden. Die kleine Geschichte soll zeigen, wie abergläubisch die Menschen der Antike und der Jahrhunderte danach – nicht selten bis heute – gegenüber Wundermitteln gewesen sind.

Homo ignotus ante templum Iovis turbas facit et magna voce clamat: „Venite! Audite! Videte! Ecce medicinam! Emite medicinam! Auxilio est contra venenum! Contra serpentes! Contra salamandras!“

Homines curiosi accurrunt.

Vir vas parvum ostendit et iterum clamat: „Mariti! Audite! Quis vestrum non cupit arcana mulieris scire? Videte ranarum linguas! Ranis vivis linguas extraho! In aquam demitto! Quid efficiunt linguae? *(Ad unum maritorum:)* Impone linguam ranae noctu cordi mulieris tuae! Interroga mulierem tuam! Lingua cogit mulieres arcana et obscura prodere!“

Mulier ostentatorem interrumpit: „Non credo!“

Ostentator: „Semper verum dico! Linguis ranarum resistere mulier nullo modo potest. – Emite, mariti! Emite linguas miras!“

Puer parvus patri: „Oh eme linguas, pater!“ Cuncti rident; ostentator autem alterum vas monstrat et iterum clamat: „Venite! Audite! Spectate! Hic videtis ranae iecora! Habet enim rana geminum iecur. Ranarum iecora formicis proicio! Unum iecur spernunt, alterum petunt. Id iecur auxilio est contra venenum! Contra salamandras! Contra serpentes! Valetudinem firmat! Sanat aegrotos! Cunctis doloribus vos liberat!“

Tum medicus „Mirum est!“ inquit. „Non medici, sed ranae hominibus valetudinem firmant!“

Homines rident – tamen multi medicinam miram emunt.

īgnōtus, -a, -um unbekannt • **turbās facere** e. Auflauf verursachen • **emere** kaufen • **auxilium** Hilfe • **contrā** *beim Akk.* gegen • **venēnum** Gift • **serpēns, -ntis** *f.* Schlange • **cūriōsus, -a, -um** neugierig • **accurrere** herbeilaufen • **vir, virī** Mann • **vās, vāsis** *n.* Gefäß • **ostendere** zeigen • **marītus** Ehemann • **arcānus, -a, -um** geheim • **mulier, -eris** Frau • **rāna** Frosch • **extrahere** herausziehen • **dēmittere** („hinablassen“:) eintauchen • **efficere** bewirken • **impōnere** *mit Dat.* auf etw. legen • **noctū** nachts • **cor, cordis** *n.* Herz • **cōgere (co[n]+agere)** zwingen • **prōdere** verraten • **ostentātor** Marktschreier **(ostendere)** • **interrumpere** unterbrechen • **crēdere** glauben • **vērus, -a, -um** wahr • **resistere** widerstehen • **nūllō modō** auf keine Weise • **mīrus, -a, -um** wundersam, Wunder- • **alter, -a, -um** ein anderer • **iecur, oris** *n.* Leber • **geminus, -a, -um** doppelt, Zwillings- • **formīca** Ameise • **prōicere** vorwerfen • **spernere** verschmähen • **id** *(Ntr.)* dieses • **valētūdō, dinis** *f.* Gesundheit • **fīrmāre** stärken, bewahren • **sānāre** heilen • **aegrōtus, -a, -um** krank • **dolor** *m.* Schmerz, Leid • **medicus** Arzt

Die Rhetorik

Nach der Ausbildung beim grammaticus besuchte der junge Römer höheren Standes den Unterricht in Rhetorik, oft im Ausland, und zwar in Griechenland, weil die Ausbildung in Griechenland angesehener war.

Das Studium der Rhetorik, der „Kunst der (öffentlichen) Rede“, war auch eine Ausbildung in Literatur und Politik. Es war Voraussetzung für die Berufskarriere eines vornehmen bzw. reichen Römers. Diese Karriere bestand im Durchlaufen einer Reihe öffentlicher Ämter, mit dem Ziel, möglichst einmal Konsul zu werden. Neben der Karriere in der Politik gab es dann vor allem noch die Tätigkeit als Anwalt, die angesehen war. Im übrigen gab es für den reichen Römer nur wenige „anständige“ Berufe – Arbeit war in erster Linie Sache von Sklaven, und Arbeit hatte der reiche Römer auch nicht nötig, da er in der Regel von den Erträgen seines Landgutes (bzw. seiner Güter) lebte.

Einer der berühmtesten römischen oratores = Politiker war M. Tullius Cicero (106–43 v. Chr.), in dessen umfangreichem erhaltenen Werk auch zahlreiche politische und gerichtliche Reden überliefert sind.

Pensa exercitanda

Wh 1

Als Gruppenarbeit geeignet:

Ein wichtiger Zweig der Altertumswissenschaften ist die Erforschung alter Inschriften. Oft sind die Steine, auf denen sie stehen, zerbrochen. Dann müssen die Forscher zu den Bruchstükken den restlichen Text ergänzen. Hier sollst Du einfache Proben dieser Kunst kennenlernen.
V entspricht den Lauten u und v;
C ist die Abkürzung für den Namen Gaius;
zu ergänzende Buchstaben werden durch Punkte markiert; ein Punkt auf halber Höhe zeigt eine Wortgrenze an; Ergänzungen, die Du nicht selbst vollziehen kannst, sind auf deutsch gegeben;
auf unbekannte Eigennamen wird verwiesen.

①

HIC·IACET
C·APPIV . Appius: Name
MAGIST . .
LIBERO . . .
MEOR . .

②

HIC·IACE . .
OSSA (die Gebeine)
CORNELI . . (Name)
CARAE·

③

einst besaß ich

MVLTOS·AMIC . .
NVNC·HABEO·VNVM·LOC . .
VALETE·AMIC .
valete: lebt wohl

④

hier ist bestattet

HERIVS·AMICV . Herius: Name
CARVS·CVNCT . .
RELINQVIT·FILI . .
DVOS
duo: zwei

⑤

. . .·.**ACET**
POMPEIA·CAR . Pompeia: Name
AMICI .
BONA·PVLCHR .

⑥

NOMINANT·ME
AVRELI . . (Name)
NVNC·HIC·IACE .
IN·MONVMENT .

⑦

es weiht

. **EAE**
FORTVN . . (Göttin)
TEMPL . .
ATTIC . . (Name)

Wh 2

Du weißt, daß die Signalteile eines Wortes nicht in jedem Fall einen Kasus eindeutig bestimmen. Dann erleichtert Dir der Kontext die Entscheidung, welcher Fall gemeint ist. Trotzdem muß man auf die Kasus mit gleichen Signalteilen besonders achten. Prüfe bei den folgenden Wörtern, wie viele unterschiedliche Formen sie außerhalb eines Kontextes anzeigen können:
puellae / magistro / pueri / dominis

F 1

Bilde alle Kasusformen von **agmen/funus/vox/homo.**
Hebe die gleichlautenden Kasus (vgl. Wh 2) durch Unterstreichung hervor.

F 2

bon**us** orator / bon**a** oratio
Adjektiv und Substantiv werden nach unterschiedlichen Deklinationen flektiert (gebeugt). Stelle zunächst die Deklinationsreihen auf:

orator bonus	oratores boni

oratio bona	orationes bonae

Findest Du Entsprechungen zwischen den Kasuszeichen der konsonantischen und der o/a-Deklination?
(Im Altlateinischen hieß bonae noch bonai und bono [Dat. Sg.] bonoi!)

F 3
Nominative werden im Singular entweder ohne Kennzeichen oder mit dem Kasuszeichen -s gebildet.
Suche in Lektion 8 diejenigen Substantive heraus, deren Nominativ-Signal im Singular -s ist.
Auch Wörter vom Typ ‚dominus' haben dieses s; wie ist es jedoch bei Wörtern wie funus oder tempus?

F 4
Bilde den Akkusativ Singular von
mos / clamor / honor / multitudo / virtus / laus / tempus / funus

W 1
Lege für die angeführten Wörter eine Liste nach folgendem Modell an:

Nom. Sg.	Wortstamm	Gen. Sg.
oratio	oration-	oration-is
...	...	...

orationem / mori / hominibus / legum / tempore / agmina / corpori / funerum / multitudini / plebe / virtutes / honorum / consules / laudum / victori / clamoribus / supplicationi / vocibus
Untersuche, wo lautliche Veränderungen gegenüber dem Wortstamm vorliegen.

W 2
Bilde zu folgenden Nominalstämmen den Nominativ Singular:
leg- / voc- / virtut- / pleb- / laud-
Gelingt Dir eine entsprechende Bildung auch bei unbekannten Stämmen?
greg- (Herde) / luc- (Licht) / custod- (Wächter) / fraud- (Betrug)

S 1
Amici funus servus videt.
Agmina militum via Appia Brundisium petunt.
Longum tempus servus dominum exspectat.
Übersetze die Sätze. Lassen sich die gleichlautenden Wortausgänge eindeutig bestimmen?

S 2
Multitudo agmen longum tempus exspectat.
Nicht nur Verben können Ergänzungen verlangen. Zu welchem Wort gehört hier „longum"?

K
Während im Deutschen Adjektive in der Regel vor dem Beziehungswort stehen oder – in Ausnahmefällen – direkt dahinter, können sie im Lateinischen unter Umständen weit von dem Substantiv entfernt sein, zu dem sie gehören. Das ist vor allem in Gedichten und Verserzählungen (Epen, Einzahl: Epos) der Fall.
Ordne die folgenden Adjektive richtig (d. h. auch: sinnvoll) den darunterstehenden Substantiven zu:

laeta / onustum / salvus / iratus / iucundum / contentus / longa / nota / severum
agmen / orator / plebs / funus / virtus / oratio / consul / tempus / homo

S 3
Vox senatoris nota est.
Consul de virtute patris narrat.
Memoria senatoris mortui viva est.

Übersetze die Sätze; erkläre die inhaltliche Funktion der Genitivattribute.

S 4

1) Memoria mei bona est.	Memoria mea bona est.
2) Memoria tui mala est.	Memoria tua mala est.
3) Memoria nostri bona est.	Memoria nostra bona est.
4) Memoria vestri mala est.	Memoria vestra mala est.

5) Memoria patris bona est.

Übersetze und versuche eine Erklärung dafür zu finden, daß der 5. Satz ohne Kontext nicht eindeutig bestimmbar ist.

W

Du kennst die Bildung von Wortformen aus Bedeutungs- und Signalteil. Über diese Art der Wortbildung hinaus gibt es weitere Möglichkeiten, Wörter zu bilden, etwa die der Ableitung aus einer anderen Wortart *(Derivation)*. Es ist z. B. möglich, an einen Verbstamm (z. B. ora-) ein Wortbildungselement (z. B. -tor) zu hängen. Dann erhält man das Wort ora-tor; es heißt Redn-er. Mit dem Wortbildungselement -tio bildet man oratio: die Rede. Vielfach entsprechen diese Suffixe tor/tio den deutschen Suffixen *-er* und *-ung*.

Übertrage die folgende Liste in dein Heft, und fülle sie aus.

Infinitiv	*Verbalstamm*	*+ Element „-tor"*	*+ Element „-tio"*
orare	ora	orator/ Redner	oratio/ Rede (nicht: *Redung)[1]
narrare			
laudare			
audire			
declamare			
liberare			
spectare			
legere			
vincere	vic		victoria[1]

Wh 3

Genitiv oder Dativ?

① Publius und Lucius kommen an einem Haus vorbei. Lucius fragt: „Wem gehört das Haus?" Publius: „Villa est consulis." Lucius fragt weiter: „Was besitzt denn der Konsul noch?" Publius: „Consuli multi agri et equi sunt."

Überlege, was jeweils im Mittelpunkt des Interesses steht und was daraus für die Kasus-Verwendung folgt.

② Setze die richtigen Kasus:

a) Liber amic_ est, non magistr_.

b) Pomponi_ non modo filii, sed etiam filiae sunt.

c) Marc_ magnus ager est.

d) _ (ego) multi libri sunt.

[1]) Du siehst am Beispiel dieser beiden Wörter, daß es bei der Wortbildung weder im Deutschen noch im Lateinischen ein starres Schema gibt.

Mutter Latein und ihre Töchter

Wie heißt das lateinische Wort?

franz.	*ital.*	*span.*	*port.*	*rumän.*	*engl.*
la voix	la voce	la voz	voz	voce	voice
l'homme	l'uomo	el hombre	homem		
l'orateur	l'oratore	el orador	orador	orator	
l'oraison	l'orazione	la oración	oração	oratie	
l'honneur	l'onore	el honor	honra	onoare	honour
le corps	il corpo	el cuerpo	corpo	corp	corpse
la loi	la legge	la ley	lei	lege	law

DL

1) Die Senatoren danken dem Konsul.

2) Die Erinnerung an dich ist lebendig.

3) Die Reden des Konsuls gefallen den Leuten (= Menschen).

4) Die Soldaten erfüllen das Forum mit großem Lärm.

5) Schon lange Zeit erwartet eine Menge Menschen den Zug der Soldaten.

6) Mit lauter (großer) Stimme lobt der Redner die Tüchtigkeit der Römer.

A „Vae victis"

cūria Iūlia: das von Caesar erbaute Rathaus am Forum Romanum, in dem der Senat tagte
carcer: hier das röm. Staatsgefängnis am Forum (carcer Tulliānus)
Brennus, Keltenfürst, war um 390 v. Chr. Führer der Gallier/Kelten beim Vorstoß auf Rom
Clūsium: heute Chiusi, Stadt in Mitteletrurien

tribūnus militum: Oberst, 6 in jeder Legion

◀ S. 55: *Keltische Krieger mit Schlachttrompeten. Darstellung auf einem silbernen Becken. 1. Jh. v. Chr. Kopenhagen, Nationalmuseum*

Puerī forum Rōmānum relinquunt et Capitōlium petunt. In viā cūriam Iūliam et carcerem spectant.
Polybius puerīs narrat:

Antīquīs temporibus rēx Brennus Gallīs imperāvit. Gallī tum propter multitūdinem hominum a Clūsīnīs, Rōmānōrum sociīs, agrōs petīvērunt. Clūsīnī autem Rōmānōs advocāvērunt.

Rōmānī lēgātōs dē pāce ad Gallōs mīsērunt, sed lēgātī nōn modo superbī fuērunt, sed etiam cum Clūsīnīs arma contrā Gallōs cēpērunt. Frūstrā Gallī ā Rōmānīs poenam lēgātōrum petīvērunt. Itaque Brennus multīs cum militibus Italiam invāsit et legiōnēs Rōmānās ad flūmen Alliam vīcit et Rōmam petīvit. Incolae Rōmae timidī ē casīs in Capitōlium cucurrērunt.

Paulō post cibus atque aqua dēfēcērunt. Itaque Rōmānī Sulpicium, tribūnum militum, legātum ad rēgem Brennum mīsērunt. Rēx autem Sulpiciō dīxit:

„Nōs Gallī legiōnēs vestrās ad flūmen Alliam vīcimus, vōs pācem petīvistis, Rōmānī! Proinde aurum et argentum ē templīs casīsque in forum portāte et mīlle pondera aurī argentīque solvite!"

Rōmānī rēgī pāruērunt. Brennus aurum argentumque pependit et tribūnō: „Parum" inquit „solvistis, Rōmānī."

Tribūnus autem Gallōrum pondera probāvit atque dīxit: „Pondera probāvī et fraudem tuam intellēxī. Inīqua pondera adhibuistī, Brenne!" Tum rēx saevus Rōmānīs „Vae victīs" acclāmāvit et gladium ponderibus īnsuper adiēcit.

▼ *Ansicht des Kapitols in einer Rekonstruktionszeichnung des 19. Jh.*

B Das magische Quadrat

Am Nachmittag treffen sich Brüder und Schwestern wieder, und zwar bei ihrem Onkel A. Aurelius Flaccus und dessen Frau Caecilia, die beide aus Pompeji stammen, aber ständig in Rom wohnen. Während Pomponius mit seinem Schwager geschäftliche Dinge bespricht, warten die Kinder darauf, daß ihre Tante Caecilia von einem Einkaufsbummel zurückkehrt.

Liberi Romae multa viderunt et audiverunt.
Tertia: Ego ostentatorem audivi! De ranis fabulas narravit.
Lucius: Tu ostentatorem audivisti! Fabulas de ranis narravit! Ego turbam ostentatorum audivi: narraverunt, declamaverunt, mira dixerunt, forum clamore impleverunt. Heus, Domitilla! Nonne athletas in foro spectavisti? Nudis pugnis pugnaverunt!
Publius: Diu spectavimus. Primum athletae spectatores salutaverunt, deinde verbis iurgaverunt, postremo pugnis pugnaverunt et (ad Domitillam) mortui in harenam ceciderunt.
Domitilla: Num me illuditis?
Publius: Minime illusi te. Mortui humi iacuerunt!
Lucius: Sssst! Venit Caecilia!
Caecilia: Salvete, liberi! Iamne multa et iucunda Romae aspexistis? Forane, hortos, Tiberim flumen, templa, viam Sacram, tabernas, basilicas, Capitolium?
Tertia: Spectavi aedificia alta! Nonnumquam ne caelum quidem vidi!
Caecilia: Immo vero, alta sunt! Nonnumquam concidunt.
Tertia: Quid dixisti? Non credo; Pompeiis ...
Caecilia: Ah! Pompeiis! De Pompeiis narrate, liberi, de patre, de matre, de magistro, de schola, de ...
Tertia: Ego narrare cupio! Pompeiis medicus me visitavit!
Lucius: Semper narras de medico! Molesta es! – Me specta, me audi, Caecilia! Vides enim victorem! Pompeiana in palaestra cucurri atque vici coronamque praemium cepi!
Caecilia: Euge, Luci! Bonus athleta es! At non modo currere, sed etiam legere et scribere decet! (Lucius tacet)
Publius: Ecce, Caecilia! Pompeiis tabulam apportavi! Conviva patris tabulam servis nostris dedit; sed servi legere nesciverunt. Tune scis legere tabulam, Caecilia?

Tabulam Caeciliae dat.

Caecilia: Certe legere scio! Ego puella parva litteris studui ...
Lucius (ad Publium): Pater tabulam legere nescivit, magister nescivit, neque Lampriscus neque Polybius sciverunt ...
Caecilia: Ecce! Venit avunculus vester! Heus, Aule! Tabulam habemus! Scisne tu legere tabulam?

Lucius (ad Publium): ... neque Caecilia legere scit.

Et vos magistri discipulique, scitisne legere tabulam atque intellegere?

āthlētae in forō: Rom war voll von Gauklern, Feuerschlukkern, Akrobaten, Zauberkünstlern, die das Volk belustigten; → Kap. „Alltag in Rom"

basilicae, fora: → Kap. „Das Forum Romanum"
hortī: es gab große öffentliche Parks in Rom

▼ *Wandkritzelei aus Pompeji*

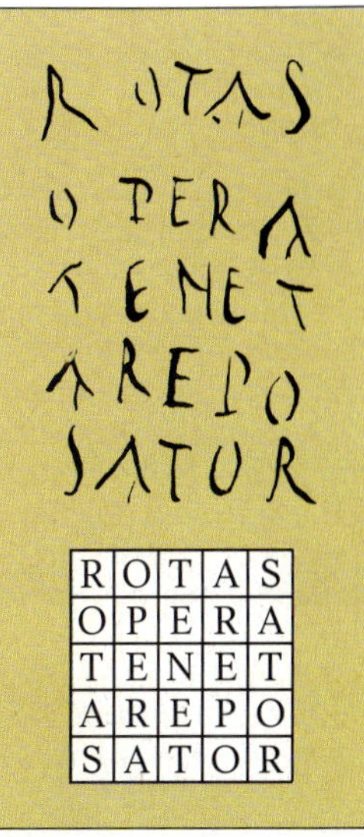

R	O	T	A	S
O	P	E	R	A
T	E	N	E	T
A	R	E	P	O
S	A	T	O	R

C

Wandkritzeleien

Das „magische Quadrat“, das Publius seiner Tante Caecilia zeigt, kennen wir u. a. vom Hause des Paquius Proculus in Pompeji. Die Häuserwände Pompejis waren übersät mit Aufschriften und Kritzeleien aller Art, von denen nach der Ausgrabung noch viele zu entziffern waren bzw. sind. Was für uns heute Quelle kostbarer Informationen über das antike Leben ist, war für Pomponius anscheinend eher ein Ärgernis ...

Amicus M. Pomponii nomine C. Indutius Sallustianus aliquando Augustā Rauricorum ad Rhenum flumen sitā Pompeios venit et oppidum vidit.

Indutius: Amo oppidum vestrum: pulchrum est et vitae plenum. Quantam multitudinem inscriptionum vidi in cunctis paene muris!
M. Pomponius: Et scribunt et pingunt homines in cunctis aedificiis; molestum est! Etiam in villa M. Holconii Prisci meddicis lego: Hic habitat Minotaurus!

▲ *Wandkritzelei aus Pompeji: „Labyrinthus/hic habitat/Min-otaurus“*

► *Bodenmosaik: Portrait eines Athleten, aus den Caracallathermen in Rom. Um 212 n. Chr. Rom, Nationalmuseum*

Indutius (ridet): Villa Holconii vere magna est sicut labyrinthus! Sed amice: Estne Vatia aedilis amicus tuus?
M. Pomponius: Quid interrogas?
Indutius: Legi: Vatiam aedilem furunculi rogant!
M. Pomponius: Estne Ampliatus amicus tuus? Legi inscriptionem: Ampliatus fur est.
Indutius: Quid de Celado Thraece?
M. Pomponius: Puellae Celadum amaverunt! Fuit gladiator et saepe vicit –
Indutius: ‚Suspirium puellarum Celadus Thraex ...!‘
M. Pomponius: Cecidit proximo anno; adversarius miserum Thraecem vicit.
Indutius: Oh, doleo! Sed quid est: Sodoma et Gomorrha? Intellegisne inscriptionem?
M. Pomponius: Non intellego. Scripserunt Iudaei fortasse vel Christiani.
Indutius: Numquam audivi nomen „Christianorum“. Mihine narrare scis de Christianis?

▲ *Wandkritzelei aus Pompeji: „... Christianos ... Sodoma ... Gomorrha ...“*

aliquandō einmal, einst • **amāre** lieben • **quantus, -a, -um** wie/welch groß • **īnscrīptiō, -ōnis** *f.* Aufschrift • **paene** fast • **meddix, -cis** *traditioneller örtlicher Name für die beiden obersten Verwaltungsbeamten Pompejis* • **pingere** malen • **habitāre** wohnen • **vērē** tatsächlich • **aedīlis, -is** *m.* Ädil *(hoher Verwaltungsbeamter)* • **fūrunculus** Schurke • **rogāre** *jd. zu etw.* wählen • **fūr, fūris** Dieb, Halunke • **Thraex, -cis** der Thraker: *Gladiatorentyp* • **suspīrium** (Atmen, Seufzen:) Sehnsucht • **proximus, -a, -um** nächster, *(hier:)* letzter • **adversārius** Gegner • **dolēre** Schmerz empfinden; **doleō** *(hier:)* das tut mir leid • **fortasse** vielleicht

Pensa exercitanda

Wh

Bis in das 18. Jahrhundert hinein war es an den alten Kloster- und Lateinschulen verboten, ein deutsches Wort zu sprechen. Unter den Schülern gab es Jungen – heimliche Aufpasser –, die vom Kollegium angestellt waren, um alle die zu melden, die irgendwo einmal deutsch sprachen. Dialoge wie der folgende zeigen einige Schwierigkeiten, mit denen ein Schulanfänger zu kämpfen hatte.

Discipulus (ad discipulum parvum): Quid petis, Petre?
Petrus (discipulus parvus): Aulam (Hof) peto – amicum quaero – cum pila (Ball) ludere cupio!
Discipulus: Falsum est! Non cupis **cum** pila ludere, sed …?
Petrus: Bene! Aulam peto et amico ludere cupio.
Discipulus: Falsum! Non amico ludis, sed …?
Petrus: Eheu! Lingua Latina mihi gaudio non est!
Discipulus: Tace! Venit magister noster cum collega!

Setze ein, was der ältere Schüler an den Worten seines kleinen Mitschülers verbessern mußte!

F 1

Bilde nach den vorgegebenen Mustern Perfektformen:

a) imperat – imperavit:
excitat, visitat, salutat
b) audio – audivi:
scio, saevio, finio
c) adhibes – adhibuisti:
taces, iaces, studes
d) mittimus – mīsimus:
ludimus, invadimus, intellegimus
e) agunt – ēgērunt:
legunt, capiunt, faciunt
(*Anm.:* capere und facere bilden das Perfekt ohne -i-.)
f) caditis – cecidistis:
curritis, penditis
(*Anm.:* currere und pendere wiederholen den Stammvokal unverändert, also keine Vokalschwächung wie bei cadere und cecidisse.)
g) dicere – dixisse: regere, intellegere, scribere

F 2

Iucundum est Romae esse. Aedificia magna spectare possumus.
Wie formuliert der Rombesucher diese Sätze, wenn er wieder zu Hause ist?

F 3

Gib zu folgenden Infinitiven der Vorzeitigkeit (→ CG 10.2.1) jeweils den Infinitiv der Gleichzeitigkeit und die 1. Sg. Präs. an:
petīvisse – vīcisse – solvisse – fuisse – relīquisse

W 1

Bei einigen Verben enthält der Präsensstamm gegenüber dem Perfektstamm eine Erweiterung. Bilde zu den folgenden Perfektformen die entsprechenden Präsensformen, und gib an, welches Element weggefallen ist (z. B. **studuisse: studere**, Element -e-):
vīcērunt, relīquistī, mōvī, cēpimus, vēnistis

▼ *In einem Haus in Herculaneum. Das in den Putz eingelassene Kreuz eines Christen war vermutlich durch ein Bild o. ä. verdeckt*

F4

Verwandle folgende Präsensformen in die entsprechenden Perfektformen:
apportas – scribit – tacetis – complemus – declamo – adest – pendere

T

Mit welchen Tempora gibst Du im Deutschen die folgenden lateinischen Perfektformen wieder? Welche Perfektformen sind erzählend, feststellend oder halten ein Ergebnis fest?

a) Serva clamavit: „Fulsit."
b) Magister interrogavit: „Cur sero venisti?"
c) Puella respondit: „Matri adfui."
d) Servus dixit: „Convivae vēnērunt."

Wie kann man die direkte Rede in Satz d) mit einem Präsens übersetzen?

K1

rēx – rĕgere, lēx – lĕgere

Lies laut und übersetze:

a) Animum regis non regis.
b) Cur tabulam legis non legis?
c) Legem regis legi quidem neque legi parui.
d) Lege bonam legem, rex, ac rege bona lege!

S

In folgenden Sätzen findest Du Formen, deren Tempus, für sich betrachtet, mehrdeutig ist. Welches sind die Signale im Kontext, die die Formen im Satz eindeutig machen?

a) Magister venit et verba in tabula scripsit.
b) Amicus venit et rotam apportat.
c) Tandem magister venit et fabulam legit. Discipuli autem attenti non fuerunt.
d) Heri (gestern) mille pondera argenti solvimus, nunc autem mille pondera auri solvimus.

Die Römer hätten beim Hören von drei Sätzen keine Schwierigkeit gehabt, das richtige Tempus bereits bei der korrekten Aussprache des Verbs zu erkennen.
Finde die Sätze heraus, und lies sie laut.

K2

Löse das folgende Silbenrätsel. Die Buchstaben in der 1. senkrechten Reihe von oben nach unten gelesen und in der 2. senkrechten Reihe von unten nach oben gelesen ergeben einen lateinischen Spruch. Wie lautet dessen Übersetzung? (Übertrage das Raster in Dein Heft!)
Silbenvorrat: ba – do – ge – gi – le – le – li – mus – na – pro – qui – re – re – runt – sti – stis – vi – vi – xit

a) er, sie, es lenkte
b) ihr last
c) sie lasen
d) ich verließ
e) wir prüften
f) du schenktest

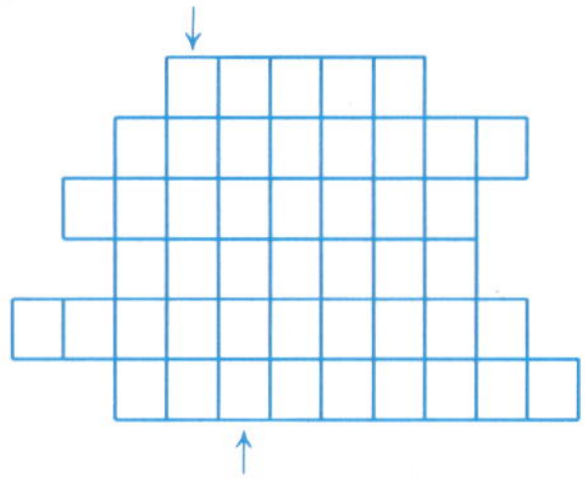

W2

① Gaudi ist:
  a) ein bedeutender indischer Staatsmann
  b) ein Vergnügen
  c) eine Käsesorte

② Ein Dozent ist:
  a) ein Abteilungsleiter
  b) alte Schreibweise für „Dutzend"
  c) ein Hochschullehrer

③ Ein Advokat ist
  a) ein Rechtsbeistand
  b) ein Kasus
  c) ein alkoholisches Getränk

DL

1) Die Kinder sahen hohe Häuser, die Via Sacra und prächtige (magnificus) Tempel.
2) Lucius brachte eine Schrifttafel mit (apportare).
3) Tertia erzählte vom Arzt.
4) Die Jungen verspotteten Tertia.
5) Lucius ist Sieger (nimm „vincere").
6) Lucius erhielt (accipere) als Auszeichnung (praemium) einen Kranz.

Mutter Latein und ihre Töchter

Wie heißt das lateinische Wort?

franz.	*ital.*	*span.*	*port.*	*rumän.*	*engl.*
le roi	il re	el rey	rei	rege	
la paix	la pace	la paz	paz	pace	peace
l'or	l'oro	el oro	ouro	aur	
le poids	il peso	el peso	peso	pondere	pound
prouver	provare	probar	aprovar	proba	to prove
croire	credere	creer	crer	crede	

A Cn. Marcius Coriolanus

Cn. Marcius Coriolanus ist eine der großen Gestalten der römischen Legende. 493 v. Chr. eroberte er die Volskerstadt Corioli (daher sein Beiname). Als Angehöriger des Patriziats geriet er mit der Plebs in Konflikt, wurde verbannt und kämpfte schließlich an der Spitze des Volskerheeres gegen seine Heimat.

Volscī: Völkerschaft in Latium

Post cēnam Polybius līberīs dē Rōmā antīquā narrāre pergit:

Tempore antīquō populus Rōmānus Cn. Mārcium Coriolānum, virum bene dē patriā meritum, in exilium mīsit. Itaque Coriolānus exul apud Volscōs vīvēbat. Volscī autem tunc Rōmānōrum inimīcī erant.

Paulō post Coriolānus cum legiōnibus Volscōrum in agrōs Rōmānōs invāsit legiōnēsque Rōmānōrum vīcit. Iam Rōmānī dē patriā dēspērābant et lēgātōs dē pāce ad Volscōs mīsērunt. Frūstrā autem pācem petīvērunt.

Rōmae senātōrēs stupēbant, populus tremēbat, virī et mulierēs iam exitium patriae dēflēbant.

Tum duae mulierēs, et māter et uxor Coriolānī, castra Volscōrum intrāvērunt. Coriolānus mātrem, uxōrem fīliōsque – uxor enim fīliōs sēcum dūcēbat – vīdit et statim salūtandī causā mulieribus occurrit. Māter autem īrāta fīliō dīxit:

„Longum tempus beātē vīvēbam, nam bonus fīlius mihī erat. Semper dē exiliō tuō dolēbam. Ad inimīcum populī Rōmānī an ad fīlium vēnī?" Tum Coriolānus: „Vīcistī", inquit, „oh patria, verbīs mātris meam īram."

Deinde mulierēs dīmīsit et castra ex agrīs Rōmānīs mōvit.

▲ *Stilisierte Figur eines Kriegers. 5. Jh. v. Chr., etruskisch. Rom, Villa Giulia*

B Wiedersehen mit einem Freund

Domitilla Tertiaque heri cum M. Pomponio patre templum Castoris et templum Vestae ad forum sita visitaverunt. Multi homines in viis stabant aut properabant. Puellae et pergulas et thermopolia et turbam hominum et statuas virorum clarorum aspiciebant.

Subito vir patrem nomine clamavit atque salutavit:
„Salve, Marcelle! Quid Romae agis?"
Domitillae Tertiaeque quidem vir ignotus erat, sed pater hominem laetus resalutavit:
„Salve tu quoque, Valeriane! Romae mihi negotia sunt."
„Quid agit C. Cuspius Pansa, amicus noster, Pompeiis? Nonne Romae vivere cupit?"
„Non cupit. Sed nunc valde dolet. Filia enim amici nostri post longum durumque morbum e vita excessit. Tredecim annos habuit. Ceteras puellas pulchritudine atque modestia superavit. Parentes nuptias iam

Castor: Schutzpatron der Seefahrer, sein Bruder **Pollux** (griech. Polydeukes)

Vesta: Göttin des Herdfeuers, der Häuslichkeit und des Familienlebens; in ihrem Tempel brannte ein heiliges Feuer, bewacht von den Vestalinnen, die zu 30jähriger Ehelosigkeit verpflichtet waren

thermopōlia (griech.): Schnellrestaurants

► *Schmuck eines jungen Mädchens aus Pompeji*

▼ *Ein Mädchen füllt Parfüm in ein Gefäß. 1. Jh. v. Chr. Rom, Nationalmuseum*

▼► *Die Gräberstraße vor dem Herkulaner Tor in Pompeji*

parabant, sed subito morbus corpus puellae miserae confecit gaudiumque parentum in dolorem mutavit. Magna cum patientia morbum sustinuit; semper medicis oboedivit. Tamen misera fortuna patri matrique miseris puellam eripuit. Ut patri inhaerebat! Ut nos amicos patris amabat! Ut ego puellam amabam! Ut matri oboediebat! Ut magistros diligebat! Ut litteris studebat! Parentes numquam dolore, semper laetitia afficiebat. Cuncti puellam dilexerunt; itaque multi funeri puellae interfuerunt."

Amicus verba patris maestus audivit et miseram puellae fortunam doluit atque deflevit. Una cum patre puellisque per forum usque ad Comitium ambulare perrexit. Pater multa de Pompeiis clientelaque Pompeiana narravit.

Comitium: Platz nördl. des Forums, bestimmt für die **comitia**, die beschließenden Versammlungen des ganzen Volkes von Rom; durch Umgestaltungen des Forums unter Caesar als eigener Platz verschwunden, es blieb nur der Name als Teil des Forums

clientēla: die Gesamtheit der clientēs eines patrōnus. Der Patron gewährte seinen Klienten Speise- und Geldgeschenke, aber auch Schutz jeder Art, während diese ihm täglich ihre Morgenaufwartung machten und bei Wahlen u. ä. für ihn eintraten

C

Der Junge und der Delphin

Delphini homines non timent ut alienos; obviam navigiis veniunt, in undis saliunt et ludunt. Certant etiam cum navigiis celeritate. Delphini hominibus amici sunt. Maecenas miram fabulam de delphinis narravit:

Puer Bāiīs Pŭtĕōlōs in ludum litterarium itabat. Saepe ad litus stabat et delphinos alliciebat. Unum e delphinis nomine appellabat et fragmentis panis alebat. Delphinus puerum miro amore dilexit: Puer delphini nomen clamabat, et statim delphinus ex imo advolabat et cibum accipiebat.

Aliquando puero dorsum praebuit; puer ascendit et delphinus discipulum per undas ad ludum litterarium portavit. Dehinc cotidie puerum dorso in scholam vehebat et a schola domum portabat.

Duobus annis post morbus puerum consumpsit. Delphinus ad consuetum locum veniebat et puerum exspectabat – postremo desiderio exspiravit.

obviam entgegen • **nāvigium** Schiff • **unda** Welle • **certāre** wetteifern • **celeritās, -ātis** *f.* Schnelligkeit • **mīrus, -a, -um** wundersam • **lūdus litterārius** Schule • **itāre** (regelmäßig) gehen • **lītus, -toris** *n.* Küste • **allicere** anlocken • **appellāre** anrufen • **fragmentum** Bruchstück, Brocken • **pānis, -is** *m.* Brot • **alere** ernähren, füttern • **amor, -ōris: amāre** • **īmum** (Meeres-)Tiefe • **advolāre** herbeieilen • **aliquandō** einmal • **dorsum** Rücken • **praebēre** anbieten • **dehinc** seitdem • **cotīdiē** täglich • **vehere** ziehen, tragen • **duōbus** *Dat./Abl. von* **duo** zwei • **cōnsūmere** (aufbrauchen:) wegraffen • **cōnsuētus, -a, -um** gewohnt • **dēsīderium** Sehnsucht • **exspīrāre** („aushauchen“:) sterben

Pensa exercitanda

Wh

In dem folgenden Sprachspiel sind lateinische und deutsche Sprachelemente vermischt. Versuche mit Hilfe der deutschen Sprachteile die lateinischen Textstellen, die bei den kleinen Gedichten leerstehen, auszufüllen. Jedem Punkt entspricht ein Buchstabe.

a)	Lĕpus	Der Hase,
	....	der lief
	in viam	auf die Straße,
	et vitam	und das ging schief.
	....	(nimm finire: beenden)
b)	Puer cupīdus	Ein gieriger Knabe
	vinum	verlangte nach Wein.
	....	(nimm petere)
	Sed pater	Doch Vater, der hört' es:
	et	Und er schlug drein.
c)	Lumbrīcus	Ein kleiner Regenwurm
	parvus olim	kroch mal ans Licht.
	....	(nimm ascendere)
	Iam mĕrŭla	Schon sah es die Amsel
	et	und schnappte ihn sich. (nimm devorare: verschlingen)
d)	Talpa	Ein Maulwurf hörte
	de mĕrŭlīs.	vom Amselflug.
	et liberis	Er sagte den Kindern:
	Fraus est!	„Das ist alles Betrug!“

F 1

vivebat – veniebat – tremebam – dicebamus – audiebant – mittebas – deflebant – capiebam – invadebant – movebatis – faciebas – accipiebamus – movebas – ducebat – petebamus – conficiebam – occurrebant

Bei welchen Wörtern ist das -e- vor dem Imperfektzeichen -ba- Sprechvokal?

S 1

Oft gelingt es, im Deutschen den **Aspekt des lateinischen Imperfekts** durch Indikatoren wiederzugeben, die die Aussage des Imperfekts unterstützen. Das können adverbiale Bestimmungen sein, die eine *unbestimmte Dauer* beschreiben (z. B. „meist“, „häufig“) oder eine *allgemeingültige Aussage* betonen (z. B. „in der Regel“, „im allgemeinen“).

Manchmal kann man auch ein *Verb modalen*

Charakters ergänzen (z. B. „pflegen (zu)“, „können“).*)
Versuche den folgenden Text mit solchen deutschen Indikatoren zu verdeutlichen:

Antiquis temporibus poetae Graeci principum (principes: Fürsten) aedificia petebant. Ibi cantabant*) vel fabulas novas narrabant. Mulieres libenter poetas audiebant – etiam libenter videbant. Vita mulierum enim molesta (langweilig) erat. Poetarum praemium vinum erant et cibus. Magnis praemiis autem raro *(Adv.)* gaudebant.

S 2

Puer parvus forte serpentem (Schlange) cepit et domum portavit. Ibi serpentem multa docebat et nonnumquam etiam amicum nominabat. Parentes puero autem saepe dicebant: „Porta serpentem in silvam! Serpens est, non homo!“ Tandem puer oboedivit et serpentem in silvam portavit. Ecce! Paulo post in silva ambulavit: Subito latrones (Räuber) evolaverunt (e-volare)! Tum serpens apparuit. Latrones serpentem timuerunt et e silva properaverunt. Sic serpens puerum periculo liberavit.
Gib an, welche adverbialen Bestimmungen **(Indikatoren)** das jeweils im Verb enthaltene Tempus unterstützen.

E

Setze in den folgenden Text die angegebenen Indikatoren an den passenden Stellen ein:
antiquis temporibus – iam saepe – aliquando (eines Tages, einmal) – tum – iterum iterumque – semper

_pueri cum patribus curiam visitabant. _mater filium interrogavit: „Quid pater in curia dixit? _ in curia eras. Laudabantne senatores patrem?“ Neque vero licuit verba senatorum extra curiam narrare. Itaque puer tacuit. _mater filium interrogabat; puer autem_ tacebat. _pater venit et puer dixit: „Mater me interrogavit de curia, sed tacui!“ Pater filium laudavit.
Übersetze die Geschichte.

*) z. B. cantabant im Text S 1: sie konnten singen ≈ sie hatten die Möglichkeit, **nicht**: sie verstanden zu singen

S 3

Schreibe die Fabel L 7 B in eine Erzählung um, die in der Vergangenheit spielt. Entscheide, wo Du Imperfekt bzw. Perfekt einsetzen mußt (salire, Pf. salui).

K

Theoderich d. Gr. († 30. 8. 526) konnte zwar lesen, aber nicht schreiben. Zehn Jahre lang übte er, LEGI zu schreiben, um es unter seine Urkunden setzen zu können.
Warum war dieses Wort für ihn wichtig?

W

Stelle die Wörter zusammen, die nach denselben Lautgesetzen gebildet werden, und beschreibe diese Lautgesetze:
corporis – rex – intellexisti – fraus – vox – illusi – mores – invasisti – dixit – eramus

DL

1) Einmal (aliquando) liebte ein Delphin (delphinus) einen Jungen.
2) Der Junge fütterte den Delphin täglich (cotidie) mit Essen (cibum dare).
3) Jeden Tag trug der Delphin seinen Freund zur Schule.
4) Plötzlich wurde der Junge krank (in morbum cadere).
5) Daher suchte der Delphin den Freund vergeblich.

Mutter Latein und ihre Töchter

Wie heißt das lateinische Wort?

franz.	*ital.*	*span.*	*port.*	*rumän.*	*engl.*
l'ennemi	il nemico	el enemigo	inimigo		enemy
le fils	il figlio	el hijo (h<f)	filho	fiu	
la fille	la figlia	la hija	filha	fiica	
la douleur	il dolore	el dolor	dor	doliu	to
soutenir	sostenere	sostener	suster		sustain

F2

In der folgenden Tabelle zu den Perfektbildungen sind die Perfektformen in die **falschen** Spalten geraten. Lege eine neue Tabelle an, und ordne die Formen richtig ein.

Achtung!
Falsche
Einordnung!

Perfektstammbildung durch						
-v-	**-u-**	**-s-**	**Dehnung/ Ablaut**	**Pf.-Stamm = Präs.-Stamm**	**Redupii-kation**	**Stamm-wechsel**
solvistis	fuērunt relīquit dēflēvit	adhibuistī	dedit cecidit ascendit mīsit pāruērunt	vīcimus vīdit mōvit lēgī potuit	occurrit maledīxit	petīvistis aspēxistī pependit invāsit

Die römische Republik (510–31 v. Chr.)

Nach der Vertreibung des letzten (etruskischen) Königs im Jahre 510 v. Chr. wurde Rom zu einer vom Adel regierten Republik. Die Angst vor einer Rückkehr der verhaßten Königsherrschaft saß so tief, daß als Vorsichtsmaßnahme das höchste Amt (Konsulat) dahingehend beschnitten wurde, daß grundsätzlich zwei Konsuln *(Kollegialität)* für jeweils ein Jahr *(Annuität)* die Amtsgewalt innehatten, gleiches galt für die niedrigeren Beamten (quaestor, aedilis, praetor). Die ausscheidenden Beamten gehörten dem Senat an, einem Gremium, das über Gesetze beriet, die Außenpolitik festlegte, Fragen der Religion klärte u. a. Zwischen den Konsuln als ausführenden Organen und dem Senat gab es keine Differenzen, sondern diese handelten im Sinne des Senats.

Von Anfang an bestimmte der **Gegensatz Patrizier** (Adel) – **Plebejer** (Plebs) das Geschehen in Rom. Über zwei Jahrhunderte zogen sich die **Ständekämpfe** hin, in deren Verlauf die Plebejer für sich politische Rechte wie die Institution des Volkstribuns erkämpften: Der Volkstribun stellte ein Gegengewicht zum Senat dar, durch das Vetorecht (veto: *ich verbiete*) konnte er Gesetze und Beschlüsse des Senats zu Fall bringen.

Die Außenpolitik der ersten Jahrhunderte war gekennzeichnet durch die Unterwerfung der latinischen Städte, der Etruskerstädte im Norden Roms und der Samniten, eines volkreichen Stammes im Apenningebirge.

Anfang des 4. Jh. gerieten die Römer zum ersten Mal durch einen Stamm aus dem Norden in Bedrängnis: Die **Kelten** unter ihrem Führer **Brennus** fielen nach Italien ein und drangen bis Rom vor. Die Schlacht an der Allia (387 v. Chr.) war vernichtend für die Römer.

Trotz vieler Niederlagen gelang es den Römern, aus allen Kämpfen erfolgreich und gestärkt hervorzugehen, so daß die Bedeutung Roms im 3. Jh. schon beachtlich war. Rom war nun zur stärksten Macht in Italien angewachsen; so konnte es nicht ausbleiben, daß Konflikte mit den weiteren Nachbarn entstanden, den Griechen in Süditalien und mit Karthago, der stärksten Handelsstadt im westlichen Mittelmeer, die zudem seit langem auf Sizilien ihre Einflußgebiete hatte.

Die endgültige Entscheidung über die Vormachtstellung im westlichen Mittelmeer brachte der **2. Punische Krieg** (218–202), der von den Karthagern unter der Leitung von **Hannibal**, Hamilkar und Hasdrubal geführt wurde. Zunächst stand die Sache für die Römer sehr schlecht: Hannibal hatte mit seinem Zug über die Alpen, von Spanien kommend, insbesondere durch seine Kampfelefanten, Angst und Schrecken verbreitet. Er schlug die Römer in mehreren Schlachten; bekannt ist die Umzingelungsschlacht von Cannae, in der allein 70 000 römische Soldaten getötet worden sein sollen. Damit schien Roms Schicksal besiegelt zu sein, doch wider Erwarten setzte Hanni-

▲ *Sog. Altar des Domitius Ahenobarbus, Rom, um 100 v. Chr. Paris, Louvre. Das Relief stellt links einen cēnsus dar, d. h. Eintragung der Bürger in die amtlichen Listen gemäß ihrem Vermögen; die Höhe des Vermögens war ausschlaggebend dafür, welchem Heeresteil (Reiterei, Schwerbewaffnete, Leichtbewaffnete) der betreffende Bürger zugeordnet wurde. Rechts ist ein Opfer von Schwein, Schaf und Rind zu sehen, wie es u. a. vor einem Feldzug abgehalten wurde. Links des Altars steht (der anwesend gedachte Gott) Mars, rechts der opfernde Zensor (cēnsor).*

bal seinen Marsch nicht nach Rom fort. Die Römer hatten so Gelegenheit, neue Kräfte zu sammeln, vertrieben schließlich die Punier aus Italien und Spanien und schlugen sie auch in Afrika selbst (Zama 202).

Nach den Punischen Kriegen besaß Rom zwei sehr bedeutende Gebiete als Provinzen: Sizilien, in der Folgezeit Roms Kornkammer, und Spanien mit seinen Silberbergwerken. Unermeßlicher Reichtum gelangte nach Rom, der nach der Zerstörung von Karthago und Korinth (146) noch erheblich zunahm. Doch die Folgen der letzten Kriege und der plötzliche Reichtum brachten neue Probleme: Die römischen Bauern, die jahrelang im Ausland Krieg geführt hatten, kehrten nach Hause zurück und fanden ihre Höfe verwüstet und verschuldet vor, so daß sie gezwungen waren, sie an einen Großgrundbesitzer zu verkaufen. Die Adligen dagegen konnten ihren Grundbesitz deshalb vergrößern, weil sie den Hauptanteil der Beute erhalten hatten und ihnen jetzt sehr viele Kriegsgefangene als Sklaven zur Bewirtschaftung der Ländereien zur Verfügung standen. Die Leidtragenden waren die kleinen Bauern, die die Kriege geführt hatten und nun kein Land mehr besaßen. Diese unhaltbare und gefährliche Lage wollten die Brüder **Tib. Sempronius Gracchus** und **C. Sempronius Gracchus** (die „Gracchen") durch ein Ackergesetz ändern; sie wurden jedoch ermordet, ihre Reformen weitgehend rückgängig gemacht.

In der Folgezeit zeigte sich, daß die Institutionen der Republik, die ja auf die Verhältnisse einer Stadt und nicht eines riesigen Reiches zugeschnitten waren, den neuen Aufgaben nicht gewachsen waren. So kam es im letzten Jh. v. Chr. zu anhaltenden **Bürgerkriegen** (auch dem berühmten **Sklavenaufstand** des **Spartacus**), die schließlich ihr Ende fanden, als **Augustus 27 v. Chr.** alle Macht im Staat geschickt auf sich vereinigt hatte.

Polybius erzählt weiter aus der Geschichte Roms

A1 Pompōniī cēnam habent. Posteā Polybius iterum dē urbe Rōmā narrat. Polybius līberīs post cēnam dē antīquīs quoque temporibus urbis Rōmae narrat.

Postquam dē Rōmā narrāvit, līberī multa dē temporibus antīquīs urbis Rōmae sciunt.

Noch einmal: Coriolan

A2 Multae gentēs gentī Latīnōrum fīnitimae erant. Populus Rōmānus fīnēs multārum gentium occupāvit, multīs cum hostibus bella gessit multāsque hostium cōpiās vīcit. Cn. Mārcius Coriolānus, dum exul est, apud Volscōs, Rōmānōrum hostēs, vīxit. Vir bene dē patriā meritus Rōmānīs suscēnsuit, quod in exiliō vīvēbat: „Nunc in exiliō vīvō, quamquam dē patriā bene meruī."

A3 Populus Rōmānus Coriolānum, quamquam bene dē patriā meruerat, in exilium mīserat. Superbē enim contrā plēbem ēgerat.

Rōmānī iam dē salūte dēspērābant, quod cōpiae hostium patriam invāserant. Coriolānus Rōmānus cum hostibus Rōmānōrum, postquam patriam invāsit, legiōnibus Rōmānīs clādem fēcit.

Servus Coriolānō dīxit, ubī mātrem, uxōrem līberōsque ducis vīdit: „Mātrem, uxōrem līberōsque tuōs in castrīs videō, nisi oculī mē fallunt."

Māter fīliō: „Cūr" inquit „populō tuō nōn pāruistī, ut mihī, mātrī tuae, semper pārueras? Sī hostis populī Rōmānī es, fīlius meus nōn iam es, quod māter hostis Rōmānōrum nōn sum."

B Camillus und die Kinder von Falerii

M. Furius Camillus gehörte bei den Römern zu den berühmtesten Gestalten ihrer frühen Geschichte. Die Sagen, die über ihn erzählt wurden, enthalten bei aller Phantasie deutlich einen geschichtlichen Kern. Die im Text genannte Auseinandersetzung mit der Stadt Falerii fand 394 v. Chr. statt.

Romani multis cum gentibus Italiae bella gesserunt. Latinorum genti gens Faliscorum finitima erat.

M. Furius Camillus praeclarus dux Romanorum erat. Postquam Veios, urbem Tuscam, expugnavit, Falerios, Faliscorum urbem, oppugnavit, quod Falisci Tuscis contra Romanos subvenerant.

Fortuna belli diu varia erat. Dum Romani urbem Falerios oppugnant, servus Graecus pueros principum Faliscorum cotidie ex urbe in campos ducebat – erat enim magister puerorum –, ut semper in pace fecerat.

Faliscī: Einwohner der Stadt Faleriī in Südetrurien, nördl. von Rom
Vēiī: etruskische Stadt nördl. von Rom, 396 v. Chr. von Camillus erobert

Aliquando autem pueros in castra Romanorum ad Camillum duxit atque duci tradidit. „Falerios“ inquit „tibi una cum liberis principum Faliscorum trado.“

Camillus autem, ubi magistri verba audivit, respondit: „Nec ad ducem nec ad populum scelestum cum munere tuo scelesto venisti, serve sceleste! Quamquam Falisci nobis hostes sunt, tamen naturā inter nos et hostes societas humana est: sunt enim et belli et pacis iura. Arma nobis non contra pueros sed contra viros armatos sunt. Tu Falerios scelere et perfidiā vicisti, ego urbem hostium Romanis artibus atque armis vincere in animo habeo, sicut et Veientes vici.“

Camillus, postquam verba dixit, magistrum pueris tradidit. Tum pueri servum perfidum virgis – Camillus enim pueris virgas dederat – verberaverunt et Falerios reduxerunt.

▲ *Römischer Legionär des 1. Jh. n. Chr.*

▼ *Lager eines römischen Heeres von zwei Legionen (schematische Darstellung)*

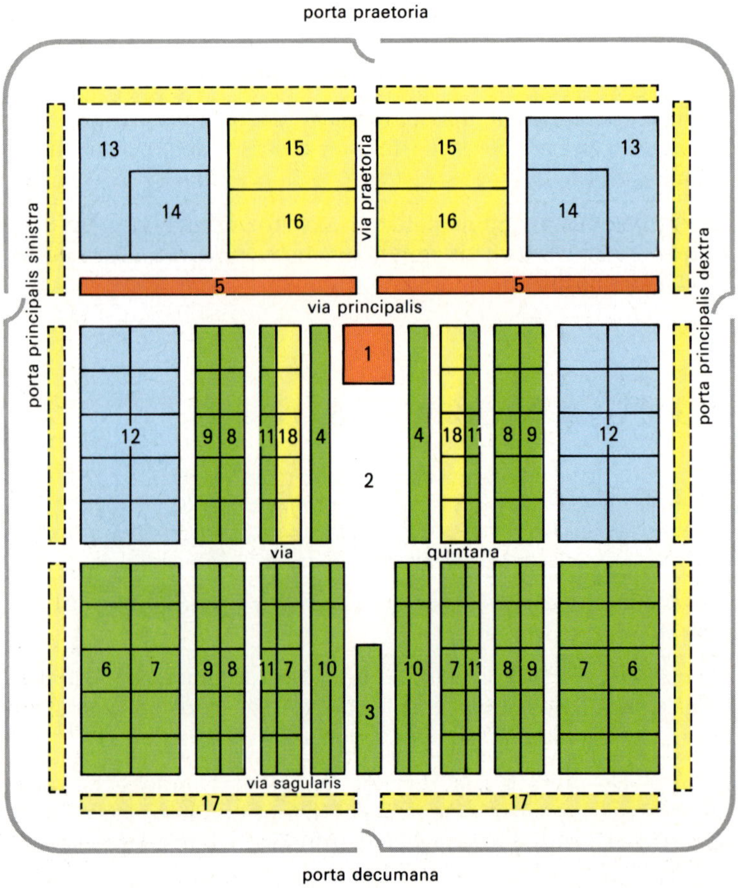

1 praetorium
2 forum
3 quaestorium
4 equites et pedites delecti – evocati (Leibgarde des Feldherrn)
5 praefecti socium – tribuni – legati (höhere Offiziere)
6 pedites (Fußsoldaten)
7 equites (Reiterei)
8 principes (Zweites Treffen)
9 hastati (Lanzenträger)
10 evocati (Wiedereinberufene)
11 triarii (Drittes Treffen)
12 socii (Bundesgenossen)
13 pedites auxiliares (Hilfstruppen zu Fuß)
14 equites auxiliares (Hilfstruppen zu Pferd)
15 pedites extraordinarii (zusätzliche Fußtruppen)
16 equites extraordinarii (zusätzliche Reiterei)
17 velites (Leichtbewaffnete)
18 Romani (Römer)

C

Disziplin über allem

In den Kriegen gegen die Samniten, einen italischen Stamm, setzten die Römer die Unterwerfung der italischen Halbinsel fort. In diesen Kriegen (342 bis 290 v. Chr.) soll der Überlieferung nach im römischen Heer besonders strenge Disziplin geherrscht haben; davon geben eine Reihe von Sagen Kunde. Eine davon folgt hier.

Secundo cum gente Samnitium bello L. Papirius Cursor legiones Romanas dictator duxit. Dictator tum in urbem Romam contendere constituit, quod auspicia Romanis secunda non erant. Itaque in urbe auspicia repetere cupivit. Ante profectionem autem Q. Fabium Maximum Rullianum magistrum equitum advocavit et dixit:

„Auspicia nobis secunda non sunt. Proinde milites tuos castris contine atque ab incursionibus in copias hostium prohibe!" Postquam sic imperavit, castra reliquit et Romam contendit.

Magister autem equitum, quamquam imperatum audiverat, tamen incursionem in hostes fecit, quod hostes Romanis occasionem pugnandi dabant.

Et vero hostes vicit atque fugavit; laetus victoriam Romam nuntiavit. Papirius autem nuntium de Fabii victoria in urbe audivit et iratus ad castra Romana contendit. Ibi milites convocavit et magistrum equitum accusavit:

„Tu, Fabi" inquit „imperato meo non paruisti. Proelium cum hoste commisisti, quamquam tibi non licuit. Si ego dictator impero, tu magister equitum parere debes. Adversus morem maiorum, disciplinam militum, voluntatem deorum egisti. Responde!"

Tum Fabius: „Pugnavi quidem cum hostibus, quamquam imperatum audiveram, sed hostium milites fugavi atque vici." Non modo victoriam defendit, immo vero invidiam dictatori obiecit. Tum Papirius: „Veni, lictor! Vinci ac verbera magistrum equitum!"

Frustra milites et legati clementiam imploraverunt. At Fabius, postquam ad triarios fugit, noctu clam castra reliquit, Romam contendit et in curia auxilium senatorum populique Romani petivit. Dum auxilium petit, dictator cum lictoribus apparuit. Tandem et senatores et populus Romanus et tribuni plebis a dictatore veniam errori humano atque adulescentiae Fabii impetraverunt.

▲ *Reitersoldat. Grabrelief des 1. Jh. n. Chr. Mittelrhein. Landesmuseum Mainz*

secundus, -a, -um zweiter; günstig • **Samnītēs, -ium** *Einwohner von* **Samnium**, *einer ital. Landschaft östl. von* **Latium** • **dictātor** Diktator, Heerführer; → Kap. „Das röm. Heer zur Zeit der Republik" • **contendere** eilen • **cōnstituere** beschließen • **auspicium** Vorzeichen • **secundus** *hier:* günstig • **profectiō, -ōnis** *f.* Aufbruch, Abmarsch • **continēre** festhalten • **incursiō, -ōnis** *f.* Angriff, Streifzug • **imperātum** *abgeleit. Subst. v.* **imperāre** • **occāsiō, -ōnis** *f.* Gelegenheit • **fugāre** in die Flucht schlagen • **convocāre** *vgl. L 11, W 2.1* • **accūsāre** anklagen • **proelium committere** eine Schlacht liefern • **adversus** *(Präp.)* gegen • **disciplīna** Disziplin • **voluntās, - tātis** *f.* Wille • **dēfendere** verteidigen • **immō vērō** ja sogar • **invidia** Neid • **obicere, obiciō, obiēcī** vorwerfen • **vincīre** binden, fesseln • **verberāre** schlagen • **clēmentia** Milde, Gnade • **implōrāre** erbitten, flehen um • **triārii, -ōrum** „Triarier" *(Reserve des röm. Heeres)* • **fugere** fliehen • **noctū** nachts • **clam** heimlich • **cūria** Senat • **auxilium** Hilfe • **venia** Gnade, Vergebung • **error, errōris** *m. Substantiv zu* **errāre** • **adulēscentia** Jugend • **impetrāre** erwirken, erlangen • **auspicium:** Vogelschau (**avis:** Vogel). Aus der Beobachtung des Flugs der Vögel wurde nach festgelegten Regeln ermittelt, ob für ein bestimmtes Vorhaben günstige „Vorzeichen" bestünden; das Wort wurde auch für „Eingeweideschau" gebraucht • **magister equitum:** Reiteroberst und Stellvertreter des **dictātor** • **līctor:** Diener der höheren Beamten, welchen sie **„fascēs"**, Rutenbündel mit Beil, als Zeichen der Gerichtsgewalt vorantrugen • **tribūnus plēbis:** Volkstribun; Beamter, der die Rechte der **plēbs** zu schützen hatte (Veto-Recht gegen Beschlüsse anderer Staatsorgane)

Das römische Heer zur Zeit der frühen Republik

Seit alters gab es bei den Römern eine Wehrpflicht, doch beinhaltete diese etwas anderes als heute, nämlich nicht den Wehrdienst auf Zeit im Frieden: Wenn ein Feldzug beschlossen war, was sehr oft geschah, mußten alle wehrfähigen Männer zwischen 17 und 46 Jahren zu den Waffen. Es gab demnach kein stehendes Heer und keine Berufsoffiziere.

Die Ausrüstung brachte jeder Soldat entsprechend seinem Vermögen selbst mit, der Reiter sein Pferd und der Fußsoldat seine Waffen. Wer mehr für die Ausrüstung aufgewendet hatte – also Reiter und Schwerbewaffnete –, konnte auch politisch größere Rechte für sich beanspruchen (→ Kap. „Der Ritterstand").

Einen Sold gab es nicht, denn ursprünglich waren die Römer in Kriegszeiten ein Volk unter Waffen, das sein Land gegen Feinde verteidigte, doch schon im 5. Jh. v. Chr. wurde den Soldaten eine Entschädigung für Ernährung und Kleidung während des Heeresdienstes gezahlt. Wichtigster Lohn war ohnehin die Beute, waren doch, wie aus der römischen Geschichte ersichtlich, die meisten Feldzüge reine Eroberungs- und Beutezüge. Bis zum Ende der Republik wurde aus der Entschädigung ein regelrechter Sold.

Die Feldzüge der Frühzeit dauerten maximal von März bis August; somit konnte der Bauer-Soldat seine Äcker bestellen, dann Krieg führen und zur Ernte wieder zu Hause sein, doch bereits in den Samnitenkriegen (und empfindlicher noch in den Punischen Kriegen) wurde diese Zeitspanne überschritten, so daß fortan Militärdienst und bäuerliche Arbeit nicht mehr miteinander im Einklang standen: die Folge war der wirtschaftliche Ruin vieler Bauern (→ Kap. „Die römische Republik").

Die Stärke des Heeres war im Laufe der Jahrhunderte nicht gleich. Im 5. Jh. v. Chr. umfaßte es ca. 20 000, vor den Punischen Kriegen (um 250 v. Chr.) ca. 250 000 Soldaten.

Bei anderen Völkern der Mittelmeerwelt war die Heeresverfassung ähnlich; einzigartig allerdings war bei den Römern die Organisation: Beim Marsch wurde genau festgelegt, welche Heeresabteilungen welchen Platz einzunehmen hatten. War es erforderlich, aus der Marsch- zur Schlachtordnung zu kommen, so waren auch hierfür alle Bewegungsabläufe genau festgelegt. Für jede Nacht wurde ein befestigtes Lager aufgeschlagen, genau nach dem Muster einer Stadtbefestigung: das Gelände wurde vermessen, der Lagerplatz quadratisch abgesteckt, Wall, Graben, Feldherrenzelt, Mannschaftszelte aufgerichtet. Bei all diesen Arbeiten wußte jeder einzelne genau, was er zu tun hatte.

Ein Schwachpunkt im römischen Heerwesen war der Umstand, daß die für ein Jahr gewählten Konsuln (oder einer von ihnen) im Kriegsfalle als Feldherrn fungierten, egal ob zu diesem Amt befähigt oder nicht, ob kriegserfahren oder nicht.
Zwar besaß die römische Republik auch das (auf 6 Monate befristete) Amt des „dictator". Doch wurde dieser nur in absoluten Notzeiten auf Beschluß des Senats vom Konsul ernannt. Der dictator hatte für die Zeit seines Amtes die absolute Macht im Staat, als Stellvertreter wählte er sich einen magister equitum.

Nicht zuletzt die Unfähigkeit der Konsuln als Oberbefehlshaber des Heeres führte zu den schlimmen Niederlagen der ersten Jahre des 2. Punischen Krieges, in denen nahezu die gesamte Feldarmee vernichtet wurde. Um solche Fehler künftig zu verhindern, wurde eine neue Einrichtung geschaffen, das Prokonsulat: Beamte, in der Regel Konsuln, die sich im Krieg bewährt hatten, konnten nach Ablauf ihrer Amtszeit das Kommando beibehalten, waren aber als Prokonsuln den amtierenden Konsuln untergeordnet.

Auch auf der Seite der einfachen Soldaten gab es in der Geschichte der Römischen Republik große Widersprüche, die letztlich das Ende der Republik mit verursacht haben:
Die Verelendung der Bauern in den Jahrzehnten nach den Punischen Kriegen hatte zur Folge, daß bei der nächsten großen Bedrohung, dem Einfall germanischer Stämme im Jahre 113 v. Chr., der Kimbern und Teutonen, viel zu wenige Soldaten zur Verfügung standen, so daß **Marius** eine **Heeresreform** durchsetzte, die das Heer schlagartig vergrößerte: Er berief zusätzlich die Besitzlosen zum Militär ein, die bisher vom Kriegsdienst ausgeschlossen waren. Durch diese Maßnahme wurden die Siege von Aquae Sextiae (Teutonen) und Vercellae (Kimbern) im Jahre 102 v. Chr. ermöglicht. Doch nun stellte sich das Problem der Entlohnung, denn diese Besitzlosen verlangten als Lohn nach einem Stück Land, das ihnen vorher auch versprochen worden war. In Italien konnte dieses benötigte Land nur von der Nobilität (dem Adel) kommen, die sich jedoch weigerte, etwas abzutreten. Die Folge war, daß mit Gewalt Ländereien für diese neue Soldatengeneration genommen wurden. Jeder Feldherr, ob Marius, Sulla oder später Caesar fühlte sich für die Versorgung seiner Soldaten, die ihrem Feldherrn treu ergeben waren, verantwortlich und versuchte, die Landnahme gegen den Widerstand der Nobilität durchzuführen; die Folge waren Beschlagnahmungen, Gewalt und Blutvergießen. So war die Heeresreform letztlich eine der Ursachen für die Bürgerkriege im 1. Jh. v. Chr. (→ Kap. „Die röm. Republik").

Pensa exercitanda

Wh 1.1

atque/ac – autem – deinde – enim – et – et … et … – itaque – nam – proinde – -que – quoque – sed – tamen – tandem – tum – postremo

Die genannten Wörter **(Konnektoren)** verknüpfen sprachliche Aussagen zu Sinneinheiten.
Ordne sie nach ihrer Bedeutung unter folgenden Gesichtspunkten:

① Mit Hilfe welcher Konnektoren werden Aussagen **aneinandergereiht**?
② Mit Hilfe welcher Konnektoren werden Aussagen in ihrem **zeitlichen Verhältnis** festgelegt?
③ Einige Konnektoren können Aussagen auch **gedanklich-inhaltlich** verknüpfen und dadurch einer Aussage eine bestimmte Sinnrichtung geben.

Sie können
a) den **Grund** für eine Aussage nennen **(kausal)**.
b) die **Folge** einer Aussage beschreiben **(konsekutiv)**.
c) den **Gegensatz** zweier Aussagen verdeutlichen **(adversativ)**.

Wh 1.2

Übersetze folgenden Text, und überprüfe die Einteilung der Konnektoren aus Wh 1.1. In drei Sätzen sind Konnektoren hervorgehoben, die oben nicht verzeichnet sind; ordne sie den anderen zu.

1) Liberi Romae forum **vel** Capitolium videre cupiverunt. **Tum** cum patre forum spectare constituerunt (beschließen).
2) Templum Castoris viderunt, Curiam Iuliam spectaverunt, **postremo** templo Vestae appropinquaverunt.
3) Multi homines in viis stabant **aut** properabant.
4) Liberi **et** turbam hominum **et** statuas virorum clarorum aspiciebant.
5) Subito vir patrem nomine clamavit **atque** salutavit.
6) Liberis vir ignotus erat, **sed** pater hominem laetus resalutavit.
7) Vir **enim** amicus patris erat.
8) Amicus de filia Cuspii Pansae narravit: „**Neque** parentes **neque** medici puellae adesse potuerunt. **Itaque** post durum morbum e vita excessit.“

W 1

Von welchen Adjektiven sind die Substantive multitudo, pulchritudo abgeleitet? Was heißt altitudo, longitudo und magnitudo?
Von solus (allein) bildeten die Römer solitudo, von sollicitus (besorgt) sollicitudo.
Was drückt also das Suffix -tudo aus?

S 1.1

Handelt es sich bei den hervorgehobenen Teilen des folgenden Textes um Satzglieder, um Gliedsätze oder um Hauptsätze?
Liberi in foro Regulum oratorem audiunt. **Post Reguli orationem** domum properant. Liberi **in cenando** tacent, **nam Lydia cenam bonam paravit. Postquam cenaverunt**, ad stagnum parvum currunt, **quod ranas capere in animo habent. Viae longitudinis causa** defessi sunt.

S 1.2

Formuliere den Text S 1.1 um, indem Du den Inhalt beibehältst und statt der hervorgehobenen Teile die folgenden Bausteine verwendest:

I
- quod Lydia cenam bonam paravit
- dum cenant
- quod via longa est
- postquam Regulus orationem habuit

II
- post cenam

III
- nam ranas capere in animo habent

Welcher Gruppe von Bausteinen sind jeweils die Begriffe

Satzglieder, **Gliedsätze** und **Hauptsätze**

zuzuordnen?

Wh 2

Ordne die Imperfekt-Formen von **esse** nach folgendem Muster in Deinem Heft, indem Du anstelle der grauen Felder die passenden Endungen einfügst:

F 1

In Lektion 11 A werden einige Prädikate durch Perfektformen gebildet; wie lauten dazu die entsprechenden Plusquamperfekt-Formen?

F 2

Setze neben die folgenden Formen die dazugehörige 1. P. Sg. Präs., und kennzeichne die sich entsprechenden unterschiedlichen Teile der Stämme.

relīquit – ēgērunt – mīsī – cesserātis – adiūvimus – aspēxistī – narrāveram – vēnistis – ascendit – cōnstituerat (11 C) – habuerās – cucurrit – ceciderās – vīcērunt

F 3

Stämme suchen ihre Endungen!
Vervollständige mit den Bausteinen rechts die links verlangten Formen

constitu	1. P. Pl. Plpf.
dux	2. P. Sg. Plpf.
audiv	3. P. Pl. Plpf.
reliqu	2. P. Pl. Pf.
quaesiv	3. P. Pl. Pf.
eg	2. P. Pl. Plpf.
ascend	3. P. Sg. Pf.
habu	3. P. Sg. Plpf.
adiuv	1. P. Sg. Pf.

era – era – era – era – era

tis – t – nt – s – mus – istis – it – i – erunt

S 2

In den folgenden Sätzen mußt Du jeweils unter drei Konjunktionen die sinnvolle heraussuchen.

1) Aliquando Valerianum amicum visitavi.

2) Valerianus, [quamquam / postquam / quod] me salutavit, me in villam duxit.

3) Valerianus: „[Postquam / Ut / Quod] in Campania miles eram, saepe Pompeios oppidum vidi."

4) Aurelia, [ubi / quod / quamquam] est domina bona, servas saepe laudat.

5) Sed Selenus Lydiam servam vituperavit [nisi / ut / quod] pigra erat:

6) „Cur mihi non paruisti, [ut / quod / dum] dominae semper paruisti?"

7) Selenus „[Nisi / Quod / Ut] severus sum, Afra semper pigra est."

S 3

1) Jemand hört folgenden Text:
Pater cum filio curiam aspexit. Puer verba senatorum audivit; domi mater interrogavit: „Quid senatores dixerunt?" Filius autem tacuit; pater enim dixerat: „Tace de verbis senatorum!"

2) Er erzählt ihn so weiter:
Antiquis temporibus patres cum filiis curiam aspiciebant. Pueri verba senatorum audiebant; domi matres interrogabant: „Quid senatores dixerunt?" Filii autem tacebant; patres enim dixerant: „Tacete de verbis senatorum!"

Was möchte der Sprecher mit dem Tempuswechsel wohl erreichen? An welchen Stellen bewirkt der Tempuswechsel eine sinnlose Aussage? Welche Rolle spielt der Wechsel des Numerus?

E

Setze sinnvoll ein:
aqua – amicis – cenam – flumine – flumen – flumen – tecto – tectum

1) Domitilla et Tertia post ___ ludunt.
2) Titus autem et Marcus cum ___ ad ___ currunt.
3) In ___ saliunt. In ___ natant (schwimmen).
4) Subito fulget: ex ___ sub ___ currunt et sub ___ tempestatem (Gewitter, *f.*) exspectant.

W 2.1

Präpositionen stehen nicht nur bei einem Substantiv, sondern können auch als *Präfixe* (Vorsilben) vor Verben deren Wortsinn verstärken oder verändern; solche Verben heißen **Komposita**. Überlege die Bedeutung der folgenden Präfixe, und erkläre die Komposita. Die Bedeutungen der entsprechenden Präpositionen helfen Dir. Der Pfeil weist auf Verben, die Du noch nicht gelernt hast, deren Bedeutung Du nun aber herleiten kannst:

① **ab-/a-:** abesse, avolare
→ abducere

② **ad-:** adesse, advocare, accipere, afficere, apportare
→ accurrere, adducere, advenire, advolare

③ **ante-:** → antecedere, anteponere

④ **cum-:** (<*quom-/*quum-): concidere (<*cón-cadere)
→ componere, conclamare, concurrere, comportare, convocare
aber: *com*plere = ?, conficere = ?, consistere = ?

⑤ **de-:** desperare
→ decurrere, deducere, deponere, deportare, decedere, descendere

⑥ **ex-/e-:** excedere, eripere
→ educere, emittere, extollere, evocare, exigere (<*éx-agere), exponere, exportare

⑦ **in-:** inesse
→ incidere (<*ín-cadere), imponere, inducere, immittere, importare

⑧ **inter-:** interesse

W 2.2

Einige Präfixe werden nicht selbständig gebraucht, sondern finden sich nur in Komposita:

a) Was bedeutet das **re-** in resalutare, reducere, repetere?

b) Was bedeutet das **dis-** in discedere?
Was ist dann gemeint mit:
recedere, reducere, removere, renuntiare, reponere, reportare, retinere, revocare?

F 4

Hilfe, ich komme um vor lauter -um!

studium
corporum
vocum
amicum
capitum
ducum
cladium
finium
funerum
gaudium
gentium
meorum
ludum
hominum
hostium
morum

a) Finde alle Wörter heraus, die nicht Genitiv sind. (Die Anfangsbuchstaben der herausgefundenen Wörter ergeben, richtig gemischt, ein deutsches Wort.)

b) Ordne die Genitive nach ihrer Zugehörigkeit zu den Deklinationsklassen.

c) Bilde zu allen Wörtern den Nom. Sg.

T

Nachdem Du im Lesestück L 10 B einen keinesfalls vorbildlichen Heerführer kennengelernt hast, erfährst Du in 11 B ein Beispiel der virtus Romana. Die Begebenheit wird von dem Historiker Titus **Livius**, der zur Zeit des Augustus lebte, seinen Lesern erzählt.

① Durch welches sprachliche Mittel bringt Camillus seine Verachtung für den Sklaven zum Ausdruck?

② Durch welche Handlungsweise beweist Camillus seine Verachtung für den Sklaven?

③ Gegen welches ungeschriebene Gesetz verstößt der Sklave?

④ Worin zeigt sich die Siegeszuversicht des Camillus?

W 3

Du kommst als Tourist nach Spanien. Einige Wörter, die Du dort in der Zeitung erkennst, mußt Du nicht mehr in einem Wörterbuch nachschlagen:
el arte – el campo – el fin – reducir – responder – la sociedad – vario
Warum hat *vario* keinen Artikel?
reducir und *responder* lassen sich an der Endung als Verb erkennen, wenn man Lateinkenntnisse hat. Warum?

W 4

Latein im Alltag

Der Papst erteilte der Menge auf dem Petersplatz den Segen ‚urbi et orbi'. – Das Okular ist die dem Auge zugewandte Linse des Mikroskops. – Das Fest auf dem Campus der Universität dauerte bis in die Morgenstunden. – Das ist ein perfider Kerl. – Sein Verhalten ist sehr human. – Das Kaufhaus reduziert seine Preise. – Die Okkupation des Landes wurde einstimmig verurteilt. – Er hat Jura studiert. – Naturalismus ist eine Kunstrichtung. – Ihr hört jetzt die Variationen über ein Thema von Haydn. – Er trat als Artist im Varieté auf.

DL

1) Die Kinder liefen zum Fluß, weil (nimm causā und nd-Form) sie spielen wollten.

2) Während sie am Fluß spielten, sahen sie plötzlich einen Raben (corvus, -i *m.*).

3) Der Rabe konnte nicht mehr fliegen, weil er sehr erschöpft war.

4) Publius brachte den Raben nach Hause.

5) Obwohl die Kinder dem Raben regelmäßig (durch das Tempus ausdrücken!) Futter (cibus) brachten, starb (e vita excedere) er (trotzdem).

▼ *Das Zentrum Roms in der Kaiserzeit. Plastisches Modell im Museum der Röm. Kultur, Rom/EUR. Das Modell zeigt auch die Gebäude, die erst nach Tiberius entstanden sind wie z. B. das Kolosseum oder die Kaiserpaläste auf dem Palatin (am oberen Rand des Circus Maximus, der vorne zu sehen ist)*

◄ *Das Forum Boarium („Rindermarkt") in Rom mit den Tempeln des Hercules Victor (sog. Vesta-Tempel) und des Portunus (sog. Fortuna-Tempel)*

1 Quis Faliscīs subvēnit? – Tuscī Faliscīs subvēnērunt.
Cuī gentī Faliscī fīnitimī erant? – Faliscī gentī Latīnae fīnitimī erant.
Quōs puerōs servus perfidus Camillō trādidit? – Puerōs trādidit,
– quī fīliī prīncipum Faliscōrum erant.
– quōrum patrēs principēs Faliscōrum erant.
– quōs docēbat.
Quis scelestus est? – Scelestus est, quī scelera commīsit.
Quid Camillus repudiāvit? – Repudiāvit et quod servus dīxerat et quōs servus trādiderat.

2 Tempel und Götter

– Polybius nōbīs Capitōlium mōnstrāvit, pater. Quid tū dē Capitōliō scīs?
– Capitōlium māgnum templum est, quod Tuscī, quī antīquīs temporibus Latīnīs imperāvērunt, incohāvērunt neque perfēcērunt.
– Quis templum perfēcit?
– Māiōrēs nostrī templum perfēcērunt, postquam Brūtus patriam ā Tarquiniō Superbō, quī ultimus Rōmānōrum rēx fuit, līberāvit.
– Cui deō aut cui deae templum dēdicāvērunt?
– Templum deīs dēdicāvērunt, quōs Capitōlīnōs vocāmus. Sunt trēs:
Iūpiter, cui deī hominēsque pārent et cūius nōmen apud Graecōs ‚Zeus' est,
Iūnō, uxor Iovis, cui matrimōnium cūrae est et quam Graecī ‚Hēram' vocant,
Minerva, quae cūnctōs hominēs iuvat, quibus litterae cārae sunt et quam Graecī ‚Athēnam' appellant.
– Quōrum deōrum templa sunt, quae in forō vidēmus et prō quibus sacerdōtēs immolant?

Brūtus: L. Iūnius Brūtus, Befreier Roms von den Königen, einer der beiden ersten röm. Konsuln um 500 v. Chr.

Tarquinius Superbus: letzter (etruskischer) König/Tyrann über Rom, von Brutus vertrieben. Seit dieser Zeit war Rom Republik

Saturnus: alter italischer Gott der Saaten, Ahnherr der übrigen Götter; **aerārium:** Staatskasse im Saturntempel

Concordia: Göttin der Eintracht; in ihrem Tempel fanden häufig Senatssitzungen statt

– Sub monte Capitōlīnō sunt aedēs Sāturnī, in quā diū aerārium fuit, et aedēs Concordiae, quam Camillus aedificāvit, postquam Gallōs vīcit. Aedēs, quae mediō in forō sita est, Castoris Pollūcisque est, quōs nautae adōrant. Prope aedem Castorum ātrium virginum Vestae situm est, quae ignem aeternum custōdiunt. Satisne respondī, Lūcī, quae interrogāverās? Pergere non iam possum, quod nunc tempus mē dēficit.

B Brand in der Subura

In Pompeji eilt Lampriscus heute hastiger als sonst zurück zur Villa der Pomponii. Eben hat er die neuesten ACTA DIURNA auf dem Forum von Pompeji gelesen und abgeschrieben. Die ACTA DIURNA waren eine Art Wandzeitung mit amtlichen Nachrichten, die in der Kaiserzeit von einem Presseamt, das einem Procurator unterstand, redigiert wurden. Sie enthielten Staatsangelegenheiten, Hofereignisse, Tagesneuigkeiten und wurden im ganzen Reich ausgehängt; sehr aktuell konnten sie außerhalb Roms natürlich nicht sein. Eingeführt wurden sie 59 v. Chr. von Caesar. – Die Nachricht, die Lampriscus heute zur Eile veranlaßt, versetzt Aurelia in Unruhe. Schließlich befinden sich ihre Kinder in Rom.

praefectus vigilum: Kommandeur der Feuerwehr

Subūra: lebhaftes, lautes Viertel Roms mit Lebensmittelmarkt, Buden, Kneipen, galt als Ganovenviertel

Praefectus vigilum Imperatori Tiberio magnum incendium nuntiavit, quod Suburam delevit. Initium incendii fuit in parte circi, quae Palatio Caelioque montibus finitima est. Ibi enim in tabernis flammae, quas ventus cito agitabat, primum materiam, deinde muros circi corripuerunt, loca plana percurrerunt, loca alta ascenderunt et postremo in Suburam descenderunt.

Celeritas ignis et angusta itinera Suburae vigiles valde impediverunt. Liberi et, qui annis defessi erant, in viis errabant, mulieres timebant, tremebant, clamabant. Viri, dum invalidos iuvant, in itineribus properabant vigilesque impediebant. Saepe flammae homines etiam in partibus, in quas fugerant, circumveniebant et interficiebant.

Postremo multi, qui de vita desperabant, vias et campos compleverunt. Qui fortunas amiserant, qui parentes aut uxores aut liberos e flammis non eripuerant, mortem petiverunt, quamquam fugere potuerunt.

hama: Feuereimer; **dolābra:** Brechaxt; **centō:** Matratze, Kissen; naß gemacht zum Löschen verwendet; **sīphō:** Feuerspritze

At nonnulli non modo vigiles prohibuerunt, qui hamis, dolabris, centonibus siphonibusque subvenerant flammasque exstinguebant, immo vero facibus aedificia incenderunt atque diripuerunt, ubi incolae fugerunt.

Post longum tempus vigiles sub Esquilino monte tandem flammas exstinxerunt, postquam per magnum spatium aedificia proruerunt: sic enim ignibus campus vacuus obstabat.

Numerum aedificiorum, insularum, aedium, quae incendium delevit, aut hominum mortuorum praefectus imperatori nuntiare nondum potuit.

Die Religion

Die römische Religion kannte eine Vielzahl von Göttern, die jeweils für bestimmte Lebensbereiche zuständig waren. Die drei Hauptgötter **Iupiter, Iuno** und **Minerva** (→ L 12 A2) waren die obersten Staatsgötter, weitere wichtige Götter waren **Mars** (Ackerbau und Krieg), **Ianus** (Gott des Tores, des Eingangs und Anfangs) und **Vesta** (Göttin des Herdes).

Diese ‚öffentlichen' Gottheiten wurden ursprünglich in heiligen Bezirken – eingegrenzten Arealen, manchmal mit einem Altar – verehrt, nicht wie bei anderen Völkern in einem geweihten Haus, dem Tempel; den lernten die Römer allerdings schon relativ früh durch die Griechen kennen und übernahmen ihn sowie auch viele der griechischen Götter.

Eine römische Eigenart war dagegen die Verehrung der privaten oder Hausgötter, der Laren (**Lares**), Penaten (**Penates**) und des **genius**, deren Altäre im Wohnhaus standen.

Die Laren waren die weiterlebenden Geister der verstorbenen Familienmitglieder, gute Geister, die die Familie (einschl. der Sklaven) beschützten.

Penaten hießen die Götter der Vorratskammer, die dafür zuständig waren, daß es der Familie gut ging und sie genug zu essen hatte.

Schwierig zu erklären ist das Wesen des **genius**: er war eine Personifizierung der Fortpflanzung und der Lebensenergie. Wie im Privaten der **genius** des **pater familias**, so wurde im öffentlichen Bereich der **genius** des Kaisers verehrt.

Die Frömmigkeit der Römer war sehr formell und im Unterschied zu den orientalischen Erlösungsreligionen und dem Christentum ganz dem Leben zugewandt. Eine religiöse Handlung, ein Opfer war wie die Erledigung einer Pflicht. Es gab keinen Unterschied zwischen der Verpflichtung, sich den Eltern gegenüber angemessen zu betragen und der, die Götter den Vorschriften entsprechend zu verehren. Das lateinische Wort dafür ist **pietas**; es beinhaltet die ganze Skala des richtigen, ehrfürchtigen Verhaltens sowohl gegenüber den Mitmenschen als auch gegenüber den Toten und Göttern.

Religion ist eng mit der Auffassung vom Tode und mit dem Totenkult verbunden. Ein konkretes Jenseits wie der Hades der Griechen war den Römern fremd; das Grab des Verstorbenen war heilig, hier wurden für ihn Opfer dargebracht. Man glaubte, daß die Seele nur nach einer den Riten entsprechenden Totenfeier mit Totenmahl befreit würde, d. h. eine göttliche Natur annehme.

▲ *Das Larenheiligtum aus dem Haus der Vettii in Pompeji. Den Laren wurde bei allen Festen geopfert, die die Familie betrafen, aber auch bei den täglichen Mahlzeiten. In der Mitte ist der genius des pater familias dargestellt. 1. Jh. n. Chr.*

Neben Opfer, Gebet, Totenkult gibt es als weiteren religiösen Bereich die **Weissagung.** Vor jedem Feldzug, jeder größeren Unternehmung wurde durch Beobachtung des Vogelfluges von darin ausgebildeten Priestern, den **Auguren,** darüber befunden, ob der Zeitpunkt günstig war oder nicht. Ebensolche Maßnahmen wurden vor wichtigen privaten Ereignissen, z. B. einer Hochzeit, getroffen.

Von den Etruskern hatten die Römer außerdem die Weissagung aus den Eingeweiden von Opfertieren übernommen, eine Form der Wahrsagung, die von vielen Völkern praktiziert wurde und noch wird.

Eine weitere Eigentümlichkeit der römischen Religion bestand darin, daß es keinen Priesterberuf (bis auf ganz wenige „Priester-Beamte") gab; die Funktion von **Priestern** wurde von Privatleuten als Ehrenamt ausgeführt.

Die römische Religion war eine nüchterne, fast geschäftsmäßige Angelegenheit; um von den Göttern bestimmte Güter, wie gute Ernte, erfolgreichen Feldzug, gesunde Kinder, Wohlstand etc. zu erhalten, mußte der Römer genau festgelegte Regeln beim Opfern beachten und festgelegte Formeln beim Gebet sprechen, damit seine Bitte erfüllt würde. Da dieser Religion jede Innerlichkeit fehlte, konnten sich Mysterienkulte, ekstatische Bräuche (Weingott Bacchus) sowie Erlösungsreligionen (Mithras, Isis, auch das Christentum) rasch ausbreiten; manche wurden vom Senat als staatszersetzend angesehen; die Kultstätten der Isis wurden sogar mehrfach auf Anordnung des Senats hin zerstört – trotzdem wurde die Ausbreitung des Kultes auf Dauer nicht verhindert. Im 1. Jh. n. Chr. hatten fremde Kulte, wie an den Tempeln, Altären und Wandmalereien in Pompeji ersichtlich, die altrömischen Götter vielfach verdrängt; auch das Christentum fand so recht früh viele Anhänger in Italien und auch in Rom. Augustus bemühte sich zwar durch mancherlei Maßnahmen, der alten Religion wieder zu mehr Leben zu verhelfen, doch half er dadurch allenfalls, eine Kluft zwischen privater und staatlicher Religion entstehen zu lassen.

C Besuch im Circus Maximus

avunculus:
Salvete puellae et ... ubi sunt fratres?
Tertia:
Hodie spectacula ludique sunt. Itaque fratres iam mane villam reliquerunt et ad circum contenderunt.
(pueri valde defessi intrant)
avunculus:
Ah! Quem video! Salvete, spectatores! Maturi domum revenistis! Cui spectaculo interfuistis? Fortasse muneribus gladiatorum? An ludis scaenicis, quibus egomet libenter intersum? Nuper fabulam vidi, quam scripsit L. Pomponius Bassus. Cognatus est patris vestri.
Lucius:
Fabulam? Quam fabulam? Nos in circo ludo interfuimus, in quo equi cucurrerunt.
Tertia:
Oh, narrate mihi de equis, quaeso!
Publius:
Primo equos non vidimus; agitatores enim equos carceribus tenebant. Ibi initium curriculi exspectabant. Quattuor factiones interfuerunt: albata, prasina, veneta, russata. Multi spectatores sponsiones fecerant de factione, cui favebant.

Lucius:
Subito vir de summa cavea mappam in harenam iecit, qua signum currendi dedit. Equi e carceribus cum agitatoribus evolaverunt, qui in quadrigis stabant magnaque voce equos agitabant. Iam primus ...
Domitilla
(fratrem interrumpit):
Iam scio. Qui primus quadrigas ad carceres reduxit, praemium accipit.
Publius:
Ita est. Sed antea agitatoribus necesse erat septem spatia percurrere. Super spinam videbas septem delphinos, qui indicabant spatia. Agitatores praeter spinam volaverunt, metae appropinquaverunt, circum metam currunt, iterum ad carceres, equos incitant, inde ad metam, ad carceres ... Magna voce clamaverunt iubilatores cunctarum factionum et ceteri spectatores! Eheu, magnificum certamen fuit! Ultimo spatio denique quadrigae factionis russatae eripuerunt et vicerunt.
Polybius
(qui intrat):
Nunc certamen linguae Graecae incipit. Hodie mane vos non repperi. Ecce, mappam iacio. Quis paratus vel parata est?

frāter, frātris *m.* Bruder • **spectāculum** Schauspiel • **lūdus** Wettkampf • **contendere, contendō, contendī** eilen • **fortasse** vielleicht • **mūnera gladiatōrum** Gladiatorenkämpfe • **lūdī scaenicī** Theaterstücke • **egōmet** *verstärktes* **egō** • **nūper** neulich • **fābula** Stück • **cōgnātus** Verwandter • **quaesō** bitte! • **prīmō** *Adv.* zuerst, anfangs • **agitātor, -ōris** *m.* Wagenlenker • **carcerēs, -um** *m. die* Schranken *der Rennbahn am Start* • **curriculum** Wettrennen • **quattuor** vier • **factiō, -ōnis** *f.* Partei, Mannschaft • **albātus, -a, -um** weißgekleidet • **prasinus, -a, -um** grüngekleidet • **venetus, -a, -um** blaugekleidet • **russātus, -a, -um** rotgekleidet • **spōnsiō, -ōnis** *f.* Wette • **favēre** bevorzugen *(vgl. dt. „Favorit")* • **cavea summa** Galerie • **mappa** Signalflagge • **harēna** Wettkampfplatz • **ē-volāre** *vgl.* **ā- volāre** • **quadrīgae, -ārum** *(Pl.)* Viergespann • **interrumpere** unterbrechen • **ita** so • **anteā** *vgl.* **posteā** • **septem** sieben • **spatium** *hier:* Umlauf • **sūper** *beim Akk.* über • **spīna** *die* Mauer, *die den röm. Zirkus längs in zwei Hälften teilt* • **vidēbās** ≈ man sah • **praeter** an ... vorbei • **volāre** *vgl.* **ā-volāre** • **mēta** Zielsäule • **inde** hierauf • **iubilātor, -ōris** *m.* vgl. **ōrāre: ōrātor**, also **iubilāre: ?** • **māgnificus, -a, -um** großartig • **certāmen, -minis** *n.* Wettkampf • **dēnique** schließlich • **incipere** beginnen

Pensa exercitanda

W 1

Bei den Verben der Übung W 2.1 von L 11 findest Du Beispiele für zwei Lautgesetze:

1. Die **Assimilation** (Angleichung)

Die Artikulation eines Konsonanten wird oft durch den nachfolgenden Konsonanten verändert; dann wird auch die Schreibweise angeglichen:

a**d**-clamare > a**c**-clamare, *quo**m**-clamare >co**n**-clamare

Suche in der angegebenen Übung nach weiteren Beispielen, auch bei anderen Präfixen.

2. Die **Vokalschwächung**

Du kennst diese Erscheinung bereits aus dem Cursus grammaticus (→ CG 8.1/8.2). Bis zum Ende des 3. Jahrhunderts v. Chr. galt im Lateinischen (wie im Germanischen) die Betonung auf der Erstsilbe. Durch diese Betonung wurden Vokale in Mittelsilben, die auf einen Konsonanten endeten, geschwächt: **fa**-ci-o, aber **af-fi**-ci-o (< áf-facio). Später setzte sich als Betonungsregel durch, daß der Wortakzent nicht vor die drittletzte Silbe rücken kann: af-fí-ci-o. Die Schwächung wird also beibehalten. Suche bei den Verben von PE 11/W 2.1 weitere Beispiele!

Wh 1

Welche Lautgesetze kannst Du feststellen bei:
funus, – fun**er**is – i**m**probus – i**l**ludere – facere, a**ff**icere – caput, cap**i**tis – a**tt**entus

Wh 2

Du hast in den bisherigen Lektionen verschiedene Fragewörter kennengelernt:
cui – cuius – cur – quem – qui – quis – quo – quomodo – ubi – unde
Wiederhole ihre Bedeutung. Welche von ihnen sind substantivische Interrogativpronomen?

S 1

Nimm die passenden adjektivischen Interrogativpronomina, und wandle mit ihrer Hilfe die folgenden Aussagesätze in Fragesätze um; dabei ist auch die Wortstellung zu verändern.

1) *Discipulus* piger est.
2) Polybius *oratores* audivit.
3) Hodie cum *amicis* lusistis.
4) Liberi *oppidum* vident.
5) *Agricolae* Latonam deam aquā prohibebant.
6) Romani *senatori* supremum honorem habent.
7) Amici corpus mortui per *portam* Capenam e Romae muris portabant.

▼ *Der Circus Maximus. Rekonstruktionsansicht aus dem 19. Jh.*

Welche Unklarheit in der Frage tritt ein, wenn Du nach den hervorgehobenen Satzgliedern mit dem substantivischen Interrogativpronomen fragst?

S2

Bilde die angegebenen Formen der Relativpronomina, und setze sie in die folgenden Sätze ein (zwei Formen müssen übrig bleiben):
Akk. Pl. f. – Nom. Sg. m. – Akk. Pl. m. – Gen. Pl. n. – Akk. Sg. m. – Nom. Sg. n. – Dat. Pl. f. – Akk. Sg. n. – Akk. Pl. n. – Gen. Pl. m. – Akk. Sg. f. – Nom. Pl. n. – Nom. Sg. m.

1) Servus, ___ liberos principum Faliscorum educabat (erziehen), perfidus fuit.
2) Litterae, ___ nuntius mihi apportavit, mihi magno sunt gaudio.
3) Templum, ___ rex Tarquinius incohaverat, Romani perfecerunt.
4) Romani deos Capitolinos, ___ (Gen.) aedes in Capitolio erat, magno studio adorabant.
5) Vestae virgines, ___ ignis aeternus curae erat, in aedificio habitabant (wohnten), ___ in foro situm erat.
6) Orationem, ___ Memmius Regulus habuit, multi audiverunt.
7) Mores, ___ orator laudavit, etiam plebi noti erant.
8) ___ mihi scripsisti, mihi iam nota sunt.
9) ___ fidus est, semper amicos fidos habet.
10) ___ cuncti timent, cunctos timet.

S3

Verknüpfe die Sätze 1–5 mit Hilfe des Relativpronomens mit folgendem Satz:
Polybius vobis de Camillo duce narravit, …

1) De Camillo apud Livium multa legimus.
2) Camillus urbem Falerios oppugnabat.
3) Servus Camillo pueros Faliscorum principum tradidit.
4) Servus liberos ad Camillum in castra Romanorum duxit.
5) Humanitas (leite von humanus ab!) Camilli saluti liberis fuit.

S4.1

Vergleiche A mit B, und bestimme (z. B. durch Satzbilder), welcher Satzgliedposition die Relativsätze entsprechen:

A	B
1) Templa, quae in foro stant, Saturni et Concordiae sunt.	Templa in foro sita Saturni et Concordiae sunt.
2) Villam, quae Pomponii est, spectamus.	Villam Pomponii spectamus.
3) Marcus, qui amicus Sexti est, nos visitat.	Marcus, amicus Sexti, nos visitat.

S4.2

1) Templum, quod prope flumen stat, Neptuno sacrum est.
2) Quae vidi, mihi magno sunt gaudio.
3) Quae mihi dixisti, memoria non iam teneo.

Welche Positionen im Satz nehmen hier die Relativsätze ein?

S5

Mache aus folgenden Hauptsätzen ein Satzgefüge mit Relativsatz.

① a) Amicum habeo. Amicus senator est.
b) Amicus senator est. Amicum habeo.

② a) In urbe Roma magna templa stant. Polybius multa de magnis templis narravit.
b) Polybius multa de magnis templis narravit. In urbe Roma magna templa stant.

③ a) Senatori nomen est L. Munatius Plancus. Plebi virtus senatoris nota est.
b) Plebi virtus senatoris nota est. Senatori nomen est L. Munatius Plancus.

④ Hier sind jeweils zwei Lösungen möglich:
a) Consul magna virtute Romanos duxit. Orator virtutem consulis valde laudavit.
b) Orator virtutem consulis valde laudavit. Consul magna virtute Romanos duxit.

S6

Sprichwortsalat

Hier sind vier antike Sprichwörter durcheinander geraten. Welche Hälften passen zueinander? Zu welchen vorgegebenen deutschen Redensarten passen die lateinischen Sprichwörter?

1) Beati homines	a) quem perdere cupit
2) Quod licet Iovi	b) non educas
3) Stultum facit fortuna	c) qui procul negotiis

4) Quem non verberas d) non licet bovi

perdere: verderben • bos, bovis *m:* Ochse • educare: erziehen

I Eines schickt sich nicht für alle.
II Wen das Schicksal verderben will, den schlägt es mit Blindheit.
III Wer nicht hart genommen wird, wird auch nicht erzogen.
IV Glücklich ist, wer fern ist allen Pflichten.

W 2

Das Substantiv humanitas (→ S 3) ist abgeleitet von humanus. Auch das Wort societas (von ?) ist Dir bekannt. Welche Bedeutungen haben also folgende Substantive mit dem **Suffix -tas**?
caritas – duritas – iniquitas – libertas – maturitas – propinquitas – varietas

K
Störenfried!

quae	lex	clamor	meus
quam	dux	orator	meo
quarum	pax	uxor	meorum
quis	vox	honor	me
quod	fax	dolor	meis

T
Olympische Götter

A	B	C
I Aphrodite	a) bellum	1) Apollo
II Apollon	b) filia Latonae	2) Ceres
III Ares	c) frumentum	3) Diana
IV Artemis	d) fulget	4) Iuno
V Athene	e) ignis aeternus	5) Iupiter
VI Demeter	f) filius Latonae	6) Mars
VII Hephaistos	g) nuntius	7) Mercurius
VIII Hera	h) Oceanus	8) Minerva
IX Hermes	i) nuptiae	9) Neptunus
X Hestia	k) Vesuvius mons	10) Venus
XI Poseidon	l) litterae	11) Vesta
XII Zeus	m) pulchritudo	12) Vulcanus

Den 12 olympischen Göttern der linken Spalte sind jeweils die passenden Begriffe der mittleren Spalte und der entsprechende Name der römischen Gottheit zuzuordnen. Die Aufgabe kannst Du auch lösen, wenn Du die griechischen Götternamen noch nicht kennst: Sicher hast Du zu Hause ein Buch über griechische Sagen oder ein Lexikon.

W 3
Italienisch

il vento – la parte – caro – lo spazio – fuggire – l'isola – il monte – la morte
Du kennst die lateinischen Wörter und damit auch die Bedeutungen, die die italienischen Vokabeln haben.

S 7
„quod" oder „quod"

In aedificio, quod
- pueri intraverunt, tabulae pulchrae erant.
- magister non iam aderat, pueri ludum paraverunt.

Wann ist die Bedeutung von quod eindeutig?

W 4
Latein im Alltag

Die Montanindustrie hat große Absatzschwierigkeiten. – Die Caritas ist ein Verband der Wohlfahrtspflege. – Der Vertrag ist damit perfekt. – Der Dichter dedizierte das Gedichtbändchen seiner Tochter. – Die Initialen in dieser mittelalterlichen Bibelhandschrift sind besonders schön. – Jeder spielt in dem Musikstück seinen Part. – Das Blut zirkuliert im Körper der Lebewesen. – Der Ventilator sorgt für ein wenig Abkühlung. – Er planiert mit seiner Raupe das Gelände. – Dieses Material brennt sofort. – Seit dem Unfall ist er Invalide.

DL

1) Polybius fragte die Kinder, die Rom besucht hatten:
2) „Wer bewacht das ewige Feuer?
3) In welchem Tempel ist lange die Staatskasse gewesen?
4) Wer ist die Gattin Jupiters, die über die Familie wacht (custodire)?"
5) Die Kinder, denen Polybius lange das Kapitol und das Forum gezeigt hatte, wußten alles.
6) Ihr könnt doch wohl auch alles beantworten (respondere ad …)?

Ein Wagenrennen im Circus Maximus

Der Circus Maximus (circus: Ring, Kreis) nimmt das schmale, langgestreckte Tal zwischen Palatin und Aventin ein; die gesamte Anlage war 635 Meter lang und 110 Meter breit, die Länge der Rennbahn betrug 590 Meter. Er ist heute noch zu sehen. Angelegt wurde er nach der Überlieferung von Tarquinius Priscus (um 600 v. Chr.), einem der sagenhaften etruskischen Könige der Frühzeit Roms.

Der Circus Maximus war der größte (daher sein Name), prächtigste und bedeutendste der stadtrömischen Circi; neben ihm gab es noch den Circus Flaminius (von 221 v. Chr.). Später kam noch der Circus des Caligula hinzu. Die Tribünen des Circus Maximus boten z. Zt. des Augustus 60 000 Zuschauern Platz, nach Umbauten unter seinen Nachfolgern schließlich 190 000. Ursprünglich zu Reiterkämpfen und militärischen Spielen, auch Gladiatorenkämpfen und Tierhetzen, genutzt, gewann der Circus Maximus die größte Bedeutung für die Durchführung von Wagenrennen.

An einer Schmalseite lagen die Boxen (carceres), in denen die Gespanne bis zum Start warteten. Durch das gegenüberliegende Tor zogen die Gespanne ein, nach der Veranstaltung verließen die Sieger hierdurch die Rennbahn. In der Mitte der Rennbahn verlief eine Mauer (1,75 m hoch u. 5,80 m breit), die spina; an ihren Enden standen je zwei Kegelsäulen, metae, Wendepunkte, die es für die Gespanne möglichst eng zu umfahren galt. Außer Statuen und einem Obelisken aus Heliopolis (heute auf der Piazza del Popolo) befanden sich auf der spina sieben Marmoreier und sieben silberne Delphine, jeweils auf Holzgestellen, von denen je einer nach Ende einer Runde herabgesenkt wurde.

Vor Beginn eines Wagenrennens zog eine Prozession (pompa), die vom Kapitol aufgebrochen war, in den Circus ein. Sie nahm ihren Weg durch das Haupttor und zog einmal um die Bahn, voran römische Jugendliche zu Fuß und zu Pferd, dann die Gespanne, die den anschließenden Wettkampf austrugen, dann Waffentänzer, Chöre und Musikanten; es folgte ein Opferzug mit Götterbildern und Priestern – das Wagenrennen war religiösen Ursprungs –, am Schluß der Beamte, der die Spiele ausrichtete, begleitet von Freunden und politischen Anhängern.

Wenn der Zug sich aufgelöst hatte, wurden die Vorbereitungen zum Start getroffen. Die Gespanne – meist Viergespanne – warteten in den carceres auf ihr Zeichen: Unter Trompetenklang erhob sich der Beamte und warf ein weißes Tuch (mappa) in die Arena. Siebenmal umrundeten nun die Wagen die spina; jeder Fahrer versuchte, sie möglichst eng zu umkurven, wobei häufig Unfälle passierten; wenn die Wagen einander berührten, war es geschehen: ein Rad wurde abgerissen, die Pferde gingen durch und rissen den Fahrer, der die Zügel um den Körper geschlungen hatte, aus dem Wagen heraus, wenn er es nicht mehr schaffte, sie mit einem kleinen Messer, das er immer bei sich trug, durchzuschneiden. Schlimmstenfalls wurde er von den Pferden zu Tode geschleift; da nützte dann auch die Schutzkleidung (Sturzhelm und Körperbandagen aus Leder) nichts

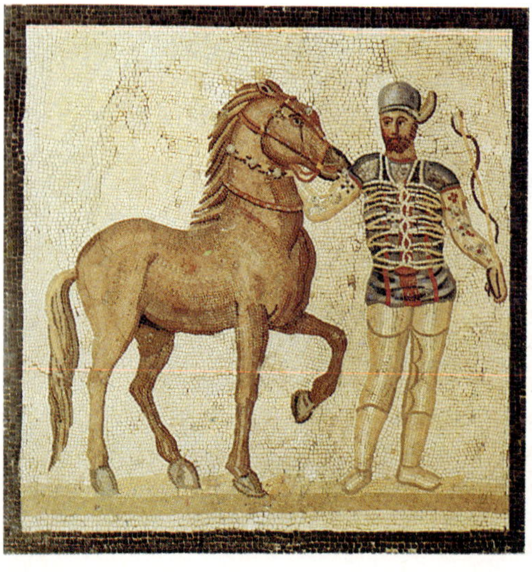

mehr. Tödliche Unfälle kamen oft vor, auch sehr geübte Fahrer, die schon mehr als hundert Rennen gewonnen hatten, blieben nicht verschont, wie wir auf entsprechenden Grabsteinen lesen können. Die Begeisterung der Zuschauer wurde durch solche Vorkommnisse nicht getrübt, das Rennen lief selbstverständlich weiter.

Die Römer wetteten leidenschaftlich gern, und nicht wenige ruinierten sich dadurch. Logisch, daß die Rennen im Circus Maximus Schwerpunkte für diese Leidenschaft bildeten! Ursprünglich gab es zwölf Rennen pro Tag, später wurde die Zahl auf 24 erhöht.

Die Rennfahrer wurden wie Stars verehrt; ihr Privatleben, wird berichtet, war reich an Liebesaffären; sie konnten riesige Beträge kassieren, auch wenn der eigentliche Siegespreis nur aus einer Palme bestand.

Die Fahrer wurden in Gruppen aufgeteilt, die durch vier Farben (rot, grün, blau, weiß) unterschieden wurden. Aus ihnen bildeten sich Parteien (factiones), deren Konkurrenz im Zirkus auf innenpolitische Rivalitäten übertragen wurden. Von der weißen und roten hieß es, daß sie in Opposition zum Kaiser stünden, sie waren relativ unbedeutend; die grüne wurde vom Kaiser unterstützt und vom Volk favorisiert, Adel und Senat unterstützten die blaue Partei. Oft kam es in der Stadt zu leidenschaftlichen Auseinandersetzungen, die nicht selten zu blutigen Straßenschlachten mit vielen Opfern führten.

Bilderklärungen S. 84

A 1 Der Baukran

clīvus Argentārius: Hanggasse westl. des Forums

Puerī hodiē avunculum visitāre cōnstituērunt. Pūblius in clīvō Argentāriō stat et māgnā māchinā stupet.
Pūblius: Ēn, Lūcī! Venī ad mē! Properā!
Lūcius: Quid est, Pūblī? (ad Pūblium currit) Cūr stupēs?
Pūblius: Nōnne tū māchinam vidēs? Eius nōmen nesciō. Numquam anteā tantam rotam vīdī. Hominēs eī īnsunt. Quīn etiam calcant et pedibus eam movent.
Lūcius: Egō etiam vōcēs hominum audiō.
Pūblius: Eōrum vōcēs iam diū audīvī. Iī, quī rotae īnsunt, servī sunt.
Lūcius: Iam intellegō: labōrant in eā et clāmant, quod labor eīs molestus est.

► *Relief vom Grabmal der Haterii, Rom. Hebemaschine, Bauten und verschiedene Grabeinrichtungen, ca. 100 n. Chr. Vatikan, Museo Gregoriano*

◄ *Bilder S. 82/83: 83 oben: Rennen im Circus Maximus. Foligno, Pinacoteca comunale*

82/83 unten: Mosaik mit Wagenlenkern und Leitpferden der vier factiōnēs in den Farben Blau, Grün, Weiß, Rot. Rom. Röm. Nationalmuseum

A2 Postquam ad vīllam avunculī advēnērunt, statim Aurēlium quaerunt et dē eā māchinā interrogant. Forte eius amīcus adest, qui iīs respondet:
amicus: Avunculus vester vir doctus est. Id, quod quaesīvistis, ad eum nōn pertinet.
avunculus: Proinde narrā tū puerīs dē māchinā, vir māchinārum valdē perīte!
amicus: Certē ea rota, quam vīdistis, puerī, pars māgnae māchinae est, quam Graecī ‚geranon' vocant. Nōs autem eam ‚māchinam trāctōriam' vocāmus. Iī, quī rotae vel ‚tympanō', ut Graecī dīcunt, īnsunt, pedibus māgna pondera tollunt.
Lucius: Nunc nōbīs illūdis. Eōrum pedēs pondera tollere numquam possunt.
amicus: Possunt, Lūcī! Calcandō enim eam rotam movent, quae fūnēs crassōs legit. Nōnne eōs vīdistis?
Publius: Certē vīdimus.
amicus: Iīs autem fūnibus servī ea pondera, quae vīdistis, tollunt.
Publius: Venī, Lūcī! Curre iterum mēcum ad māchinam!

B Hochzeitstag

Ein mit Aurelius befreundeter Nachbar verheiratet seine Tochter Rufilla und hat aus diesem Anlaß den Onkel mitsamt seiner Familie, auch die auf Besuch weilenden Pomponii, eingeladen.

Prima luce mater cubiculum filiae intrat et eam e somno excitat: „Surge, Rufilla. Cuncta ad nuptias necessaria parata sunt."

Rufilla magnam noctis partem non dormivit. Nunc, ubi lavit, tunicam albam et pallam, quas mater ei praebet, soleasque croceas induit. Capiti flammeum coronamque myrteam imponit.

tūnica alba: weißes Untergewand; **palla:** faltenreiches Obergewand der röm. Frauen, bei der Hochzeit safrangelb; **solea crocea:** safrangelbe Sandalen; **flammeum:** der feuerrote Brautschleier; **corōna myrtea:** Myrtenkranz

Antea pater auspicia observaverat et, quod secunda erant, cunctos propinquos amicosque invitaverat.

Magna cum impatientia sponsa eos exspectat. Tandem hodie Tito nubit. Parentes et sponsi et sponsae id probant. Iam puellula Rufilla Tito amica fuit eique nubere cupivit. Pater eam Tito destinaverat, cum vix duodecim annos nata erat. Ex eo tempore Rufilla anulum ferreum gerit, quem sponsus ei tum dedit.

Tandem Titus cum parentibus suis adest; etiam amici et propinqui adveniunt. Postquam Iunoni deae, cui matrimonium curae est, sacrificaverunt eiusque gratiam pro sponsis imploraverunt, una e matronis dextras Rufillae sponsique iungit. Cuncti audiunt, quod Titus sponsam interrogat, et id, quod sponsa ei respondet: „Esne parata

dextrārum iūnctiō: „Vereinigung der rechten" (Hände) – Akt der Eheschließung

▲ *Die sog. Aldobrandinische Hochzeit, Fresko aus einem Haus auf dem Esquilin in Rom. Die Braut sitzt auf dem Hochzeitsbett, Frauen links und rechts bereiten die Zeremonie vor. Vor dem Bett Dionysos. Augusteische Zeit. (Rom, Vatikanische Museen)*

Ubī tū Gāius egō Gāia: das „Ja" der Braut; Gaius/Gaia sind formelhafte kultische Namen für den Bräutigam und die Braut

nuptam … rapit: ein Brauch, der auf den sagenhaften „Raub der Sabinerinnen" zurückgeht, bei dem sich die (frauenlosen) Römer Frauen raubten
hymenaeī (griech.): Hochzeitsgesänge
nucēs: als Wunsch nach Kindersegen

mater familias esse?" – „Ubi tu Gaius ego Gaia." Tum cuncti „feliciter" atque „Bene vivite! Multos liberos date!" conclamant eisque dona tradunt. Postea usque ad multam noctem cenant, bibunt, narrant, cantant, saltant.

Ii, qui etiam nunc pedibus stare possunt, Tito viam facibus illustrant, dum novus maritus novam nuptam e matris gremio rapit et secum ad suam villam ducit et pueris nuces spargit. Amici hymenaeos cantant maritoque eiusque uxori carminibus iocosis illudunt. Ea autem maesta est, quod matrem relinquere debet.

Ubi turba ebria ad villam mariti advenit, amici Titi Rufillam supra limen portant. Amicae autem nuptam in atrium ducunt, ubi maritus eam exspectat eique aquam ignemque praebet.

Nunc amici amicaeque eos relinquunt et atrii ostium claudunt.

▼ *Hochzeitszug. Die Brautleute rechts reichen sich die Hände. Cybelē, Iūnō Prōnuba und Suāda (Überredung) sind Zeugen. In der Mitte trägt ein Diener den Hochzeitskuchen, den die Brautleute als Höhepunkt der Zeremonie verzehren werden. Rom, Kirche San Lorenzo vor den Mauern*

Die Stellung der Frau

Die Römerin hatte als **mater familias** eine angesehene Stellung in der römischen Gesellschaft. Wenn sie auch in der Regel mehr Zeit im Hause als der Ehemann verbrachte, war ihr Leben doch bei weitem nicht so eingeschränkt wie das der griechischen Frau, die das Haus nur selten verließ. Die Römerin besuchte Theater, Gladiatorenkämpfe und Circusspiele, machte Einkaufsbummel und Besuche bei Freunden und Bekannten. In der Politik allerdings hatte sie keinerlei Mitspracherecht, sie konnte kein öffentliches Amt bekleiden und nicht wählen. Ihr Bereich als **domina** war das Haus.

Eine Tätigkeit der Frau neben der Aufsicht über die Haussklaven bestand darin, Wolle zu spinnen, Stoffe zu weben und Kleidung für die Familie zu nähen. Das galt als sehr ehrenwerte Tätigkeit selbst in vornehmen Kreisen, doch viele Frauen zogen es vor, fertige Stoffe zu kaufen oder die Kleiderfertigung Sklavinnen zu überlassen.

Für die anderen Hausarbeiten wie Putzen, Spülen, Lebensmitteleinkaufen, aber auch Kochen waren Sklaven und Sklavinnen zuständig, nur in ganz armen Familien mußte die Ehefrau diese als sehr niedrig geltenden Arbeiten selbst verrichten. Die Kleinkinder wurden in manchen Familien von Sklavinnen (Ammen) betreut, in der Regel war aber die Kindererziehung Aufgabe der Mutter.

Wegen der einseitigen, auf die Rolle als **mater familias** ausgerichteten Ausbildung gab es nur wenige berufstätige Frauen, dann aber vorwiegend in typischen Frauenberufen wie Hebamme oder Näherin.

► *Iuno als Braut mit dem flammeum. Fresko aus Pompeji. Archäolog. Nationalmuseum Neapel*

Die Eheschließung erfolgte früh, bei Mädchen manchmal schon mit 12 Jahren. Es gab drei Formen der Eheschließung: a) durch einen symbolischen Kaufakt; b) durch Zusammenleben für ein Jahr, in dem die Frau nicht länger als drei Tage und Nächte hintereinander das Haus verließ; c) durch gemeinsames Opfer und Verzehren eines Opferkuchens in Anwesenheit eines Priesters.

C Eine freche Antwort

Qui Caesaris temporibus Romae vivebant, multa de facetiis Publilii Syri narraverunt, qui natione Syrus fuit.
C. Iulius Caesar, cui Syri facetiae placebant, eum servum emerat semperque eius iocis gaudebat. Aliquot annis post P. Syrus clarus comoediarum poeta exstitit.
Aliquando Caesar cum Publilio amicum visitavit, qui forte servum crassum increpuit: „Improbe! Homo furcifer! – Nonne servum videtis, amici? Iam duas horas in sole iacet dormitque."
Publilius autem ei homini: „St!" inquit „Tace, domine! Certe servus tuus hydropicus est. Itaque in sole iacet et aquam calefacit."

facētia Scherz, Witz • **nātiō, -ōnis** *f.* Abstammung • **emere, emō, ēmī** kaufen • **iocus** Spaß • **aliquot** *(undeklinierbar)* einige • **exsistō, exstitī** heraustreten, hervorheben, sich erweisen als • **crassus, -a, -um** beleibt • **increpāre, increpō, increpuī** schelten, hart anfahren • **improbus, -a, -um** unverschämt • **furcifer** Galgenstrick • **sōl, sōlis** *m.* Sonne • **dormīre** schlafen • **hydrōpicus, -a, -um** wassersüchtig • **calefacere** erhitzen, warm machen

Pensa exercitanda

Wh 1

cuius – cui – quae (3) – quam – quas – quem – qui (2) – quibus – quod – quorum
Bestimme die Kasus dieser Relativpronomina, und markiere die Kasussignale. Welche Endungen sind Dir schon als Signale bei denselben Kasus bekannt?

F 1

Bilde zu den Relativpronomina von Wh 1 die entsprechenden Formen von is, ea, id. Welche Unterschiede bei den Gegenüberstellungen erkennst Du?
Bei welchen dieser Formen taucht eine Endung auf, die in den niederdeutschen Wörtern „wat" (was), „dat" (das) und „(h)et" (es) eine Entsprechung hat?

F 2

Verbinde die Pronomina mit den passenden Substantivformen. Beachte dabei die Genera! Die Mehrdeutigkeit einiger Substantivformen erfordert eine größere Zahl von Formen auf der „is, ea, id"-Tafel.

eae eae iis eas
eam eius eă
id iis ei eā
ei id is
eius earum

mortem
aedium uxor
ignis
imperatori dominae
parte parentibus
itineribus
incendium mulieres
corpus

S 1

Setze in folgende Sätze Formen von „is, ea, id" als Possessivpronomina ein:

1) Dominus servum habet: ___ celeritate cuncti stupent.
2) Puer matri oboedit, quod ___ severitatem timet (severus, -a, -um).
3) Pater filias amat et diligentiam ___ laudat.
4) Vide templa! Estne tibi notus ___ numerus?

S 2

Lies die Geschichte *„Der Delphin und der Junge"* (→ L 10 C). Zehnmal erscheint das Wort „delphinus" in verschiedenen Kasus. Prüfe, wann der Inhalt es erfordert, den Begriff beizubehalten und wann als Stellvertreter Formen von „is" eingesetzt werden können.

E 1

Bilde passende Formen von „is" als Hinweis auf den Relativsatz:

1) Dei ___ amant, qui parentibus semper oboediunt.
2) Cur ___, quos magister heri laudavit, hodie non attenti sunt?
3) Qui hostes virtute superaverat, ___ triumphum senatores decreverunt.
4) ___, quae interrogavistis, nescimus.

Bei Satz 3 sind zwei Kasus möglich. Wie unterscheiden sich die Sätze in ihrer Bedeutung?

E 2

In den folgenden Sätzen fehlt entweder das Relativpronomen oder das verweisende Demonstrativpronomen. Wie lauten die Ergänzungen? Übersetze!

1) Poetae eis carminibus, ___ homines delectant, ___ etiam docent.
2) Ea, ___ habeo, mecum porto.
3) Non semper ___ vita beata est, qui multa habent.
4) Nomen eius mulieris mutavimus, de ___ fabulam narramus.

S 3

In welcher Funktion werden die Formen von „is" in folgendem Text jeweils gebraucht?

1) Pomponius amicus Cuspii est; hodie eum visitat.
2) Donum amphoram apportat. Pomponius eam Cuspio tradit.
3) Amphora est plena eius vini Gallici, quod Cuspius libenter bibit.
4) Cuspius: „Vinum mihi magno est gaudio! Intra! Num villam novam vidisti?“ Villa eius cunctis nota est.

S4
Erkläre in folgenden Sätzen die Akkusative:
1) Multos annos laboravistis.
2) Publius agmen iam longum tempus exspectat.
3) Multas horas in agro fuimus.
4) Discipuli ad stagnum (Teich) multa stadia (stadium: Streckenmaß, ca. 190 m) cucurrerunt.

Wh2
In den folgenden acht Sätzen sind die Aussagen mit **falschen** Konnektoren verknüpft. Setze die Konnektoren an die richtige Stelle, und prüfe durch die Übersetzung, ob Du sie richtig versetzt hast:
1) Brennus, **quod** Romanos fefellit, Romam reliquit.
2) Camillus, **ut** in exilio vivit, bellum contra patriam paravit.
3) Romani, **quamquam** deis Capitolinis semper immolabant, Iovi semper curae fuerunt.
4) **Ubi** tibi impero, mihi parere debes.
5) **Dum** magister fabulam pulchram narrabat, Lucius attentus non fuit.
6) Amicum, **si** intravit, salutavi.
7) **Postquam** fortuna te adiuvat, homo miser es.
8) **Nisi** me diligis, te diligo.
Bei welchen vier Sätzen verstoßen die Konnektoren nicht nur gegen den Sinn, sondern auch gegen die Regeln der Grammatik?

T
Im Lesestück 13 B hast Du einiges über eine Hochzeit bei den Römern erfahren. Welche dieser Bräuche sind auch heute noch bei Hochzeiten üblich?

W1
In Lektion 11 hast Du gelernt, Komposita zu übersetzen, indem Du die Wortbestandteile genauer bestimmtest. Folgende Wörter bezeichnen ursprünglich räumlich-dingliche Tätigkeiten:
a) declamare: Welch einen Platz sucht sich ein Redner, damit er gut gehört wird?
b) intellegere: (< *inter-legere: legere: auslesen) Wie kommt man also zu einer Einsicht?
c) diligere: (< *dís-legere) In der Liebe wird z. B. ein Mensch bevorzugt. Was für einen Vorgang drückt also diligere aus?
d) exspectare: Wie muß man sich ursprünglich den Erwartenden vorstellen?

W2
Latein im Alltag
Er tritt kräftig in die Pedale. – Ihre Lavamat wäscht alles! – Damit kannst du mir nicht imponieren. – Das Unternehmen stand unter ungünstigen Auspizien. – Auf dem Mount Palomar steht eines der größten Observatorien. – Das ist ein probates Mittel. – Das will ich dir sofort durch Beispiele illustrieren. – Er sitzt in diesem Gremium. – Der Vertrag hat eine ungünstige Klausel.

DL
1) Quintus ist schon lange krank (aegrotare).
2) Gestern endlich konnten wir ihn besuchen und ihm ein Buch schenken, über das er sich sehr gefreut hat.
3) Dieses Buch nämlich enthält (inesse mit Dat.) Geschichten, die von Pferden handeln (agere).
4) Er hat es (sich) schon lange gewünscht.
5) Seine Eltern helfen ihm, während er krank ist; ihre Geduld (patientia) und Sorgfalt sind groß.

XIV Lēctiō quārta decima

A1 „Cumuli" – Rekorde

Domitilla ist in die Lektüre einer Schriftrolle vertieft, die Polybius in Rom gekauft und ihr zum Lesen gegeben hat. Sie liest laut, wie das damals und noch weit bis ins Mittelalter hinein üblich war.
Die Schriftrolle enthält eine Sammlung interessanter Stellen aus dem fast ganz verlorenen wissenschaftlichen Werk des M. Terentius Varro (116–27 v. Chr.). Sie könnten heute in „Guinness' Buch der Weltrekorde" stehen.
Das Werk Varros war eine wichtige Quelle für Plinius d. Ä. (23–79 n. Chr.), in dessen umfangreichem Werk wir die folgenden Angaben finden.

Varrō dīcit: „Homō minimus duōs pedēs altus est."
Aliō locō dīcit hominem maximum novem pedēs altum esse.

Item Varrō scrībit: „Vinnius āthlēta ūnō pede plaustrum onustum mōvit. –
In circō vīdī Salvium āthlētam asinum umerīs tollere.

Crassus tōtā vītā numquam rīsit. –
Sciō equidem multōs hominēs numquam flēre.

In harēnīs puer octō annōs nātus hōrīs octō quīngenta et sexāgintā stadia cucurrit. –
Spartiātae gaudent nūntium duodēquīnquāgintā hōrīs mīlle centum sexāgintā stadia cucurrisse.

Nautae mōnstra marīna vīdērunt, quae sescentōs pedēs longa et trecentōs pedēs lāta erant. –
Caesar statim virōs doctōs ea observāre et dē iīs nūntiāre iussit.

Rēx Cȳrus nōmina cūnctōrum mīlitum memoriā tenuit. –
Cōnstat Caesarem septem epistulās simul dictāvisse."

Caesar: C. Iūlius Caesar (100–44 v. Chr.), der mächtigste röm. Politiker und Feldherr am Ende der Republik; nach seinem Beinamen trugen alle nachfolgenden Herrscher den Titel Caesar, aus dem unser „Kaiser" entstand.
Cyrus (griech. Kyros) d. Ä.: 559–529 v. Chr., Gründer des Perserreiches

A2

Tertia et Fausta (fīlia vīcīnī) lūdere dēsinunt et Domitillae verba attentē accipiunt. Tertia ad sorōrem:
„Quid recitās, Domitilla? Iūcundum est, quod recitās."
Domitilla recitāre dēsinit:
„Polybius mē Varrōnis sententiās legere vult. At egō nōlō sententiās Varrōnis recitāre. Tibīne Varrō nōtus est, Tertia?"
„Pater eum virum doctum fuisse dīcit."
„Ad mē nōn pertinet. Legere nōlō, volō lūdere."
„Num Polybī imperāta neglegere vīs?"
„Nōnne mēcum lūdere vultis?"
„Certē tēcum lūdere volumus, Domitilla. Sed tē quoque salvam esse volumus."

A3 Ein Brief aus dem Grab

Polybius ad Pompōnium dominum properat:

Polybius: Modo litterās accēpī, domine, quās mihī amīcī ē Graeciā mīserant. Dē Dionȳsidōrō scrīpsērunt, quī nūper ē vītā dēcessit.

Pompōnius: Quis Dionȳsidōrus fuit?

Polybius: Vir valdē doctus fuit. Audī, domine, mīrum factum: ē sepulcrō suō Dionȳsidōrus nōbīs, quī adhūc vīvimus, litterās scrīpsit. Eās litterās amīcī in eius sepulcrō invēnērunt.

Pompōnius: Quid vir doctus ē sepulcrō suō scrīpsit?

Polybius: Scrīpsit sē ā sepulcrō suō ad īnfimam terram pervēnisse. Spatium ā sepulcrō ad īnfimam terram esse quadrāgintā duōrum mīlium stadiōrum. Amīcī scrīpsērunt sē statim circumscrīptiōnem terrae computāvisse: esse stadiōrum ducentōrum quīnquāgintā duōrum mīlium.

Pompōnius: Num mē crēdere tuīs fābulīs vīs?

Rechnet einmal nach, was sich aus diesen Angaben als Erdradius ergibt! Ein **stadium** war in der Antike unterschiedlich lang – je nach Ort. Da die Angaben des Dionysidorus auf Eratósthenes zurückgehen, einen Griechen, der im 3. Jh. v. Chr. Berechnungen in Ägypten angestellt hat, könnte man das ägyptische **stadium** = 157 m zugrundelegen.
Die gültigen Werte sind für den Erdradius ca. 6300 km, für den Erdumfang ca. 40 000 km.

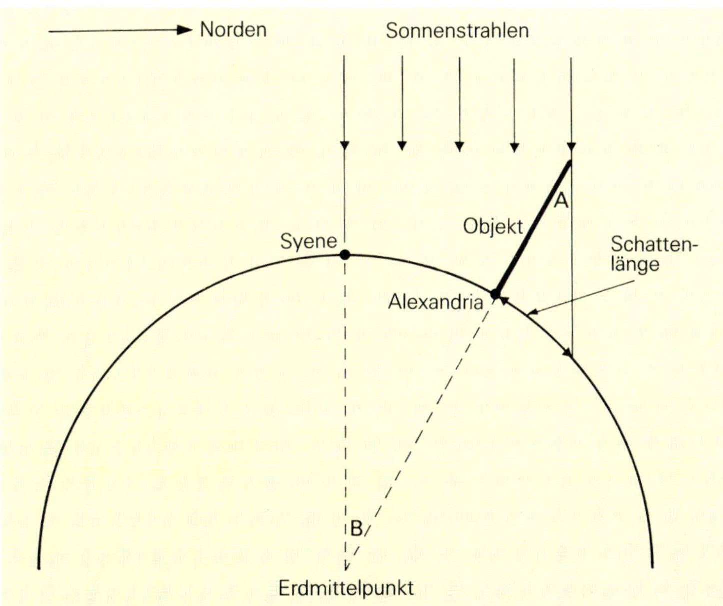

Schemazeichnung zum Experiment des Eratosthenes
Zur Mittagszeit, als die Sonne in Syene senkrecht über der Erde stand, maß Eratosthenes die Schattenlänge eines Objekts in Alexandria. Daraus konnte er den von den Sonnenstrahlen und dem Objekt gebildeten Winkel A errechnen. Da die Sonnenstrahlen parallel einfallen, hat der Winkel B nach einfacher geometrischer Rechnung dieselbe Größe wie der Winkel A. Aus dem Maß des Winkels B und der Entfernung zwischen Syene und Alexandria konnte Eratosthenes so den Erdumfang bestimmen.

B Marmor aus Afrika

Hodie M. Pomponius P. Stallium Agathonem mercatorem in sua villa Romana exspectat. Agatho Ostiae habitat.
Sub vesperum P. Stallius Agatho advenit et ostium pulsat. Charmides, ostiarius Pomponii, aperit: „Quis es? Unde venis? Quid vis?"
„Amicus domini tui sum. Ostia venio. Nuntia, quaeso, domino tuo Agathonem mercatorem venisse!"
Charmides paret dominumque advocat. Is, ubi mercatorem cognovit, magna cum laetitia amicum salutat: „Salve, Agatho! Ut vales? Valde gaudeo te ad me venisse."
Mercator resalutat: „Salve tu quoque, Pomponi! Bene valeo. Te quoque valere spero, amice."
Tum Pomponius: „Accepistine litteras, quas tibi paucis mensibus ante miseram? Scripseram me in animo habere Pompeianum meum amplificare. Censeo enim meam villam angustam parvamque esse."
Mercator ei respondet: „Accepi et legi tuae villae peristylium deesse. Iussisti me marmor Africanum comparare. Nunc tibi nuntio navem marmore Africano onustam modo Ostiam advenisse. Necesse est te Ostiam venire atque marmor inspicere. Itaque te ad villam meam venire iubeo. Duc tecum filios tuos, si vis."

peristylium (griech.): von Säulengängen umgebener Innenhof eines Hauses, Peristyl; → Kap. „Wie die Römer wohnten"
marmor Āfricānum: aus dem heutigen Algerien wurde qualitätvoller Marmor importiert

▼ *Der Pont du Gard (Brücke über den Fluß Gard), Teil der Fernwasserleitung zur Versorgung der Stadt Nemausus (Nîmes) in Südfrankreich. Die Brücke trug ursprünglich nur die Wasserleitung und diente nicht dem Verkehr*

C Der Ring des Polykrates

Constat anulos non modo apud nos, sed etiam in externis populis in pretio fuisse. Id e fabula intellegimus, quam poetae de Polycrate, tyranno Sami insulae, narrant.

*

Tradunt Polycratem suo tempore cunctos homines divitiis superavisse. Amasis autem, rex Aegyptiorum et eius amicus, de eius fortuna sollicitus erat eique scripsit:
„Saepe audivi te beatum et tibi magnas divitias esse. Equidem deorum invidiam timeo. Nolunt enim homines nimis beatos esse. Proinde eorum invidiam cave!“
Tyrannus, postquam amici litteras legit, diu secum deliberavit; tandem amicis suis anulum, quem maxime diligebat, monstravit eisque dixit: „Anulo, quem maxime diligo, deorum invidiam placare volo.“ Ubi ea dixit, anulum in undas iecit.
Paulo post autem coquus Polycratis muraenam eximia magnitudine ēmit et in culina paravit. Subito exclamavit: „Ecce anulum, amici! Anulus est, quem dominus in undas iecit. Quam beatus est Polycrates!“ Statim anulum domino suo reddidit.
Is autem multis cum lacrimis: „Actum est de me! Dei donum meum accipere noluerunt.“
Et paulo post inimici regem interfecerunt.

ānulus Ring • **externus, -a, -um** fremd, ausländisch • **pretium** Wert; **in pretiō esse** etwas gelten, einen Wert haben • **poēta** Dichter • **tyrannus** Tyrann, Allein-, Gewaltherrscher • **Sāmos** *griech. Insel vor der Küste Ioniens* • **dīvitiae, -ārum** *(Pl.)* Reichtum • **sollicitus, -a, um** besorgt • **invidia** Neid • **nimis** *Adv.* zu sehr • **cavēre** *mit Akk.* sich hüten *vor jd./etw.* • **dēlīberāre** erwägen • **maximē** *Adv.* am meisten • **placāre** besänftigen • **unda** Welle • **coquus** Koch • **mūraena** Muräne *(schmackhafter Seefisch)* • **eximius, -a, -um** außerordentlich • **culīna** Küche • **reddere, reddō, reddidī** zurückgeben • **lacrima** Träne • **āctum est dē mē** es ist um mich geschehen

▼ *Gemälde von Zeno Diemer: Kreuzung der Aqua Claudia/Anio Novus mit dem älteren Dreifach-Aquädukt Aqua Marcia/Tepula/Iulia vor den Toren Roms. München, Deutsches Museum*

▲ Spielende junge Leute. Malerei in einem Grab an der Via Portuense in Rom. 2. Jh. n. Chr. Rom, Nationalmuseum

◀ Die Via Biberatica („Pfefferstraße") in Rom vermittelt einen Eindruck vom Aussehen der Innenstadt des alten Roms

▶▲ Eine Kinderprozession. Wandgemälde aus Ostia. Rom. Vatikanische Museen

▲ Laden eines Weinhändlers
▶▲ Laden eines Gemüsehändlers

Plastische Modelle nach Reliefs.
Rom/EUR, Museum der Röm. Kultur

Alltag in Rom

Wie viele Einwohner die Stadt Rom in der frühen Kaiserzeit hatte, ist nicht genau bekannt – man schätzt ca. 700 000 bis 1 Million. Doch daß das Zentrum Roms hoffnungslos überfüllt war, berichten mehrere antike Autoren übereinstimmend. Gedränge, Lärm, Staub und Gestank herrschten tagsüber in den engen Gassen der Wohnquartiere. Wegen der Menschenmenge auf den Straßen galt für sämtliche Fahrzeuge tagsüber striktes Fahrverbot; die Lastkarren rollten deshalb nachts durch die Gassen. Für Personen gehobenen Standes, insbesondere für Damen der Gesellschaft, war die Sänfte ein beliebtes Transportmittel.
In Rom wohnte man – die superreichen Familien ausgenommen – bei weitem nicht so komfortabel wie in kleineren Städten. In Pompeji z. B. lebte man insgesamt angenehmer, ruhiger und billiger. Doch hätten sicher nur wenige das prickelnde Großstadtleben mit all seinem Glanz, den Wagenrennen und den Gladiatorenkämpfen gegen die Langeweile einer Kleinstadt eintauschen wollen.

▲ *Mosaik in Ostia: Darstellung der öffentlichen Getreideverteilung*

Wegen der Grundstücksnot wurde in Rom möglichst hoch gebaut, dennoch waren die Mieten sehr teuer, was wiederum Spekulanten dazu veranlaßte, ohne Rücksicht auf Verluste beim Bauen die Sicherheitsvorschriften zu umgehen; noch die letzte Dachkammer wurde vermietet, denn der Wohnraummangel war groß; über die gesetzliche Haushöhe (etwa 6–7 Stockwerke) hinaus wurden oft sogar noch windige Holzverschläge in mehreren Etagen auf die Mietshäuser gesetzt; so waren Hauseinstürze und Brände an der Tagesordnung.

Der Bewohner der obersten Geschosse war in der Regel arm und lebte beschwerlich, nicht nur, weil er bei Feuer oder Einsturz als erster dran glauben mußte: Für jeden Gang zur Toilette und zum Wasserholen mußte er die vielen Stufen nach unten steigen. Die Römer hatten zwar Wasserleitungen, doch wurde das Wasser nicht in die oberen Stockwerke gepumpt. Und kein Wunder, daß mancher seinen Nachttopf von oben auf die Straße leerte.

Generell waren die hygienischen Verhältnisse weit besser als etwa im Mittelalter oder z. B. in den Slums der Großstädte der Dritten Welt heute, gab es doch eine vorzügliche Wasserversorgung; Rom erhielt über 11 Aquädukte (→ Abb. S. 92/93) bestes Trinkwasser, das mit Sicherheit besser war als unseres heute. Zwar verfügte nicht jedes Haus über einen Wasseranschluß, doch es gab praktisch an jeder Straßenecke einen öffentlichen Brunnen. Noch heute fallen die vielen Brunnen der Stadt dem durstigen Touristen angenehm auf, eine öffentliche Einrichtung, die bis in die Antike zurückreicht. Ebenfalls hervorragend war das Abwassersystem.

Ein großstädtisches Nachtleben kannten die Römer nicht; hierzu fehlte auch die äußere Voraussetzung, nämlich eine Straßenbeleuchtung; nach Einbruch der Dunkelheit wurde es still und unheimlich auf den Straßen; abgesehen von Wachtposten und den Fuhrleuten der Lastkarren trieben sich um diese Zeit nur lichtscheue Gestalten herum und vielleicht noch einige Spätheimkehrer, die, ohne ausreichenden Begleitschutz, oft genug niedergeschlagen und ausgeraubt wurden.

Bei Tage jedoch war für Unterhaltung aller Art gesorgt. Wenn man bedenkt, daß ungefähr ein Drittel des Jahres aus offiziellen Feiertagen bestand, an denen der Römer nicht arbeitete; wenn man bedenkt, daß ein Großteil der städtischen Bevölkerung ohnehin keiner geregelten Arbeit nachging, sondern von den täglichen Nahrungsmittelspenden der Reichen und später der Kaiser lebte, wird klar, wie wichtig der Faktor Ablenkung durch Vergnügungen war; unter ihnen gab es gigantische Feste, die unser Vorstellungsvermögen völlig übersteigen. So soll z. B. die Einweihungsfeier des **Amphitheatrum Flavium** (des sog. Kolosseums) 80 n. Chr. hundert Tage gedauert haben, in denen Tausende von Tieren getötet wurden. Es bot über 100 000 Zuschauern Platz. Diese Veranstaltungen verschlangen natürlich Unsummen, und immer glanzvollere und aufwendigere Feste wurden ersonnen.

Pensa exercitanda

Wh

Ein Kasus für verschiedene Satzfunktionen!

1) Filius patrem amat.
2) Filius multa stadia cucurrit.
3) Puer multas horas dormivit.
4) Urbs multa stadia abest.
5) Prope urbem multa sepulcra sunt.
6) O me miserum! Rota fracta est.

7) Necesse est te nobis adesse.
8) Puto patrem vobis adfuisse.

S 1

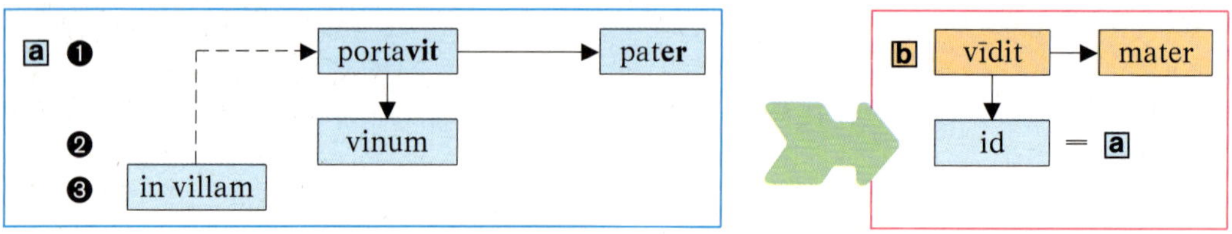

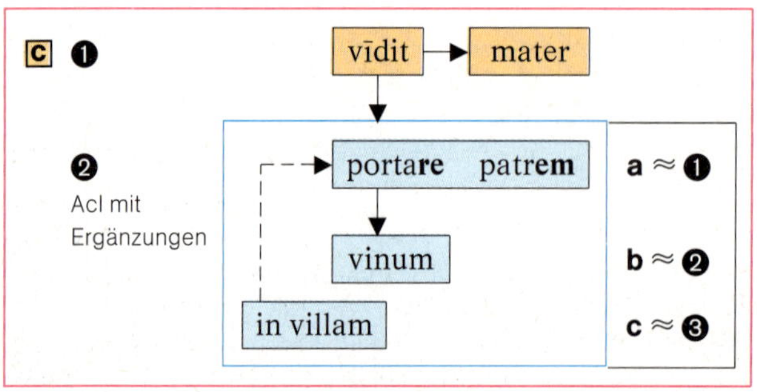

Die drei Satzbilder a)–c) enthalten vier Informationen über den AcI. Zu diesen gehört auch die Bedeutung des Zeitverhältnisses zwischen zwei Aussagen. Wie lauten diese Informationen?

K1
Die folgenden Wörter kannst Du zur Bildung zweier Sätze benutzen, die mit den Satzbildern vorgegeben sind. Welche Satzgliedfunktion übernimmt der Infinitiv in Satz a), welche in Satz b)?

decet – bibere – volunt – agricolae – cantare

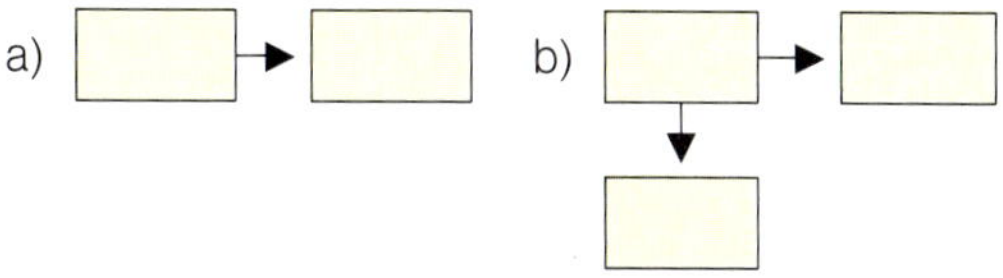

K2
Ordne in die Kästchen nach dem Muster von K 1 folgende Wörter bzw. Wortgruppen:

constat – dicit – mater – te pigram esse – te pigram esse

S2
Welche Satzgliedfunktion vertritt der AcI in K 2 jeweils?

S3
Verwandle die Sätze der linken und der rechten Spalte nach folgendem Muster:

Doctus non sum. Id scio. → Scio me doctum non esse.

1) Homines sumus.	Id scio.	Homo sum.
2) Discipulus es.		Discipuli estis.
3) Venistis.		Venisti.
4) Scio nihil.		Scimus nihil.
5) Laeta fuisti.		Laetae fuistis.
6) Cuncti adsunt.		Is adest.

S4
Tertia legit: „Multi homines numquam flent."
„Cuncti homines libenter rident."
Tertia dicit: „Ego iam saepe flevi."
„Heri cum Publio lusi."
„Nunc ludere volo."

Verwandle die Sätze der Tertia aus der direkten Rede mit Hilfe des AcI in indirekte Aussagen. Beachte dabei die Zeitverhältnisse. Berücksichtige auch, daß sowohl Subjektsgleichheit als auch Subjektswechsel vorliegen.

S5
a) Domitilla dicit se libros libenter legere.
b) Domitilla dicit eam libros libenter legere.
Wer ist in a) und wer in b) Subjekt des AcI?

F
Ersetze die Formen von ‚cupere' bzw. ‚non cupere' durch die entsprechenden Formen von ‚velle' bzw. ‚nolle'.

1) Tertia ludere cupit.
2) Lucius Publiusque discere non cupiunt.
3) Dicunt: „Salamandras capere cupimus; nonne magistro illudere cupis, Tertia?"
4) Tertia: „Certe cupio. Sed cupere satis non est: Proinde salamandras capite, magistro illudite!"

S6

Volo beatus esse.	Nolo te beatum esse.
Vis beatus esse.	Non vis me __ __. (m.)
Vult beata esse.	Non vult me __ __. (f.)
Volumus beati esse.	Nolumus eos __ __.
Vultis beatae esse.	Non vultis eas __ __.
Volunt beatae esse.	Nolunt (ergänze beliebig)

① Ergänze die fehlenden Wörter in der rechten Spalte.
② In den Sätzen der rechten Spalte findest Du eine andere grammatische Konstruktion als in den Sätzen der linken Spalte. Nenne den Grund.

S7.1
Spartiatae gaudent

a) nuntium iam advenisse.
daß der Bote schon angekommen ist.

b) quod nuntius iam adest.
- **weil** der Bote schon da ist.
- **darüber daß** der Bote schon da ist.
- **daß** der Bote schon da ist.

Untersuche den Text S 7.2. Welche Konstruktion des klassischen Latein ist dort durch „quod" ganz verdrängt worden?

S 7.2

Ein Gespräch zwischen einem ‚laïcus' („Laie": einer, der nicht dem Priesterstand angehört) und einem ‚clericus' (Vertreter des Priesterstandes) in einem volkstümlichen mittelalterlichen Latein:

L.: Puto quidem, quod vos clerici nonnumquam nobis laicis amici non estis.

C.: Iam diu intellexi, quod tu clericis maledicere vis. Constat autem, quod non modo orando (orare: beten), sed etiam laborando homines iuvare volumus.

L.: Bene scio, quod vos iuvare vultis; saepe autem non videtis, quod homines, qui prope vos vivunt, molesti vel miseri sunt. Nos laici quidem eos homines videmus.

C.: Ego quidem doleo, quod rectum est, quod dicis.

K 3

Ein Orakelspruch

König Pyrrhus versuchte die Römer zu besiegen. Vor dem Krieg holte er sich beim Delphischen Orakel Rat, das ihm folgenden Spruch verkündete:

Rẹ̄x, tibi dị̄cō tẹ̄ Rōmạ̄nōs vịncere pọsse.

K 4

An der Wand einer Totengruft steht folgende Inschrift:

sanCta DorMIVnt tres VIrI In paCe

(Hier ruhen in heiligem Frieden drei Männer)

In welchem Jahr ist diese Gruft gebaut worden? Die Methode, die Jahreszahl in einem Spruch zu verbergen, dessen Großbuchstaben lateinischen Zahlzeichen entsprechen, nennt man **Chronogramm**. Solche Chronogramme kann man noch an älteren Häusern finden. Freilich mußt Du zu ihrer Lösung die römischen Zahlzeichen kennen.

K 5

Durch einen Blitz wurde von einer Augustusstatue der erste Buchstabe des Namens CAESAR fortgeschmolzen. Zeichendeuter meinten daraufhin, Augustus werde nur noch soviele Tage leben, wieviele der weggeschmolzene Buchstabe bedeutet habe. Wieviele Tage hätte also Augustus noch zu leben gehabt?

K 6

Die – in hebräischer Sprache verfaßte – Bibel sollte ins Griechische übersetzt werden. Weil man um die Reinheit des Bibelwortes fürchtete, wollte man diese Übersetzung nicht einem einzigen Gelehrten anvertrauen. So gab man einer ganzen Anzahl von Gelehrten den Auftrag, in abgeschlossenen Zellen den Text zu übersetzen. Niemand konnte Kontakt zu einem anderen Mitübersetzer aufnehmen. Nach der Übersetzungsarbeit stellte sich heraus, daß alle Gelehrten genau den gleichen Übersetzungstext ablieferten. Nach diesem ‚Wunder' heißt diese Bibelübersetzung „Septuaginta". Diese Bezeichnung verrät auch die Anzahl der Übersetzer. Wieviele waren es?

K 7

Wie heißt die deutsche Stadt, deren erster Buchstabe ein Zehntel des zweiten Buchstabens und deren dritter Buchstabe das Zwanzigfache des zweiten Buchstabens beträgt?
(Du mußt den Namen in römischen Zahlzeichen schreiben.)

K 8

Nimmt man vom ersten Buchstaben ein Zehntel, dann wird der Führer zum Licht. Wie ist das möglich?

K 9

Bis tria sunt septem, septem sunt sex, sex quoque tres sunt. Si numeras recte, duo sunt tres et mille sunt quinque.

(bis: zweimal • numerare: zählen)

Zur Lösung dieses Rätsels mußt Du überlegen, *was* Du zusammenzählst!

W 1

Das Element -ōs- in Adjektiven bedeutet etwa „voll von etwas", z. B. ‚onerōsus' (von onus, oneris *n.*: Last) „lästig, drückend", als auch: „gewichtig, dick" (vgl. onustus „beladen").
Ein Lateinstudent fühlt sich durch eine aufdringliche und etwas beleibte junge Dame belästigt, die zudem gern „Röschen" genannt werden will (rŏsa: die Rose). Er schickt ihr diesen Brief:

Visne me te ‚rŏsam‘ vocare?
Voco te rŏsam:
Ponde-rŏsam! Nume-rŏsam! One-rŏsam!

▲ *Blumenpflückendes Mädchen.*
Wandmalerei; 1. Jh. n. Chr. Neapel, Nationalmuseum

W 2

Welche Neutra hängen mit folgenden Vokabeln zusammen?
nominare – agere – Capitolium – iurare

W 3

Latein im Alltag

Der Unterschied ist minimal (maximal). – Das hab' ich total vergessen. – Ein Meter hat hundert Zentimeter. – Ich kann dein Verhalten nicht akzeptieren. – Er rezitiert ein Gedicht. – Das ist ein Faktum. – In meinem Terrarium leben viele Kriechtiere. – Das Blut pulsiert durch die Adern. – Ein Semester geht über sechs Monate. – Der Techniker inspiziert die Bühneneinrichtung.

DL

Silbenrätsel

1. die Natur
2. häufigstes Hilfsverb im Lateinischen
3. Gegenteil von laetus
4. römische Hafenstadt
5. die Götter verehren
6. schönstes Fest in Rufillas Leben
7. Wort für „drei“
8. Akk. Pl. Mask. zu is, ea, id
9. unglücklich (Nom. Sg. Mask.)
10. beladen
11. höfliche Reaktion auf einen Gruß
12. Singularform zu ‚vester‘
13. außerhalb
14. Singularform zu ‚nostra‘
15. Schrecken der Römer

```
↓ . . . . . .
  . . . .
  . . . . . . .
  . . . . .
  . . . . . . .
  . . . . . . .
  . . . .
  . . .
  . . . . .
  O N E R A R E
  . . . . . . . . . .
  . . . .
  . . . . .
  . . .
  . . . ↑ . . .
```

Setze für die gesuchten Begriffe lat. Wörter ein. Das 10. Wort ist bereits eingetragen.
Die Anfangsbuchstaben der gesuchten Wörter, von oben nach unten gelesen, und der dritte Buchstabe, von unten nach oben gelesen, ergeben ein lateinisches Sprichwort, das Du übersetzen kannst.

Silbenvorrat:
a – a – ad – ae – Bren – e – es – ex – lu – maes – me – mi – na – nup – nus – o – Os – os – ra – ra – re – re – re – sa – se – ser – ta – ti – ti – tra – tres – tu – tu – tus – us

Römer und Germanen

Als die Kimbern und Teutonen im Jahre 105 v. Chr. nach Südgallien und Italien einfielen, kamen die Römer zum ersten Mal mit germanischen Stämmen in Berührung. Diese hatten wegen Unwetterkatastrophen ihre Heimat, Jütland und das Gebiet der Elbemündung, verlassen, um im Süden neues Siedlungsland zu suchen. Schon ihre Anzahl (nach dem griechischen Historiker Plutarch sollen es 300 000 Männer und dementsprechend viele Frauen und Kinder gewesen sein) versetzte die Römer in Angst und Schrecken. Wegen dieser Gefahr aus dem Norden bewaffnete Marius (→ Kap. „Das röm. Heer") entgegen bisherigem römischem Brauch auch mittellose Bürger.

Mit ihren blonden Haaren, blauen Augen, roten Bärten und ihrer stattlichen Körpergröße wirkten die Germanen auf die Römer ausgesprochen exotisch und furchterregend. Hinzu kamen ihr Mut und ihre Kampfkraft. Doch letztlich waren römische Disziplin und kluge Kampftaktik dem konzeptionslosen Ansturm der „Barbaren" weit überlegen. In den Schlachten von Aquae Sextiae und Vercellae endete die Existenz der Kimbern und Teutonen.

Danach kam Caesar in den gallischen Kriegen (58–49 v. Chr.) mehrmals auch mit Germanen in Berührung. Er schlug das Heer der Sueben unter ihrem Führer Ariovist bei Mühlhausen (Elsaß) und trieb die Germanen auf rechtsrheinisches Gebiet zurück. Zunächst bildete der Rhein hier die Grenze zwischen Germanen und Galliern, bis das rechtsrheinische Gebiet (Baden-Württemberg) mit den römischen Siedlungen Rottenburg, Ladenburg, Rottweil und Cannstatt in das Imperium einbezogen wurde. Hier siedelten nach dem römischen Historiker Tacitus „Gesindel aus Gallien und Leute, die die Not kühn gemacht hatte".

Die Germanen waren bei den Römern seit dem Einfall der Kimbern und Teutonen so gefürchtet, daß Caesar vor der Schlacht die Angst der Legionäre bekämpfen mußte, so jedenfalls berichtet Caesar selbst. Vielleicht übertreibt er aber auch die Gefährlichkeit der Germanen ein wenig, um seinen Sieg in noch besseres Licht stellen zu können. Caesars Schrift De bello Gallico zufolge waren die Germanen ihr Leben lang mit Jagen und Kriegsübungen beschäftigt, ausgesprochen kriegerisch und somit eine Bedrohung für Rom; doch wer in Rom hätte diese Informationen überprüfen können?

Eine schwere Niederlage erlitt das römische Heer zur Zeit des Augustus im Jahre 9 n. Chr. in der berühmten Schlacht im Teutoburger Wald. Drei Legionen unter dem Feldherrn Varus gingen in den Kämpfen zugrunde. Die Germanen wurden von dem Cheruskerfürsten Arminius angeführt, der zuvor germanische Hilfstruppen in römischen Diensten befehligt hatte.

Um diese Niederlage zu rächen, unternahm Drusus Germanicus, der Adoptivsohn des Kaisers Tiberius, in den Jahren 15 und 16 Vorstöße in das unwegsame rechtsrheinische Gebiet, doch auch er konnte keinen endgültigen Sieg erringen.

Dieser Vorstoß des Drusus Germanicus war der letzte Versuch der Römer, im rechtsrheinischen Germanien Fuß zu fassen. Die Pläne, die Grenzen des Imperium bis an die Elbe vorzuverlegen, wurden nun aufgegeben; stattdessen galt es, die Grenze gegen die Germanen zu sichern. Im Norden erfüllte der Rhein als natürliche Grenze diesen Zweck, im Süden wurden der obergermanische (seit Domitian, 81–96) und der rätische **Limes** angelegt. Der obergermanische Limes führte von Rheinbrohl bei Andernach durch den Taunus (Kastell Saalburg), durch Württemberg (Osterburken, Murrhardt) bis nach Lorch; der rätische Limes verlief von Lorch über Aalen, Gunzenhausen bis zur Donau bei Regensburg. Die Befestigung des obergermanischen Limes bestand zuletzt aus Palisadenzaun, Graben und Wall (der rätische aus einer Steinmauer) sowie Wachttürmen in solchen Abständen, daß Sichtkontakt vom einen zum nächsten möglich war. Bei einem Germanenangriff wurde durch Rauch- oder Lichtzeichen vom Wachtturm das nächste Kastell alarmiert, in dem jeweils eine Kohorte (500 Mann) stationiert war. Der Limes verlief streckenweise schnurgerade ohne Rücksicht auf das Gelände.

In friedlichen Zeiten entwickelte sich zwischen Germanien und dem römischen Gallien ein lebhafter Handelsverkehr. Die Germanen schätzten Produkte der Römer wie Wein, Geschirr aus Glas oder Ton sowie Schmuck und Münzen; solche Produkte fand man in vielen Germanengräbern. Eingetauscht wurden dafür Tierfelle, Bernstein und Sklaven. Auch das lange blonde Haar der Germanenfrauen war, zu Perücken verarbeitet, in Rom zeitweilig sehr gefragt.

Der durch die Niederlage im Teutoburger Wald den Römern aufgezwungene Verzicht auf weiteres germanisches Gebiet hatte zur Folge, daß die jenseits des Limes gelegenen germanischen Gebiete niemals wie Gallien romanisiert wurde. Wenngleich die Römer von Xanten über Köln, Koblenz, Mainz, Trier bis Straßburg sowie nach Osten über Augsburg bis Regensburg zahlreiche Städte gründeten und so römische Kultur einpflanzten (Trier z. B. war zeitweise Residenz

▶ *Ein Reitertrupp verläßt ein Limeskastell. Diorama Limesmuseum Aalen*

▼▶ *Grenzübergang am rätischen Limes zwischen der prōvincia Rōmāna und dem freien Germanien. Diorama Limesmuseum Aalen*

▼▼▶ *Germanische Bauern zahlen Tribut an ihren römischen Herrn. Um 200 n. Chr. Trier, Landesmuseum*

römischer Kaiser), war auch hier der Einfluß nicht so nachhaltig wie anderswo, weswegen z. B. auch die Sprache der germanischen Stämme nur wenig vom Lateinischen beeinflußt wurde. Nicht zuletzt waren zunehmende Überfälle germanischer Stämme auf die Gebiete des römischen Germaniens seit dem 3. Jh. der Grund dafür, daß die Römerherrschaft dort beendet wurde.

Von den Germanen selbst gibt es keine Überlieferungen schriftlicher Art aus dieser Zeit. Was wir über sie wissen, stammt vor allem aus der Arbeit der Archäologen, aber auch aus **Tacitus'** Schrift Germania. Er selbst ist wohl nie in Germanien gewesen, hat aber die Kenntnisse seiner Zeit sorgfältig verarbeitet. Sein Interesse gilt dem fremdartigen, „wilden", in Römeraugen bedrohlichen, aber auch kuriosen Volk, bei dem es jedoch – anders als bei seinen Landsleuten – noch Sitte und Anstand, z. B. im Gegensatz zu römischen Gepflogenheiten noch Treue unter Ehegatten gebe. Wie Caesar beschreibt er die Germanen als ungemein tapfer im Kriege, doch seien die einzelnen Stämme untereinander so zerstritten, daß sie sich, zum Glück für die Römer, nicht zu größeren Verbänden zusammenschlössen.

A1 Machinae tractoriae

Vitrūvius: Architekt und Ingenieur zur Zeit Caesars und Augustus'; verfaßte ein (erhaltenes) Werk „Dē architectūrā librī decem"

Māchinae trāctōriae māgna pondera in altitūdinem tollunt. – Pondera tolluntur, quod servī rotam, quae apud Vitrūvium ‚tympanum' vocātur, calcant. – Ita tympanum ā servīs movētur et axem versat. – Fūnis ductārius circum axem legitur et pondera tollit. – Sine operā servōrum rota nōn movētur. – Māchina trāctōria apud Graecōs ‚geranon' dīcitur.

A2 Die Germanen: Kräftige Sklaven, Bernstein, rauhe Sitten

Nūntius portam A. Aurēliī Flaccī pulsat et ōstiāriō, quī portam aperuit, litterās trādit. Litterae ab ōstiāriō Aurēliō dominō trāduntur, deinde nūntius praemiō afficitur. Aurēlius litterās legere incipit, sed in legendō ab uxōre turbātur.

Colōnia Augusta Trēverōrum: unter Augustus gegründete Stadt im Gebiet des germanischen Stammes der Treverer, heute Trier; 1984 Zweitausendjahrfeier

fēriae Latīnae: Bundesfest der Städte Latiums, gefeiert für Iupiter. In der Kaiserzeit im Sommer abgehalten. Teilzunehmen hatten alle Beamten Roms und der latinischen Städte (teils deren Priester). Es wurde ein Stier geopfert, dessen Fleisch an die Teilnehmer verteilt wurde

Caecilia: Quid est? Quis litterās mīsit?
Aurēlius: Nōlī mē interrumpere, Caecilia! Interrumpī nōlō. (Postquam litterās lēgit, ad uxōrem:) Ēheu! C. Aemilius, amīcus meus, Augustae Trēverōrum morbō retinētur. Scrībit sibī nōn licēre nōs fēriīs Latīnīs vīsitāre.

► *Ansicht einer vīlla rūstica in der Gegend von Trier. Wandmalerei, 3. Jh. n. Chr. Landesmuseum Trier*

Caecilia: Quam doleō eum aegrōtāre et Augustae Trēverōrum retinērī. Certē sollicitāris prō amīcō tuō.
Aurēlius: Ita est: sollicitor. Certē nōn bene sanātur in oppidō, quod in cōnfīniō barbaricō situm est. Audī, amīcus ita scrībit: „Vōs calōre sōlis recreāminī, sī aegrōtātis, nōs autem ventīs frīgidīs imbribusque vexāmur. Hīc multōs mēnsēs sōl nōn vidētur."

Pūblius (quī adest cum Lūciō frātre): Quis est C. Aemilius? Ubi est Augusta Trēverōrum? Quid Augustae Trēverōrum agit?
Aurēlius: Aemilius mercātor est, gentēs Germānicās quaerit et multās mercēs emit. Augusta Trēverōrum oppidum est in Germāniā situm. Ibī nōn sōlum servī rōbustī emuntur, sed etiam sūcinum, quod gignitur in īnsulīs ōceanī Germānicī et quod ā Germānīs ‚glaesum' appellātur. Aemilius multa litterīs suīs dē Germānōrum vītā mōribusque nārrat.
Lūcius: Quid dē eīs nārrat?

sūcinum: Bernstein, eine der bei den Römern begehrtesten Waren aus Germanien. Das germanische Wort **glaesum** ist unser Wort „Glas"

Caecilia: Nārrat Germānōs hominēs horridōs esse, in eōrum vīcis nec puerōs nec puellās ā magistrīs docērī.
Lūcius: Nōnne līberī Germānōrum ā magistrīs docentur?
Caecilia: Minimē docentur!
Puerī (conclāmant): Heus! Statim in Germānōs mūtāmur.

Aurēlius: At puerī Germānōrum ā patribus suīs sevērē ēducantur.
Caecilia: Amīcus multa et horrida apud eōs vīdit: saepe editur, cantātur, bibitur – quid dīcō – pōtātur apud Germānōs ūsque ad multam noctem. Nōnnumquam patrēs, sī ēbriī sunt, āleā dē lībertāte līberōrum suōrum lūdunt.
Pūblius: Id mihī valdē displicet.
Aurēlius: Quamquam in Germāniā caelum plērumque asperum est, cotīdiē prīmā lūce nūdī in flūminibus vel stāgnīs aquā frīgidā lavantur.
Lūcius: Ōhē, satis est! Egō rūrsus in puerum Rōmānum mūtor.

„Über den Ursprung, den Siedlungsraum, die Sitten und die Völker der Germanen" berichtet der Historiker Tacitus (ca. 54–ca. 117) in seiner gleichnamigen, meist **„Germānia"** abgekürzten Schrift, für uns eine der wichtigsten Quellen über das Leben der Germanen, obgleich man nicht allen Informationen naiv trauen kann

B Ostia – Welthafen vor den Toren Roms

Mane Pomponii Romam relinquunt. Vertăgus, servus Gallus et raedarius valde peritus, eos raeda Ostiam vehit. Duobus horis post muri Ostiae aspiciuntur et Pomponii paulo post per portam Romanam vehuntur.

Lucius et Publius stupent multis horreis, quae praeter decumanum maximum videntur. Clamores et voces operariorum servorumque audiuntur, qui mercibus onusti horrea aut intrant aut relinquunt.

horrea: riesige Lagerschuppen

decumānus māximus: decumānus bezeichnet im römischen Vermessungssystem die senkrecht verlaufenden Linien (die waagerechten: cardo). Der d.m. ist die Hauptachse und die breiteste Straße im Straßensystem einer Stadt

māgnāriī: Großkaufleute
nāviculāriī: Reeder
cūrātōrēs nāvium: staatliche Aufsichtsbeamte für das Schifffahrtswesen. Diese und andere hatten ihre Verbands- und Büroräume im heute sog. „Haus der Korporationen"

Tum pater: „In horreis" inquit „merces reponuntur, penduntur, distribuuntur, quae e cunctis provinciis imperii nostri importantur aut in ultimas quoque terras exportantur. Post theatrum, quod dextra parte vidistis, magnum aedificium situm est, ubi magnarii et navicularii et ii, qui curatores navium dicuntur, stationes habent."

Animi liberorum moventur varietate et linguarum et vestium et gentium. Videntur Aethiopes, Arabes, Afri, Indi, Britanni, Daci, audiuntur voces Gallorum, Germanorum, Getarum, Persarum. Ubique inveniuntur tabernae, officinae, pergulae, thermopolia. Hic aedificium, quod incendium delevit, a subrutoribus destruitur; illic aedificio, cui iam quattuor tabulata sunt, a structoribus duo insuper adduntur.

Tandem Pomponii ad villam Agathonis adveniunt. Vertagus descendit et ostium villae pulsat. Quod nemo aperuit, iterum pulsat atque clamat. Nunc ostium aperitur et ostiarius Vertagum increpat: „Quid tibi ante ostium clamor est? Num te ruri esse putas? Cede ab ostio! Cede rus, rustice! An a me verberari vis?" Tum Vertagus: „Quid clamas? Quid me increpas? Vae tibi! A te non terreor. Vertagus sum, raedarius Marci Pomponii, qui domino tuo amicus est. Exspectamur a domino tuo. Proinde vola atque nuntia domino tuo nos venisse, nisi a domino tuo verberari vis."

Mercator, quod servorum iurgium audivit, apparet amicosque cognoscit: „Nisi fallor, amicos video. Salve Pomponi! Ignosce, quaeso, stultitiae ostiarii mei! Intrate, iam exspectamini. Vos itinere defessos esse censeo. Itaque balneum et prandium parari iussi."

▼ *Auf dem Decumanus maximus in Ostia. Rechts das Theater*

C Descriptio machinae tractoriae secundum Vitruvium

Tigna (A) duo ad onerum magnitudinem ratione expediuntur. Ea in capite fibulā (B) coniunguntur et in imo divaricantur. Eriguntur atque retinentur funibus (C) crassis, qui in capitibus tignorum collocantur.

In summo tignorum trochlea (D_1) alligatur, in quam orbiculi (E) induntur. Ii per axiolos (F) versantur. Per summum orbiculum (E_1) funis ductarius (G) traicitur, deinde demittitur et circum orbiculum (E_3) trochleae inferioris (D_2) traducitur. Reducitur autem ad orbiculum imum (E_2) trochleae superioris (D_1) et descendit ad inferiorem (D_2), ubi in foramine (H) eius religatur.

Altera autem pars funis inter imas machinae partes reducitur. In tignis autem, ubi divaricantur, chelonia (I) figuntur, in quae capita suculae (L) coniciuntur. In iis cheloniis axis suculae (L) versatur. Sucula in capitibus duo foramina habet, in quae vectes (M) conveniunt.

Ad trocleam imam (D_2) autem ferrei forfices (N) religantur, quarum dentes in saxorum (O) foramina accommodantur. Alterum caput funis ductarii (G) ad suculam (L) religatur, quae vectibus (M) versatur. Eo modo funis circum suculam legitur atque extenditur et onera ad altitudinem et collocationes operum tollit.

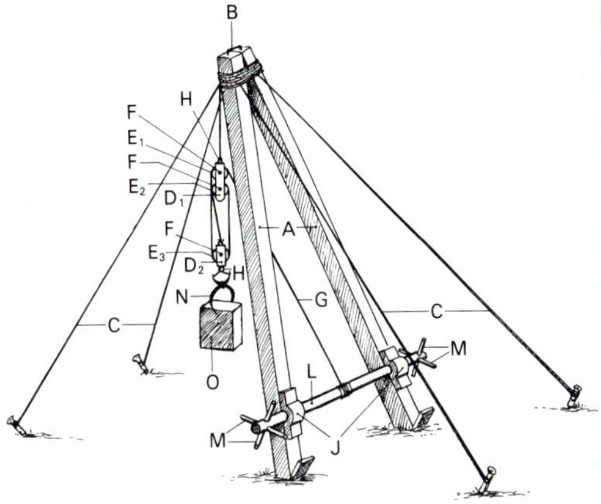

Sin autem onera amplitudinibus et ponderibus colossica tolli necesse est, axis (L) cheloniis (I) includitur, quae aut in medio aut in una parte extrema tympanum habet, quod homines calcando versant.

Wortangaben hier alphabetisch! **accomodāre** anpassen • **alligāre** anbinden • **alter, -ra, -rum** der andere • **amplitūdō, -inis** *f.* der Umfang • **axiolus** kleine Achse • **caput, -itis** *n.* der Anfang/das Ende • **chelōnium** das Achsenlager • **collocāre** anbringen • **collocātiō, -ōnis** *f.* der Ort der Aufstellung • **colossicus, - a, -um** riesig • **conicere** einfügen • **coniungere** verbinden • **convenīre** passen • **crassus, -a, -um** dick • **dēmittere** hinablassen • **dēns, -ntis** *m.* die Klaue/der Zahn • **dīvāricāre** spreizen • **ērigere** aufrichten • **expedīre** herrichten • **extendere** spannen • **extrēmus, -a, -um** der äußerste • **ferreus, -a, -um** eisern • **fībula** die Klammer • **fīgere** festmachen • **forāmen, -inis** *n.* das Loch/die Öse • **forficēs, -um** *m. (Pl.)* die Zange/Schere • **fūnis (-is** *m.***) dūctārius** das Zugseil • **īmum** das untere Ende • **inclūdere** einfügen • **indere** einsetzen • **īnferior, -ōris** *m. f.* der untere • **modus** Weise • **onus, -eris** *n.* Last, Gewicht • **opus, eris** *n.* das Bauwerk/die Baustelle • **orbiculus** die Rolle • **ratiō, -ōnis** *f.* die Berechnung • **religāre** festmachen • **saxum** *(hier:)* Steinquader • **sīn** = **sī** • **sucula** die Haspel • **summum** das obere Ende • **superior, -ōris** *m. f.* der obere • **tīgnum** der Balken • **trādūcere** durchziehen • **trāicere** darüberlegen • **trochlea** der Flaschenzug/-kloben • **tympanum** das Seilrad • **vectis, -is** *m.* der Hebel

Pensa exercitanda

S 1.1

a) Miles interrogat tribunum.

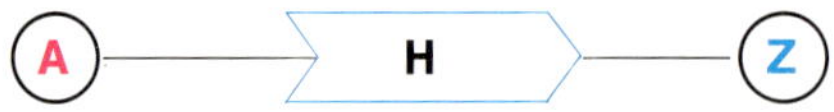

b) Tribunus . . . .

Wie müssen die in Satz b) fehlenden Wortformen heißen, wenn der in a) beschriebene Vorgang vom Zielpunkt der Handlung aus beschrieben wird (**A** = Ausgangspunkt, **Z** = Zielpunkt, **H** = Handlung)?

S 1.2

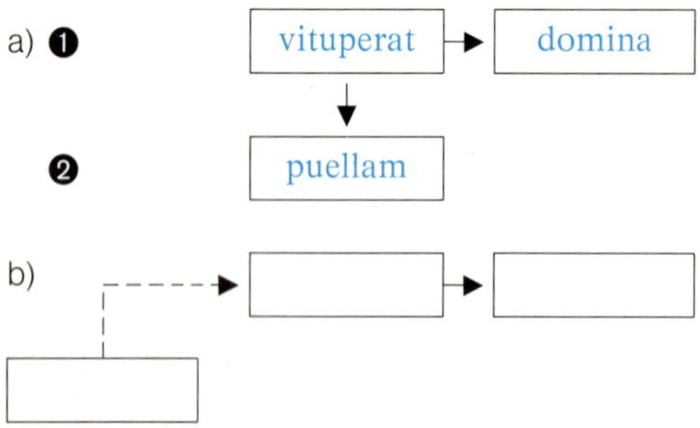

Verändere den Satz a) so, daß die Kästchen einen sinngleichen Satz im Passiv wiedergeben.

S 2.1

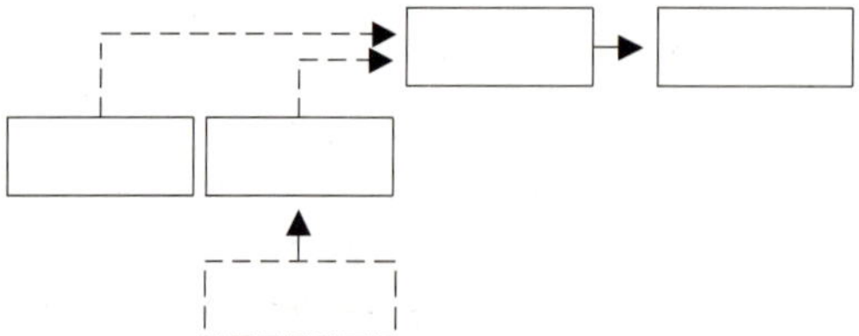

a) Stelle mit Hilfe folgender Wörter einen Satz entsprechend dem angegebenen Satzbild dar:
servus, severis, incitatur, verbis, a vilico
b) Forme den Satz in einen Aktiv-Satz um.
Welche Funktion übernehmen dort die beiden adverbialen Bestimmungen des Passivsatzes?

S 2.2

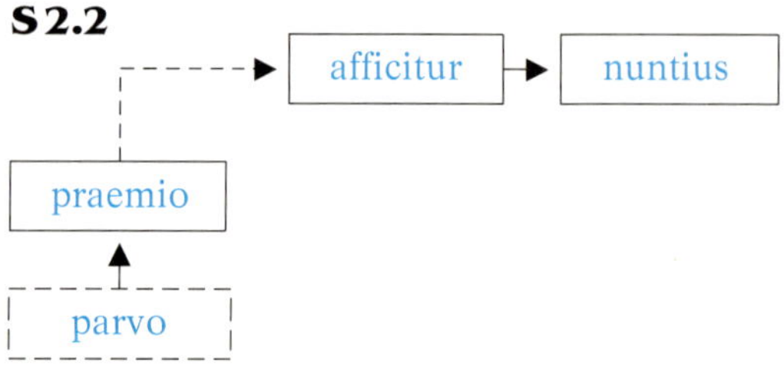

Vor welchem Problem stehst Du, wenn Du diesen Satz in einen aktivischen Satz umzuformen versuchst?

K 1

a) Gallier plündern einen Tempel. Das sieht jemand von weitem, er ruft seinen Mitbürgern zu:
Templum diripitur!
b) Der Tempelpriester ruft:
Semper impii fuistis. Nunc oppidum nostrum deletur.
Welche Information fehlt? Suche Gründe, die Ursache dafür sein könnten, daß diese Information fehlt.

K 2

Milites se recreant. ≈ Milites recreantur.
Puellae se delectant. ≈ Puellae delectantur.
Welche Funktion, die in den Sätzen links das (reflexive) Objekt **se** leistet, wird in den Sätzen rechts durch ein anderes sprachliches Mittel übernommen?

K 3

1 a) Germani castra petunt.
b) Iam multis locis pugnatur.

Aus einem Lateinbuch von 1834:

2 a) Olim (einst) pueri in scholis multa didicerunt.
b) Hodie autem luditur, cantatur, salitur.

Übersetze; überlege, worin sich die Sätze a) und b) jeweils nicht nur grammatikalisch und inhaltlich, sondern auch in der Aussageabsicht voneinander unterscheiden.

F

Ordne den folgenden Pronomina die entsprechenden Personalendungen zu:
ego / is / nos / vos / eae / tu
-ris / -tur / -or / -mini / -ntur / -mur

S 3

Ceditur. Venitur. Intratur. Appropinquatur. Curritur. Properatur.

a) Was haben die Verben inhaltlich gemeinsam?

b) Was drückt die lateinische Passivform hier aus? Welche deutsche Übersetzung entspricht dem am besten?

S 4

Vergleiche jeweils a) und b) sowie 1 a) mit 2 a).

1 a) Agricolae a dea in ranas mutantur.
  b) Tempora mutantur.

2 a) Plaustrum equis movetur.
  b) Aedes movetur.

S 5

Denke Dir kleine Kontexte aus, in denen die folgenden Sätze passivisch oder reflexiv übersetzt werden:

Ludis delectamini.
Oppida nostra mutantur.
Dominus lavatur.
Is puer studiis non delectatur.

Z

Bilde aus folgenden Satzbausteinen Sätze mit passiven Verbformen:

Urheber	*Subjekt*	*Mittel/ Werkzeug*	*Prädikat*
servi seduli	pondera magna	pedes	tollere
pueri	magister	virga (Rute)	verberare
patres	puellae	verba	vituperare
Germani	vinum	– –	bibere
– –	– –	– –	cantare
	milites	– –	lavare

Wh

Was man leicht vergißt

1) Agricola se pium esse putat. Pueri se attentos esse dicunt. Magister eos non sedulos esse scit.

2) Romane venisti? Brundisiumne iter facis? Pompeiis manere (bleiben) volo.

3) Amicum habes magnae stultitiae!

W

Gewußt – erklärt!

1) Was heißt in der Mathematik „Zahlen *zusammenzählen*“?

2) Welche Aufgaben haben *Distributivzahlen*?

3) Die Gaststätte ist in *rustikalem* Stil eingerichtet.

Die Hafenstadt Ostia

Ostia war Roms wichtigster Hafen; hier legten Schiffe aus allen Provinzen und aus fernen Ländern an und löschten ihre Ladungen, um den ungeheuren Warenbedarf Roms sicherzustellen. Von hier aus wurden die Güter auf Flußschiffen tiberaufwärts in die römischen Vorratshallen (Emporium) am Tiber transportiert. Für die Versorgung Roms mit Lebensmitteln, Luxusgütern (Seide, Gewürze, Parfums, Weihrauch, Kunstwerke) und Großwild für die Arena (Löwen, Leoparden und andere Exoten) war eine straffe Organisierung der Hafenarbeiter, Schiffer und Lastenträger in Gilden erforderlich.

Anders als das altehrwürdige Rom mit seinen winkligen Gassen war Ostia eine moderne Stadt, die sich erst in der Kaiserzeit aus einem kleinen Ort zur noch heute sichtbaren Größe entwickelte. Ostia verfügte über ein rechtwinkliges Straßensystem mit zwei Hauptachsen, dem decumanus maximus in West-Ost-Richtung und dem cardo in Nord-Süd-Richtung.

Unter Claudius, dem Nachfolger des Tiberius, und später nochmals unter Trajan wurde der zu klein gewordene Hafen modernisiert und erweitert. Man schätzt, daß in Ostia bis zu 80 000 Menschen gelebt haben.

In der späten Kaiserzeit verfiel Ostia. Auch weil das Gebiet malariaverseucht war, verließen die Bewohner die Stadt, die schließlich vergessen wurde, bis sie in unserem Jahrhundert durch Ausgrabungen wieder zum Vorschein kam. Wegen der Verlandung der Tibermündung liegt *„Ostia antica“* heute ca. 5 km landeinwärts.

In dem riesigen Ausgrabungsgelände lernt der Besucher die Welt des antiken Großstädters besser kennen als irgendwo sonst: Ganze Straßenzüge guterhaltener mehrstöckiger Mietshäuser und öffentliche Einrichtungen wie Garküchen, Latrinen, Thermen können dort besichtigt werden. So bildet Ostia, der Welthafen, eine wichtige Ergänzung zu dem mehr mittelstädtischen Pompeji, einer Stadt von Handwerkern und Händlern.

▲ Ladenschild eines Geflügel- und Gemüsehändlers aus Ostia, 2. Jh. n. Chr.

▲▲ In einem Thermopolium

◄▲▲ Das Theater von Ostia. Im Hintergrund lagen die im Text erwähnten statiōnēs

◄▲ Eingang zu den Horrea Epagathiana

◄ Das Forum von Ostia mit dem Jupiter-Tempel

◄▼ Ein Lastschiff wird flußaufwärts gezogen. Relief aus Avignon

▼ öffentlicher Toilettenraum

▲ *Blick auf eine Insula*

►▲ *Straße in Ostia*

► *Modell eines Mietshauses (īnsula)*

▼ *Innenhof einer Insula*

▼► *Hauseingang*

▼▼ *Küche in einer Mietskaserne und Treppe zum 2. Stock*

▼▼► *Zimmer in einer Mietskaserne*

A Lieferung frei Haus

prōcūrātor servōrum: der Sklavenvorsteher – selbst ein Sklave (oder Freigelassener)
mangō: Sklavenhändler
catasta: Schaupodest, auf dem die Sklaven zum Verkauf angeboten wurden

Castōrēs: Castor und Pollux (→ L XII)

Homō robustus in hortum mercātōris dūcitur. Prōcūrātor servōrum dominō nūntiat: „Ecce servum novum, domine, quem nūper ēmistī. Modo ā mangōne mihi adductus est."

Agathō hospitibus: „Diū servum validum Rōmae quaerēbam. Quī in catastīs prōpōnēbantur, invalidī malāque valētūdine fuērunt."
M. Pomponius stupet: „Ōlim quidem ubīque Rōmae mangōnes vidēbantur, quī servōs vendēbant."
Mercātor respondet: „Rēctē dīxistī. Nunc autem servī rārī māgnōque pretiō sunt. Quem hīc vidēs, ā mangōne mihī nōtō ante aedem Castorum venditus est. Mangō dīxit servum linguae nostrae perītum esse."
Pompōnius: „Quō nōmine appellātur?"
Mercātor: „Eī Āfrī nōmen datum est."

Tum servum interrogat: „Quandō captus es, Āfer? Quae est patria tua?"
Āfer: „Et ego et amīcī meī annō proximō in silvīs Āfricānīs captī sumus."
Pompōnius: „Cēnseō vōs statim mangōnī trāditōs esse, quī tē addūxit."
Āfer: „Hominī avārō atque sordidō trāditī sumus."
Mercātor rīdet: „Sōlācium tibī praebeō, Āfer: iam tibī balneum parātum est. Valē!" Et prōcūrātōrī: „Est lectīcārius māgnificus, ut videō."

B Das Gespensterhaus

Während der Mittagsruhe in den heißen Stunden des frühen Nachmittags stöbern Publius und Lucius in der Bibliothek Agathos herum. Publius findet eine griechisch geschriebene Buchrolle, die sein Interesse weckt. Lucius fordert ihn auf zu übersetzen. Der Bruder beginnt:

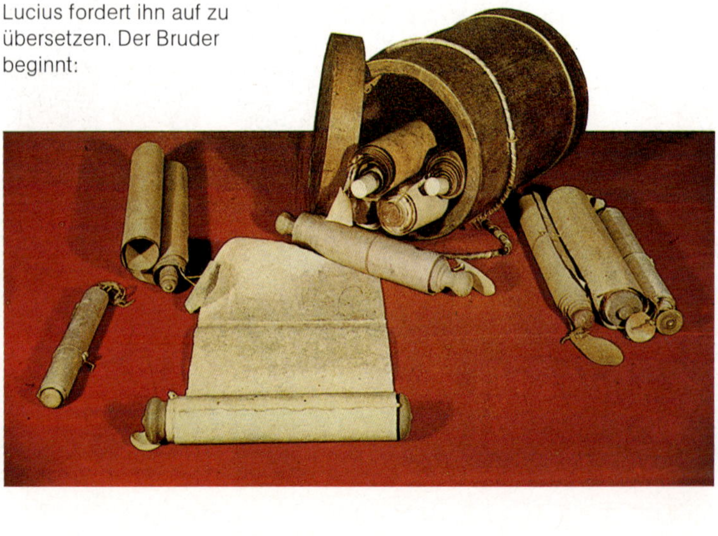

► *Buchrollen (volūmina) aus Papyrus, zu deren Aufbewahrung spezielle Behälter (capsae) dienten. Nachbildung in Rom/EUR, Museum der Röm. Kultur*

Erat Athenis villa magnifica, sed horrida, in qua media nocte sonus ferri audiebatur. Mox idolum apparebat, senex, cui barba longa erat cuiusque capilli horrebant. Vincula gerebat, quibus crepabat.

īdōlum (griech.): Schatten-„bild" = Seele eines Verstorbenen, daraus: Gespenst

Homines, qui villam habitabant, cum monstrum audiverant et viderant, noctes vigilabant. Eis noctibus morbus successit, morbo mors. Nam eo quoque tempore, cum monstrum non videbatur, homines memoria monstri vexabantur. Postremo villam senemque reliquerunt. Villa, postquam relicta est, proscripta est.

Forte philosophus Athenas venit, villam parvo pretio proscriptam esse legit et causam parvi pretii quaesivit. Villam conduxit, quamquam causa aperta erat. Ubi nox appropinquavit, philosophus lectum sterni iussit. Lectus stratus est. Tum philosophus tabulas, stilum, lumen poposcit et animum ad scribendum intendit. Nam scribendo timorem pellere voluit.

philosophus (griech.): → L IV philosophia

Paulo post vinculorum sonum audivit. Deinde sonum crescere, appropinquare, iam in cubiculo esse putavit. Tandem idolum vidit, de quo narratum erat: senex in cubiculo stabat digitoque philosopho innuebat. Is autem senem neglexit. Monstrum supra eius caput vinculis crepuit. Tum demum philosophus lumen cepit et seni, qui antecedebat, successit. Monstrum in hortum deflexit et subito evanuit. Philosophus loco herbas et folia signum posuit.

Postridie locum effodi iussit; inventa sunt ossa, quae vinculis vincta erant. Ossa publice sepulta sunt. Ex eo tempore villa manibus vacua erat, quod rite sepulti erant.

mānēs: die als göttlich verehrten Seelen der Verstorbenen bei den Römern; → Kap. „Die Religion"

◄ *„Senex in cubiculo stabat digitoque philosopho innuebat."*

C Herren und Sklaven

Scimus dominos Romanos nonnumquam inhumanos in servos suos fuisse. Mirum exemplum Vidius Pollio dedit, unus ex amicis imperatoris Augusti: iussit enim servos, qui mortis damnati erant, in vivaria iaci. Statim miseri piscibus lacerati sunt. Tradunt Vidium eos pisces eximia voluptate edisse. Certum quidem est pisces muraenas fuisse, quas bestias saevas esse non ignoramus.

Sunt et multa exempla, quibus domini honestos et servi fidos se praestiterunt. In eorum numero habetur servus Urbini, qui morte sua dominum servavit. In bello, quod fuit inter cives Romanos, Urbinus proscriptus et capitis damnatus est. Servi dominum in cubiculo occultari sciebant et tacebant. Vicini autem latebras aperuerunt et prodiderunt. Iam milites ad portam stant, iam villam explorant. Summo in periculo unus e servis in lecto domini interfectores exspectat, eis cervices praebet et plagam pro Urbino domino excipit. Interfectores Urbinum mortuum esse putant et discedunt.

Constat Urbinum postea in suam dignitatem restitutum esse et fido servo praeclarum monumentum exstruxisse.

inhūmānus, -a, -um ↔ **hūmānus** • **exemplum** Beispiel • **damnāre** *mit Gen.* verurteilen • **vīvārium** Fischteich • **piscis, -is** *m.* Fisch • **lacerāre** zerfleischen • **eximius, -a, -um** ungemein • **voluptās, -ātis** *f.* Gier, Begierde • **ĕdere, ēdī, ēsum** essen • **certus, -a, -um** sicher • **muraena** Muräne *(Seefisch)* • **bēstia** Tier • **īgnōrāre** nicht wissen • **fīdus, -a, -um** treu, getreu • **sē praestāre** sich erweisen • **cubiculum** Schlafzimmer • **occultāre** verstecken • **vīcīnus** Nachbar • **latebrae, ārum** *(Pl.)* Versteck • **prōdere** verraten • **explōrāre** erkunden, durchsuchen • **summus, -a, -um** höchster • **interfector: interficere** • **cervīx, -cis** *f., Pl.:* Nacken, Hals • **plāga** Schlag, Hieb • **excipere** empfangen, hinnehmen • **dīgnitās, -ātis** *f.* Würde, Ansehen • **restituere** wieder einsetzen • **exstruere** errichten

Pensa exercitanda

Wh 1
Was man leicht vergißt

a) Laúdat alaúda deúm tirilí tiriláque canéndo.
(alauda: Lerche • canere ≈ cantare)

b) Scríbere scríbendó, dicéndo dícere díscis.

Wh 2

a) Olim bellum erat inter Romam et Falerios, oppidum Romae finitimum.

b) Belgae Germanis finitimi erant.

c) Finitimos exspecto.

d) Amicus finitimus Pomponios visitat.

Welche Satzglieder bilden die Wörter **finitimus** und **amicus** in diesen Sätzen?

Wh 3

Schon den römischen Richtern half im Gerichtsprozeß folgende Frage bei der Ermittlung des Täters:

Cui bono (est)?

F 1
-ba- oder -eba-?

Präsensstamm	*Imperfektsignale*	*Personalendungen*
adduc-	-ba-	-m
ama-	-ba-	-mini
audi-	-ba-	-mur
canta-	-ba-	-mur
ced-	-ba-	-mus
cresc-	-ba-	-mus
erra-	-eba-	-r
interroga-	-eba-	-ris
lauda-	-eba-	-ris
leg-	-eba-	-s
libera-	-eba-	-s
rapĭ-	-eba-	-tis

Setze richtige Verbformen zusammen! Wähle das zum Stamm passende Signalzeichen, und nimm eine zur Bedeutung passende Personalendung.

E

Setze in den folgenden Sätzen die richtigen Endungen ein:

1) Rex patriā puls_ est.
2) Oppida Romanorum a Gallis occupat_ erant.
3) Mater hodie e magno periculo servat_ (retten) est.
4) Quid tibi nuntiat_ est?
5) Scimus Troiam a Graecis delet_ esse.
6) Regem Tarquinium a Bruto puls_ esse scimus.
7) Magister narrat virgines Sabinas a Romanis rapt_ esse.

F2

geben	(ich) gebe	(ich) gab	gegeben
tun	(ich) tue	(ich) tat	getan
to give	(I) give	(I) gave	given
to do	(I) do	(I) did	done
dare	do	dedi	datum
facere	facio	feci	factum

In welchem Tempus tritt jeweils eine Stammänderung auf? Welche gemeinsame Funktion haben diese Tempora in den drei Sprachen?

S1

Verändere die Blickrichtung der Aussage, indem Du die folgenden Sätze ins Passiv umformst:
1) Saepe fabulae matris nos delectabant.
2) Matrem valde laudabant.
3) Rufilla amicas diu exspectaverat.
4) Me laudavistis.
5) Te amaveram.
6) Magister nobis librum monstravit.
7) Vos vicimus.

S2

Mache den Urheber der Handlung zum Subjekt:
1) Litterae a servo domino traditae sunt.
2) A te laudatus eram.
3) Amica a me vituperata est.
4) Plaustrum a servis frumento completum est.

S3

Ist das grammatische Subjekt Ausgangspunkt (A) oder Zielpunkt (Z) der Handlung?
1) Gaius a Marco somno prohibitus est.
2) Pater nobis curiam monstravit.
3) Lucius a Gaio in numero amicorum habitus est.
4) Romani Gallos aliquando superaverunt.
5) Fabula tua me delectavit.
6) Puella a serva lauta est.
7) Graeci oppidum novum Massiliam (Marseille) nominaverunt.
8) Verberati sumus.

ⓐ Verändere die angegebene Blickrichtung der Sätze 1–7.

ⓑ Warum kannst Du Satz 8 nicht ins Aktiv umformen?

S4

① Cleopatra eximiae (ausnehmend) pulchritudinis non erat.
Cleopatra eximiā pulchritudine non erat.
Warum sind Genitiv und Ablativ hier gleichermaßen geeignet, eine Eigenschaft zu bezeichnen?

② a) Vir magna virtute consul est.
b) Vir magna virtute erat.

In welchem Satz ist die Wendung „magna virtute" Prädikatsnomen, in welchem Attribut?

Z

In den folgenden Sätzen kann man bei der Übersetzung zumindest hilfsweise ein „von" gebrauchen. Welche Übersetzung aber entspricht eher der deutschen Sprachnorm? Beschreibe den lateinischen Ausdruck, der jeweils dem „von" entspricht.
1) Magister nobis de Romanis narravit.
2) Oppidum a Romanis deletum est.
3) Oppidum flammis deletum est.
4) Quis discipulorum piger est?
5) Ab initio didicimus.
6) E villa venio. A foro venisti. De monte currit.
7) Romane venisti? Domo veni.
8) Curis te libero.
9) Servi mala valetudine fuerunt.

S5

Verwandle die abhängigen Aussagen in unabhängige.
1) Lēgimus multa aedificia flammis deleta esse.
2) Pater vigiles itineribus angustis valde impeditos esse narravit.

3) Constat homines nonnullos flammis interfectos esse.
4) Audio flammas a vigilibus nondum exstinctas esse.

S 6

a) Vir medio in foro interfectus est.
M. Pomponius wäre bei diesem Satz nicht klar gewesen, wo der Mord geschehen ist:
hier ✣ oder hier ✤ ?
Welche Übersetzung mußt Du wählen, wenn ✣ zutrifft,
welche, wenn ✤ richtig wäre?
Welche Information fehlte immer noch, falls ✣ gemeint ist?
b) Medio in monte taberna sita est.
Zeichne in Dein Heft 2 Skizzen, die die möglichen Standorte der Wirtschaft verdeutlichen.
c) Medio in monte Vesuvio taberna sita est.
Warum ist diese Aussage eindeutig?

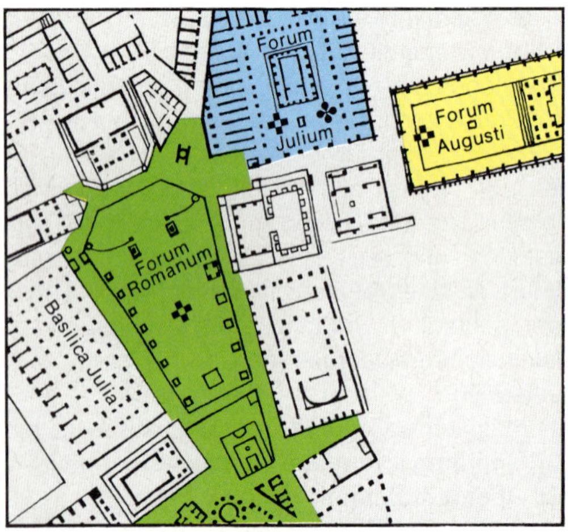

W 1

Es kommt auf jeden Buchstaben an!
① Über einem Hoteleingang stand zu lesen: Salve, hospes! Ein Gast, der sich geärgert hatte, änderte eines Nachts die Inschrift: Solve, hospes!
② Jeder Buchstabe mehr bewirkt ein neues Wort bzw. Wortform:
liber, libera, liberat, liberato, liberator, liberatori, liberatoris
③ Ein Lehrer sagte zu seinem Schüler: „Aut disce aut discede!“

W 2

Du hast in dieser Lektion validus und invalidus kennengelernt. Was heißt also amicus: inimicus, iniquus: aequus, was heißt incertus, inhonestus, inhumanus, immaturus, ignotus, impiger?
Welches deutsche Präfix entspricht dem lateinischen „in-“?

W 3 Als Tourist unterwegs

In Rom, Madrid, Bukarest, London weisen Schilder mit der Aufschrift STAZIONE, ESTACION, STATIE, STATION zu stets demselben Ziel. Zu welchem? Welches lateinische Wort steckt dahinter?

W 4

Erkläre die folgenden Fremdwörter:
1) Er ist sehr *robust*.
2) Diese Plattenaufnahme ist eine *Rarität*.
3) Sein *Appell* wurde nicht beachtet.
4) Dieser Skandal darf nicht *publik* werden.

T

Nach römischer Auffassung leben die Seelen der Verstorbenen als „manes“ in der Unterwelt weiter. Voraussetzung ist jedoch, daß die Toten auf der Erde ordnungsgemäß bestattet worden sind. Andernfalls finden die Toten keine Ruhe.
① Warum ist der Tote nicht bestattet worden?
② Der Verfasser der Geschichte (die auf eine griechische Vorlage zurückgeht), Plinius der Jüngere, hat in der Erzählung neben anderen Stilmitteln die **Alliteration** (Gleichklang von Anfangslauten, z. B. **H**aus und **H**of) verwendet. Zeige solche Stellen im Text auf.

DL

1) Ein Bote berichtete von dem Sieg.
2) Du bist vom Lehrer gelobt worden.
3) Die Gäste freuten sich über die Amphore voller Wein.
4) Die Villa kostete viel (nimm: magno pretio esse).
5) Du siehst, daß das Buch von dem Jungen gebracht worden ist.
6) Man hatte uns besiegt.

Die römische Gesellschaft

Die Angehörigen der römischen Gesellschaft kann man unter verschiedenen Gesichtspunkten in unterschiedliche Gruppen einteilen.

Zunächst gibt es eine grundlegende Unterscheidung in zwei Gruppen: Die rechtlich Freien und die rechtlich Unfreien, d. h. **römische Bürger** auf der einen, **Sklaven** auf der anderen Seite.

Die Gruppe der rechtlich Freien, der Bürger, war wieder unterteilt: Zunächst in den **Geburtsadel** (nobiles, Patrizier) und **Plebejer** (Plebs, Nichtadlige). Dazu kamen die **liberti** (freigelassene Sklaven), die freilich in mancher Hinsicht benachteiligt waren, und **peregrini** (freie Bürger fremder Staaten oder Städte), die ebenfalls nicht alle römische Bürgerrechte besaßen.

Wichtiger als die Gliederung in Patrizier und Plebejer war schließlich aber die Zugehörigkeit zu einer bestimmten **Vermögensklasse:** Wichtigstes Unterscheidungsmerkmal für die Zugehörigkeit zum Adel und zu den fünf unteren „Klassen" (classes; hiervon kommt auch unser Begriff „Gesellschaftsklasse") war das Vermögen. Nach diesem wurden zur Zeit der Republik alle 5 Jahre von einem censor (censere: schätzen), die Zugehörigkeit jedes einzelnen Bürgers zu den „classes" festgelegt und seine politischen Rechte bemessen.

Zum Adel im weiteren Sinn gehörten Senatoren (senatores) und „Ritter" (equites).

Der römische Bürger

Zur Zeit des 1. Jh. n. Chr. sind alle Bewohner Italiens, sofern frei, römische Bürger. Das beinhaltet, daß sie keine Steuern zahlten, denn Steuern wurden als Tribut aufgefaßt, den nur unterworfene Staaten und Völker den Römern zu zahlen hatten.

Ließ sich ein römischer Bürger, ein Kaufmann etwa, in einer Stadt des Reiches außerhalb Italiens nieder, so blieb er wie auch seine Nachkommen römischer Bürger. Meist schloß er sich in der Fremde mit anderen Römern zu „Konventen" zusammen.

Es gab auch Städte mit römischem Recht außerhalb Italiens, z. B. in Gallien, die zur Ansiedlung entlassener Soldaten gegründet worden waren.

Nicht nur steuerlich, auch juristisch genießt der römische Bürger Vorteile gegenüber dem nichtrömischen Reichsbewohner (peregrinus). So kann er nicht von einem Provinzstatthalter, sondern nur von dem kaiserlichen Gericht in Rom zum Tode verurteilt werden. Die Reise des Apostels Paulus von Caesarea nach Rom hat aus diesem Grunde stattgefunden.

Minderbemittelte Bürger in Rom erhielten regelmäßig Getreide für ihren Unterhalt (annona; → Abb. S. 95); unter Augustus gab es ca. 320 000 Personen, die auf diese monatliche Ration angewiesen waren.

Für die Kinder bedürftiger freier Bürger gab es in der Kaiserzeit Unterstützungsfonds (alimentatio), die vor allem wegen des Bevölkerungsrückgangs in Italien eingerichtet wurden.

Die Senatoren

Oberste Gesellschaftsschicht der Republik wie der Kaiserzeit war der Senat, dessen Bedeutung jedoch seit Augustus stark eingeschränkt war.

Zum Senat gehörte z. Zt. der Republik jeder, der vorher ein Staatsamt (magistratus) bekleidet hatte; am angesehensten waren die Senatoren, die das höchste Staatsamt, das Konsulat, innegehabt hatten. Sie stammten meistens aus den stadtrömischen Adelsfamilien (Nobilität); kam der Betreffende aus einer einfacheren, z. B. einer Ritterfamilie, dann bezeichnete man ihn als homo novus.

In der Kaiserzeit wird der Senat politisch mehr und mehr entmachtet. Die alten Adelsgeschlechter sind großenteils ausgestorben oder werden ausgerottet (gerade von den Kaisern). Anders als in der Republik kann nur der ein hohes Staatsamt (z. B. das Konsulat) bekleiden, der dem Senatoren-*Stand* angehört, die Zugehörigkeit ist also erblich und bezieht sich auf die ganze Familie und nicht nur auf den Amtsträger selbst. Darüber hinaus kann der Kaiser jemanden zum Senator ernennen, bzw. ihm diesen Rang auch wieder nehmen. Bedingung für die Zugehörigkeit ist ein Vermögen von 1 Million Sesterzen.

Der Ritterstand

M. Pomponius Marcellus ist eques, gehört dem *Ritterstand* (ordo equester) an, das bedeutet, daß er gesellschaftlich höher steht als ein einfacher römischer Bürger, aber niedriger als ein Senator.

In der frühen Kaiserzeit – also der Zeit unserer Pomponii – beinhaltete die Zugehörigkeit zum Ritterstand nichts weiter, als daß der Betreffende ein Vermögen von mindestens 400 000 Sesterzen besaß, und das war ein ganz ansehnliches Vermögen. Die Zugehörigkeit zu dieser Art **„Geldadel"** war, anders als beim Geburtsadel, nicht erblich; der Sohn eines Ritters mußte seinerseits wieder das entsprechende Vermögen nachweisen, um in den Ritterstand aufgenommen zu werden.

Anders als zur Zeit der Republik (→ Kap. „Die röm. Republik") erfolgte die Ernennung in der Kaiserzeit durch den Kaiser. Die Vorteile dieser Praxis für den Kaiser liegen auf der Hand: Er gewann so eine Schicht reicher freier Bürger (notfalls schenkte er dem entsprechenden Kandidaten den noch fehlenden Geldbetrag), die ihm verpflichtet war, seine Politik unterstützte, meist über eine gute Bildung verfügte und aufgrund dieser Vorzüge wichtige Positionen im Heer und in der Zivilverwaltung übernehmen konnte. So gehörte Pomponius in Pompeji zum **ordo decurionum** (Dekurionenstand), d. h. er war Ratsherr.

Die Rolle, die der Ritterstand in der Kaiserzeit spielte, ist ganz verschieden von seiner Bedeutung in der Republik: Ritter war ursprünglich, wer im Heeresdienst ein Pferd stellen konnte, also wer größere Ausgaben für die Landesverteidigung leistete als etwa ein Leichtbewaffneter, der nur Lanze und Schild mitbrachte. Dafür genoß der Ritter ein höheres Ansehen, seine Stimme hatte bei Abstimmungen größeres Gewicht (s. o.: **census**). (Selbstverständlich stellten auch die **nobiles**, die politisch führenden Männer, ein Pferd, wenn sie den Heeresdienst ableisteten.)

Zu besonderer Bedeutung gelangten die Ritter, als den Senatoren durch ein Gesetz im Jahre 218 v. Chr. der Handel (insbes. Seehandel) untersagt wurde. Mit diesem Gesetz sollte die bisherige Ordnung gewahrt werden, bei der die politisch Verantwortlichen Landbesitzer waren, die einen Teil des Jahres auf ihren Gütern verbrachten.

Durch das Handelsverbot für Senatoren ergaben sich für die bisher nicht als eigener Stand hervorgetretene Ritterschaft neue Möglichkeiten: Die Eroberung der Staaten des östlichen Mittelmeeres im 2. Jh. v. Chr. machte die Römer, die bisher Bauern waren, mit dem ausgedehnten Seehandel dieser Länder bekannt. Nun waren es aufgrund des Gesetzes von 218 v. Chr. gerade die Ritter, die, obwohl weniger vermögend und politisch bisher nicht aktiv, sich dem Handel verschrieben und Schiffe ausrüsteten. Damit gingen sie einerseits große Risiken ein – viele Schiffe versanken oder wurden von Piraten gekapert –, machten aber andererseits riesige Gewinne.

Doch solche risikoreichen Geschäfte betrieb nur ein kleiner Teil der Ritter, die meisten haben wohl weiterhin als Gutsherren auf dem Lande gelebt und sich auf Geschäfte innerhalb Italiens beschränkt.

Die Sklaven

Sklaven waren Menschen ohne Rechte, juristisch galten sie als „Sache". Sie wurden wie Waren gehandelt und hatten für ihre Besitzer zu arbeiten. Die antike Gesellschaft ist ohne Sklaven nicht denkbar. Ob als Rudersklave auf einer Galeere, als Sklave im staatlichen Bergwerk, als Ackersklave, Handwerkersklave, Lehrer, Arzt, Sekretär, Bibliothekar, ja (als **servus publicus**) sogar als Polizist – überall waren Sklaven beschäftigt. Reiche Leute hatten teils Hunderte von Sklaven, und natürlich waren die Sklaven je nach „Qualität" und Ausbildung unterschiedlich teuer.

Ursprünglich waren Sklaven Kriegsgefangene, die der Sieger, statt sie zu töten, verkaufte, damit sie arbeiteten. So gesehen, war die Sklaverei für die Betroffenen vielleicht sogar noch Glück im Unglück. Viele Kriege wurden nicht zuletzt der Sklavenbeschaffung wegen geführt. In der Frühzeit wurde auch als Sklave verkauft, wer seine Schulden nicht bezahlen konnte. Andere Quellen waren Menschenraub und Piraterie. Es wird von siegreichen Feldherrn berichtet (z. B. von Caesar), die Zehntausende von Gefangenen in die Sklaverei verkauften.

Hauptsklavenmarkt der antiken Welt war die Insel Delos. In Rom wurden Sklaven vor allem vor dem Tempel des Castor und Pollux gehandelt.

Daß die Sklaven rechtlich unfrei waren, bedeutete nicht, daß sie sich nicht auch frei hätten bewegen können. Viele wurden Vertraute ihres Herrn, viele wurden nach einer gewissen Zeit freigelassen (**liberti**). Genauso kam es aber vor, daß Sklaven fortzulaufen oder gar ihren Herrn umzubringen versuchten. So waren ihr Schicksal und ihr Leben weitgehend auch vom Charakter ihres Herrn oder auch ihrem Arbeitsbereich abhängig.

Sklavenhalsband und Sklavenplakette

A Miles gloriosus

Decimā hōrā eius diēī mercātor et Pompōnius et puerī in Ōstiae portū ambulant. Tenentur aspectū exercitūs, quī in terram expōnitur.

Vir īgnōtus accēdit: „Multōs annōs in peditātū stipendia fēcī. Nunc veterānus sum. Ōlim cum commīlitōnibus meīs multōs barbarōrum impetūs sustinuī. Rēs adversās ā rē pūblicā bonā fidē prohibuī. Quam ob rem multās phalerās accēpī. Vidēte! Eī sunt frūctūs fortitūdinis meae. – Ecce! Praefectus venit, quī equitātuī praeest.“ Tum praefectum tōtumque exercitum salūtat: „Macte, praefecte, macte!“ – et in hominum turbam ēvānēscit.

Agathō puerīs: „Rēs ineptae! Fuit vir garrulus et glōriōsus – ut mīles. Ad nūllam rem prōdest.“

At pater: „Nōn probō sententiam tuam. Saepe exercitus Rōmānus ultima spēs reī pūblicae fuit. Rōma caput rērum est, quam in adversīs rēbus mīlites exercituum nostrōrum servāvērunt. Aciē quidem exercentur, nōn litterīs – ut togātī. Cōnstat rem pūblicam Rōmānam exercitibus nostris ē perniciē persaepe servātam esse et exercitūs Rōmānōs reī pūblicae nostrae prōfuisse.“

peditātus: das „Fuß“heer; in ihm diente ursprünglich, wer nicht reich genug war, sich ein Pferd mit entsprechender Ausrüstung zu kaufen
equitātus: „Reiter“heer
phalerae (griech.): runde Metallplatten mit getriebenen Reliefs als militärische Auszeichnung; an der Brust getragen
praefectus: Offizier, Kommandant, hier: der Reiteroberst

► *Seite 118 unten: Plastisches Modell von Ostia: Der Hafen am Tiber. Museum an der Porta di S. Paolo, Rom*

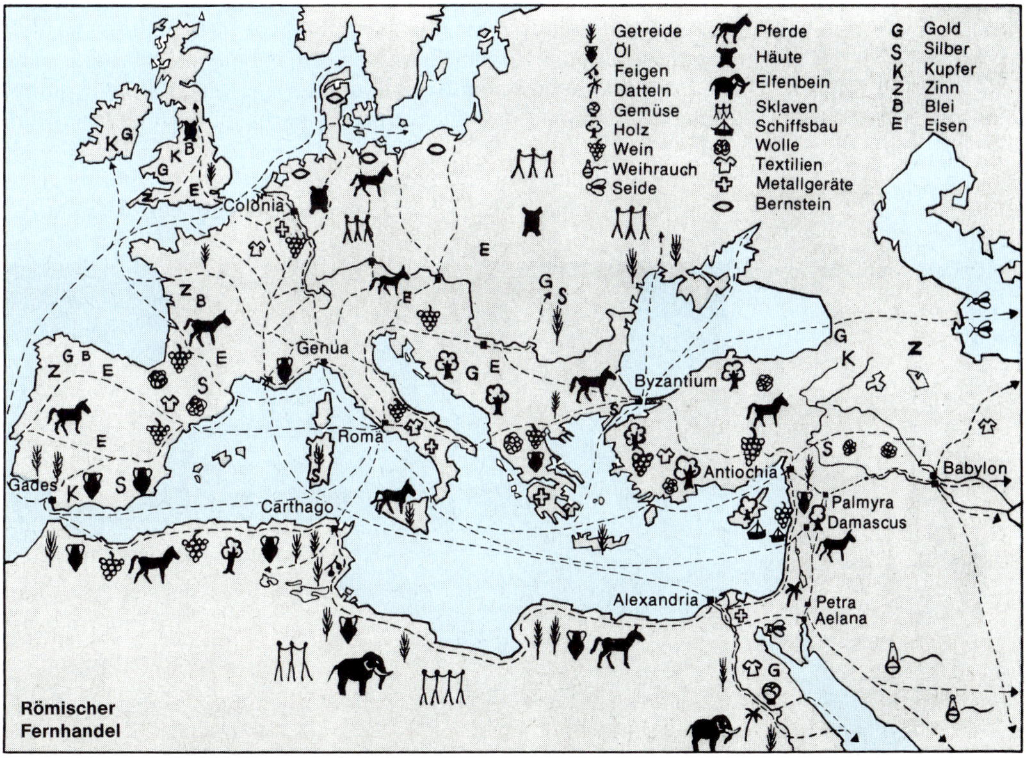

Römischer Fernhandel

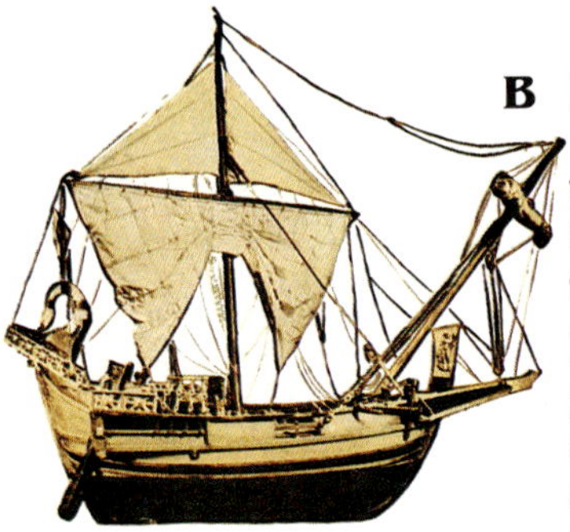

B Rom – Herrin der Meere

Während sie weiter durch den Hafen gehen (ihr eigentliches Ziel ist ja das Schiff, das den Marmor aus Afrika gebracht hat), erzählt Agatho den beiden Jungen vom Hafen und dem römischen Seehandel.

In portu nostro multas naves aspicitis, quibus multae res e cunctarum provinciarum portibus Ostiam vehuntur. Aliae naves onerariae ante ostium portus in ancoris tenentur. Quibus navibus multae res, quae ad victum hominum usui sunt, importantur vel exportantur. Mercatura multis hominibus et quaestui et victui est.
Antiquis temporibus Hispania, Mauretania, Numidia atque Sicilia, Sardinia, Corsica insulae non in potestate nostra, sed in manu Poenorum erant, qui commeatus maritimos custodiebant. Certe non ignoras, Publi, maiores nostros cum Poenis tribus bellis de imperio certavisse et multos exercitus praeclarosque exercituum duces perdidisse. Iis temporibus exercitus Hannibalis in Africa apud Zamam a Scipione Africano victus est. Nunc imperium nostrum ab Herculis columnis usque ad Caucasum montem, a Libya usque ad Britanniam insulam longe lateque patet."
Lucius: „Nonne mercatores et nautae tempestates piratasque metuunt?" – „Tempestates metuunt, metu piratarum vacant. Memoriā autem maiorum et mercatores et nautae piratas metuerunt. Aliis enim saepe merces raptae sunt, alii capti et in servitutem abducti sunt. Quibus temporibus Pompeius imperator bene de re publica meruit: a senatu populoque Romano iussus est rem publicam a piratis liberare; itaque iussu senatus populique Romani naves longas ornavit, quibus piratas vicit atque domuit. Sic piratis perniciei, rei publicae saluti fuit."
Iam mercator et amici ad navem Africanam veniunt, ubi magister navis, cui adventus Marci Pomponii nuntiatus est, eos exspectat.

Poenī: die „Punier" (= Phönizier), röm. Bezeichnung für die Karthager; → Kap. „Die Zeit der röm. Republik"
Hannibal: 247–183 v. Chr., Feldherr der Karthager, der mit seinen Elefanten über die Alpen bis nach Süditalien vordrang
P. Cornēlius **Scipiō Āfricānus maior** (d. Ä.): siegte 202 v. Chr. bei Zama über Hannibals Truppen
Herculis columnae: die Straße von Gibraltar
pīrātae (griech.): zeitweise machten gut organisierte Piraten, seit alters eine Gefahr für die Schiffahrt, den Schiffsverkehr auf dem Mittelmeer fast unmöglich; Cn. **Pompēius Māgnus**, nach Caesar mächtigster Politiker in den letzten Jahrzehnten der Republik, setzte ihrem Treiben ein Ende

▲ Römisches Handelsschiff, Modell
▼ Römisches Kriegsschiff, Modell

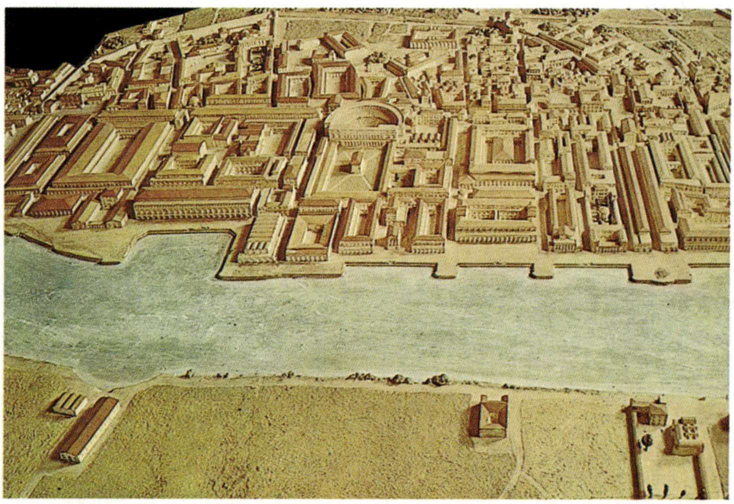

C

De canum fide egregia

Domi militiaeque canes hominibus fidi sunt. Constat Colophonios etiam cohortes canum habuisse, quae primae in acie pugnabant neque umquam recedebant.

Canes defenderunt, postquam eorum domini interfecti sunt, Cimbrorum domus, quae plaustris impositae erant.

Postquam Lycius Iason dominus interfectus est, canis eius cibum capere noluit inediaque consumptus est.

Alius canis etiam flammis rogi se iniecit, quibus Lysimachi domini corpus crematum est.

Magna populi turba nuper unicam fidem canis observavit. Imperator Nero Titum Sabinum et eius servos capitis damnaverat, quorum unus canem possedit, qui nec a servo, dum in carcere erat, nec a cadavere servi, postquam interfectus est, abigi potuit. Quin etiam, ubi servi corpus in Tiberim flumen abiectum est, canis cadaveri innatavit et maestos ululatus edidit.

Canes soli dominum noverunt, soli sua nomina, soli vocem domesticam agnoscunt. Itinera quamvis longa memoriā tenent. Praecipua eorum sagacitas in venatu est: vestigia investigant, dominum loro ad feras trahunt, praedam primum cauda, deinde latratu significant. Ducunt etiam homines aut senectute defessos aut caecos aut invalidos.

canis, -is *m.* Hund • **ēgregius, -a, -um** herausragend • **domī mīlitiaeque** „in Frieden und Krieg" • **fīdus, -a, -um** treu • **cohors, -rtis** *f.* Kohorte *(Truppenteil)* • **umquam** jemals • **recēdere ?** • **dēfendere** verteidigen • **domus, -ūs** *f.* Haus • **cibus** Nahrung • **inedia** Nahrungsverweigerung • **cōnsūmere** verbrauchen, hier *(Pass.)*: umkommen („sich verzehren") • **rogus** Scheiterhaufen • **sē inicere** sich in/auf etw. werfen • **cremāre** verbrennen • **ūnicus, -a, -um** einzigartig • **observāre** beobachten • **capitis damnāre** zum Tode verurteilen • **possīdēre** besitzen • **carcer, -ris** *m.* Gefängnis • **cadāver, -ris** *n.* Leichnam • **abigere: ab, agere** • **abicere: ab, iacere** • **innatāre** *mit Dat.* auf etw. schwimmen • **maestus, -a, -um** traurig • **ululātus, -ūs** *m.* Gejaule • **ēdere** ausstoßen • **sōlus, -a, -um** allein • **nōvisse** (Pf.) kennen • **domesticus, -a, -um** vertraut • **agnōscere** erkennen • **quamvīs** („wie du willst") gleich wie • **praecipuus, -a, -um** ausgezeichnet • **sagācitās, -ātis** *f.* Spürkraft • **venātus, -ūs** *m.* Jagd • **vestīgium** Spur • **investīgāre** aufspüren • **lōrum** Leine • **fera** Wild • **trahere, trāxī, tractum** ziehen • **praeda** Beute • **cauda** Schwanz • **lātrātus, -ūs** *m.* Gebell • **senectūs, -ūtis** *f.* Alter • **caecus, -a, -um** blind • **invalidus, -a, -um** gebrechlich

Pensa exercitanda

Wh

Störenfriede!

carmini	ibi	morum	itinerum	asper
domini	heri	laborum	miserum	frater
flumini	domi	murum	iterum	mater
nomini	ei	itinerum	puerum	iter

E 1

Setze die fehlenden Ausgänge ein:

Cicero re_ public_ liber_ amabat. Saepe re_ public_ Roman_ pernicie_ imminebat (drohen). Viri boni re_ public_ in re_ advers_ adfuerunt. Eis fortuna re_ public_ curae erat, sed non raro re_ advers_ vexabantur (quälen).

F 1

Ordne die folgenden Wörter nach Deklinationsklassen. Welche Wörter lassen sich nicht einordnen?

fructibus – victoribus – portui – rapui – agris – militis – legitis – diem – salutem – vir – cur – pes – spes – impetum – paratum – equum – iterum – seni – posui – argenti – militi – plebi – pleni – puellis

F 2

Was paßt zusammen?

1) ad portum	a) dextra
2) contra exercitum	b) liberorum
3) manu	c) angustum
4) impetu	d) parvos
5) adventui	e) Graeco
6) fructus	f) hostium

F 3

Die meisten Substantive der u-Deklination sind vom Supinstamm eines Verbs gebildet. Wenn Du also die Stammformen eines Verbs beherrschst, kannst Du die Bedeutung solcher Substantive oft erschließen, z. B. aspectus, -us *m.* von aspicere: Anblick.
ascensus – casus – cursus – motus – ornatus – pulsus – risus

W 1

Die meisten Wörter der e-Deklination kommen fast nur im Singular vor. Wenn Du überlegst, was sie bedeuten, kannst Du den Grund dafür herausfinden.

F 4

Lautet der Genitiv auf -oris, -eris, -i oder -us?
amicus – campus – corpus – deus – exercitus – fructus – funus – ludus – pondus – portus – tempus

S 1

Relativpronomen, relativischer Anschluß oder adjektivisches/substantivisches Interrogativpronomen?
1) Marcum amicum meum nomino. Quam ob rem ei fidem habeo.
2) „Quam ob rem ferias in Italia egisti?" „In Italia fui, quod templa antiqua videre in animo habueram. Caelum quoque, quod ibi saepe serenum (heiter) est, me delectat!"
3) Discipulus, qui attentus non erat, interrogatus est: „Qua re rides? Quae paras? Quis tibi salamandras dedit? Pueri, quibuscum tu ludis, improbi sunt."
4) Agamemno in silva cervam (Hirschkuh) interfecerat. Quae bestia (Tier) Dianae deae sacra est. Graeci, quod in Aulidis portu ventis adversis retinebantur, sacerdotem interrogaverunt: „Qua re deam placare (besänftigen) possumus? Dianam iratam esse constat." Sacerdos nuntiavit deam filiam Agamemnonis sacrificari (opfern) iussisse. Qua de causa Agamemno filiam Iphigeniam deae sacrificabat.
5) Puellae operam dederunt. Quas si laudas, delectantur.

S 2

Was wird verneint?
1) Pueri viae non periti errant.
2) Pueri viae periti non errant.

W 2

Worträtsel
Welches lateinische Wort hat ebensoviel Buchstaben wie der von ihm bezeichnete Gegenstand Finger hat?

W 3

Viele lateinische Ausdrücke sind im Deutschen als Redewendungen gebräuchlich:
1) Weißt Du jetzt, was eine Schwiegertochter in spe ist?
2) Der Redner ging sofort medias in res.
3) Geld war zu allen Zeiten der nervus rerum.

W 4

Sprichwörter
1) Amóre, móre, óre, ré probántur ámicitíae. (Was wird mit ore bzw. re umschrieben?)
2) Manus manum lavat.
3) Dies diem docet. (os, oris *n.* Mund)

W 5

Als Tourist unterwegs
① Wonach fragt der Tourist bei einer Zimmerbestellung in **Paris:** *le prix*; **Rom:** *il prezzo*; **Buenos Aires** und **Madrid:** *el precio*; **Rio de Janeiro** und **Lissabon:** *preço*; **Bukarest:** *preț*?
② Wonach verlangt ein müder Tourist in **Paris:** *le lit*; **Rom:** *il letto*; **Madrid:** *el lecho*; **Lissabon:** *leito*?
Wie lauten jeweils die lateinischen Wörter?
③ Wohin gelangt der Tourist mit der Zielangabe in **Paris:** *le port*; **Rom:** *il porto*; **London:** *the port*; **Barcelona:** *el puerto*; **Rio de Janeiro:** *porto*?
④ Der Wetterbericht meldet für die **Côte d'Azur:** *tempête*; **Adria:** *tempesta*; **Mallorca:** *tempestad*; **Azoren:** *tempestade*; **Nordsee:** *tempest*.
Warum bleiben die Touristen im Hotel?
Nenne die zugrundeliegenden lateinischen Wörter.

W 6

O diese Fremdwörter!

① *Aspekt* bedeutet
- a) Gelatine aus Kalbsknochen
- b) Sehweise
- c) eine nicht brennbare Mineralfaser

② *Usus* bezeichnet
- a) eine Unterorganisation der UNO
- b) ein griechisches Anisgetränk
- c) einen Brauch, eine Gewohnheit

③ *Manual* ist
- a) ein männlicher Vorname
- b) die Tastatur einer Orgel
- c) ein Düngemittel

④ *Exerzieren* heißt
- a) üben
- b) den Teufel austreiben
- c) einen Auszug aus einem Buch machen.

T

Zu 17 A:

① Beschreibe die gegensätzlichen Positionen, die Agatho und Pomponius zum Kriegswesen beziehen.

② An welchem Pronomen läßt sich zeigen, welche Einstellung Pomponius zur römischen Staatsordnung hat?

Zu 17 B:

① Auf Legionsadlern, Dachziegeln oder Bleiröhren stand die Abkürzung SPQR! Was bedeutet die Kürzel? Ihre Auflösung findest du zweimal im Text.

② res heißt ursprünglich (Boden-) Besitz. Was bedeutete also in der römischen Frühzeit res publica?

DL

1) Viele Tage lang kämpften die Römer gegen das Heer der Germanen.

2) Groß war die Hoffnung auf Sieg, groß aber auch die Angst vor Unglück.

3) Denn lange waren die Felder der unglücklichen Bauern verwüstet worden (verwüsten: vastare).

4) Aber die Römer, die lange von Furcht erschreckt worden waren, wurden schließlich durch die Siegesnachrichten von ihren Sorgen befreit.

► *Handelsschiff im Hafen. Mosaik vom Quirinal, 3. Jh. n. Chr.; Rom, Antiquarium Comunale*
▼ *Mosaik der Nāviculāriī Narbōnēnsēs (Reeder von Narbonne/Südfrankreich) im Forum der Korporationen, Ostia*

In den Thermen

M. Pomponius Marcellus war mit dem angebotenen Marmor hoch zufrieden. Agatho kümmerte sich nun darum, daß die benötigte Menge nach Pompeji gelangte. Pomponius hatte auch seine übrigen Geschäfte erledigt, und alle waren nach Pompeji zurückgekehrt. Für die Kinder begann wieder das Alltagsleben.
Dazu gehörte es auch, daß Lucius eines Tages den Wunsch äußerte, mit seinem Freund Quintus die öffentlichen Thermen zu besuchen. Natürlich hatten die Pomponii ihre private Badeanlage, aber in den öffentlichen Bädern in der Sadt war viel mehr los!
Die Mutter allerdings ist nicht so sehr dafür: Schließlich tummelten sich in diesen öffentlichen Bädern eine Menge Diebe und Betrüger. Letztlich willigt sie aber ein: Unter Begleitung des Polybius dürfen die Kinder losziehen.

A1 Amīcī laetī ad balneās pūblicās Pompēiōrum contendunt. Procul turbam hominum aspiciunt et clāmōrem audiunt. Vir e balneīs abdūcitur. Tum Lūcius interrogat ūnum ē turbā: „Cūr vir abdūcitur?“ – „Vir abdūcitur in fūrtō comprehēnsus.“ Vir autem māgnā vōce clāmat: „Fūrtī convictus nōn sum. Mē nōn convictum abdūcitis.“

▼ *Die sog. Stabianer Thermen in Pompeji, Apodyterium. In der Wand Nischen zur Ablage der Kleidung, die Vitrinen enthalten Gipsabgüsse von durch den Vesuvausbruch überraschten Besuchern der Thermen*

► ***Aufrißzeichnung der Stabianer Thermen:***
① Haupteingang ② Westeingang ③ Umkleideraum ④ „Boccia"bahn ⑤ Büro des Bademeisters ⑥ Eingang zum Nordteil ⑦ öffentliche Toiletten ⑧ Wasserreservoir und Tretmühle ⑨ flaches Badebecken ⑩ Schwimmbecken ***⑪–⑮ die Männerbäder*** *⑪ Eingangshalle ⑫ Umkleideraum ⑬ Kaltwasserbad ⑭ Warmraum ⑮ Heißraum ⑯ Heizraum ⑰ Heißwassertank ⑱ Warmwassertank ⑲ Kaltwassertank ⑳ Hauptofen ㉑ Ofenfeuer ㉒ Warteraum für die Diener* ***㉓–㉘ die Frauenbäder*** *㉓ Westeingang ㉔ Osteingang ㉕ Umkleideraum ㉖ Kaltwasserbecken ㉗ Warmraum ㉘ Heißraum*

2 Puerī balneās grātuītō intrant, Polybius autem et aliī hominēs intrantēs balneāticum solvunt.

Palaestra plēna est virōrum vel currentium vel salientium vel natantium vel lūdentium. Ubīque caupōnēs clāmant: „Emite pōma! Emite vīnum! Crūstula! Placentās! Farcīmina fūmantia!“ Amīcos apodytērium petentēs undīque clāmor varius circumsonat.

Vestēs exūtās puerī Polybiō in apodytēriō manentī trādunt. Deinde nūdī ad piscīnam prope palaestram sitam currunt, Lūcius autem frīgidam horrēns fugit. Quīntus amīcum capere volēns in tepidārium ambōrum tumultū resonāns currit.

Iam balneātor tumultūs causā advocātus advolat, sed amīcī eum effugiunt māgnō cum sonō in solium salientēs. Valdē dēlectantur aquā tepidā ē tubīs māgnificīs effluente.

Ā Polybiō domum dēductī laetī dē rēbus gēstīs nārrant. „Diēs fēstus fuit!“ dīcunt. „Amāmus thermās!“

balneāticum: Eintrittsgeld zum Bad; Kinder und Soldaten genossen freien Eintritt
palaestra (griech.): Sportplatz
caupō: eigtl. Kaufmann, aber auch Verkäufer

apodytērium (griech.): Auskleidehalle; dort wurden in Nischen die Kleider abgelegt
piscīna: Fischteich und (hier:) Schwimmbecken (auch: natātiō)
tepidārium: Raum mit „lauer“ Temperatur
solium: Becken

B Menschen – Tiere – Sensationen

Eine Gladiatorenveranstaltung in der Hauptstadt Rom war etwas ganz anderes als in der provinziellen Campania, etwa so voneinander verschieden wie ein kleiner Zirkus von einem Großzirkus. In Pompeji wurde bei der venatio in der Arena meist Wild aus der Umgebung gejagt – Hasen, Eber, Hirsche, auf dem Höhepunkt gab es einen Stierkampf. In Rom dagegen wurden exotische wilde Tiere aufgeboten, Löwen, Bären, Tiger usw. Das war natürlich viel spannender! Also mußte Publius seinen Freunden in Pompeji gleich von seinem Erlebnis in Rom berichten.

cavea: („Höhlung":) Zuschauerränge im Theater und Circus
hydraulus: Wasserorgel, um 150 v. Chr. von dem griech. Techniker Ktesibios erfunden

ēditor: der Veranstalter öffentlicher Feste usw.

Cavea spectatorum iam plena erat, cum amphitheatrum tumultu hominum resonans intravi. Ubi consedi, duo homines hydraulo cornuque canentes spectaculum coeperunt. Dum canunt, gladiatores longo agmine arenam intraverunt. Agmini ad sedem editoris procedenti spectatores applauserunt. Ante editorem muneris constiterunt et eum salutaverunt. Editor salutatus eos dimisit et munus incipi iussit.

Primum tigris et asinus immissi sunt. Asinus timore captus bestiam fugiebat. Ea autem cito asinum fugientem corripuit et laceravit. Sanguis multis e vulneribus fluens harenam rubefecit.

bēstiārius: Tierkämpfer; → Kap. „Die Gladiatoren"
venātio: „Jagd"; Tierhetze im Circus und Amphitheater; Bestandteil einer Gladiatorenvorführung

Deinde tres bestiarii cum urso introducti venationem coeperunt. Ursus lacessitus a bestiario veste alba induto adversarium petivit et humi oppressit. Statim ceteri eum adiuverunt bestiam loris a commilitone pellentes. Nunc bestiarius veste rubra indutus bestiam petivit. Pars spectatorum ei bestiario favens ‚habet' atque ‚iugula' clamabat. Profecto is bestiam iugulavit. Tum duo gladiatores baculis lorisque se verberantes spectatores delectaverunt.

Gladiatoribus bestiarius alter successit, qui pantheram hasta transfigens interfecit. Frustra bestia dentibus hastam e corpore trahere studuerat.

rētiārius: „Netzkämpfer" (Gladiatorentyp); **secūtor:** „Verfolger" (Gladiatorentyp)
missiō: „Entlassung" eines Gladiators aus weiterem Kampf für einen Tag als „Gnadenakt" meist auf Wunsch des Publikums; ein Kampf **„sine missiōne"** ist daher ein „Kampf auf Leben und Tod"

Duo gladiatores inter se pugnantes primam partem muneris finiverunt. Alter tridentem, pugionem, reticulum habens retiarius erat, alter scuto, galea, gladio armatus secutor erat. Primum secutor retiarium petit; retiarius tridente adversarium ferit; tridentem, quem secutor scuto defenderat, amittit et reticulum super secutorem iacit. Iam pugionem in adversarium reticulo captum tollit, cum spectatores ‚mitte' conclamant. Victor editorem muneris aspicit, qui pollicem erigit. Sic gladiatori victo ab editore muneris missio data est.

So oder so

oplomachus *(griech. Wort)* (schwerbewaffneter) Gladiator(entyp)
ophthalmicus *(griech.)* Augenarzt

(M. Valerius Martialis VIII 74)

Óplomachús nunc és, fuerás ophthálmicus ánte.
  Fécistí medicús, quód facis óplomachús.

Bilderläuterung S. 126

①

②

③

④

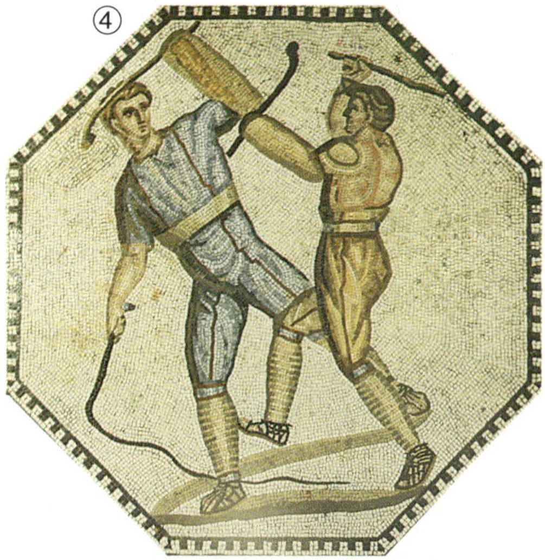

⑤

⑥

Die Gladiatorenkämpfe

Wie die Wagenrennen (**ludi circenses**), so gehen auch die Gladiatorenkämpfe (**munera gladiatoria**) auf einen alten Brauch bei den Etruskern zurück. Bei Bestattungen vornehmer Bürger traten bewaffnete Kriegsgefangene zu einem Kampf auf Leben und Tod gegeneinander an. Der Gladiatorenkampf als Bestandteil der Bestattung hielt sich noch bis in spätrepublikanische Zeit. Die Kosten für ein **munus** trug der Erbe des Verstorbenen, meist der Sohn, galt doch in Rom für Reiche und damit politisch Einflußreiche die Verpflichtung, die Allgemeinheit am Reichtum teilhaben zu lassen.

In der Kaiserzeit wurden Gladiatorenkämpfe in Rom ausschließlich Sache des Kaisers, sie wurden jetzt aber ganz unabhängig von Bestattungen veranstaltet. Der Umfang der Darbietungen war gewaltig; so kämpften ca. 10 000 Gladiatoren bei den vier Monate dauernden Feierlichkeiten unter Trajan aus Anlaß des Triumphs über die Daker. – Auch Augustus hat seinem „Tatenbericht" zufolge insgesamt acht **munera** ausgerichtet, bei denen etwa 10 000 Menschen kämpften. Veranstaltungen dieser Größenordnung kosteten Unsummen, so daß nach dem Ende der republikanischen Zeit nur der Kaiser, der mächtigste und reichste Mann im Staate, das Vermögen hatte, solche **munera** auszurichten.

Vergleichsweise spät erhielt Rom ein steinernes Amphitheater. Das unter Vespasian (69–79) errichtete **Amphitheatrum Flavium**, seit dem Mittelalter Colosseum genannt, stellt alle anderen (z. B. in Pozzuoli oder Capua) weit in den Schatten. 70 000 Menschen faßte der Zuschauerraum; der Grundriß entspricht einer Ellipse mit einer Längsachse von 188 m und einer Querachse von 155 m. Das Amphitheater hatte ein Untergeschoß: hier wurden Löwen, Leoparden und Bären in Käfigen gehalten, bis sie zu ihrem Auftritt mit Aufzügen in die Arena befördert wurden.

Gladiatoren auszubilden und auftreten zu lassen war eine teure Sache. Schon aus diesem Grund wäre es nicht möglich gewesen, daß bei Zweikämpfen der Unterlegene grundsätzlich sein Leben verloren hätte; es wäre unbezahlbar gewesen. Gute Gladiatoren waren bestrebt, den Gegner nur zu besiegen und nicht zu töten. Jedoch mußte jeder Gladiator damit rechnen, im Kampf getötet zu werden oder, falls besiegt, durch das Votum der Zuschauer unbewaffnet den Todesstoß zu erhalten. Die Unerschrockenheit gegenüber dem Tode, die die Gladiatoren zwangsläufig auszeichnete, imponierte den Römern, auch den Gebildeten, außerordentlich.

Die Gladiatoren erhielten ihre Kampfausbildung in speziellen Gladiatorenschulen. Sozial waren sie nicht angesehen, wenn auch einzelne zu Lieblingen des Publikums, insbesondere der Frauen, aufstiegen. Sklaven, Schwerverbrecher, Kriegsgefangene, aber auch Freigeborene, sie alle konnten Gladiatoren werden. Neben ihren Aufgaben in der Arena wurden sie häufig noch als Leibwache verwendet. Die Versuchung der Politiker, die eine solche bärenstarke Truppe unterhielten, sie für innenpolitische Ziele einzusetzen – so geschehen im Bürgerkrieg zwischen Caesar und Pompeius –, war sehr groß. Deshalb ist es nur verständlich, daß bereits der erste römische Kaiser, Augustus, die Gladiatorentruppen der Hauptstadt unter seine Kontrolle brachte und fortan selbst die **munera** in Rom veranstaltete.

Der Kampf zweier gleichwertiger bewaffneter Gegner war beim Volk die mit Abstand beliebteste Vorstellung. An zweiter Stelle der Beliebtheit und auch im Ablauf eines **munus** stand die Tierhatz (**venatio**). Hierfür ausgebildete Gladiatoren (**bestiarii**) versuchten, ein wildes Tier (Löwe, Tiger, Bär, Stier) zu erlegen; auch sie gingen hierbei ein hohes Risiko ein, denn ihre Kleidung, eine kurze **tunica**, schützte sie nicht vor den Zähnen oder Pranken des Tieres. Für eine **venatio** wurden in der Arena Kulissen mit Hügeln, Wäldern und Felsen aufgebaut.

Nicht so sehr diese beiden Darbietungsarten haben die römischen Gladiatorenkämpfe in den Ruf besonderer Grausamkeit gebracht, sondern eher die öffentlichen Hinrichtungen in der Arena: Staatsfeinde und Mörder wurden dazu verurteilt, sich im Zweikampf nach Gladiatorenart gegenseitig zu töten; das Ende von beiden war von vornherein besiegelt; eine andere, vielleicht noch grausamere Hinrichtung bestand darin, daß der **‚ad bestias'** Verurteilte wilden, hungrigen Tieren schutzlos vorgeworfen wurde, damit diese ihn zerfleischten. – Als Staatsfeinde, denen insbesondere diese Strafe zugedacht war, galten zeitweise die Christen. Weil sie sich weigerten, dem römischen Kaiser zu opfern, starben viele von ihnen in der Arena der Amphitheater.

◄ S. 125: Bildfelder aus dem Mosaik der Villa von Nennig (zwischen Trier und Metz). 1. H. des 3. Jh. n. Chr.

① Musikanten
② Tiger und Esel
③ Bärenhatz
④ Peitschenkämpfer
⑤ Erlegter Panther
⑥ Kämpfende Gladiatoren mit Schiedsrichter

C1 Katastrophe in Fidenae

Publius und Lucius hatten Glück, in Rom einen Gladiatorenkampf mitzuerleben. Tiberius, der Kaiser, war ausgesprochen geizig, was Vergnügungen für die Massen betraf: Kein einziges Mal trat er persönlich und privat als Veranstalter auf. Was Wunder, daß die Massen einmal nach Fidenae nur so hinausströmten, wo ein *munus* stattfinden sollte! Das folgende berichtet der Historiker *Tacitus*.

Tum Atilius quidam, homo libertini generis, apud Fidenas oppidum munus gladiatorum edere constituit. Eo consilio amphitheatrum ligneum exstruxit neque fundamenta per solidum subdens neque firmis nexibus ligneam compagem superstruens. Negotium enim nec abundantiā pecuniae nec ambitione, sed spe sordidae mercedis adductus quaesiverat.

Adfluxerunt homines spectaculi cupidi, viri et mulieres, iuvenes et senes permulti propter propinquitatem loci. Unde pestis magna fuit: Moles hominibus conferta convulsa est. Aut intus ruens aut in exteriora se effundens praeceps traxit atque operuit immensam multitudinem hominum aut spectaculum spectantium aut circum adstantium.

Multi, quos principium stragis statim interfecerat, cruciatus effugerunt. Miseri autem ei erant, quos vita, postquam pars corporis abrupta est, nondum deseruerat: qui per diem visu, per noctem ululatibus et gemitu coniuges aut liberos noscebant. Iam ceteri fama exterriti alius fratrem, propinquum alius, alius parentes dolebat. Etiam ei, quorum amici aut necessarii diversa de causa aberant, tamen metuebant.

Ubi ruinae coeperunt dimoveri, propinqui ad exanimatos currebant; et saepe certamen erat, si facies confusa, sed aequa forma aut aetas errorem hominibus adgnoscentibus fecerat. Quinquaginta hominum milia eo casu debilitata vel obtrita sunt.

Senatus consulto nemini iam in posterum tempus licuit munus edere, nisi cui quadrigentorum milium res erant, neque amphitheatrum exstruere, nisi qui firmitatem soli spectaverat. Atilius in exilium actus est.

quīdam, quaedam, quoddam ein gewisser • **lībertīnus, -a, - um** *Adj. zu* **lībertus** • **ēdere** („herausgeben":) veranstalten • **cōnsilium** Beschluß • **ligneus, -a, -um** hölzern • **exstruere, exstrūxī, exstrūctum** erbauen • **solidum** fester Boden • **subdere** unter etwas setzen • **firmus, -a, -um** fest • **nexus, -us** *m.* Verbindung • **compāgēs, -is** *f.* Gerüst • **superstruere** darüber errichten • **abundantia** Überfluß • **ambitiō, - ōnis** *f.* Ehrgeiz auf ein öffentliches Amt • **sordidus, -a, -um** schmutzig • **mercēs, -ēdis** *f.* Gewinn • **ad-fluere ?** • **cupidus, -a, -um** begierig • **iuvenis, -is** *m.* Jugendlicher • **propinquitās, -ātis** *f.* Nähe • **pestis, - is** *f.* Katastrophe • **mōlēs, -is** *f.* Bau(masse) • **cōnfercīre, cōnfersī, cōnfertum** vollstopfen • **convellere, convelli, convulsum** *etw.* aus seiner Lage reißen • **intus** nach innen • **ruere, ruī, rŭtum** einstürzen • **in exteriōra** nach außen • **sē effundere** „sich ergießen:" auseinanderbrechen • **praeceps** vornüber • **operīre** bedecken • **immēnsus, -a, -um** ungeheuer groß • **prīncipium** Beginn • **strāgēs, -is** *f.* Einsturz • **crŭciātus, -us** *m.* Qual • **abrumpere** abreißen • **dēserere, deseruī, dēsertum** verlassen • **vīsus, -us** *m.* Gesicht • **ululātus, -us** *m.* Gewinsel, Geheule • **gemitus, -ūs** *m.* Stöhnen • **coniūnx, coniŭgis** *f.* Ehefrau • **nōscere** erkennen • **fāma** Kunde, Nachricht • **exterrēre ?** • **dīversus, -a, -um** ganz verschieden • **ruīnae, -ārum** Trümmer • **exanimātus, -a, -um** „entseelt" • **cōnfūsus, -a, -um (cōnfundere)** entstellt • **faciēs, -ēī** Gesicht • **fōrma** Gestalt • **aetas, ātis** *f.* Alter • **cāsus, -ūs** Unglück • **dēbilitāre** verletzen • **obterere, obtrīvī, obtritum** zermalmen • **cōnsultum** Beschluß • **posterus, -a, -um:** *zu* **post** • **rēs** *(Pl.)* Geld • **firmitās, ātis** *f.: s. o.* **firmus** • **solum** Boden

C2 Ablenkung

(D. Iunius Iuvenalis X 76–80)

(Populus) iam prídem͜ ex quó suffrágia núlli
Véndimus, éffudít curás; nam quí dabat ólim
Ímperiúm, fascés, legiónes, ómnia, núnc se
Cóntinet átque duás tantúm res ánxius óptat:
Pánem͜ et círcensés. [...]

suffrāgium Stimme *(bei e. Wahl)* • **effundere, effūdī, effūsum** vergießen, fahrenlassen • **fascēs, -ium** *m.* Ruten(bündel) *(als Zeichen der obersten Amtsgewalt)* • **sē continēre** sich zurückhalten • **tantum** nur • **anxius, -a, -um** ängstlich • **optāre** wünschen • **pānis, -is** *m.* Brot • **circēnsēs (lūdī)** Zirkusspiele

Pensa exercitanda

Wh
a) Lucius laetus est.
b) Hodie laete cantat.
c) Laetus cum Quinto amico ad Pompeiorum thermas contendit.

Welche Satzglieder werden jeweils durch Formen von ‚laetus' gebildet? Wodurch unterscheiden sich die Aussagen der mit laetus/laete gebildeten Satzglieder voneinander?

S1
1 a) Puella, quamquam vituperata est, ridet.
b) Puella vituperata ridet.
2 a) Puella, quod vituperata est, flet (weinen).
b) Puella vituperata flet.

Vergleiche in 1 und 2 jeweils die Sätze a) und b). Warum sind die verkürzten Sätze b) von der Sinnrichtung her nahezu so eindeutig wie die Sätze a), welche die Sinnrichtung durch einen Konnektor deutlich signalisieren?

3) Puella vituperata ad portam stat.

Aus dem Kontext heraus ist hier eine Sinnrichtung nicht erkennbar. Mit was für einem Gliedsatz kannst Du also hier das Prinzip wiedergeben?

S2
a) Bestia vulnerata (verwunden) est.
b) Bestia vulnerata in silvam fugit.

Stelle von diesen Sätzen je ein Satzbild her. Wieviele sinnvolle Übersetzungen sind – je nach Kontext – für den zweiten Satz möglich?

S3
Bilde in den folgenden Sätzen anstelle der Partizipien sinnvolle Gliedsätze, die eine Sinnrichtung zu erkennen geben.

1) Asinus annis confectus consistit.
2) Liber a te laudatus mihi displicet (mißfallen).
3) Asini territi per campum fugiunt.
4) Puella semper ludens non laborat.
5) Gladiatores inter se pugnantes spectatores delectant.

S4
Was für ein Satzglied ist hier das Partizip?

1) Pueri delectantur aqua effluente.
2) Homo ludens (est) homo beatus.
3) *(aus einem alten Geschäftsbrief:)* am 4. April anni currentis.

F1
Bilde aus den folgenden Bestandteilen Partizipien:

-nt-	-as	-e-	ag-
-nt-	-es	-e-	capi-
-nt-	-i	= Sprechvokale	lauda-
-nt-	-ia		terri-
-nt-	-īs		muta-
-t-	-is		nata-
-t-	-ium		responde-

F2
Unterscheide:

1) Amicus venit cenandi causa. Cenanti servus vinum apportavit.
2) Magister discipulum vituperando terruit. Puero vituperato pater solacia dixit.
3) Pueri ad lavandum currunt. Clamorem lavantium audiunt.

S5
a) Relinquimus oppidum **ardens** (ardēre: brennen).
b) Relinquimus oppidum **deletum**.

Beide Partizipien machen eine Aussage über die Stadt zu dem Zeitpunkt, an dem sie verlassen wird.
Was drücken die unterschiedlichen Zeitverhältnisse aus?

S6
Convivae adsunt. **Multas horas iam cenant. Laeti de itineribus suis narrant.**

Die hervorgehobenen Sätze sollen zu einem einzigen Satz verbunden werden; dazu wird *ein* Verb zum Partizip gemacht. Unterscheide zwischen Haupt- und Nebenhandlung!

S 7

Baue aus folgenden Bausteinen jeweils einen Satz, indem Du aus dem einen Infinitiv das Prädikat, aus dem anderen die passende Partizipalform bildest.

① Pueri | clamare | in tepidarium currere

② Puella | salire in aquam | statim | advenire in balneum

Bei einem der beiden Sätze gibt es *nur eine* sinnvolle Möglichkeit, Haupt- und Nebenhandlung zu beschreiben.

S 8

Löse die Partizipien temporal auf:

a) Puer litteras pulchre scribens laudatur.

b) Litterae pulchre scriptae magistro traditae sunt.

c) Servi equum per campum currentem capiebant.

d) Equus a servis captus in stabulum ducitur.

e) Milites castra relinquentes silvam petunt.

f) Germani castra a militibus relicta diripuerunt (plündern).

S 9

a) Pueri in tepidarium **undique** resonans currunt.

b) Balneator pueros **tepidarium clamore magno** intrantes vituperat.

c) Pueri delectantur aqua **e tubis** effluente.

Zu welcher Verbform gehören die hervorgehobenen Satzglieder als Erklärung? Behält der Satz b) seinen Sinn bei folgender Wortstellung: Balneator pueros tepidarium intrantes magno clamore vituperat?

Woran erkennst Du Satzglieder, die zu einem Partizip gehören? (Beachte die Stellung im Satz!)

S 10

Welche Partizipialformen ergeben einen Sinn im Satz?

1) Milites oppida a cunctis hominibus [relinquentibus / relicta / relictis] incendunt.

2) Mihi placet poeta [recitans / recitanti / recitatas] fabulas.

3) Servus capit equum [fugienti / fugientem / fugientium].

4) Puella recitat fabulam a Polybio [laudato / laudatam / laudata].

W 1

Jens versucht, Dinge aus seiner Umwelt auf Latein zu beschreiben. Was meint er wohl mit folgenden Ausdrücken?

duae rotae pedibus motae

plaustrum sine equis motum

machina vestes lavans

Und das hätte er gern:

machina vocabula docens

W 2

Ein puer saliens ist ___ ?

Eine puella saliens ist ___ ?

Was ist ein punctum saliens?

T

Zu 18 B:

① Der dargestellte Kampf Tiger gegen Esel läßt dem Esel keine Chance. Worauf kam es dem römischen Publikum also hierbei ausschließlich an?

② Haben die Tiere gegenüber den **bestiarii** Chancen?

③ Von wem hing die Überlebenschance eines besiegten Gladiators ab?

④ Nenne aus der heutigen Zeit ein Beispiel, das die Anziehungskraft des Kampfes Tier–Mensch belegt.

⑤ Das farbig abgebildete Mosaik stammt aus dem prächtigen Empfangssaal eines reichen Gutsbesitzers an der Mosel. Welches war wohl für ihn das nächstgelegene Amphitheater?

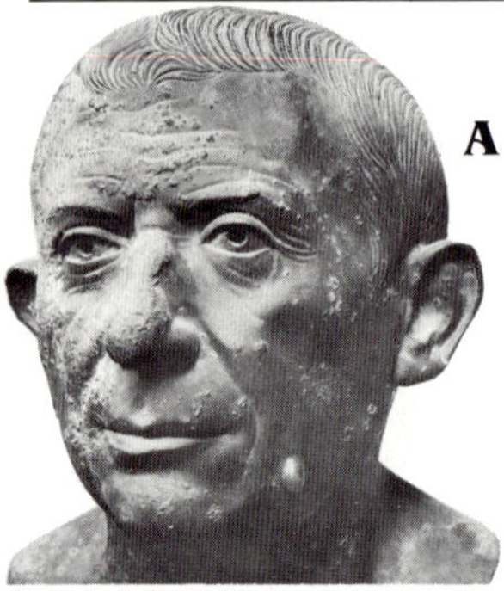

▲ *Portrait des L. Caecilius Iucundus aus seinem Haus in Pompeji*

A Eine Villa am Meer

Der Anbau des Peristyls, verbunden mit einigen weiteren Renovierungsarbeiten am Pompeianum der Pomponii, steht kurz vor der Fertigstellung. Ein großes Fest soll die Einweihung krönen, die Einladungen sind schon erfolgt.
L. Caecilius Iucundus, Bankier (**nummularius**) in Pompeji (und übrigens Bruder der Caecilia in Rom), hat M. Pomponius aufgesucht, um ihm mitzuteilen, daß er wegen einer Geschäftsreise nicht an der Feier teilnehmen kann. Pomponius führt ihn durch den renovierten Teil seiner Villa und zeigt ihm dabei auch die neuen Wandgemälde. Darunter befindet sich das Bild einer **vīlla maritima** – Traum vieler Römer. „Warum läßt du dir ein solches Haus nur malen?" fragt Caecilius. „Ich habe da ein günstiges Angebot an der Hand!"

Caecilius: Forte vīllam maritimam, nunc vēnālem, elegantem, salūbrī locō iuxtā mare sitam, ūnō verbō: casam dulcem cōgnōvī. (Multīs et gravibus verbīs L. Caecilius domum, quam vendere vult, Pompōniō ante oculōs pōnit – ōrātōrī sollertī nōn dissimilis.) Certē tibī, Pompōnī, ūtile est rēs tuās ingentēs in domō collocāre. Est ūsibus omnibus capāx, sed nōn sūmptuōsa; ātrium satis grande, porticus spectābilis et litterae D similis; peristylium eleganter exstrūctum. Ante omnia autem laudābile est triclīnium, quod in mare excurrit. Itaque, sī mare ventō agitātur, flūctibus maris iam frāctīs lēniter adluitur. Undīque fenestrās habēns et ā lateribus et ā fronte quasī tria maria prōspectat. Ā tergō peristylium, porticum, ātrium, silvās et longinquōs montēs respicis. Hortō marī propinquō mīrābilis et calida piscīna inest, ex quā natāns aspicis sōlis occāsūs vel undās maris …
Pompōnius: Nōnne trium marium undās aspiciō?
Caecilius: Semper iocōsus es, Pompōnī! Nunc ad turrīs …
Pompōnius: Quid dē turrium pulchritūdine singulārī narrāre vīs?
Caecilius: Domus duās turrīs habet. Ab alterā turrī, dum caelum serēnum est, etiam Capreae īnsula vidērī possunt; alteram turrim architectus prūdēns sōlāriō contēxit. Eī turrī adhaeret piscīna grandis, cuī animalia marium mīrābilia īnsunt.
Pompōnius: Satis mihi est, Caecilī. Piscīnārius nōn sum!

vīlla maritima: → Kap. „Wie die Römer wohnten"

porticus: Wandelgang mit Säulen an einer Seite, privat meist zum Garten hin; sehr oft an öffentlichen Plätzen; **peristylium** (griech.): von Säulengängen umschlossener Hof; **triclīnium** (griech.): Gruppe von 3 Liegen zum Speisen, für 3 und mehrere Personen; auch der Raum mit diesen Speiseliegen
hortus: der Garten war für den Römer eine wichtige Einrichtung

Capreae: die Insel Capri; dort hatte Tiberius eine riesige **vīlla maritima**; guterhaltene Reste sind noch zu sehen
sōlārium: Sonnenschutzdach (anders heute!)

Wie die Römer wohnten

Je nach Stand und Vermögen lebten die Bewohner Roms in sehr unterschiedlichen Häusern; der arme Mann wohnte in der dunklen Mansarde eines sechsstöckigen Hauses zur Miete; der reiche Patrizier dagegen besaß über das Land verteilt meist mehrere Landhäuser (**villae rusticae**) und darüber hinaus vielleicht noch eine Villa am Meer ohne landwirtschaftliche Nutzung (**villa maritima**), ein wahres Lustschloß. Die Lage am Meer hatte viele Vorzüge gegenüber der Stadtwohnung; im Sommer wehte immer eine frische Brise, man genoß eine herrliche Aussicht, und jeden Abend gab es abwechslungsreiche Fischgerichte.
Der Römer hätte allerdings keinen Spaß daran gehabt, im Meer zu schwimmen oder sich gar am Strand in der Sonne rösten zu lassen, im Gegenteil: zum Baden bevorzugte er seine eigene **piscina**, die Sonne hielt er sich durch Baumpflanzungen und **porticūs** vom Leibe, in deren Schutz er spazieren zu gehen und dabei zu diskutieren pflegte.
Zwischen diesen beiden Extremen liegt das normale Stadthaus, das Atriumhaus, das aus Pompeji und Herculaneum wohlbekannt ist: Die Räume gruppieren sich um das **atrium**, eine Halle mit rechteckiger Dachöffnung, der ein Wasserbecken im Fußboden entspricht. An den Längsseiten liegen Schlafkammern, gegenüber dem Eingang das **tablinum** (Salon) und Eßzimmer. – Als ein zweites Zentrum besaßen reichere Häuser ein Peristyl, das ist ein von Säulenhallen umgebener Garten. Je nach Grundstücksgröße lagen hier eventuell weitere Wohnräume. In diesem Grundplan des Atriumhauses sind unzählige Gestaltungsmöglichkeiten enthalten, so daß jedes Haus schon im Grundriß individuelle Merkmale hat.

▲ *Atrium (Herculaneum, Casa del Tramezzo di Legno)*

Diese Hausformen standen jedoch nur den Städtern zur Verfügung. Man muß annehmen, daß ein großer Teil der Bevölkerung des römischen Reiches – einfache Bauern und Handwerker – in schlichten Holz- und Lehmhütten (**casae**) wohnte, von denen natürlich keine Spuren erhalten sind.

◄▼ *S. 130: Vīlla maritima. Wandbild aus dem Haus des Menander in Pompeji*

▼ *Plan und Zeichnung einer vīlla maritima nach Plinius d. J. (vgl. Text A)*

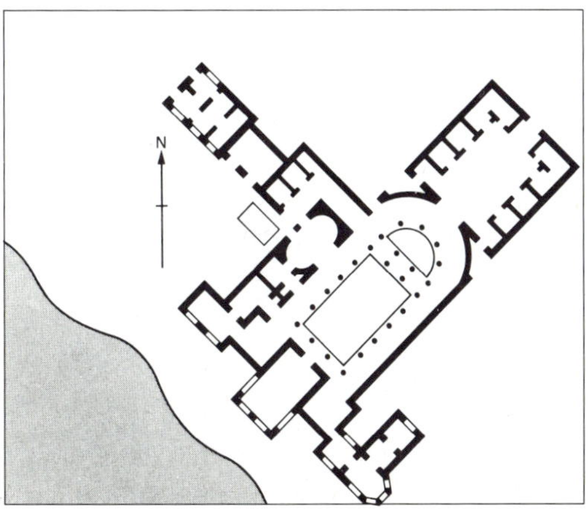

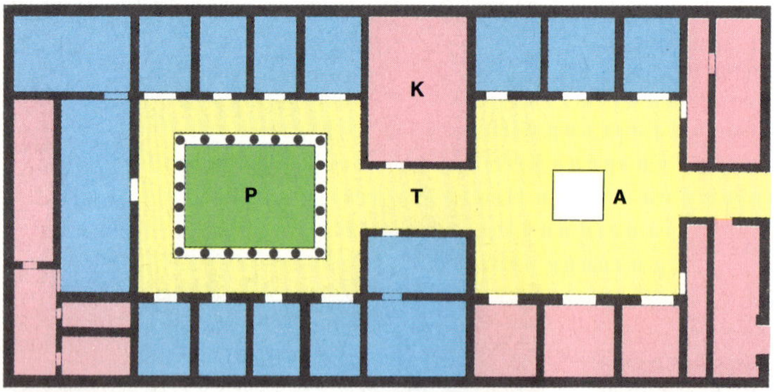
K
P
T
A

B Die Sintflut

Auf einem weiteren Wandgemälde in Pomponius' Haus ist die Geschichte von Deukalion und Pyrrha dargestellt. Sie erinnert stark an die Sintflut des Alten Testaments. Diese griechisch-römische Sintflutgeschichte wurde u. a. von dem Dichter Ovid in Versen erzählt.

Olim Lycaon, crudelis atque audax rex Arcadiae, Iovem, patrem deûmque hominumque, fallebat. Is autem animum audacem regis crudelis cognoverat et ira gravi commotus regis audaciam graviter punivit: mutavit enim Lycaonem in animal rapax. Ex eo tempore Lycaon animalia innocentia crudeliter rapiebat.

Arcadia: Gebirgslandschaft in der Peloponnes (Griechenland)

Iovi, quod ceteris quoque hominibus audacibus suscensebat, placuit omnes homines ingenti imbre perdere. Et brevi tempore ingens imber ex omni caelo missus est.

Omnia flumina vires suas per vias et agros et vicos effundebant. Ingenti vi rapiebantur omnis arbor, omnis homo, omne animal. Mare ingens tecta domorum et montes tegebat.

Turres altae sub mari latebant. Brevi terra non iam videri potuit: omne mare erat et mari litora deerant. Ubi modo cerva gracilis herbas ederat, ibi phoca corpus grave ponebat. Lupus rapax una cum ove rapta undis rapacibus trahebatur. Delphinus in silvis natabat. Vires maris vehementer leones fortes vehebant. Non iam apro forti vis utilis, non iam cervo fugaci pes celer utilis erat. Etiam aves, postquam frustra terram quaesiverunt, volando defessae in mare cadebant.

Hic homo frustra tumulum ascendebat: vim vehementem undarum non effugit. Illic alius per maria navigabat, quae modo agri fuerant: neque vero navigium celere ei fugienti utile erat: cibis egens homo post breve tempus e vita decessit. Alii in arboribus sedentes ab animalibus marium lacerati sunt.

Sub mari Nereides, quae Nerei, dei maris, filiae sunt, celebrium operum ruinas spectabant.

Tunc Iupiter omnes fere mortales perdidit. Duo tantum mortales Iovis iram crudelem effugerunt: Deucalion, vir pius ac innocens, et Pyrrha, eius fidelis ac pia uxor.

◄ **Abb. S. 132** *(von oben nach unten und von links nach rechts):*

- *Querschnitt durch ein Atriumhaus mit Peristyl (Modell)*
- *Grundriß eines ähnlichen Atriumhauses mit Peristyl: (blau) Wohn-/Schlafräume; (gelb) Gänge, Hallen, Höfe; (grün) Garten; (rosa) Wirtschaftsräume;* **A** *Atrium;* **K** *Küche;* **T** *Tablinum;* **P** *Peristyl*
- *Schrank mit Kohlebecken, Nachbildung (Rom, EUR)*
- *Schlafzimmer (cubiculum) mit Bettgestell*
- *Wanddekoration im Tablinum des Hauses des M. Lucretius Fronto in Pompeji, augusteische Zeit*
- *Haus des Loreius Tiburtinus (Pompeji): Laubengang*
- *Innenhof der Casa al graticcio (Herculaneum)*

C1 Die sieben Weltwunder

1 Reges Aegypti sibi ingentia sepulcra aedificaverunt, quae pyramides dicuntur. Celebris est pyramis ingens apud Memphidem sita urbem illustrem, quae latitudinem incredibilem DCCLXVIII pedum et altitudinem mirabilem CDLXXIX pedum habet.

2 Mirabiles sunt horti pensiles, quos Semiramis, illustris regina Babyloniorum supra Euphratem flumen aedificari iussit. Alii pro hortis pensilibus in numero septem operum mirabilium muros ingentes Babylonis urbis habent, qui XI milia passuum longi et LXXXIII pedes alti fuerunt.

3 In Iovis aede celebri Olympiae sita simulacrum dei fuit altitudine XL pedum. Quod simulacrum illustre a Phidia, qui artifex celeber Graecorum fuit, ex auro atque ebore perfectum est.

4 Incolae Ephesi, urbis illustris in Asia sitae, Dianae deae celebre templum aedificaverunt. Longitudo templi ingentis CDXXXIII pedum et latitudo CCXL pedum fuit. Fuit templum ornatum CXVI columnis gracilibus.

5 Mausōlus rex Cariae fuit. Uxor Artemisia, quod feliciter cum eo vixerat, Halicarnassi sepulcrum altitudine CLXVII pedum aedificavit. Ex eo rege sepulcrum ingens ‚mausoleum' vocatur.

6 Mirabili altitudine ea quoque statua fuit, quam incolae Rhodi insulae Soli deo dedicaverant. Felices enim erant, quod deus eis in bello vehementer contra Demetrium Phalereum gesto adfuerat. Statua altitudinis CXVII pedum causa ‚colossus Rhodius' nominatur.

7 Nautae per mare Alexandriae portui appropinquantes iam procul turrim in mari sitam aspexerunt. Turris, quae in Pharo insula stabat, CCCXXVII pedes alta fuit. Navibus nocturno cursu appropinquantibus ignes magni portus ostium ostenderunt.

sepulcrum Grab • **illūstris, -e** berühmt, herrlich • **incrēdibilis, -e: crēdere** • **pēnsīlis, -e: pendēre** hängen • **rēgīna** *f.*: **rēx** • **simulācrum** Standbild • **artifex, -ficis** *m.* Künstler • **ebur, eboris** *n.* Elfenbein • **gracilis, -e** mager, schlicht • **columna** Säule • **fēlīx, -cis** glücklich • **dēdicāre** weihen • **incola** *m.* Einwohner • **vehemēns, -ntis** energisch • **nocturnus, -a, -um** nächtlich • **cursus, -ūs** *m.* Kurs • **ostendere, -dī, -ntum** entgegenstrecken, zeigen

C2 Tigerjagd

Antiquis temporibus tigres in Italiam importari non licuit. Nostrā autem memoriā ludis in circensibus nonnumquam tigres videntur.

India terra tigrim gignit, animal celeritatis horrendae et iis imprimis notae, qui tigris capiunt.

Venator equo celeri tigris cubili appropinquat; ubi vidit matrem catulorum praedandi causa cubile reliquisse, statim totum fetum, qui semper numerosus est, e cubili rapit et cum toto fetu rapto avolat.

Mox tigris ad cubile revenit et catulos omnibus locis quaerit. Tandem odore raptoris vestigia investigans incredibili celeritate raptori fugienti appropinquat. Is autem bestiam accurrere videns unum e catulis humum abicit. Reperit eum mater et diligenter ore captum in cubile portat.

Nunc denuo vestigia investigans raptori appropinquat et alterum catulum ab eo prudenter abiectum reperit. Dum tigris catulum in cubile reportat, venator navem suam petit – tigris autem ad litus stat mugitus edens.

gignere, genuī, genitum hervorbringen • **celeritās, -ātis** *f.* **?** • **horrendus, -a, -um** schrecklich, erstaunlich • **imprīmīs** in erster Linie • **vēnātor** Jäger • **cubīle, -is** *n.* Lager • **catulus** Junges • **praedārī** *(pass. Form)* Beute machen • **fētus, -ūs** *m.* Wurf • **mox** bald • **ōdor** Geruch • **raptor: rapere** • **vestīgium** Spur • **investīgāre** nachspüren • **incrēdibilis, -e: crēdere** • **abicere: ab, iacere** • **dīligēns, -ntis** sorgsam • **ōs, ōris** *n.* Maul • **dēnuō** *Adv.* von neuem • **prūdēns, -ntis** klug, besonnen • **mūgītus, - ūs** *n.* **(mūgīre)** Gebrüll • **ēdere** (herausgeben:) von sich geben

Pensa exercitanda

F 1

Übersetze, und bestimme die hervorgehobenen Ausgänge.

1) Turr**is** altitudo incredibil**is** (unglaublich, → W 2) est.
2) Turr**is** altitudin**is** incredibil**is** est.
3) Turr**is** altas iam procul aspic**is**.
4) Turr**is** altae aspectus magistr**is** navium auxilio est (auxilium Hilfe).
5) Alt**is** turribus naut**is** ostium portūs monstratur.

F 2

Was signalisiert jeweils der Ausgang -i?

1) Turr**i** illustr**i** (berühmt) nave celer**i** appropinquav**i**.
2) E**i** turr**i** nomen Phar**i** est.
3) Eā turr**i** nav**i** in mar**i** errant**i** portus ostium monstratur.
4) Aud**i**, mi fil**i**: de**i** omn**i** homin**i** fidel**i** salut**i** sunt.
5) Itaque fides deorum tib**i** numquam pernicie**i** est.
6) Dix**i** duc**i** hostem v**i** captum ad castra duc**i**.

W 1

Stelle aus den folgenden Adjektiven Wortpaare mit gegensätzlichen Inhalten zusammen.

brevis – crudelis – durus – grandis – humanus – lenis – longus – parvus – prudens – similis – stultus – varius

W 2

① Welche Bedeutung des **Suffixes -bilis / -ilis** kannst Du aus folgenden Beispielen erschließen? Ordne den Adjektiven Dir bekannte Verben zu.

poeta laudabilis: der lobenswerte Dichter

homo mutabilis – manus agilis – orator probabilis – iter facile – vix credibilis celeritas – uxor amabilis – clamor terribilis – lingua mobilis (<*movibilis) – fortuna fragilis – amicus stabilis

Im Deutschen findet sich das Suffix z. B. in *stabil* oder *Immobilien*. Oft findet man es auch in einer aus dem Französischen eingedeutschten Form *-(a)bel*: *miserabel*. Neubildungen sind z. B. *spendabel, rentabel*

② Ein tigris edax ist ein *gefräßiger Tiger*. Edax ist von edere abzuleiten. Was bedeutet danach das Suffix -ax? Kannst Du die folgenden Wörter auf -ax ableiten und zusammen mit den dazu angegebenen Substantiven übersetzen?

hostis fugax – ignis rapax – vinculum tenax – oratio pugnax – (im übertragenen Sinn:) urbs capax

③ Welches Substantiv gehört zu folgenden Adjektiven?

terra hostilis: *feindliches Land, Land des Feindes*

statua senilis – vox virilis – vestis servilis

W 3

① a) Leite von den Substantiven in Klammern jeweils das verwandte Adjektiv auf **-alis** (Neutrum: **-ale**) ab. Du findest es nach folgendem Muster:

princeps, principis

Stamm: princip- + -alis: principalis

Setze das so gefundene Adjektiv im richtigen Genus ein und übersetze den ganzen Ausdruck:

corpus ___(mors), bellum ___(navis), domus ___(hospes), periculum ___(caput), adverbium ___(locus), vis ___(vita), portus ___(natura)

-alis kommt im Deutschen sehr oft vor als *-al* oder unter französischem Einfluß als *-ell*: z. B. *formal – formell*

b) Suche das entsprechende lateinische Wort: *dezimal, kontinental, total, Filiale, Initiale, Lokal, Moral, Pedal, Quartal, Signal.*

② Kommt im Stamm ein -l- vor, wird das entsprechende Adjektiv auf **-aris** (*n.* **-are**) gebildet. Verfahre wie in W 3.1. a):

medicus ___(oculus), provincia ___(consul), lex ___(populus), tribunus ___(miles)

W 4

Die Kenntnisse der Wortbildungslehre sind für Dich auch in anderen Fächern hilfreich, so z. B. in der Biologie (→ PE 7, Wh 1). Biologen bezeichnen weltweit Pflanzen und Tiere mit lateinischen Namen. Die Bezeichnungen bestehen meist aus zwei Nomina, von denen das zweite als Attribut den geographischen Verbreitungsraum, den biotopischen Lebensraum, die Verhaltensweise oder das Aussehen angeben kann.

a) Wo leben die folgenden Tiere?

alligator mississippiensis – monachus (Mönchsrobbe) tropicalis – triturus (Molch) alpestris

b) Beschreibe das Äußere folgender Tiere:

caiman latirostris (rostrum: Maul) – rhinocerus unicornis (Nashorn) – pionus senilis (Glatzkopfpapagei) – neophema elegans (Schmucksittich) – somateria spectabilis (Prachteiderente)

c) Welche Eigenschaften zeigen folgende Tiere?

aquila rapax (Adler) – ursus horribilis (Grizzlybär) – lacerta agilis (Zauneidechse) – philomachus pugnax (Kampfläufer, Vogel) – solenopsis fugax (Diebsameise)

d) Wo ist der Lebensraum folgender Tiere?

(lacus, -us *m.*: See; palus, -udis *f.*: Sumpf, lacerta: Eidechse)

lacerta muralis – astacus (Krebs) fluviatilis – crocodilus palustris – trutta (Forelle) lacustris – anthus (Pieper) litoralis – bombus (Hummel) terrestris – lepus (Hase) campestris – bombus equestris – carabus (Laufkäfer) hortensis

T

① *Zu 19 A:*

a) Die Masse der Römer lebte auf dem Lande, von denen wiederum die meisten in primitiven Hütten wohnten. Wie beurteilst Du es, wenn der Bankier Caecilius die villa als ‚casa dulcis' preist?

b) Piscinarii (Fischteichbesitzer) werden nach einem Zeugnis Ciceros die neureichen Villenbesitzer genannt. Wie ist also der Schluß der Geschichte zu verstehen?

② *Zu 19 B:*

a) Deukalion und Pyrrha überleben die Flut, weil ihr Schiff am Parnaß, der die Fluten überragt, landet. Zeige Parallelen mit der Sintflutgeschichte des Alten Testaments.

b) Bei der Beschreibung der Sintflut nennt der Dichter Vorgänge, die wir als *paradox*, d. h. als etwas, das wider Erwarten geschieht und daher nicht zusammenpaßt, bezeichnen. Welche ‚Ungereimtheiten' enthält der Text?

W 5

Wortspielereien

① Súnt pueri puerí: puerí puerília tráctant. (tractare ≈ agere)

② Vís vehemé ns ventí villás vicósque vibrávit. (vibrare: erzittern lassen)

③ Similia similibus.

(Grundsatz der Homöopathie: Man sollte mit Arzneien behandeln, die im gesunden Körper Symptome hervorrufen, die der jeweiligen Krankheit ähnlich sind.)

④ Beispiel einer Wortpyramide:

o	*o*
e o	*durch ihn*
l e o	*der Löwe*
o l e o	*mit Öl*
d o l e o	*ich bedaure*

Bilde selbst solche Pyramiden. Basis und Spitze sind jeweils angegeben!

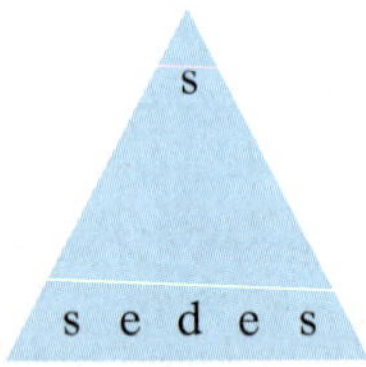

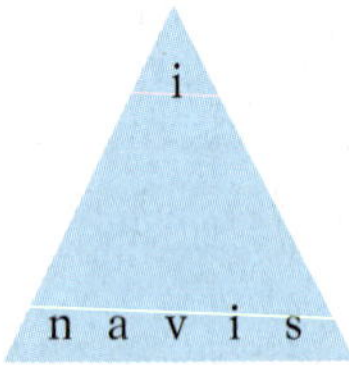

W 6

O diese Fremdwörter!

① *Respekt* bedeutet:
 a) Anblick
 b) Rückblick
 c) Rücksichtnahme

② *Gravierend* heißt:
 a) belastend
 b) in Stein/Metall geschnitten
 c) schwerwiegend

③ *Ruinieren* heißt:
 a) zusammenbrechen
 b) Wasser lassen
 c) zerstören

► *Wandgemälde aus Pompeji: Streit zwischen Pompejanern und Nucerinern im Jahre 59 n. Chr. (s. Text 20 C). Archäolog. Nationalmuseum Neapel oben rechts: Gladiator, Wandkritzelei aus Pompeji*

A Munus gladiatorium editur

Hodiē Pompēīs ā Cn. Allēiō Nīgidiō Māiō mūnus gladiātōrium ēditur. Prīmā iam lūce spectātōrēs ad amphitheātrum cōnfluunt.

Amphitheātrō complētō duō hominēs appārent. Iīs cornū tubāque canentibus gladiātōrēs arēnam intrant et ēditōrem salūtant. Gladiātōribus post salūtātiōnem dīmissīs ēditor mūnus incipī iubet. Ēditōre iubente mūnus incipit.

Oplomachō sollerter pūgnante spectātōrēs Thraecī favent. Nīgidiō Māiō auctōre Thraecī victō missiō datur. Proximī leporēs, aprī, asinī, cervī immittuntur. Incipit venātiō.

„Fū! Fū!“ undīque clāmātur. Iam spectāculō nōndum fīnītō nōnnūllī spectātōrēs amphitheātrum relīnquunt. Sōle occidente mūnus gladiātōrium fīnītur.

oplómăchus (griech.): schwerbewaffneter Gladiator
Thraex („Thraker“), griech.: ein anderer Gladiatorentyp

A 2/C Ausschreitungen zwischen Schlachtenbummlern

▲ *Gladiator, Wandkritzelei aus Pompeji*

Nerone imperatore (Nerone imperante) levi initio atrox caedes accidit inter colonos Nucerinos Pompeianosque gladiatorio spectaculo, quod Livineius Regulus edebat.

Nam oppidānā lasciviā in vicem incessentes probra, deinde saxa, postremo ferrum sumpsēre, superante Nucerinos viribus Pompeianorum plebe, apud quos spectaculum edebatur. Ergo deportati sunt in urbem multi e Nucerinis trunco per vulnera corpore, ac plerique liberorum aut parentum mortes deflebant.

Cuius rei iudicium Nero imperator senatui, senatus consulibus permisit. Et rursus re patribus nuntiatā prohibiti sunt publice in decem annos eius modi coetu Pompeiani collegiaque, quae contra leges instituerant, dissoluta; Livineius et alii, qui seditionem conciverant, exilio multati sunt.

Nerō: Kaiser 54–68 n. Chr. • **levis, -e** leicht, unbedeutend • **atrōx** gräßlich • **caedēs, -is** *f.* Blutbad, Gemetzel • **accidit** es trifft/traf sich • **colōnus** Landmann • **oppidānus, -a, -um: oppidum** • **lascīvia** Zügellosigkeit • **in vīcem** gegenseitig • **incessere** *jd.* angreifen • **probrum** Schimpfwort • **saxum** Stein • **ferrum** Eisen, Schwert • **sūmpsēre** = **sūmpsērunt** • **superāre** *mit Akk.* überlegen sein • **ergō** also • **truncus, -a, -um** verstümmelt, (wunden-)übersät • **plērīque** die meisten • **dēflēre** beweinen • **iūdicium** Urteil • **permittere** überlassen • **patrēs** = **senātus** • **coetus, -ūs** *m.* Zusammenkunft, Veranstaltung • **collēgium** Verein • **dissolūta:** *erg.* **sunt; dissolvere** auflösen • **īnstituere** einrichten • **sedītiō, -ōnis** *f.* Aufruhr • **concīre (conciēre)** zusammenholen, *hier etwa:* anzetteln • **multāre** bestrafen

▼ *Das Amphitheater von Pompeji, Schauplatz des Ereignisses in Text C*

B Cena Pomponii

Mam. Nigidius Maius Valeriano suo salutem dicit. Si vales, bene est. Ego valeo.

Idibus Octobribus Marcus Pomponius, amicus nobis communis, cenam splendidam dedit. Pompeiano suo peristylio amplificato amicos invitaverat. Revera epulis magnifice et omni luxu exornatis omnes delectati sumus.

Īdūs Octōbrēs: → CG 20.4.2

In vestibuli pavimento novum opus tessellatum subscriptum CAVE CANEM me salutavit. Et profecto cane alicubi ferociter latrante ostium pulsavi.

vestibulum: Vorraum zwischen Haustür und atrium; **opus tessellātum:** Mosaik

Porta ab ostiario aperta per fauces atrium tetrastylum intravi. Servo atriensi duce praeter tablinum, quod ad peristylium spectat, in porticum umbrosam perveni, quae hortum labro marmoreo, arboribus viridibus floribusque florentibus et statuis lautis ornatum circumdat. Alius servus (nomenclator, ut intellexi) mihi dixit cenam non in triclinio iuxta tablinum, sed in novo triclinio aestivo haberi.

ātrium tetrastylum (griech.): Atrium mit vier Säulen; **servus ātriēnsis:** der Empfangssklave (≈ „Butler")

nōmenclātor: der n. stellt die Gäste den am Gastmahl Teilnehmenden vor

Nomenclatore me introducente Pomponius et ceteri convivae cenae iam accubabant. Triclinium intravi ab accubantibus amicaliter salutatus.

triclīnium aestīvum: Sommertriclinium; → Kap. „Wie die Römer wohnten"

Resalutavi et Pomponio iubente in medio lecto accubui. Laudabam porticus ac horti pulchritudinem varietatemque columnarum triclinariis aquam nivatam in convivarum manus infundentibus.

medius lectus: ein Ehrenplatz beim Gastgeber

triclīnāriī: die bedienenden Sklaven

Visne me cunctos cibos ab ovo usque ad mala enumerare? Paucos memoriā tenui:

◄ *„Vorsicht vor dem Hunde!" Mosaik im Vestibulum des Hauses des Tragischen Dichters in Pompeji*

glīres: Haselmäuse (gefüllt); **gustum:** Vorspeise, Hors d'œuvre; **holera** (Sg. holus, Gemüse:) geschmorte Zwiebeln mit Schweineleber und Hühnerklein; **ōva spongia:** Omelette; **gustātiō:** Vorspeise; **ferculum:** Tablett; Gang; **ministrātor:** Diener bei Tisch; **mēnsa:** Tisch; Hauptgericht; **patina dē apuā frictā:** Pfanne mit gerösteten Spieslingen (kleinen Fischen); **anās ē rapō cum iūre:** Ente mit Rettich in Soße; **locustae assae:** gegrillte Langusten; **patina dē pirīs:** Birnenomelette; **tyropatina:** Eiermilchcreme; **pōma** (Pl.): Obst; **mulsum:** Honigwein; **vīnum rosātum:** Rosenwein; **nannī ...:** Zwerge als Pantomimen, Possenreißer, Tänzerinnen; **Kalendae Novembrēs:** → CG 20.4.2

Glires, gustum de holeribus, ova spongia gustationes fuerunt. Primis ferculis a ministratore asportatis mensae primae successerunt, in quibus patina de apua fricta, anas e rapo cum iure, locusta assa. Cena tyropatina et patina de piris et pomis finita est. Ad gustationem mulsum et vinum rosatum, ad mensas vinum Falernum bibimus.

Cenantibus nobis nanni pantomimi scurraeque saltatricesque lectoresque producti sunt. Imprimis delectatus sum versibus Ovidianis; quos recitans lector simul imagines duas in parietibus triclinii pictas descripsit. Pictor enim excellens nomine Attius Priscus in altero pariete pinxerat fabulam de Lycaone audaci in lupum mutato, in altero fabulam de diluvio, ex quo Deucalion et Pyrrha soli servati sunt. Pictura lautissima! Necesse est tibi eas imagines spectare Pompeios venienti: Veni ac vide!

Valetudinem tuam cura diligenter! Vale!

Dabam Pompeis pridie Kalendas Novembrīs.

► *Ende eines Gelages, Wandgemälde aus Pompeji, ca. 60 n. Chr.*

▲ *Sommertriclinium im Hause des Neptun-Amphitrite-Mosaiks in Herculaneum*

M. Gavius Apicius commendat* – Kochen nach altrömischer Art

Man kann ein Volk auch dadurch näher kennenlernen, daß man probiert, was es gern aß und trank. Wir haben dazu die Möglichkeit, denn aus der römischen Antike ist ein Kochbuch erhalten, das wohl auf den berühmten Schlemmer und Feinschmecker M. Gavius **Apicius** zurückgeht, der zur Zeit des Tiberius gelebt hat. Das Buch wurde nach seinem Tode vielfach verändert und vor allem erweitert, so daß wir ein recht umfangreiches Werk zur Hand haben, aus dem man geeignete Rezepte auswählen kann.

Die Rezepte, die hier vorgestellt werden, wurden mehrfach ausprobiert. Die Zubereitungsweise, die uns am gelungensten erschien, wird hier beschrieben. Dabei mußten wir die Mengenangaben zu den Gewürzen durch Ausprobieren feststellen: Im Kochbuch werden die Gewürze zwar genannt, aber nicht die Menge, die man nehmen soll. Hier hast Du also freie Hand – doch Vorsicht: nur im richtigen Maß schmekken die Gewürze.

* commendat: empfiehlt

Zu den Gewürzen
Nicht mehr bekannt ist das Gewürz ‚lasar' oder ‚laser'. Man kann die dazugehörige Pflanze zwar biologisch bestimmen, aber als Gewürz ist lasar nicht zu bekommen.

Liquamen gibt es auch nicht mehr; man kann es aber gut mit Sardellenpaste ersetzen.

Alle anderen Gewürze sind – auf jeden Fall in Apotheken – zu bekommen.

1 Eine Hühnersuppe: Pullum elixum ex iure suo

Zutaten:
Hühnerbrühe (nicht würzen, nur salzen);
Pfeffer (gemahlen); Kümmel; Thymian; Fenchel; Minze; Raute; Lasar; Essig; Datteln; Honig; Sardellenpaste; Olivenöl

Zubereitung:
Herstellen der Würzmischung:
Pfeffer, Kümmel, Fenchel, Minze (notfalls Pfefferminze), Raute (beim Apotheker erhältlich) mit Essig übergießen (eine Vierteltasse je Huhn).

Dann drei bis vier zerstoßene Datteln (wieder je Huhn) hinzugeben. Diese Mischung durchrühren. Die Würzmischung wird in die Brühe getan.

Herstellen der zweiten Würzmischung:
Zwei Eßlöffel Honig mit wenig Essig, Sardellenpaste und Öl vermischen und erwärmen. Dann wird auch diese Würze in die Brühe gegeben.

Die Brühe rührt man gut durch. Zum Schluß fügt man die Fleischteile des Huhnes hinzu, die sich beim Herstellen der Hühnerbrühe gelöst haben und die man herausgenommen hat.

Tere piper, cuminum, thymi modicum, feniculi semen, mentam, rutam, laseris radicem, suffunde acetum, adice caryotam et tere! Mel, acetum, liquamen, et oleum tempera. Pullum siccatum mitte!
Reibe Pfeffer, Kümmel, etwas Thymian, Fenchelsamen, Minze, Raute, Laserwurzel; gieße Essig darüber. Füge Datteln hinzu und reibe (mische)! Vermische das mit Honig, Essig, liquamen und Öl, trage das Hühnchen – abgetrocknet – (also die Soße gesondert) auf.

2 Schweinebraten mit Weinsoße: Porcellum oenococtum

Zutaten:
Schweinefleisch, das als Braten geeignet ist;
Olivenöl, Wein, süßer Wein (etwa Madeira), Porree, Koriander, Sardellenpaste, Pfeffer (gemahlen), Liebstöckel, Kümmel, Origano oder wilder Majoran, Sellerie, Mehl und defrutum: Das ist eingedickter Most. Man kann ihn bereiten, indem man (möglichst roten) Traubensaft durch Kochen eindickt.

Zubereitung:
Das Fleisch salzen und Porreepflanzen an den Stellen durch Anbinden am Fleisch befestigen, die nicht im Topf unten aufliegen (die Pflanzen verkohlen sonst). In einen Bratentopf gibt man außer Wasser Wein (etwa $1/4$ Liter auf drei Pfund Fleisch), außerdem eine halbe Tasse Olivenöl. Auf den Braten streut man etwas Koriander, falls man nicht Koriander*pflanzen* zur Hand hat, die man ähnlich wie den Porree aufbindet.
Der Braten wird jetzt in den Bratofen getan. Nach etwa einer halben Stunde begießt man ihn mit dem defrutum; eine Tasse mindestens sollte dabei verwendet werden.

Während des Bratens wird eine **Gewürzmischung** hergestellt:
Pfeffer (je nach gewünschter Schärfe der Soße reichlich oder nicht, aber nicht mehr als einen gestrichenen Teelöffel); Liebstöckel kann reichlich gegeben werden; Kümmel ähnlich wie Pfeffer; Sellerie (eigentlich sollen Selleriesamen gegeben werden; da er sehr teuer ist, verwenden wir Sellerieknollen oder Blätter: Diese Zutaten müssen dann aber in einem Mixer zerkleinert werden); wilder Majoran etwa in derselben Menge wie Kümmel. Das alles wird – eventuell in dem Mixer – vermischt, dann wird liquamen daraufgegossen (Zubereitung: → Rezept 1): etwa ein bis zwei Teelöffel Sardellenpaste. Die vom Braten ausfließende Brühe schöpft man ab und gibt sie hinzu; die Soße wird mit Wein und Süßwein (nicht zuviel Süßwein nehmen) soweit aufgefüllt, wie man sie in Menge und Würzstärke haben möchte. Hat man Sellerie*samen* genommen, muß man die Soße (mit Mehl) andicken; die Sellerie*knolle* dickt schon allein genügend.

Den Braten bestreut man mit etwas Pfeffer und gießt die Soße darüber.

▼ *Zubereitung und Verzehr eines Mahles. Grabpfeiler der Secundinii in Igel bei Trier, Mitte 3. Jh. n. Chr.*

Porcellum praedura, orna. Adice in caccabum oleum, liquamen, vinum, aquam, obliga fasciculum porri, coriandri; media coctura colora defruto. Adice in mortarium piper, ligusticum, careum, origanum, apii semen, laseris radicem; frica, suffunde liquamen, ius de suo sibi; vino et passo tempera; obliga amulo, porcellum compositum in patina perfunde, piper asparge et infer!

Anmerkung: Das Rezept gilt für ein ganzes Schwein; daher am Anfang und Schluß Anmerkungen, die für einen Braten unsinnig erscheinen.

Du läßt ein kleines Schwein (gut) abhangen und machst es zurecht (z. B. durch Salzen). Füge in einen Topf Öl, **liquamen**, Wein, Wasser; umwickle es mit Porreestangen und Koriander. In der Mitte des Kochvorganges übergieße es mit **defrutum**. In einen Mörser füge Pfeffer, Liebstöckel, Kümmel, wilden Majoran, Sellerie(samen), Laserwurzel. Zerreibe das, gieße **liquamen** darauf und Soße vom Schwein selbst. Mische das mit Wein und Süßwein (etwa Sherry). Binde (die Soße) mit Mehl. Setze das (zusammengefügte: s. o.) Schwein in eine Pfanne, übergieße es dort (mit der hergestellten Soße), streue Pfeffer darauf und trage es auf!

▲ *Stilleben mit Pfirsichen. Wandmalerei, 1. Jh. n. Chr., Archäologisches Nationalmuseum Neapel*

3 Gemüsebeilage (Holera)

Zutaten:
Porreestangen, Sellerieknollen mit Blättern, Honig, Pfeffer, Sardellenpaste.
Mengen:
Auf vier Stangen Porree eine Sellerie (bei mittleren Größen); eine Prise Pfeffer, zwei Teelöffel Honig, ein halber Teelöffel Sardellenpaste – Salz nach Geschmack.

Zubereitung:
Die Sellerie soll ein bis zwei Tage trocknen. Dann wird sie in Salzwasser gekocht, bis sie gar ist (mit Blättern). Von den Porreepflanzen kocht man die weißen Pflanzenteile so lange, bis das dazugegebene Wasser auf ein Drittel der ursprünglichen Menge zusammengekocht ist.

Würzmischung:
Die angegebenen Gewürze werden vermengt, Honig und Sardellenpaste löst man in etwas Wasser auf.

Die Sellerie nimmt man aus dem Wasser; sie wird nicht mehr verwendet, sondern nur das Wasser, in dem sie gekocht worden ist. Dieses Wasser gießt man auf die Würzmischung und ergänzt dann mit dem Selleriewasser die von dem Porree verkochte Wassermenge: Man gießt es also auf das Porreegemüse.

▼ *Herd und Kochgeschirr: Küche im Haus der Vettii*

Apios virides cum suis radicibus lava et sicca ad solem. Deinde albamen et capita porrorum simul elixa in caccabo novo. Ex tribus eminis aquae una remanet. Tere piper, liquamen et aliquantum mellis humore tempera et aquam apiorum decoctorum cola in mortario; superfunde porris.

Wasche grünende Sellerie samt den Wurzeln und trockne sie an der Sonne. Das Weiße und den unteren Teil von Porreepflanzen siede in einem anderen Topf. Von drei Teilen Wasser bleibt einer übrig.

Reibe Pfeffer; mische in Flüssigkeit **liquamen** und eine nicht zu kleine Menge Honig; gieße das Wasser, in dem die Sellerie gekocht hat, durch ein Sieb; übergieße damit den Porree.

4 Süßspeise: Tyropatina

Zutaten:
Milch, Honig, 5 Eier (oder 3), Pfeffer; ein Tongefäß
Für einen halben Liter Milch:
Die Milch wird mit Honig gut vermischt; dann rührt man 5 rohe Eier in die Flüssigkeit hinein (für einen Viertelliter nur 3). Die Mischung muß ‚wie ein Körper' aussehen, soll also glatt sein. Dann rührt man alles durch ein Sieb in einen Tontopf; den läßt man auf schwacher Flamme, bis die Lösung kocht. Sie wird allmählich steif. Damit ist sie zum Essen fertig. Zum Schluß soll etwas Pfeffer darüber gestreut werden; es ist aber besser, Ihr probiert das Essen erst einmal ohne diese Zutat!

Accipe lac, tempera lac cum melle quasi ad lactantia. Mitte ova quinque ad sextarium. In lacte dissolve, fac unum corpus. In cumana cola et igni lento coque. Ducit ad se; piper adsparge et infere!

Nimm Milch, mische die Milch mit Honig, wie für eine Süßspeise. Tu fünf Eier auf den halben Liter. Löse (die Eier) in der Milch auf, laß eine einzige Masse entstehen. In eine Pfanne gieße die Masse durch ein Sieb und koche bei mäßigem Feuer. Es gerinnt. Bestreue es mit Pfeffer, und trage es auf!

5 Rosenwein: Vinum rosatum

Folias rosarum vino infunde; septem dies in vino esse oportet. Post septem dies rosas de vino tolle, et alias folias rosarum immitte. Similiter et tertio fac! Rosas exime, vinum cola, adde mel.

Übergieße Rosenblätter mit Wein. Sie müssen sieben Tage im Wein bleiben. Nach sieben Tagen nimm die Rosen aus dem Wein, gib andere Rosenblätter hinzu. Mach das noch ein drittes Mal. Nimm die Rosen heraus, siebe den Wein durch, füge Honig hinzu!

Wie die Texte dieses Buches mit der Cena Pomponii enden, können die vorstehenden Rezepte vielleicht eine Anregung für Euch sein, zumindest einzelne davon bei einem Klassenfest auszuprobieren, mit dem Ihr den Abschluß dieses ersten Bandes von OSTIA feiert!

▼ *Schulfest mit Farcīmina Lūcānica (lukanischen Würstchen) nach Apicius*

Pensa exercitanda

Wh

Wie in L 8 sind bei den folgenden Fragmenten von Inschriften Buchstaben zu ergänzen. Bei den unvollständigen Wörtern handelt es sich um Partizipien.

Wieder gilt: Zu ergänzende Buchstaben werden durch Punkte markiert; ein Punkt auf halber Höhe zeigt eine Wortgrenze an.

① **INCOLAE · FORTVNAM · VARIAM · TIM . . . . . · DONVM · DANT · HERCVLI · SEMPER · IVVAN . .**

② **TEMPLVM · HERCVLI · IVVA . . . DAMVS · VOTVM · NOSTRVM SOLVENT . .**

votum solvere: ein Gelübde einlösen

③ **FALISCI · IN · SARDINIA · HABIT . . . . . IOVI · IVNONI · MINERVAE · DONVM DEDERUNT**

④ **A · POMPEIO · PATRONO · INCOLAE · ITERVM · SERV . . . MONVMENTVM · EXSTRVVNT**

A: Aulus (Vorname)
patronus: Schutzherr

⑤ **L · SVLPICIVS · Q · F · HIC · SITVS · EST · VIR · AB · OMNIBUS · LAV . . . . .**

Q = Kürzel für Quintus (Vorname)
F: filius

⑥ **HERCVLI · MAGNO · DONO · DAT . SERVATI · SVMVS**

S1

① a) Villa deleta est.
b) Villa deleta in Campania stat.
c) Villa deleta hostes castra repetiverunt.

② a) Vinum iam deficit.
b) Dominus saevit, quod vinum deficit.
c) Vino deficiente dominus saevit.

Wie verändert sich jeweils der Satz b) gegenüber Satz a) und c) gegenüber b)?

S2

Welche Fortsetzung stimmt?

1) Servi veniunt [Pomponia dormiens / Pomponia dormiente] .

2) Convivae adsunt [omnibus rebus paratis / omnes res paratae] .

S3

Die Ablativform des Partizips *kann* ein grammatischer Hinweis sein:

a) Domitilla cantat animo gaudenti.
b) Domitilla gaudente Lucius saevire incipit.

S4

Welches Zeitverhältnis liegt vor?

1) Paedagogis ducibus pueri thermas petunt.
2) Pueris in thermas deductis paedagogi in apodyterio manserunt.
3) Paedagogis in apodyterio manentibus pueri in aquam saliunt.
4) Pueri homines in aqua natantes (-ntīs) (schwimmen) spectaverunt.
5) Pueri thermis clausis domum contendunt.

S5

Angstträume

Pomponia in atrio relicta dormit et somniat (→somnus): Servis se verberantibus convivae iam adveniunt … Garo deficiente coquus fugit … Poetis fabulas recitantibus omnes convivae dormiunt … Convivis domum intrantibus servae in atrio iacent et bibunt … Gladiatore robusto duce Pomponius in villam currit et pugnare vult … Conviviis in triclinio cenantibus tigris asinusque super mensam saliunt … Pomponio auctore convivae e villa portantur.

garum: flüssige Würze auf der Basis vergorener Fisch-Innereien • coquus: Koch • mensa: Tisch

S6

1) Quod dominus venit, servi fugiunt.
2) Quod servi fugiunt, dominus saevit.
3) Quamquam cibus paratus est, pueri ludunt.
4) Mater irata est, nam pueri ludunt.

Wandle die Sätze mit Konnektoren in einen Ablativus absolutus um. Beachte dabei genau, was Du übertragen kannst und was an Informationen ausgelassen werden muß.

Z1

Was man leicht vergißt!

Ein Kasus für viele ‚Fälle':

Servi multa diligentia laborant. Dominus enim cum amico meridie Roma revenit. Iam adest. Multis locis consistit et servorum opera spectat. Severis verbis dicit: „Me Romae negotia gerente vos non sedulo *(Adv.)* laboravistis!"

Bestimme die Ablative nach ihrer Bedeutung.

W

In der Musikstunde

Wenn Du Latein kannst, wirst Du sehr viele Fachausdrücke verstehen, die die Musiker gebrauchen. Der Grund dafür ist, daß viele Fachbegriffe aus dem Italienischen international übernommen worden sind.

① Manche Komponisten geben Hinweise, wie bestimmte Melodien im Ausdruck zu spielen sind. Suche die zugrundeliegenden lateinischen Wörter!

amabile – cantabile – dolce – con dolore – feroce – grave – rustico – vivo

② Auch Anweisungen zur Lautstärke und zum Tempo verstehst Du jetzt eher:

accelerando – crescendo – forte

③ In dem dreisätzigen *Konzert* (lat. con-certare) von Johannes Brahms, opus 77, ist *Solo*-Instrument eine Violine. Wenn das Orchester die einleitenden Takte spielt, steht in den Noten des Solisten: „tacet". In der Probe zu einem Konzert möchte der *Dirigent* einige Takte nochmals durcharbeiten, in denen *Solist* und Orchester genau aufeinander hören sollen. Er weist die Musiker an: *„Tutti"* und *„con repetizione"* und nennt die genauen Taktzahlen im *Finale*. Die Musiker wissen dadurch genau, in welchem Satz die Takte stehen.

Suche die lateinischen Grundwörter.

④ Der *Dirigent* erwähnt in der Probe oft Tonabstände (Intervalle), die zu beachten sind. Du kennst sicher deren Namen: *Sekunde, Terz,* __?__, *Dezime*. Wenn Du auf diese Weise die lateinischen Ordinalzahlen wiederholt hast, kannst Du auch sagen, wieviel Musiker in einem *Nonett* und wieviel in einem *Sextett* mitspielen.

T

Man hat früher das Wort *„Gelage"* gern mit einer römischen Tischsitte in Verbindung gebracht – mit welcher wohl?

„Gelage" bedeutet aber eigentlich: Zusammengelegtes, d. h. alle Gäste brachten etwas mit, nahmen allerdings auch gern Übriggebliebenes wieder mit nach Hause; hierin freilich taten sie es den Römern ganz gleich.

Z2

Aufgepaßt!

1) Alius vēnit. Alterius adventum exspectaveram.

2) Alii clamant, alii tacent. – Alii non credo.

3) Tanta in multitudine soli sumus. – Tibi soli totus in amore (von: amare) sum. – Soli vitam debemus.

4) Duae amicae mihi sunt: Altera Lucia vocatur, alteri Paulla nomen est.

5) Iupiter < hominibus totius terrae / toti fere generi hominum > perniciem paravit.

6) Nullius gratiam exspecto, nemini gratiam debeo.

7) Nihil timeo, nulla re opprimor, nulli periculo cedo.

8) Christiani uni deo honorem habent et unum deum esse putant.

Z3

cum cum cum cum

a) Roma magno in periculo fuit, cum Brennus, Gallorum princeps, Capitolium oppugnavit.

b) Deucalion cum Pyrrha e diluvio servatus est.

c) Aequo animo sustine res adversas!

d) Unus Gallorum iam in muro erat, cum anseres (Gans) custodes (Wächter) clamore suo excitaverunt.

e) Pomponius ad Agathonem: Cum hoste manu certare crudele est. Sed cum tempus poscit, manu certare ac mortis timorem pellere necesse est.

CURSUS
GRAMMATICUS

Einführung und Wiederholung

Wenn man eine Sprache erlernt, ist es nötig, sich Kenntnisse sowohl darüber anzueignen, wie Sprache überhaupt funktioniert, als auch darüber, welches die Besonderheiten der Sprache sind, die man lernen will – genauso, wie man bei einem Motor seine einzelnen Bauteile kennen muß, wenn man wissen will, wie er funktioniert, erst recht, wenn man ihn reparieren will. Und wie bei einem Motor die einzelnen Teile bestimmte Namen haben, gibt es in der Sprachlehre Begriffe, mit denen man das bezeichnet, was man an einer Sprache beschreiben will. Diese Begriffe sind wichtig, denn ohne sie kann man sich über eine Sprache gar nicht unterhalten – und das ist z. B. im Unterricht genauso unumgänglich, wie auch ein Sprachlehrbuch nicht ohne sie auskommen kann.
Wir betreten dabei aber nicht völliges Neuland. Sprachunterricht hast Du schon im Fach Deutsch gehabt oder auch im Englisch- bzw. Französischunterricht. Die folgende Einführung in den Lehrgang dient der Wiederholung und Zusammenfassung. Wenn Dir viele Dinge schon bekannt sein sollten, solltest Du diese Einführung trotzdem sorgfältig durchlesen; um so sicherer wirst Du den ersten Lektionen folgen können.

1 Von Wörtern und Sätzen

1.1 Von Wörtern und Wortarten

Texte:
Sätze im Kontext

Wie im Deutschunterricht bzw. im Englisch- oder Französischunterricht beschäftigen wir uns auch bei der Erlernung des Lateinischen mit **Texten**. Texte bestehen aus **Sätzen**. Wenn wir uns mit einzelnen Sätzen beschäftigen, stehen sie folglich normalerweise in einem Zusammenhang oder **Kontext**.

Wie Sätze einerseits Bestandteile eines größeren Kontextes sind, bestehen sie andererseits wieder aus kleineren Einheiten, nämlich aus **Wörtern**.

Wörter:
Wortarten – Wortformen – Funktion im Satz

Die Wörter kann man in **veränderliche und unveränderliche Wortarten** einteilen. Veränderliche Wörter werden dekliniert bzw. konjugiert; **diese Wort*formen* signalisieren die jeweilige Aufgabe (Funktion), die das Wort im Satz hat.**

1.1.1 Veränderliche Wortarten

Beispiel: *Das Gras wächst.*

Dieser Beispielsatz enthält die Wortart **Substantiv** (Hauptwort): *Gras*,
dazu den **Artikel** (Begleiter) *das*,
und die Wortart **Verb** (Zeitwort): *wächst*.

Beispiel: *Die Halme des Gras**es** wachsen.*

Deklination:
Substantive* werden *dekliniert

Der Wortstamm / Gras / ist in beiden Sätzen gleich; im zweiten Beispielsatz wird jedoch der Wortausgang wegen der geänderten Funktion (Aufgabe) im Satz verändert: *Gras***es**.
An das Wort tritt als Signal für die Funktion eine **Endung**, das Wort wird also dekliniert: die Endung **-es** signalisiert den **Kasus** (Fall) *Genitiv*.

Wortendungen:
Signale

Diese Möglichkeit der Wortveränderung zu erlernen, ist *ein* wichtiger Bestandteil des Grammatikunterrichts; erkennt man die Endungen, d. h. die Signalteile eines Wortes nicht, kann man das Wort nicht richtig unterbringen.

Das zweite Beispiel zeigt zugleich, daß Endungen auch den **Numerus** angeben können, also **Singular** (Einzahl) oder **Plural** (Mehrzahl): *(der) Halm, (die) Halme.*

> Die **Wortformen des Substantivs** signalisieren (im Deutschen auch zusammen mit dem Artikel) einmal den **Kasus** und damit die Aufgabe, die das Wort im Satzganzen übernehmen soll, zum andern den **Numerus**, also die Angabe über **Singular** oder **Plural**.

***Wortart* Substantiv**

Kasus

Numerus { **Singular** / **Plural**

Siehst Du Dir die Formen des **Verbs** (im Beispiel: *wächst/wachsen*) an, stellst Du fest, daß auch das Verb (wie das Substantiv) *eine* Form für den Singular und *eine* für den Plural besitzt.

Konjugation:
Verben* werden *konjugiert

Die Wortformen des Verbs signalisieren aber noch mehr als den Numerus. Das zeigen die folgenden Beispielsätze:

***Wortart* Verb**

Beispiel:* *Ich* *spiel*e* gern Fußball.
Wir* *spiel*en* gern Fußball.

Das Verb gibt gemeinsam mit einem **Pronomen** (Fürwort) die **Person** an *(ich/wir). Ich/wir* sind dabei **sprechende** Personen, *du/ihr* **angesprochene** Personen, *er/sie/es/sie* **besprochene** Personen.

ich/wir:
sprechende Person(en)
du/ihr:
angesprochene Person(en)
er/sie/es – sie:
besprochene Person(en)

Beispiel: *Unser gestriges Spiel **war** nicht gut.*
*Heute **spielen** wir besser.*

Das Verb gibt eine **Zeitstufe** an: Vergangenheit, Gegenwart, Zukunft.

Zeitstufen:
Vergangenheit
Gegenwart
Zukunft

Beispiel: *Wir **haben** knapp verloren.*
*Der Trainer sagt: „**Spielt** nächstes Mal besser!"*

Das Verb gibt an, ob etwas wirklich geschehen ist *(„haben verloren")*; es kann aber z. B. auch angeben, ob etwas erst noch geschehen soll (*„spielt"*: Aufforderung = Imperativ).

Mit dem **Modus** (Aussageweise) signalisiert das Verb also, ob etwas in Wirklichkeit geschehen/vorhanden ist, erst noch geschehen soll oder nur vorgestellt ist *(„Fast **hätten** wir gewonnen").*

Modus

Beispiel: *Wir **laden** gern Gäste **ein**, und wir **werden** auch oft **eingeladen.***

Die Wortformen *(laden ... ein/werden eingeladen)* signalisieren die **Blickrichtung**, unter der eine Handlung beschrieben wird, genannt **Genus Verbi**, und zwar **Aktiv** oder **Passiv**.

Aktiv ↔ Passiv

Die Beispielsätze zeigten Dir auch *Formen des Pronomens (ich, wir, unser) und* ***des Adjektivs*** (Eigenschaftswortes): *gestriges.*

Pronomen
Adjektiv

1.1.2 Unveränderliche Wortarten

Zu den unveränderlichen Wortarten gehören solche Wörter, deren Funktion im Satz stets die gleiche ist und deren Wortform sich daher nicht ändert.

Beispiel: ***Heute*** *ist herrliches Wetter.* ***Wenn*** *wir* ***mit*** *den Hausaufgaben fertig sind, gehen wir baden.*
Kai ***und*** *Jenny sind* ***schon*** *vorgegangen.*

Adverb
Konjunktion
Präposition

Hervorgehobene sind Beispiele für die Gruppe der *unveränderlichen Wortarten:*

Adverb:	heute, schon
unterordnende Konjunktion	wenn
Präposition:	mit
beiordnende Konjunktion:	und

Manche Adverbien können gesteigert werden: *oft-öfter*; aus manchen Adverbien können Adjektive gemacht werden: gestern – gestrig. „*Oft*" und „*öfter*" sind jedoch beides Adverbien; „*gestrig*" ist durch die Nachsilbe in die Wortart Adjektiv übergewechselt.

2 Von Satzgliedern und Sätzen

2.1 Der einfache Satz

Beispiel: *Die Kerze brennt.*

Satzglied **Subjekt**
Satzglied **Prädikat**

Dieser Satz besteht aus einem **Subjekt** *(die Kerze)* und einem **Prädikat** *(brennt)*. Das **Satzglied Subjekt** wird hier mit der **Wortart Substantiv** gebildet, das **Satzglied Prädikat** mit der **Wortart Verb**. Subjekt und Prädikat bilden eine höhere Einheit, einen **Satz**. Ein Satz besteht also aus verschiedenen Satzgliedern:

Subjekt	**Prädikat**
Die Kerz**e**	bren**nt**.

Ändert man den Numerus, heißt der Satz:

Die Kerze**n**	brenn**en**.

Die Wortformen des Subjekts wie des Prädikats haben sich gemeinsam geändert: Die beiden Formen sind also voneinander abhängig.

2.2 Die Bedeutung des Kontextes

Nicht immer wird das Subjekt in einem Satz ausdrücklich benannt; betrachte dazu den folgenden Satz, der sich an den ersten *(Die Kerze brennt)* anschließen könnte:

Sie ------ **KONTEXT**	leucht**et**.

Nur der Zusammenhang, der **Kontext**, kann Dir angeben, wer mit „*sie*" gemeint ist. Er bestimmt eindeutig das ***Bezugswort:*** *die Kerze.*
In der graphischen Darstellung des Satzes wird deshalb ausdrücklich auf den Kontext verwiesen.

Für die lateinische Sprache ist die Tatsache, daß der Kontext zur Bestimmung des Subjekts dienen kann, besonders wichtig.

2.3 Vom Verb geforderte Ergänzungen

2.3.1

Ergänzungen: **„Objekte"**

Beispiel: *Das Kind zerschlägt → /?/.*

Während der Satz *„Die Kerze brennt"* in dieser Form schon vollständig ist, ergeben Subjekt und Prädikat im Falle dieses Beispiels keinen sinnvollen Satz; das Prädikat fordert ein weiteres Satzglied, eine **Ergänzung**; eine solche Ergänzung heißt **Objekt:**

→ sein Spielzeug.

Im Satzbild:

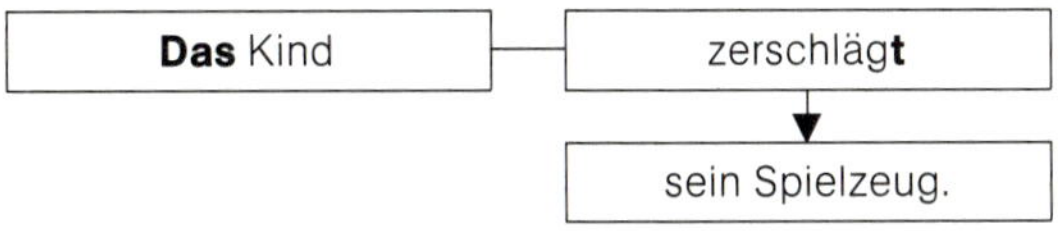

oder:

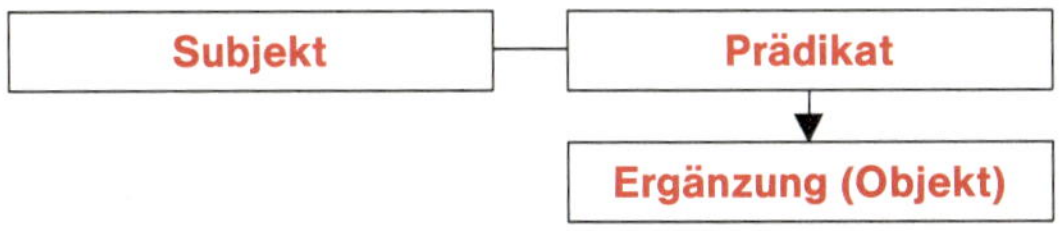

Im vorliegenden Fall haben wir es mit einem **Akkusativobjekt** zu tun.

Akkusativobjekt

2.3.2

Beispiel: *Das Kind schenkt das Spielzeug → /?/.*

In diesem Satz folgt dem Prädikat eine Ergänzung (Objekt); doch damit sich ein sinnvoller Satz ergibt, ist eine **zweite Ergänzung** zum Verb nötig:

→ der Freundin.

Im Satzbild:

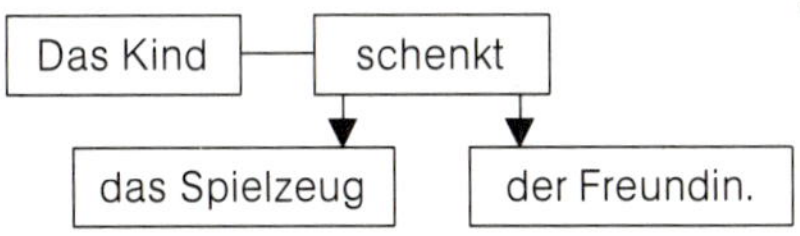

oder:

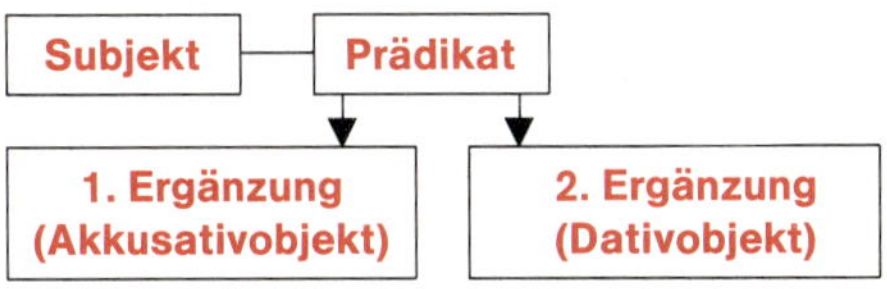

Zum Akkusativobjekt tritt hier also noch ein **Dativobjekt** hinzu.

Dativobjekt

> Man kann sehen, daß das Verb bestimmt, wie viele und welche Ergänzungen erforderlich sind, damit ein grammatisch richtiger und im Kontext sinnvoller Satz entsteht. Faßt man nun das **Prädikat als Satzkern** auf, kann man **auch das Subjekt zu den Verb-Ergänzungen zählen**. Daher weist in unserem Satzbild im folgenden auch immer ein Pfeil vom Prädikat auf das Subjekt. *Im letzten Beispielsatz hatten wir es demnach mit* ***drei*** *Ergänzungen zu tun, die das Verb forderte.*

Kern des Satzes: das Prädikat

2.4 Vom Kontext geforderte ergänzende Angaben

Beispiel: *Die Spieler schossen das Tor.*

Nach dem oben unter 2.3 Gesagten ist der abgedruckte Satz zwar grammatikalisch vollständig, doch ohne weitere, ergänzende Informationen ist der Satz wertlos: Wer sonst z. B. als die Spieler sollte das Tor geschossen haben?

ergänzende Angaben

Sätze enthalten meist ergänzende Angaben, die vom Kontext (Situation oder Textzusammenhang) her erforderlich sind, z. B.:

Die gegnerischen Spieler schossen in der zweiten Halbzeit das entscheidende Tor.

Folgende Informationen treten in diesem Satz hinzu:
1) *„gegnerisch":* ergänzende Angabe zu *„Spieler"*;
2) *„entscheidende":* ergänzende Angabe zu *„Tor"*;
3) *„in der 2. Halbzeit":* ergänzende Angabe zu *„schossen"*.

Attribute:
Teile eines Satzgliedes

1) und 2) geben nähere Erläuterungen zu einem **Substantiv**, sie ergänzen die Satzglieder Subjekt und Objekt. Es handelt sich um **Attribute**. Als solche sind sie Teile eines Satzgliedes und heißen danach **Satzgliedteile**.

3) gibt eine nähere Erläuterung zum vom **Verb** bezeichneten Vorgang; es handelt sich damit um eine **adverbiale Bestimmung** (hier: der Zeit).

adverbiale Bestimmung:
Satzglied

Eine adverbiale Bestimmung ist ein eigenes Satzglied.

Für das Verständnis eines Kontextes können adverbiale Bestimmungen oder Attribute ebenso wichtig sein wie andere Angaben. Für jemand, der erst einmal das Grundverständnis eines Satzes in einer ihm noch fremden Sprache erschließen muß, ist es jedoch manchmal hilfreich, mit den *grammatisch notwendigen Satzgliedern Prädikat*, dann *Subjekt* und *ggf. Objekt(en)* bei der Übersetzung zu beginnen. Kontextbeziehungen beim reinen Lesen zu erfassen, ist erst nach längerer Übung möglich.

2.5 Satzglieder und Satzgliedteile im Satzbild

Den Beispielsatz aus 2.4 können wir folgendermaßen in ein Satzbild umsetzen, das die Funktion der Satzglieder und der Satzgliedteile im Satz aufzeigt:

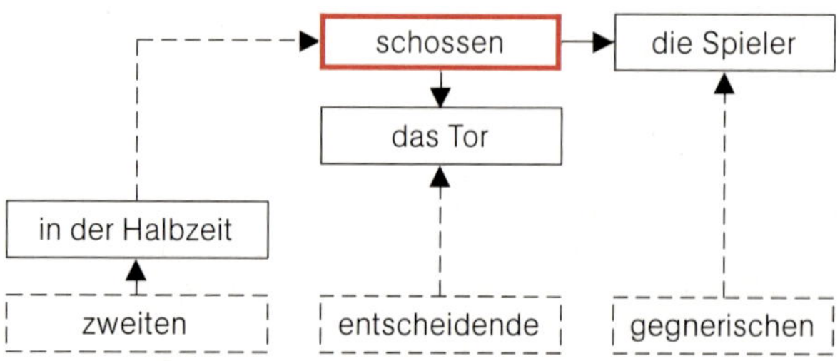

2.6 Hieraus leiten wir nun das folgende **allgemeine Satzmodell** ab:

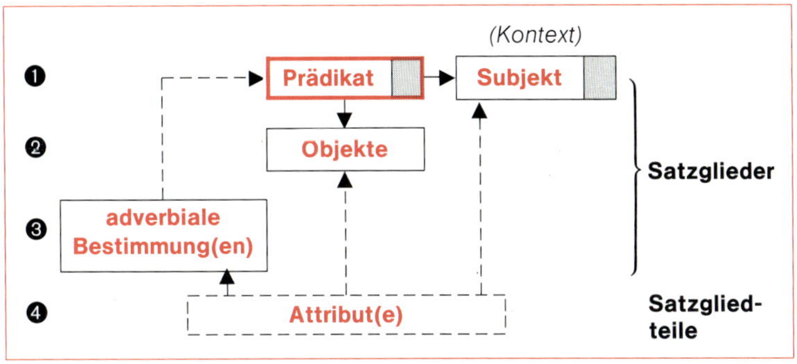

Dieses Satzmodell soll Dir ein Hilfsmittel beim Verstehen und Übersetzen lateinischer Texte sein. Es ist nicht nur auf die lateinische, sondern z. B. auch auf die deutsche oder englische Sprache anwendbar. Mit seiner Hilfe lassen sich Satzglieder jedes Satzes in ihrer Funktion ermitteln.

Du siehst, daß das *Prädikat* eine besondere Rolle einnimmt. Es wird daher zuerst ermittelt und übersetzt.

❶ Prädikat

Vom Verb aus wird das *Subjekt* bestimmt, das in seinem Numerus mit dem Numerus des Verbs übereinstimmen muß.

Subjekt

Nun prüfst Du, ob das Verb *weitere Ergänzungen (Objekte)* erfordert. Mit den entsprechenden Fragen (Akkusativ: *wen/was?*; Dativ: *wem?*; Genitiv: *wessen?*) kannst Du sie ermitteln.

❷ Objekte

Schließlich können *adverbiale Bestimmungen* und *Attribute* die Aussage des Satzes ergänzen.

❸ adverbiale Bestimmungen

Abschließend prüfst Du, ob Dein Verständnis vom Satz wirklich sinnvoll ist.

❹ Attribute

Die Ziffern ❶❷❸❹ bezeichnen also die **vier Ebenen des Satzes**. Die Attribute sind gestrichelt, weil sie Satzglied*teile* darstellen; von der adverbialen Bestimmung führt zum Verb eine gestrichelte Linie, wie von den Attributen, weil beide nur vom Kontext, nicht vom Verb her geforderte zusätzliche Angaben sind, damit der Satz im Zusammenhang sinnvoll ist.

Die einzelnen Kästchen heißen auch *Positionen im Satz*, sie können *gefüllt* bzw. *besetzt* sein oder nicht.

Satzposition

Lēctiō prīma

1.1 Bedeutungsteile und Signalteile

-t — *er/sie/es* **3. Person Singular**

-nt — *sie* **3. Person Plural**

-re — **Infinitiv**

1.1.1

labōra-**t**	(er/sie/es)	*arbeite-**t***	
labōra-**nt**	(sie)	*arbeite-**n***	(mittelhochdeutsch noch: *arbeite-**nt***)
labōrā-**re**		*arbeite-**n***	

An den lateinischen wie an den deutschen Wörtern kannst Du zwei Bestandteile erkennen. Der eine (hier: /labōra/) sagt Dir, welche Bedeutung das Wort hat (hier: /*arbeite*/), der zweite gibt an, welche Aufgabe das Wort im Satz hat: Welche Person bezeichnet es? Welchen Numerus gibt es an? Usw.

Der bedeutungstragende Bestandteil **(= Bedeutungsteil)** heißt (Wort-)**Stamm** (hier: labōra-), der andere Teil **(= Signalteil) Endung** (hier: -t/-nt/-re). Die Endung signalisiert, welche Funktion das Wort im Satz hat.

-us / -ī — **Singular / Plural**

-a / -ae — **Singular / Plural**

-um / -a — **Singular / Plural**

1.1.2

serv-**us**	*der/ein Sklave*
serv-**ī**	*die Sklaven/∅ Sklaven**
puell-**a**	*das/ein Mädchen*
puell-**ae**	*die Mädchen/∅ Mädchen*
plaustr-**um**	*der/ein Wagen*
plaustr-**a**	*die Wagen/∅ Wagen*

Auch die unter 1.1.2 angeführten lateinischen Beispiele kannst Du in einen Bedeutungsteil und in einen Signalteil zerlegen. Die Signalteile signalisieren hier in allen drei Fällen jeweils den Numerus, also Singular oder Plural, sowie den Kasus!

1.1.3

Zusätzlich geben diese Signalteile noch etwas Drittes an, nämlich das **grammatische Geschlecht** der Wörter.

Im Lateinischen gibt es wie im Deutschen drei grammatische Geschlechter (Genus, Mehrzahl: Genera): **Maskulinum, Femininum, Neutrum.**
„Masculinum" bedeutet „männlich", „femininum" heißt „weiblich", und „neutrum" bedeutet „keins von beiden" (Genera).

Lebewesen:
grammatisches = biologisches Geschlecht

1. Grundregel

Wörter, die ein Lebewesen bezeichnen, entsprechen in ihrem grammatischen Genus **stets** dem biologischen Geschlecht des Lebewesens.

---

* ∅ = „Null", in der Grammatik: „Nullsignal"

2. Grundregel
Bei vielen Wörtern wird das grammatische Genus vom Wortausgang signalisiert:
- Wörter mit dem Ausgang -a im Nom. Sg. sind in der Regel Feminina;
- Wörter mit dem Ausgang -us im Nom. Sg. sind sehr häufig Maskulina;
- Wörter mit dem Ausgang -um im Nom. Sg. sind Neutra.

Nominative:

Feminina	**-a/-ae**
Maskulina	**-us/-ī**
Neutra	**-um/-a**

1.1.4

veni-**t** puell-**a**	veni-u-**nt** puell-**ae**
das/ein Mädchen kommt	*(die) Mädchen kommen*

Einem Prädikat im Singular entspricht ein Subjekt im Singular.
Einem Prädikat im Plural entspricht ein Subjekt im Plural (dieses kann sich auch aus mehreren Einzelbegriffen zusammensetzen).

Diese Übereinstimmung von Prädikat und Subjekt, die sich in den Endungen ausdrückt, heißt
Kongruenz (lat. con-gruere zusammen-passen).

Subjekt- / **Prädikat-** **Kongruenz**

1.2 Sprechvokale

canta			- t	canta			- nt	cantā			- re
tace			- t	tace			- nt	tacē			- re
veni			- t	veni	-	u	- nt	venī			- re
dīc	-	i	- t	dīc	-	u	- nt	dīc	-	ĕ	- re

Wenn Du Dir die verschiedenen Formen in den verschiedenen Spalten betrachtest, stellst Du fest, daß in manchen Fällen die Endung direkt an den Stamm tritt und daß in manchen Fällen ein zusätzlicher Vokal eingeschoben wird:

Dieser **Sprechvokal** oder **Zwischenvokal** ist vor t ein i, vor nt ein u und vor re ein e. Diese Sprechvokale werden bei Wörtern eingeschoben, deren Stamm, wie im Falle dīc, auf einen Konsonanten enden.

Sprechvokale -i- -u- -e-

Der auffällige Einschub eines u bei der Form veni-u-nt erklärt sich daher, daß eine Form *veni-nt mit Formen anderer Bedeutung, die Du später kennenlernst, zu verwechseln gewesen wäre.
Ein * vor einem Wort bezeichnet hier und im ganzen Buch (außer den Vokabularien) Wortformen, die nur erschlossen sind bzw. in der angegebenen Weise nicht vorkommen.

1.3 Prädikat ohne Nennung des Subjekts

Puella venit. Vocat.	– *Das Mädchen kommt.* (Es) *ruft.*
Servus venit. Vocat.	– *Der Sklave kommt.* (Er) *ruft.*
Serva venit. Vocat.	– *Die Sklavin kommt.* (Sie) *ruft.*

Während es im Deutschen in der Regel heißt *„Er/sie/es ruft"*, wird im Lateinischen nur gesagt: Vocat.

Lediglich der **Kontext** entscheidet darüber, welches Subjekt im Verb enthalten ist.

Voca - t → **Kontext**

Genügt der Kontext nicht, wird das Subjekt besonders benannt.

1.4 Achte bei der Übersetzung genau auf das Prädikat

venit → servus | venit → serva | venit → plaustrum

veniunt → servī | veniunt → servae | veniunt → plaustra

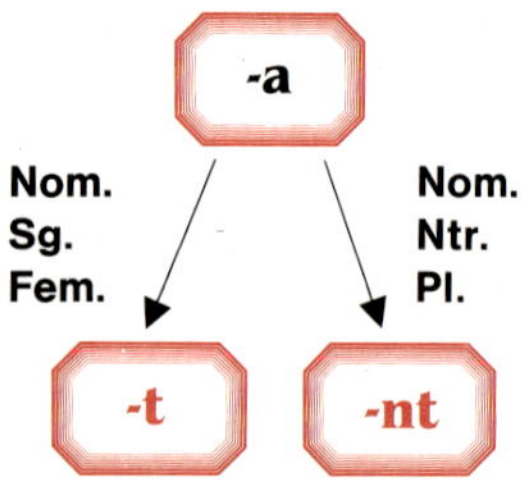

Der Vergleich dieser Sätze zeigt, daß der Substantiv-Ausgang **-a** zwei Deutungsmöglichkeiten zuläßt:

serv-**a** = Nominativ Singular Feminum
plaustr-**a** = Nominativ Plural Neutrum

Die dazugehörigen Verb-Endungen dagegen sind eindeutig:
veni-**t**
veni-u-**nt**

Ü Hieran erkennst Du noch einmal, daß der Blick auf das Prädikat bei der Erschließung eines Satzes hilfreich ist und das Verstehen erleichtert.

1.5 Das Prädikatsnomen im Nominativ

1.5.1

es-t → /?/.

Die Endung zeigt, daß es sich bei der Wortform um die 3. Person Singular handelt. Die Wortform kann also als Prädikat dienen.

Erforderlich ist als Subjekt ebenfalls eine Singularform; z. B. Syrus: *Syrus ist* → /**?**/.

es-t → Syrus
↓
/**?**/

Der Satz gibt jedoch so keinen Sinn: Die Frage, „wer (oder was)" Syrus ist, muß unbedingt beantwortet werden; ein geeignetes Wort ist hier z. B. das **Substantiv** servus:

Substantiv als Prädikatsnomen

Syrus servus est. *Syrus ist ein Sklave.*

Die Verbform est (Pl. sunt) ist für sich inhaltsleer; daher erfordert sie eine grammatisch unbedingt nötige Ergänzung.

est/sunt zusammen mit einer Ergänzung bilden erst ein sinnvolles Prädikat.

Um die enge Bindung der Prädikatsergänzung servus an das Verb est zu veranschaulichen, ändern wir für solche Sätze das Satzbild ab; es zeigt so, daß est zusammen mit der Ergänzung servus das Prädikat darstellt:

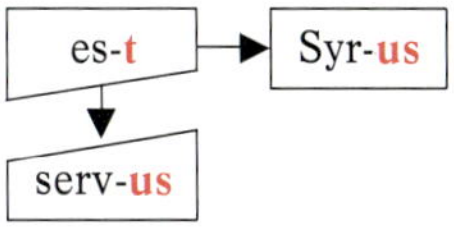

Auch das **Adjektiv** dient als Ergänzung bei esse der näheren Bestimmung eines Nomens:

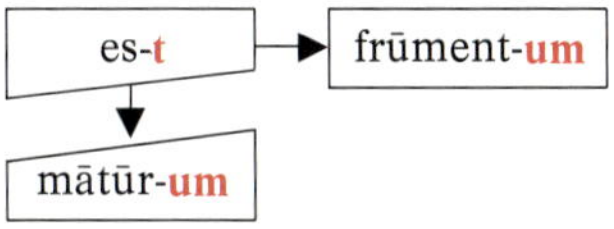

Frūmentum mātūrum est.

Eine derartige Prädikatsergänzung, die zur Herstellung eines sinnvollen Prädikats *unbedingt* erforderlich ist, nennt man Prädikatsnomen.

Adjektiv als Prädikatsnomen

est/sunt + Nomen (Substantiv oder Adjektiv) bilden ein Gesamtprädikat

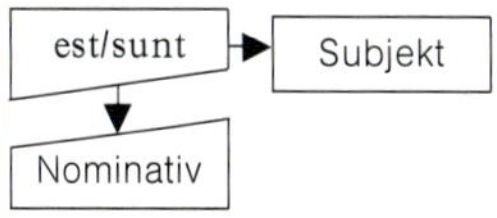

1.5.2

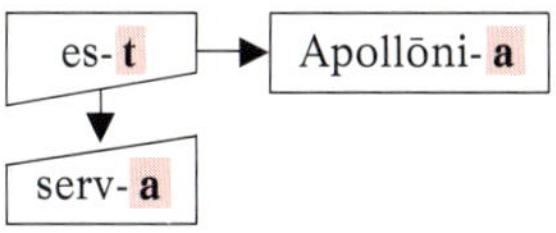

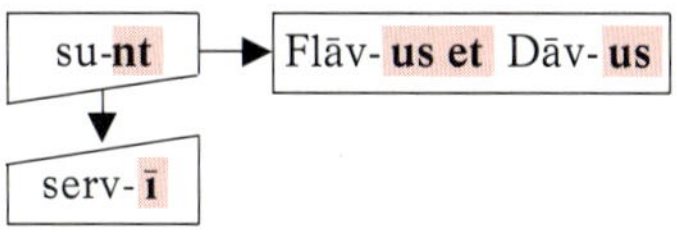

Der Vergleich der Ausgänge der Wörter zeigt, daß sich das **Prädikatsnomen in Kasus, Numerus und Genus nach dem Subjekt richtet.** Diese Übereinstimmung wird als **KNG-Kongruenz bezeichnet.**
(Zur Kongruenz → CG 1.1.4)

Vergleiche im Deutschen: *Jens wird Verkäufer – Carla ist Verkäufer**in**.*

K asus
N umerus – **Kongruenz**
G enus

1.6 Der Infinitiv als Subjekt

Subjekte können nicht nur von Substantiven gebildet werden:

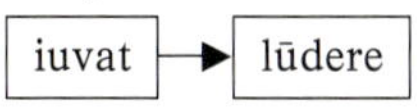

Spielen macht Spaß.

Im Deutschen wie im Lateinischen bildet hier ein Infinitiv das Subjekt. Der Infinitiv kann deswegen Subjekt eines Satzes sein, weil er eine Handlung/einen Vorgang bezeichnet, ohne ein Personensignal zu enthalten.

Lēctiō secunda

2.1 Der Akkusativ

-um Akk. Sg. Mask.

-am Akk. Sg. Fem.

-um Akk. Sg. Ntr.

-ōs Akk. Pl. Mask.

-ās Akk. Pl. Fem.

-a Akk. Pl. Ntr.

Singular			
Nominativ **Akkusativ**	serv-us serv-**um**	serv-a serv-**am**	plaustr-um plaustr-**um**
	den Sklaven *einen Sklaven*	*die Sklavin* *eine Sklavin*	*das Fahrzeug/ den Wagen* *ein Fahrzeug/ einen Wagen*

Plural			
Nominativ **Akkusativ**	serv-ī serv-**ōs**	serv-ae serv-**ās**	plaustr-a plaustr-**a**
	die Sklaven *∅ Sklaven*	*die Sklavinnen* *∅ Sklavinnen*	*die Fahrzeuge/ die Wagen* *∅ Fahrzeuge/ Wagen*

In Lektion 1 hast Du beim Substantiv Formen des Nominativs kennengelernt. In dieser Lektion folgen Formen des Akkusativs.

Neutrum:
Akk. = Nom.

Wie im Deutschen sind **beim Neutrum Nominativ und Akkusativ immer identisch**.

Der im Singular auftretende Auslaut **-m** ist typisch als Auslaut des lateinischen Akkusativs im Singular.

2.2 Zur Funktion des Akkusativs

Betrachte folgende Sätze:
Tertia lūdit. *Tertia spielt.*
Domitilla videt → /**?**/.
Domitilla videt **Polybium.**

Polybium ist als Ergänzung notwendig, damit das Verb vidēre den gewünschten Sinn erhält. Der Satz Domitilla videt – *Domitilla sieht* für sich hätte z. B. den Sinn:
„Domitilla ist an den Augen operiert worden, und jetzt sieht sie (wieder).“

vide-t → Domitill-**a**
↓
Polybi-**um**

Das zeigt, daß die Ergänzung Polybium (also die Ergänzung im Akkusativ) unmittelbar zur Erklärung des Verbvorgangs **videt** nötig ist.

Das Verb lūdere dagegen kann ohne Ergänzung stehen.

Akkusativobjekt:
wen?
was?

Ergänzungen dieser Art sind **Objekte** (→ CG Einführung 2.3). Man nennt sie, wenn man sie näher bezeichnen will, nach dem Kasus, in dem sie stehen. Hier handelt es sich demnach um ein **Akkusativobjekt**. Man kann es im Satz mit der **Frage: wen oder was?** ermitteln.

Der Akkusativ bezeichnet das Ziel, auf das eine Handlung/ Tätigkeit gerichtet ist:

Urheber (Nom.) **Verlauf der Handlung** (Akk.) **Ziel**

servī → complent → saccōs

Verben, die ein Akkusativobjekt mit sich führen können, heißen **transitive Verben**.

transitive Verben

Intransitive Verben können nie ein Akkusativobjekt haben.

Wie das Beispiel Domitilla videt gezeigt hat, können transitive Verben (allerdings meist unter Bedeutungsverschiebung) auch ohne Objekt stehen. Das verdeutlichen einige deutsche Beispiele:
*Der eine sät, der andere **erntet**.*
*Heute **ernten** wir endlich **unsere Kirschen**.*
*Wir müssen sparen, denn wir wollen **bauen**.*
*Die Arbeiter kommen schon, um **das Gerüst zu bauen**.*

Wieder wird deutlich, daß man den **Kontext** zu Hilfe nehmen muß, wenn man die Wortbedeutung verstehen will.

Du hast schon gelernt, die Übersetzung eines Satzes beim Prädikat zu beginnen und von dort aus das zum Verb gehörende Subjekt zu ermitteln.
Danach prüfst Du, ob das lateinische Verb transitiv ist und ob ein Akkusativobjekt dasteht.
Im Normalfall stehen transitive Verben mit Akkusativobjekt.

Ü

2.3 Der Akkusativ als Prädikatsnomen

Verb + 2. Akkusativergänzung: Gesamtprädikat

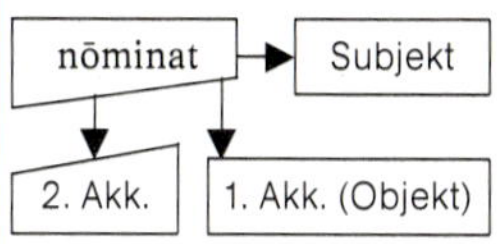

Wie Du weißt, darf ein Prädikatsnomen – im Unterschied zum Objekt – unter keinen Umständen fehlen (→ CG 1.5). Eine Gruppe von Verben bedarf einer doppelten Ergänzung im Akkusativ, damit eine sinnvolle Aussage zustande kommt. Man spricht dann von einem **Prädikatsnomen im Akkusativ** oder vom *doppelten Akkusativ*. Dieser Akkusativ kann ein Substantiv oder Adjektiv sein.

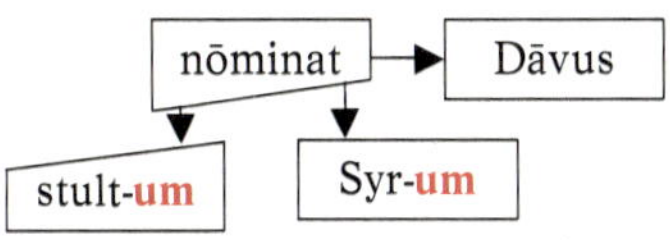

Davus nennt Syrus dumm.

Da nōminat erst durch stultum eine inhaltliche Füllung erhält, bilden beide Elemente zusammen das Gesamtprädikat; im Satzbild wird das (wie schon oben unter 1.5.1) kenntlich gemacht.

Setzen wir – wie manchmal nötig – für *‚nennen'* Verben ein wie *‚bezeichnen'*, *‚erklären'* usw., müssen wir im Deutschen eine Verbindung zwischen den beiden Akkusativen ergänzen:
*Davus bezeichnet Syrus **als** dumm.*
*Davus erklärt Syrus **für** dumm.*
Ein Satz *„Davus nennt Syrus"* **ohne** Prädikatsnomen im Akkusativ könnte etwa sinnvoll sein auf die Frage *„Wer fehlt?"*

2.4 Der Infinitiv als Objekt (Prädikatsergänzung)

a) Dāvus labōrāre nōn potest.

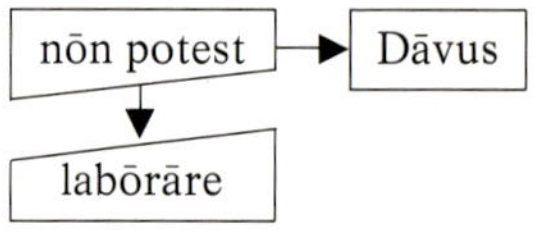

Die Infinitivform „labōrāre" steht in diesem Satz als inhaltliche Ergänzung zu **potest**, steht formal also in der Funktion eines Objekts.

b) Servī rotam apportāre possunt.

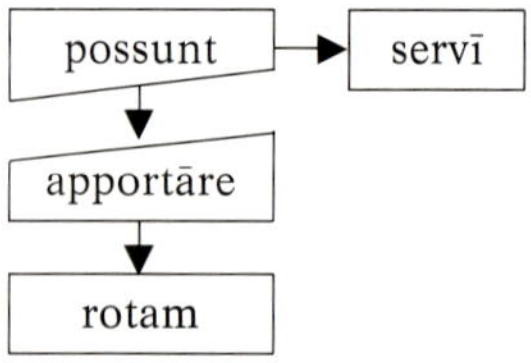

In diesem Satz weist der Infinitiv eine eigene zusätzliche Ergänzung auf: „rotam" ist Akkusativobjekt zu „apportāre".

Da die Infinitive die Prädikate **potest** bzw. **possunt** auch inhaltlich auffüllen, machen wir das im Satzbild wie beim akkusativischen Prädikatsnomen sichtbar.
→ CG 1.6

Lēctiō tertia

3.1 Der Dativ

-ō Dat. Sg. Mask.
-ae Dat. Sg. Fem.
-ō Dat. Sg. Ntr.

-īs, **-īs**, **-īs** Dat. Pl. Mask./Fem./Ntr.

Singular			
Nominativ	serv-us	serv-a	plaustr-um
Dativ	serv-**ō**	serv-**ae**	plaustr-**ō**
Akkusativ	serv-um	serv-am	plaustr-um
	dem Sklaven	*der Sklavin*	*dem Fahrzeug/ dem Wagen*
	einem Sklaven	*einer Sklavin*	*einem Fahrzeug/ Wagen*

Plural			
Nominativ	serv-ī	serv-ae	plaustr-a
Dativ	serv-**īs**	serv-**īs**	plaustr-**īs**
Akkusativ	serv-ōs	serv-ās	plaustr-a
	den Sklaven	*den Sklavinnen*	*den Fahrzeugen/ Wagen*
	Ø Sklaven	*Ø Sklavinnen*	*Ø Fahrzeugen/ Wagen*

3.2 Zur Funktion des Dativs

3.2.1 Das Dativobjekt

Servus dominō pāret.
Der Sklave gehorcht dem Herrn.

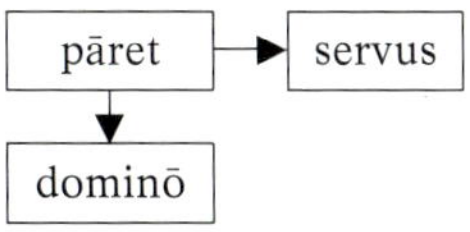

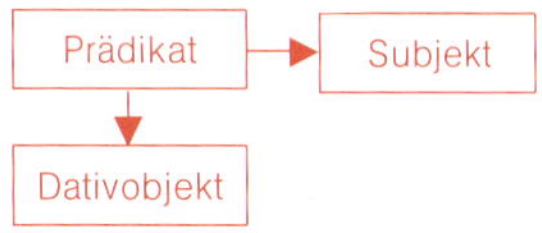

Manche Verben verlangen als Ergänzung kein Akkusativ-, sondern ein **Dativobjekt**.
Weil es ebenfalls eine notwendige Erklärung zur Aussage des Verbs gibt, steht es im Satzbild an derselben Position wie das Akkusativobjekt.

Dativobjekt:
wem?

3.2.2 Verben mit zwei Objekten

Magister discipulō librum dat.
Der Lehrer gibt dem Schüler ein Buch.

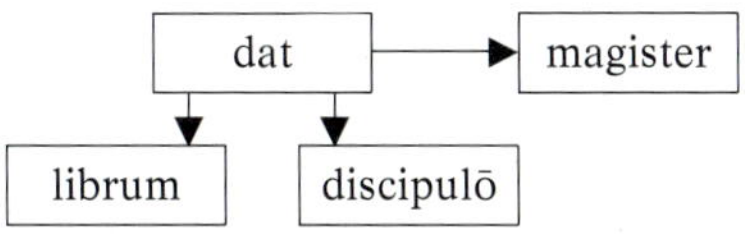

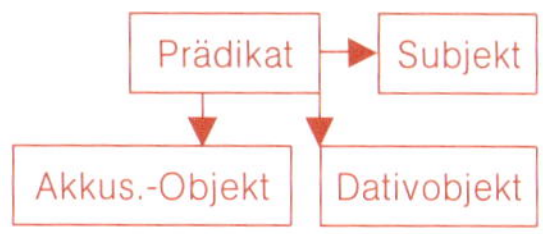

Es gibt Verben, die sowohl ein Akkusativobjekt als auch ein Dativobjekt verlangen (→ CG Einführung 2.3.2).

Das **Akkusativobjekt** heißt **direktes Objekt** (weil es das Ziel der Handlung bezeichnet), das **Dativobjekt** heißt **indirektes Objekt**, weil die bezeichnete Person (selten eine Sache) an der im Verb wiedergegebenen Handlung Interesse hat; z. B. weil sie einen Nutzen daraus zieht (→ CG 3.2.3).

3.2.3 Der Dativ des Nutzens bzw. Nachteils (Datīvus commodī/incommodī)

commodum Vorteil, Nutzen
incommodum Nachteil, Verlust

Vergleiche:
a) *Der Arzt verbindet die Hand **des Kranken**.*
b) *Der Arzt verbindet **dem Kranken** die Hand.*
Die Aussage ist in beiden Sätzen grundsätzlich gleich; das Dativobjekt im Satz b sagt aber zusätzlich, zu wessen **Nutzen** der Arzt die Hand verbindet.

Das Dativobjekt wird oft verwendet, um denjenigen zu bezeichnen, für den (zu dessen Nutzen) etwas geschieht:

Dāvus iūmentīs aquam dat. *Davus gibt den Rindern Wasser.*

Das gilt auch für die Umkehrung:
Der Dieb nahm dem Mann das Geld fort.
Hier gibt der Dativ an, zu wessen Schaden (= „Nicht-Nutzen") etwas geschieht.

Manchmal muß man diesen Dativ mit „für" umschreiben:
Servī dominō labōrant. *Die Sklaven arbeiten **für** den Herrn.*

Dativus (in)commodi:
für wen?
wofür?

3.2.4 Der Dativ als Prädikatsnomen

3.2.4.1 Der Dativ des Zwecks (Datīvus fīnālis)

Auch der Dativ kann eine enge Bindung mit dem Prädikat **esse** eingehen:

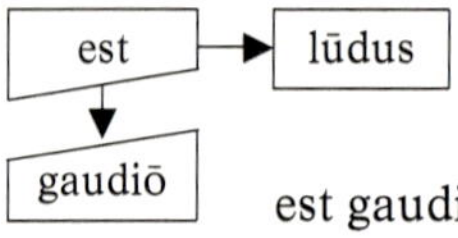

est gaudiō bilden das Gesamtprädikat.

Dativus finalis:
wozu?

Die Bedeutung ergibt sich hier, wenn man die Frage: *wozu?* stellt. Wörtlich (mit Hilfe der Frage: *wozu?*) übersetzt heißt der Satz:
Die Schule ist (da) ***zum Zweck*** *des Vergnügens.*

„doppelter Dativ"

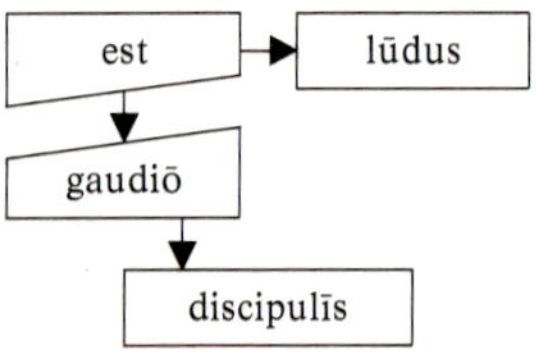

Diesen Dativ nennt man daher (lat. fīnis „Zweck") **Datīvus fīnālis**. Die Person, auf die das von diesem Dativ Beschriebene wirkt, steht ebenfalls im Dativ, im **Dativus commodi**:

Lūdus **discipulīs** gaudiō est.

Die wörtliche Übersetzung dieser Art Dativ ist also nicht möglich. Man übersetzt frei:

Die Schule macht (den Schülern) Spaß.

→ CG 1.5 und 2.3

3.2.4.2 Der Dativ des Besitzers (Datīvus possessīvus)

Ebenfalls in der Verbindung mit **esse** kann der Dativ den Besitzer einer Sache bezeichnen (→ CG 6.5, Anm.):

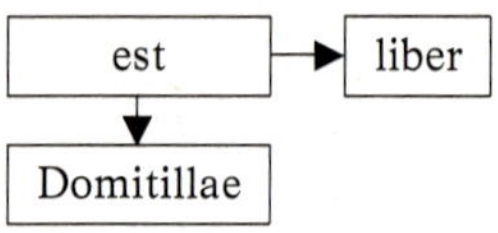

Domitilla hat/besitzt ein Buch:

Dativ des Besitzers/Dativus possessivus (lat. possidēre besitzen).

3.3 Maskulina auf -er

Zur Gruppe der Wörter, die im Nominativ Singular **-us** Ausgang haben, treten einige, bei denen dieser Ausgang fehlt:

puer	(Stamm: puer)	magister	(Stamm: magistr)
puer-ō		magistr-ō	
puer-um		magistr-um	

-er **Nom. Sg. Mask.** Hierzu gehören auch Adjektive wie z. B. **miser, misera, miserum** und **pulcher, pulchra, pulchrum**.

3.4 Pluralwörter

Wie im Deutschen (z. B. *„die Leute“*) gibt es im Lateinischen Wörter, die keinen Singular haben (außer evtl. in anderer Bedeutung), sondern nur im Plural vorkommen. Dazu gehört das Wort
litterae, ārum *der Brief* (eigentlich: *Buchstaben*, von littera).

Entsprechend der KNG-Regel ist mit einem solchen Pluralwort ein Prädikat im Plural verbunden.

In der Grammatik heißen solche Pluralwörter **Plūrālia tantum** (Sg.: **Plūrāle tantum;** tantum = nur).

Lēctiō quārta

4.1 Konjugation: Präsens/Imperativ Aktiv

Stamm-auslaut	ā	ē	ī (langes i)	ĭ (kurzes i)	Kon-sonant
1. P. Sg. 2. P. Sg. 3. P. Sg.	laud-**ō** laudā-**s** laudă-**t**	terrĕ-**ō** terrē-**s** terrĕ-**t**	audĭ-**ō** audī-**s** audĭ-**t**	cupĭ-**ō** cupĭ-**s** cupĭ-**t**	mitt-**ō** mitt-**i-s** mitt-**i-t**
1. P. Pl. 2. P. Pl. 3. P. Pl.	laudā-**mus** laudā-**tis** laudă-**nt**	terrē-**mus** terrē-**tis** terrĕ-**nt**	audī-**mus** audī-**tis** audĭ-**u-nt**	cupĭ-**mus** cupĭ-**tis** cupĭ-**u-nt**	mitt-**i-mus** mitt-**i-tis** mitt-**u-nt**
Inf.	laudā-**re**	terrē-**re**	audī-**re**	cupĕ-**re**	mitt-**e-re**
Imp. Sg. Imp. Pl.	laudā laudā-**te**	terrē terrē-**te**	audī audī-**te**	cupĕ cupĭ-**te**	mitt-**e** mitt-**i-te**

Singular	Plural
-ō	-mus
-s	-tis
-t	-nt

4.1.1

Nach dem Auslaut des Wortstamms im Präsens unterscheidet man im Lateinischen **fünf Konjugationsklassen:**

a-Konjugation: laudā-re
e-Konjugation: terrē-re
ī-(Lang -i-) Konjugation: audī-re
ĭ-(Kurz -i-) Konjugation*): cupĕ-re (<cupĭ-re)
konsonantische Konjugation: mitt-e-re

Im Sg. und Pl. des Präsens Aktiv sind die Endungen in allen Konjugationsklassen gleich.

Wort-stock	Kenn-vokal	Sprech-vokal	Endung
laud-	ā-		re
terr-	ē-		re
aud-	ī-		re
cup-	ĕ-*)		re
mitt-		-e-	re

*) *vor r, sonst ĭ*

*) auch konsonantische Konjugation mit i-Erweiterung genannt.

Ø/-e **-te**

Der **Imperativ Sg.** wird entweder vom Stamm gebildet (a-, e-, ī-Konjugation) oder durch Anhängen des Signals „ĕ" (kons. und ĭ-Konjugation). Im **Pl.** wird -te angehängt (kons. Konjugation: -i-te).

Merke: dīc, dūc, fac als Imp. Sg. von dīcere, dūcere, facere.

4.1.2 Lautregeln

1. vorhandener Laut schwindet: * laudă-ō – laudō; *)
2. zusätzlicher Laut wird eingeschoben: ag-i-s;
3. kurzes i wird vor r abgeschwächt: * cupĭ-re – cup-e-re;
4. Vokalkürzung
   a) vor auslautendem -t und -nt: laudă-t/laudă-nt
   b) vor folgendem Vokal: monĕ-ō

→ CG 1.2: Sprechvokal

4.2 esse – „sein"

Präsensstamm
es- Vollstufe | **s-** Schwundstufe

Aus dem Deutschen, aber auch aus dem Englischen oder Französischen, ist Dir bekannt, daß die Präsensformen von **sein/to be/être** Besonderheiten aufweisen. So tauchen im Deutschen Formen auf, die ganz verschieden beginnen: **b**in, **s**ind, **is**t.

Die **Präsensformen von esse** (sein) haben z. T. den vollen Stamm es-, z. T. einen verkürzten Stamm s- („Schwundstufe").

Auch hier gibt es eingeschobene Sprechvokale:

1. P. Sg.	s – u – m	sum
2. P. Sg.	* e s – – – s	es
3. P. Sg.	e s – – – t	est
1. P. Pl.	s – u – mus	sumus
2. P. Pl.	e s – – – tis	estis
3. P. Pl.	s – u – nt	sunt
Inf.	e s – – – se **)	esse
Imp. Sg.	e s	es
Imp. Pl.	e s – – – te	este

ad-esse
de-esse
inter-esse
in-esse

-m **1. P. Sg.**

Neben den Dir schon bekannten Endungen lernst du hier in der Form sum eine neue Endung kennen: **-m**. Diese Endung wird Dir noch in mehreren lateinischen Formen begegnen; man muß sie sich als Zweitform neben -ō einprägen.
Im Deutschen entspricht dieser Endung das n in der Form „bi**n**"

---

*) Solche Vokalverschleifungen sind nichts Ungewöhnliches; so wird z. B. das mittelhochdeutsche „guot" im Neuhochdeutschen zu „gut".

) Die Infinitivform auf -se gibt die ursprüngliche Form der lateinischen Infinitivendung wieder. amā-re ist also aus * amā-se entstanden: Dieser Lautwandel von s zu r zwischen zwei Vokalen ist ein Lautgesetz des Lateinischen („Rhotazismus"** – Begriff nach dem Namen des griech. Buchstabens „rho") und wird uns noch öfter begegnen; vgl. auch im Deutschen frie**r**en – Fro**s**t.

4.3 posse – „können“

Im Zusammenhang mit esse stehen die **Formen von posse**, die eigentlich aus esse und einem vorgesetzten pot (< potis, pote) zusammengesetzt sind, das etwa „fähig“ bedeutet:

1. P. Sg.	* pot-sum	possum
2. P. Sg.	pot-es	potes
3. P. Sg.	pot-est	potest
1. P. Pl.	* pot-sumus	possumus
2. P. Pl.	pot-estis	potestis
3. P. Pl.	* pot-sunt	possunt
Inf.	(pot-esse)	posse

4.4 Der Vokativ

Scribe, Tite!
Außer der im Imperativ scribe enthaltenen Aufforderung weist der Satz eine besondere Form des Substantivs als weitere Aufforderungsform auf, einen **Vokativ** (von vocāre: rufen).

Vokativ Sg. Mask. -e

Der Vokativ tritt als besondere Wortform nur bei Wörtern auf, die nach dem Muster von servus dekliniert werden: serve, Tite. In allen anderen Fällen (auch im Plural servī) entspricht er dem Nominativ.

Der Vokativ ist von keinem anderen Wort des Satzes abhängig; man kann ihn als eigenen „Wortsatz“ auffassen wie z. B. auch den Ruf „Feuer!“

Namen auf -ius:
Vokativ auf -ī
Polybius - Polýbī

4.5 Der sog. Akkusativ des Ausrufs

ō mē stultum *oh ich Dummkopf!*
Es kommen Ausrufe im Akkusativ vor, die, wie der Vokativ, ohne Verbindung zum übrigen Satz stehen.
Grammatisch erklärbar sind solche Ausrufe etwa von einem dazu zu denkenden Imperativ „vidēte!“ oder „audīte!“ her.
→ CG 2.2.

4.6 Das Personalpronomen (I)

audiō ***ich*** *höre*
audiō **tē** *ich höre* ***dich***
Der Nominativ des Personalpronomens, im Deutschen immer auch durch das Personalpronomen ausgedrückt, wird im Lateinischen im allgemeinen nur durch die Verb-Endung signalisiert; hauptsächlich kommt es in den übrigen Kasus vor. Trotzdem gibt es Fälle, wo auch im Lateinischen das Personalpronomen im Nominativ gesetzt wird:

a)
Dominus sum. Servus es.
Ich bin Herr. Du bist Sklave.

b)
Egō dominus sum! Tū servus es!
Hier bin ***ich*** *der Herr!*
Du *bist nichts als ein Sklave!*

Wenn das Personalpronomen im Nominativ gebraucht wird, wird also auf die betreffende Person besonders betont hingewiesen.

	1. P. Sg.	1. P. Pl.	2. P. Sg.	2. P. Pl.
Nom.	egō *ich*	nōs *wir*	tū *du*	vōs *ihr*
Dat.	mihī̆ *mir*	nōbīs *uns*	tibī̆ *dir*	vōbīs *euch*
Akk.	mē *mich*	nōs *uns*	tē *dich*	vōs *euch*

4.7 Fragesätze

In der deutschen Schriftsprache kennzeichnen wir eine Frage durch Veränderung der Wortstellung:
a) **Aussage:** *Er kommt morgen.*
b) **Frage:** *Kommt er morgen?*

Da das Prädikat im deutschen Hauptsatz gewöhnlich an zweiter Stelle steht, ist seine Umstellung nach vorne **(Inversion)** so ungewöhnlich, daß sie ausreicht, dem Satz b) einen besonderen Sinn zu verleihen.

Das Mittel der Inversion gibt es **im Lateinischen** nicht, weil dort die Stellung der Wörter im Satz nicht streng festgelegt ist. Deshalb müssen **besondere Signale** verwendet werden, die einen Fragesatz kennzeichnen.
Bestimmte Signale werden so verwendet, daß sie die erwartete Antwort bereits vorwegnehmen.

Bleibt die erwartete Antwort unbeeinflußt, handelt es sich also um eine **echte Frage**, wird an das erste Wort des Satzes ein **-ne angehängt**.
Wird dem Befragten die **Antwort „ja"** in den Mund gelegt, verwendet man das Wörtchen **nōnne**.
Erwartet der Sprecher eine **verneinende Antwort**, benutzt er **num**.

Puella**ne** cantat?	*Singt das Mädchen?*	**Antwort offen,** echte Frage.
Nōnne puella cantat?	*Singt das Mädchen denn nicht?*	**Antwort:** Doch, **ja!**
Num magister adest?	*Ist etwa der Lehrer da?*	**Antwort: Nein.**

In der Antwort wird im Lateinischen das Verb wiederholt (bei Verneinung mit nōn negiert), da es im Lateinischen keine eigentlichen Wörter für „ja" und „nein" gibt.

Lēctiō quīnta

5.1 Der Genitiv

Singular			
Nominativ	serv-us	serv-a	plaustr-um
Genitiv	serv-**ī**	serv-**ae**	plaustr-**ī**
Dativ	serv-ō	serv-ae	plaustr-ō
Akkusativ	serv-um	serv-am	plaustr-um
	des/eines Sklaven	*der/einer Sklavin*	*des/eines Wagens/Fahrzeugs*

Plural			
Nominativ	serv-ī	serv-ae	plaustr-a
Genitiv	serv-**ōrum**	serv-**ārum**	plaustr-**ōrum**
Dativ	serv-īs	serv-īs	plaustr-īs
Akkusativ	serv-ōs	serv-ās	plaustr-a
	der Sklaven (von Sklaven)	*der Sklavinnen (von Sklavinnen)*	*der Wagen/Fahrzeuge (von Wagen/Fahrzeugen)*

Gen.Sg.Mask. **-ī**

Gen.Sg.Fem. **-ae**

Gen.Sg.Ntr. **-ī**

Gen.Pl.Mask. **-ōrum**

Gen.Pl.Fem. **-ārum**

Gen.Pl.Ntr. **-ōrum**

5.1.1 Der Genitiv als nähere Bestimmung eines Substantivs (Genitivattribut)

5.1.1.1 Der Genitiv des Besitzers (Genitīvus possessīvus)

a) Dāvus vīllam vīcīnī nōn reperit.
Davus findet die Villa des Nachbarn nicht.
b) Flāvus amīcus Dāvī est.
Flavus ist der Freund des Davus.
c) Pompōnius litterās vīcīnī legit.
Pomponius liest den Brief des Nachbarn.

a) und c):

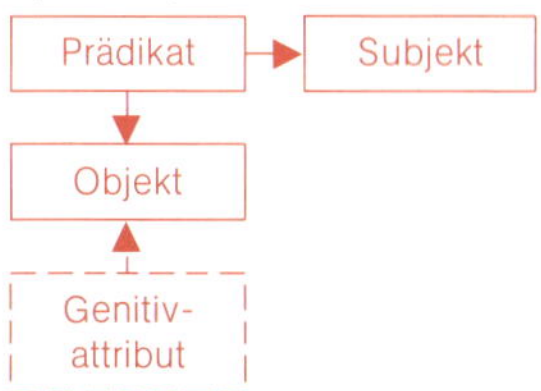

In den Beispielsätzen gibt der **Genitiv als Attribut** eine nähere Erläuterung zum Substantiv, zu dem er gehört. In allen Fällen bezeichnet er den **Bereich, zu dem jemand/etwas gehört:**

a) Der Nachbar ist Besitzer der Villa; somit gehört sie seinem „Bereich" an;
b) Flavus gehört zu Davus als dessen Freund, zum Freundes„kreis" des Davus;
c) der Brief gehört in den „Bereich" des Nachbarn, weil dieser ihn geschrieben hat = dessen Urheber ist.

b):

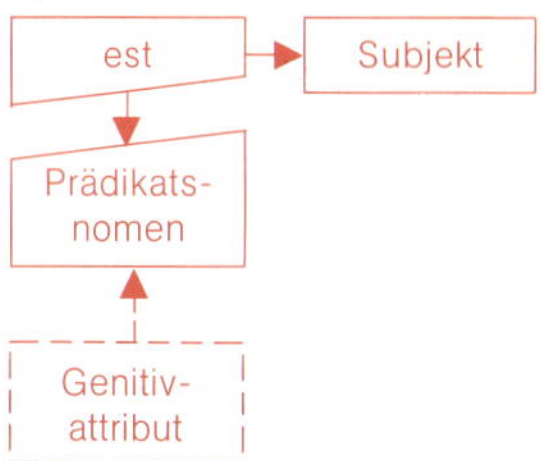

Da ein *Besitz*verhältnis die direkteste Form der „Zugehörigkeit zu einem Bereich" darstellt, nennt man den Genitiv in der beschriebenen Funktion **Genitivus possessivus** (lat. possidēre besitzen).

Genitivus possessivus:
wessen?

d) Lampriscus magister linguae Graecae est.
L. ist Lehrer der griechischen Sprache =
L. ist Griechischlehrer.

Genitiv
Beziehungswort
≈ Bereich

Lampriscus wird dadurch näher bestimmt, daß er – *im Unterschied zu anderen* Lehrern – Lehrer „im Bereich der griechischen Sprache" genannt wird.
Auch diese nähere Bestimmung gehört also in den Zusammenhang *„Angabe eines Bereiches"*.

Der Genitiv bezeichnet den Bereich, zu dem jemand/etwas gehört. Urheberschaft und Besitz sind Formen eines Bereichs.

5.1.1.2 Der Genitīvus qualitātis

Dominus tuus servōs māgnae stultitiae habet.
*Dein Herr besitzt Sklaven *„im Bereich" großer Dummheit =*
von großer Dummheit.

Genitivus qualitatis:
von welcher Art?

Dieser Genitiv ist eine Sonderform des Genitivus possessivus. Indem er einen Bereich bezeichnet, zu dem die genannten Personen gehören (hier: māgnae stultitiae), gibt er eine **Eigenschaft** an. Dieser Genitiv heißt **Genitivus qualitatis** (Gen. der Eigenschaft).

Diese Art des Genitivs existiert in Einzelfällen auch im Deutschen: ein Sportler *bester Klasse*; ein Auto *erster Qualität* usw. Im allgemeinen muß man aber davon ausgehen, daß wir ihn nicht wörtlich übersetzen können.

Die folgenden Satzbilder zeigen, daß ein solcher Genitiv gegen ein Adjektiv als Attribut ausgetauscht werden kann.

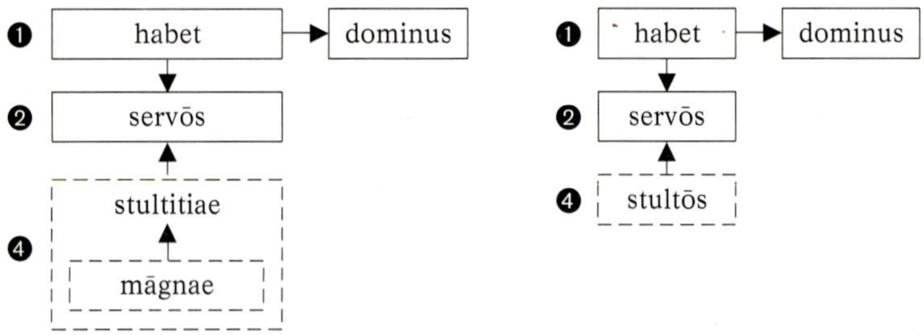

Diese Austauschmöglichkeit gilt grundsätzlich für jedes Genitivattribut, vgl.:
das väterliche Haus – das Haus des Vaters.
→ auch CG 5.2.1.2 – Attribut.

Ü

Übersetzungsmöglichkeiten des Genitivus qualitatis:

1. formgleiche Beibehaltung des Attributs:
Dein Herr hat Sklaven von großer Dummheit.

2. Auflösung des Genitivs, Umwandlung in einen attributiven Gliedsatz:
Dein Herr hat Sklaven, die sehr dumm sind.

3. Vereinfacht als adjektivisches Attribut:
Dein Herr hat sehr dumme Sklaven.

5.1.1.3 Der Genitīvus partitīvus

Ūnus serv**ōrum** venit. — *Einer der Sklaven kommt.*
Ūnus cūnct**ōrum** serv**ōrum** venit.
Ūnus vest**rum** venit.

Hier wird in jedem Beispiel ein ***Teil*** einem **Ganzen** gegenübergestellt. Es handelt sich dabei um eine besondere Form einer Bereichsangabe, die wir als ein Teilverhältnis auffassen: *Einer* wird aus dem *„Bereich" der Gesamtheit* herausgenommen und diesem *Ganzen* gegenübergestellt. Zur Übersetzung verwenden wir sehr oft die Präposition „von" (und zwar nicht als Hilfsübersetzung!), also:

Genitivus partitivus
(ein Teil)
wovon?

Ü

Einer von allen Sklaven kommt.
Einer von euch kommt.

Merke:
Amphora vīnī Falernī — *eine Amphore* ***vom*** *Falernerwein:*
Die einzelne Amphore wird als Mengenangabe aufgefaßt (als Teilmenge der Gesamtmenge Falernerwein).
Möglich ist aber auch, den Genitiv als nähere Bestimmung aufzufassen: Die Falernerweinamphore (und nicht die Samosweinamphore)

Du kannst an diesem Beispiel sehen, daß manchmal verschiedene Erklärungen für einen Genitiv möglich sind. Das liegt vor allem daran, daß es ganz unterschiedliche Formen der Zugehörigkeit zu einem Bereich gibt; die Zuordnung ist dann Auffassungssache und vom Kontext abhängig.

5.1.2 Der Genitīvus qualitātis als Prädikatsnomen

esse kann auch durch ein Prädikatsnomen im Genitiv ergänzt werden. Vgl. etwa im Deutschen: *„Bist du denn des Teufels?"*:

Dāvus est māgnae stultitiae.

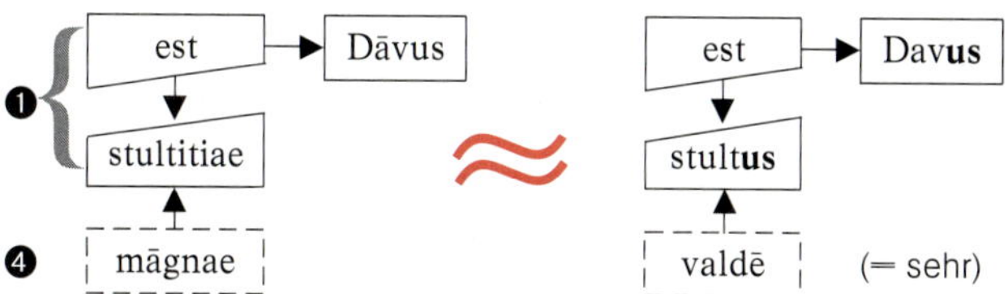

Davus ist von großer Dummheit. — *Davus ist sehr dumm.*

→ CG 1.5, 2.3, 3.2.4

P. liest den Brief
↑
des Nachbarn

Hauptfunktion des Genitivs:
Nähere Erläuterung eines Nomens

Der Redner gedenkt
↓
des Nachbarn

Genitiv als Objekt:
selten

5.1.3 Zusammenfassung: Der Genitiv als „adnominaler" Kasus

Vergleiche: a) Pompōnius vīcīnō litterās mittit.
b) Pompōnius vīcīnī litterās legit.

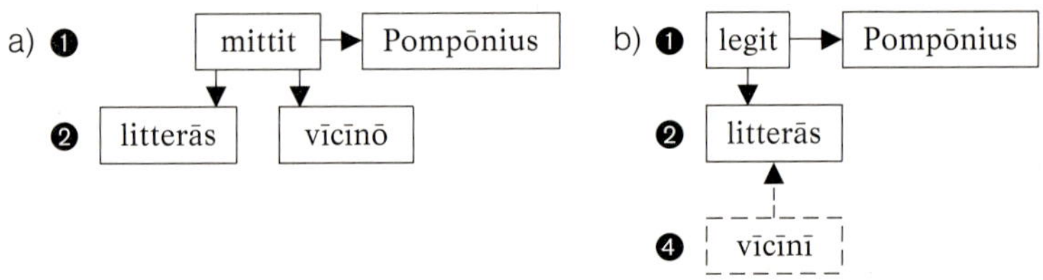

Das Satzbild a) zeigt, daß vīcīnō (indirektes) **Objekt zum Verbum** mittit (Prädikat) ist.

Das Satzbild b) zeigt, daß vīcīnī eine nähere **Erläuterung zum Nomen** litterās ist, also **Attribut**.

Einen Akkusativ oder Dativ mußt Du bei der Übersetzung von einem Verb abhängig machen.
Der Genitiv hingegen als *„adnominaler"* (beim *Nomen* stehender) Kasus der Bereichsangabe ist von einem Substantiv abhängig. Nur von wenigen Verben ist der Genitiv als Objekt abhängig.

5.2.1 Adjektive

Adjektive

-us/-ī -a/-ae -um/-a

	Maskulinum	**Femininum**	**Neutrum**
Singular			
Nom.	bon-us	bon-a	bon-um
Gen.	bon-ī	bon-ae	bon-ī
Dat.	bon-ō	bon-ae	bon-ō
Akk.	bon-um	bon-am	bon-um
Plural			
Nom.	bon-ī	bon-ae	bon-a
Gen.	bon-ōrum	bon-ārum	bon-ōrum
Dat.	bon-īs	bon-īs	bon-īs
Akk.	bon-ōs	bon-ās	bon-a

→ **CG 3.3**

Die Adjektive zeigen dieselben Ausgänge, durch die die Kasus der Substantive bestimmt werden. Gleichzeitig kennzeichnen die Ausgänge das Genus der Adjektive.

Im Gegensatz zum Deutschen ist bei der Formenbildung folgendes zu bemerken:

Puella superba cantat. Das übermütig**e** Mädchen singt.
Ein übermütig**es** Mädchen singt.
Puella superba est. Das Mädchen ist übermütig **Ø**.*)

Schwache (übermütig**e**) und starke (übermütig**es**) Deklination des Adjektivs gibt es im Lateinischen nicht. Es ist aber auch nie endungslos (übermütig **Ø**).

*) Ø = „Null"

5.2.1.1 Die Verwendung des Adjektivs

Inhaltlich leistet das Adjektiv folgende Aufgaben:
Es beschreibt **Eigenschaften:** eine *gutmütige* Frau
Es beschreibt **Merkmale:** ein *grüner* Apfel
Es gibt eine **Herkunft** an: der *griechische* Wein

Adjektiv als Prädikatsnomen bei esse

In seiner Funktion als Prädikatsnomen bei esse hast du das Adjektiv schon kennengelernt (→ CG 1.5).

Genauso kann es aber auch, das ist seine wichtigste Funktion, ein Substantiv als **Attribut** (von attribuere – „hinzufügen") näher bestimmen:

Hauptfunktion des Adjektivs: ***Attribut eines Nomens***

Asinus onustus venit. *Der beladene Esel kommt.*

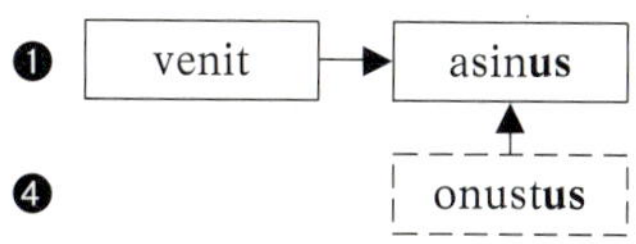

Auch in der Funktion als Attribut zeigt das Adjektiv die enge Beziehung zu dem Wort, das es näher bestimmt, formal durch die **Übereinstimmung von Kasus, Numerus und Genus mit dem Beziehungswort:**

KNG-Kongruenz
→ CG 1.5

Discipul**us** sēdul**us** discit. – Aurēlia amphor**ās** vacu**ās** videt. – Iūment**a** dēfess**a** mūgiunt.

5.2.1.2 Adjektivisches Attribut und Genitivattribut (Zusammenfassung)

Vergleiche:

das Römerreich	–
das Römische Reich	Imperium Rōmānum
das Reich der Römer	Imperium Rōmānōrum

In den Beispielen wird der – für sich – vieldeutige Begriff „Reich" eindeutig gemacht durch die Attribute:
- Römer-...
- römisch
- der Römer

Eine Person/eine Sache/einen Begriff eindeutig zu bestimmen, ist die Aufgabe jedes Attributs.
Von den oben angeführten Formen des Attributs gibt es im Lateinischen nur die zweite und dritte. Die im Deutschen sehr häufig genutzte erste Möglichkeit – die Zusammensetzung eines Substantivs (= Grundwort) mit einem Bestimmungswort – kommt im Lateinischen so gut wie gar nicht vor. *Diese Möglichkeit solltest Du für die Übersetzung ins Deutsche aber stets im Auge behalten.*

Ü

5.2.1.3 Die Substantivierung von Adjektiven

Wie im Deutschen können Adjektive in die Funktion von Substantiven übergeführt werden:

Magister sēdulōs laudat. *Der Lehrer lobt die Fleißigen.*

Substantivierte Adjektive werden wie Substantive gebraucht.

Sprichwort: Rāra sunt cāra.

rārus, -a, -um selten; cārus, -a, -um lieb, teuer

Ü Im Deutschen gibt es kein substantiviertes Adjektiv im Neutrum Plural. Wir müssen daher die Singularform verwenden:
Seltenes ist teuer.

Anmerkung: Diese Substantivierungsform ist im Lateinischen relativ häufig. Weil wir sie nicht wörtlich wiedergeben können, ist es ratsam, sich diesen oder einen anderen Beispielsatz als Muster einzuprägen.

5.3 Die Reihung

Polybius multa et iucunda scit.
*Polybius weiß *vieles und Interessantes.*

Ü Im Deutschen wird „viel" als unbestimmter Artikel verwendet, der Römer jedoch faßt multa als Adjektiv mit eigenständiger Aussage auf; zu übersetzen ist demnach:
Polybius weiß viel Interessantes/viele interessante Dinge.

Abweichend vom deutschen Sprachgebrauch kann man im Lateinischen bei der Reihung bzw. Aufzählung die Konjunktion „et" auch vor das erste Glied der Reihung/Aufzählung stellen:

Quīntus **et** sēdulus **et** doctus **et** attentus est.
*Quintus ist fleißig, gebildet **und** interessiert.*

Die folgende Art der lateinischen Reihung/Aufzählung hingegen ist im Deutschen möglich, jedoch wenig üblich:

Quīntus sēdulus, doctus, attentus est.
Quintus ist fleißig, gebildet, interessiert.

Ebenso ist möglich:
Quīntus sēdulus doctusque attentusque est.

5.4 Kongruenz eines Adjektivs und mehrerer Nomina (I)

Lampriscus puell**ās** puer**ōs**que sēdul**ōs** docet.
Lampriscus unterrichtet fleißige Mädchen und Jungen.

Bezieht sich ein Adjektiv auf zwei oder mehr Nomina verschiedenen biologischen Geschlechts, steht es in der maskulinen Form.

5.5 Das Possessivpronomen

Domitilla librum meum apportat.
Amīcus tuus venit.

Ähnlich wie das Genitivattribut bezeichnet auch das Possessivpronomen einen Bereich, zu dem jemand/etwas gehört. Der Form nach ist es ein Adjektiv und kann wie dieses Attribut oder Prädikatsnomen sein.

Domitilla bringt ***mein*** *Buch:*
Also: das Buch, das mir gehört;
oder: das Buch, das ich geschrieben habe;
oder: das Buch, in dem ich gerade lese.
Dein Freund kommt:
Also: ***der*** Freund, der dadurch eindeutig bezeichnet wird, daß er „zu dir gehörig" genannt wird.

meus, -a, -um
tuus, -a, -um

noster, -tra, -trum
vester, -tra, -trum

Da Genitivattribut und Possessivpronomen beide gleichermaßen den Bereich, zu dem etwas gehört, bezeichnen, sind im Lateinischen folgende Wendungen gleichwertig:

meum est („es ist mein Bereich":)
es gehört in meinen Aufgabenbereich,
es ist meine Aufgabe, Pflicht, Sache

magistrī est („es ist des Lehrers Bereich":)
es gehört zum Aufgabenbereich des Lehrers,
es ist Aufgabe, Pflicht, Sache des Lehrers

Auch:
Semper rīdēre stultiti**ae** est.
Immer zu lachen ist ein ***Zeichen von*** *Dummheit.*

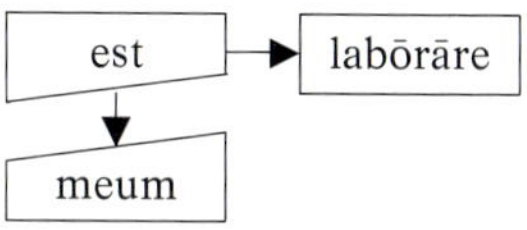

Arbeiten ist meine Pflicht.

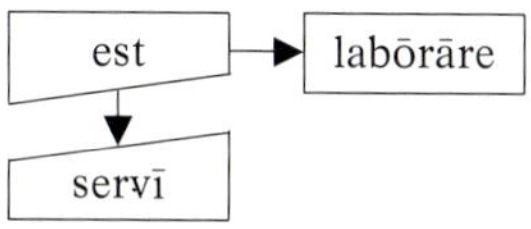

Arbeiten ist Pflicht des Sklaven.

Merke:
Der Infinitiv hat das grammatische Geschlecht Neutrum (meum).

5.6 Der Genitivus partitivus zu nōs/vōs (Das Personalpronomen II)

Der Genitiv in der Bedeutung des Gen. *partitivus* zum Personalpronomen nōs *(wir)* bzw. vōs *(ihr)* heißt nostrum bzw. vestrum:

Gen. Pl.
nostrum – vestrum
von uns – von euch

Quis vestrum venit? *Wer von euch kommt?*
Nēmō nostrum venit. *Keiner von uns kommt.*

Zu den Formen:
-um ist eine seltene Nebenform zu -ōrum,
z. B. deōrum, manchmal auch = deum („der Götter").

Verwechsle damit nicht die Formen des Possessivpronomens:
Nostrum plaustrum venit. *Unser Wagen kommt.*
Rotae plaustrōrum vestrōrum frāctae sunt.
Die Räder eurer Karren sind zerbrochen.

Lēctiō sexta

6.1 Der Ablativ

Die Kasus der Nomina, die bisher besprochen wurden, waren Dir vom Deutschen her bekannt. Jetzt beschäftigen wir uns mit einem Kasus, den es im Deutschen nicht gibt. Du findest deshalb in der Tabelle auch noch keine Übersetzung für diesen Kasus ins Deutsche.

-ō Abl.Sg.Mask.

-ā Abl.Sg.Fem.

-ō Abl.Sg.Ntr.

-īs, -īs, -īs: Abl. Pl. Mask./ Fem./ Ntr.

Singular			
Nom.	serv-us	serv-a	plaustr-um
Gen.	serv-ī	serv-ae	plaustr-ī
Dat.	serv-ō	serv-ae	plaustr-ō
Akk.	serv-um	serv-am	plaustr-um
Ablativ	serv-**ō**	serv-**ā**	plaustr-**ō**
Plural			
Nom.	serv-ī	serv-ae	plaustr-a
Gen.	serv-ōrum	serv-ārum	plaustr-ōrum
Dat.	serv-īs	serv-īs	plaustr-īs
Akk.	serv-ōs	serv-ās	plaustr-a
Ablativ	serv-**īs**	serv-**īs**	plaustr-**īs**

Nach dem Auslaut des Stammes der Wörter dieser Deklinationsgruppen, der jeweils im Ablativ Singular in reiner Form erkennbar ist, heißen diese Deklinationsgruppen **o-Deklination** bzw. **a-Deklination** (servus < servos; plaustrum < plaustrom).

6.2 Die Bedeutung des Ablativs

Im Ablativ haben sich mehrere ursprünglich eigenständige Kasus sozusagen gesammelt. Der Text 6 A gibt Dir zunächst eine Übersicht über wichtige Verwendungsmöglichkeiten des Ablativs.

1.1

Asinus **multīs locīs** cōnsistit.	Der Esel bleibt ***an vielen Stellen*** stehen.

Ort

Der Ablativ gibt einen **Ort** an.

1.2

Dāvus **hōrā decimā** nōn adest.	Davus ist ***zur zehnten Stunde*** nicht da.

Zeitpunkt

Der Ablativ gibt einen **Zeitpunkt** an.

2

Asinus tandem **locō** cēdit.	Der Esel weicht endlich ***von der Stelle.***

Der Ablativ bezeichnet den **Punkt, von dem aus eine** (trennende) **Bewegung** erfolgt.

Ausgangspunkt

3.1

Servus asinum **verbīs** incitat.	Der Sklave treibt den Esel ***mit Worten*** an.

Der Ablativ gibt ein **Mittel** an, das erforderlich ist, damit eine Handlung begonnen oder vollzogen werden kann.

Mittel

3.2

Servus **māgnā dīligentiā** herbās colligit.	Der Sklave sammelt ***mit großer Sorgfalt*** Kräuter.

Der Ablativ bezeichnet die **Art und Weise**, in der sich eine Handlung vollzieht.

Art und Weise

3.3

Vīlicus **cum Flāvō** Dāvum exspectat.	Der Verwalter erwartet ***gemeinsam mit Flavus*** den Davus.

Der Ablativ gibt einen **Begleiter oder eine Begleitung** an.

Begleiter/ Begleitung/ Begleitumstand

Die hier angeführten Verwendungsmöglichkeiten des Ablativs kann man auf **drei grundsätzliche Anwendungsarten** zurückführen:

Der Ablativ bezeichnet
a) den Ort oder den Zeitpunkt;
b) den Ausgangspunkt einer Trennung.
c) ein Mittel oder eine Begleitung;

Wie das Beispiel 3.3 zeigt, steht der **Ablativ auch in Verbindung mit Präpositionen**; das ist sogar häufig der Fall, und dann ist seine Verwendungsweise leichter zu erfassen.

Es ist wichtig, sich diejenigen Anwendungsmöglichkeiten des Ablativs einzuprägen, bei denen er ohne Präposition steht.

6.2.1
Der Ablativ gibt einen Ort oder einen Zeitpunkt an.

Ablativus locativus:
wo?

1) Ablativ zur **Angabe eines Ortes**
Grammatische Bezeichnung: ***Ablātīvus locātīvus*** (locī)
mit Präposition (in Einzelfällen ohne Präposition)

a) Dominus in forō est.
b) Plaustrum multīs locīs haeret.

locō/locīs steht als Ortsbegriff ohne Präposition

Ablativus temporis:
wann?

2) Ablativ zur **Angabe eines Zeitpunktes**
Grammatische Bezeichnung: ***Ablātīvus témporis*** (A. der Zeit)
ohne Präposition

Vīlicus prīmā hōrā venit.
Annō Dominī (AD): im Jahre des Herrn

Der Ablativus temporis ist aus dem Ablativus loci abzuleiten. Insofern handelt es sich bei beiden Verwendungsweisen des Ablativs um ein und denselben ursprünglichen Kasus. Auch wir verwenden Begriffe des Raumes für Zeitvorstellungen: *Zeitpunkt, die Zeit vergeht, die Stunden schleichen dahin* usw. Zeitbegriffe sind also meist Begriffe aus der Welt des Raumes.

Ablativus separativus:
woher?
von wo?
wovon?

6.2.2

Der Ablativ gibt den Ort/**Ausgangspunkt** an, von dem aus eine (trennende) Bewegung erfolgt oder erfolgt ist.
Grammatische Bezeichnung: ***Ablātīvus sēparātīvus*** (sēparāre: trennen) mit und ohne Präposition

a) Flāvus ē vīllā currit.

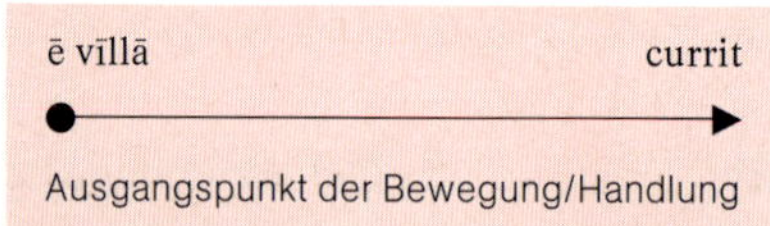

b) Flāvus plaustrum locō movet.

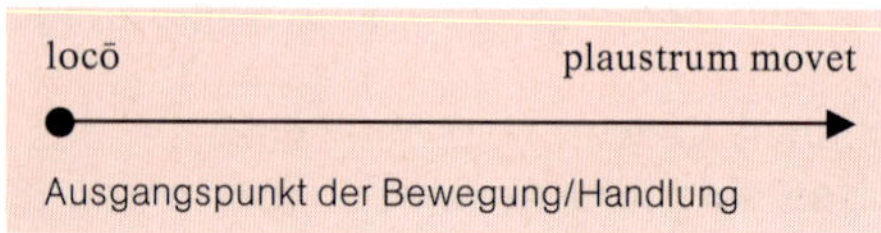

Die Beispiele zeigen, daß der Ablativus separativus mit und ohne Präposition stehen kann. Die Präposition *kann* fehlen, wenn der Vorgang einer Trennung schon in der Verbbedeutung liegt.

c) Aulus amīcum

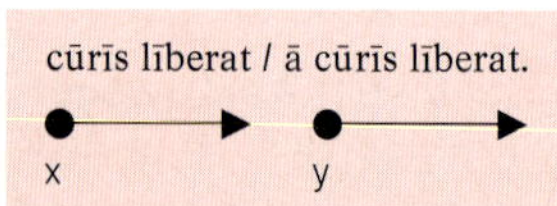

cūra: *Sorge*

x und y jeweils Ausgangspunkt der „Bewegung"

Das Beispiel c) zeigt, daß dieser Ablativ nicht nur bei räumlich vorstellbaren Ausgangspunkten verwendet wird. *)

*) s. Anm. S. 177

Ablativus instrumenti:
womit/wodurch?
mit welchem Mittel?
wie?

6.2.3.1

Der Ablativ gibt ein **Mittel** an, das erforderlich ist, damit eine Handlung beginnen oder durchgeführt werden kann (also im weiteren Sinn einen Begleitumstand).
Grammatische Bezeichnung: ***Ablātīvus īnstrūmentī***
ohne Präposition

a) Māgnā diligentiā herbās colligit.
b) Equus superbīs verbīs dīcit: ...
c) Servus asinum saccīs onerat.
d) Verbīs tuīs molestus es.
e) Servus malleō labōrat. (malleus: *Hammer*)

Dieser Ablativ gibt in einem weiteren Sinne Begleitumstände an; er beschreibt die Art, in der ein Vorgang, eine Handlung, ein Zustand von Begleitumständen mitbestimmt werden.

Diese „Begleitumstände" können auch Werkzeuge sein (Satz e) oder Gegenstände, die zur Ausführung einer Arbeit dazugehören (Satz c). Die Vielfalt des Bedeutungsfeldes dieser Verwendung des Ablativs faßt man unter dem Begriff *Ablativus instrumenti* zusammen; dabei versteht man unter „Instrument" nicht nur ein gegenständliches Werkzeug, sondern **auch** einen **Begleitumstand**, durch den eine Verbhandlung erläutert wird.

Eine Untergruppe des Ablativus instrumenti bildet (vgl. Beispiel a):

6.2.3.2

der ***Ablātīvus modī*** zur Beschreibung der **Art und Weise**, mit der eine Handlung ausgeführt wird.
Bisweilen mit cum: māgnā cum dīligentiā

Ablativus modi:

wie?

6.2.3.3

Der Ablativ gibt einen **Begleiter** (auch **begleitende Gegenstände**) oder Vorgänge an, die eine Handlung begleiten.
Präposition: cum
Grammatische Bezeichnung: ***Ablātīvus sociātīvus***

Ablativus sociativus:

mit wem?
womit?
wie?

a) **Cum amīcīs** in forō est.
b) **Tēcum** gaudeō.
c) Magister **cum libellīs** venit. (libellus: *Heft*)
d) Discipulus **cum lacrimīs** dicit ... (lacrima: *Träne*)

In jedem Fall ist gemeint: „in Begleitung von". In Satz d heißt es also: *„begleitet von Tränen" = „unter Tränen".*

Fragen:
mit wem zusammen? – Satz a/b
womit gemeinsam? – Satz c
wie? – Satz d

*) Das ist leicht zu verstehen, wenn man folgende Sätze miteinander vergleicht:
Servus saccōs **ē vīllā** portat. *Der Sklave trägt Säcke* ***aus dem Haus.***
Aulus amīcum **cūrīs** līberat. *Aulus befreit den Freund* ***„aus den Sorgen heraus"***.
In beiden Fällen wird etwas von einem wirklichen oder gedachten Punkt aus fortbewegt.

6.3 Die Funktion des Ablativs im Satz

6.3.1 Der Ablativ als adverbiale Bestimmung

Servae in horreō labōrant.
Die Sklavinnen arbeiten in der Scheune.

Die Weglaßprobe ergibt, daß in diesem Fall das Satzglied in horreō grammatikalisch nicht erforderlich ist. Der Ablativ steht hier also in der Funktion einer adverbialen Bestimmung:

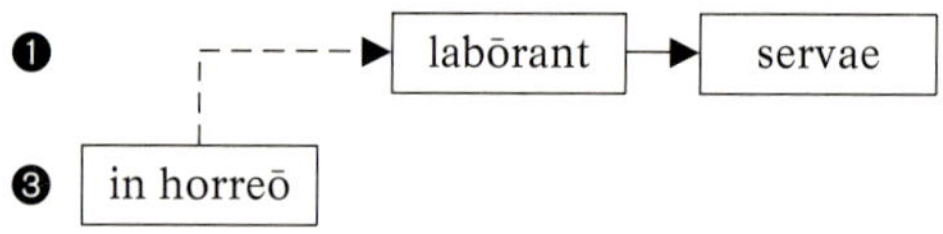

Hauptfunktion des Ablativs:
Kasus der adverbialen Bestimmung

In den Beispielen oben unter 6.2 dient der Ablativ in den meisten Fällen als adverbiale Bestimmung.

In dieser **Funktion als adverbiale Bestimmung** wirst Du dem **Ablativ hauptsächlich** begegnen.

6.3.2.1 Der Ablativ als Objekt

Unterscheide genau zwischen
a) Bedeutung (Semantik) eines Ablativs (im Beispiel: Separativus) und
b) seiner **Funktion im Satz** (im Beispiel: Objekt; sonst meist: adv. Bestimmung).

Aulus amīcum cūrīs līberat. *Aulus befreit den Freund von (dessen) Sorgen.*

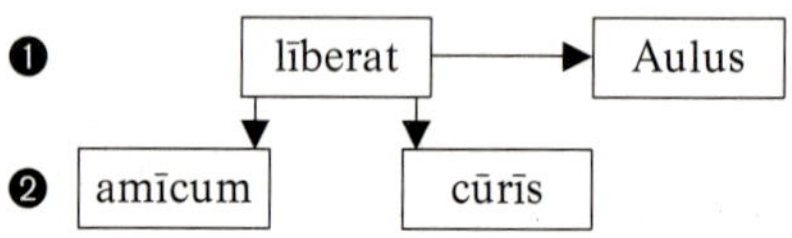

In diesem Satz bildet cūrīs eine weitere Ergänzung neben dem Akkusativobjekt amīcum, ist also **Ablativobjekt**.

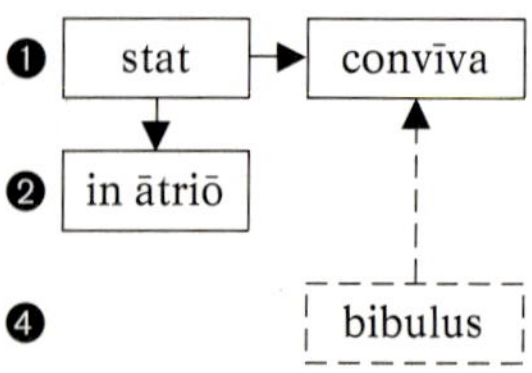

6.3.2.2 Präpositionalobjekte im Ablativ

Convīva bibulus in ātriō stat.
Der trinkfreudige Gast steht im Atrium.

Weglaßprobe: Convīva bibulus stat – – ▶ /?/.
In dieser Form wäre der Satz unvollständig, weil das Verb eine inhaltliche Ergänzung (z. B. auf die Frage *wo?*) dringend erfordert. Das Satzglied in ātriō/*„im Atrium"* ist demnach eine grammatikalisch notwendige Ergänzung und gehört in die Reihe der Objekte; weil es zur Unterstützung der Aussage eine Präposition braucht, heißt es **Präpositionalobjekt** (hier: *im Ablativ*).

Der Satz unter 6.3.2.1 kann auch so lauten:
Aulus amīcum ā cūrīs līberat.

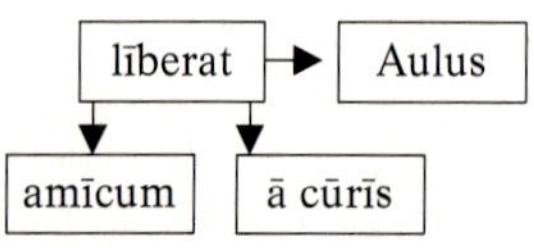

„ā cūrīs": Präpositionalobjekt

Verben der Bewegung und der Ruhe erfordern im allgemeinen eine solche Ergänzung aus Präposition + Substantiv. Sie ist von einer adverbialen Bestimmung äußerlich nicht zu unterscheiden.

6.3.3 Der Ablativ als Prädikatsnomen (I)

Vīlicus in horreō est.
Der Verwalter ist in der Scheune.

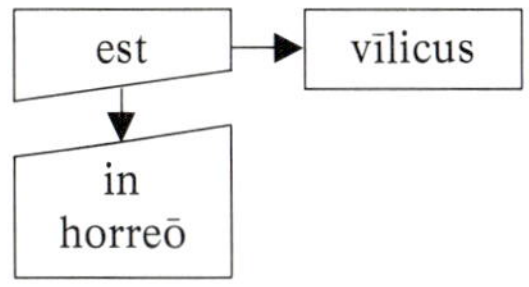

Als notwendige Ergänzung bei esse steht der Ablativ auch als Prädikatsnomen (hier mit Präposition).
→ CG 1.5, 2.3, 3.2.4, 5.1.2

6.3.4 Der Ablativ – Zusammenfassung

Satzglieder im Ablativ können, je nach Charakter des Verbs, das sie näher erläutern, **adverbiale Bestimmungen, Objekte (Präpositionalobjekte)** oder **Prädikatsnomen** sein.

> In der äußeren Form besteht zwischen den ablativischen Präposionalobjekten und adverbialen Bestimmungen kein Unterschied. Objekt***funktion*** liegt vor, wenn die Ergänzung nötig ist, damit ein bedeutungsmäßig vollständiges Prädikat entsteht; das ist vorwiegend bei Verben der Bewegung oder der Ruhe der Fall.

6.4 Das Personalpronomen (III): Der Ablativ

Die Ablative zum Personalpronomen der 1. und 2. Person lauten:

Sg.	mē	tē	**Pl.**	nōbīs	vōbīs

Die Präposition cum wird angehängt: mēcum, vōbīscum.
→ CG 4.6 und 5.6

6.5 Zusammenfassung: Die verschiedenen Prädikatsnomina bei esse

esse kann Prädikatsnomina in allen Kasus (*außer* Akkusativ) bei sich haben:

esse + Nominativ

1) **Prädikatsnomen im Nominativ**
a) Substantiv
Selēnus vīlicus est.
b) Adjektiv
Servae laetae sunt.

esse + **Genitiv**

2) **Prädikatsnomen im Genitiv**

a) Genitivus possessivus

- Multī agrī Pompōniī sunt.
  Pomponius besitzt viele Äcker.
  Der Genitiv bezeichnet die Person, die etwas besitzt.
- Labōrāre servōrum est.
  Die Sklaven haben zu arbeiten.
  Der Genitiv bezeichnet denjenigen, der für etwas zuständig ist.

b) Genitivus qualitatis

Dāvus est māgnae avāritiae

Davus ist von großer Habgier ≈ sehr habgierig.

Der Genitiv bezeichnet eine Eigenschaft einer Person oder einer Sache.

esse + **Dativ**

3) **Prädikatsnomen im Dativ**

a) Dativus possessivus

Vīlicō equus est.

Dem Verwalter ist ein Pferd zu eigen ≈ *Der Verwalter hat ein Pferd.*

Der Dativ bezeichnet eine Person, der etwas gehört.

b) Dativus finalis

Gaudiō est cantāre.

Singen macht Spaß.

Der Dativ bezeichnet dasjenige, zu dessen Zweck etwas da ist, bzw. die Wirkung, mit der etwas getan wird.

esse + **Ablativ**

4) **Prädikatsnomen im Ablativ** (mit Präposition)

Equī in stabulō sunt.

Die Pferde sind im Stall.

Der Ablativ (meist) **mit Präposition bei** esse **bezeichnet in der Regel einen Ort.**

(→ CG 16.4)

Ü

Zu 2a und 3a

Eine wörtliche Übersetzung zeigt einen Unterschied auf: Der Gen. poss. bei esse drückt ein Besitzverhältnis aus; der Dat. poss. bezeichnet denjenigen, für den etwas da ist. Das **kann** auch eine Besitzangabe sein, kann aber auch ein weniger festes Eigentumsverhältnis bezeichnen. **Der Gen. poss. betont stärker den Besitzer/Eigentümer, der Dat. poss. stärker die Sache.**

Lēctiō septima

7.1 Ortsangaben

wo?
woher?
wohin?

Unter Ortsangaben faßt man drei Gruppen von adverbialen Bestimmungen (bzw. Präpositionalobjekten) zusammen (vgl. oben 6.3.1 und 6.3.3):

- Ortsangaben auf die Frage: *Wo?*
- Herkunftsangaben auf die Frage: *Woher?*
- Richtungsangaben auf die Frage: *Wohin?*

Frūmentum sub tēctō est.
Frage: **Wo?** Ortsangabe im **Ablativ** (= Ablativus locativus)

Frūmentum ex agrīs portant.
Frage: **Woher?** Herkunftsangabe im **Ablativ** (= Ablativus separativus)

Frūmentum sub tēctum portant.
Frage: **Wohin?** Richtungsangabe im **Akkusativ** (entsprechend im Deutschen)

Ortsangaben lassen sich also folgendermaßen ordnen:

Ort: *Wo?*	Herkunft: *Woher?*	Richtung: *Wohin?*
Ablativ	**Ablativ**	**Akkusativ**

Die Funktion des Akkusativs als Kasus der Zielangabe wird bei Richtungsangaben in der Regel durch Präpositionen gestützt.

Entsprechend lassen sich **Angaben mit Ortsnamen** einordnen. Sie stehen **im Lateinischen ohne Präposition**; nur der Kasus also zeigt die Funktion an:

Nominativ	Wo?	Woher?	Wohin?
Rōma	Rōm**ae** (<Rōma**ī**)	Rōm**ā**	Rōm**am**
Panormus (Palermo)	Panorm**ī**	Panorm**ō**	Panorm**um**
Tarentum	Tarent**ī**	Tarent**ō**	Tarent**um**
Athēnae	Athēn**īs**	Athēn**īs**	Athēn**ās**
Puteolī (Pozzuoli)	Puteol**īs**	Puteol**īs**	Puteol**ōs**
Hierosolyma (Ntr. Pl.) (Jerusalem)	Hierosolym**īs**	Hierosolym**īs**	Hierosolym**a**

Ähnlich:	dom**ī**	dom**ō**	dom**um**
	ub**ī**?		
	ib**ī**		
	vesper**ī**		

Städtenamen

wo? -ae | -ī | -īs

woher? -ā | -ō | -īs

wohin? -am / -ās | -um / -ōs | -um / -a

Wie oben erwähnt, sind in den Ablativ mehrere ursprünglich eigenständige Kasus eingegangen.

Reste eines Lokativs finden sich in einigen **auf -ī** ausgehenden Formen. Bei Ortsangaben sind diese beschränkt auf die Singulare der a- und o-Deklination. In allen anderen Fällen sind die Formen des Ablativs an die Stelle des Lokativs getreten. Darüber hinaus findet sich die Lokativendung -ī bei einigen andern Wörtern.

Lokativ *(wo?):* -ī

7.2 Das Adverb

Vīlicus superbus servum dēfessum verberat.
Der hochnäsige Verwalter schlägt den erschöpften Sklaven.

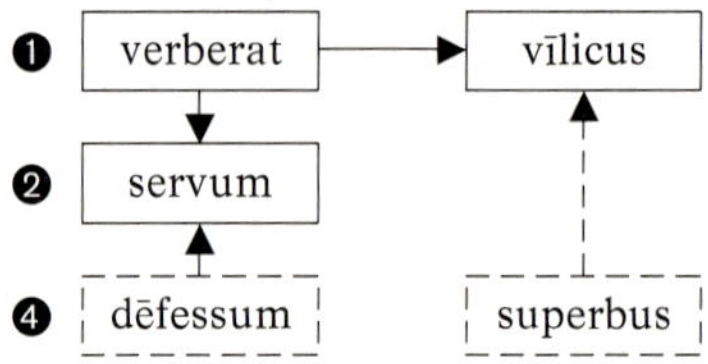

In dem Beispielsatz geben die **Adjektive** „superbus“ und „dēfessum“ nähere Erläuterungen zu den zugehörigen Substantiven: Die Adjektive fungieren als **Attribute.**

Vīlicus Postumiī servīs superbē imperat.
Der Verwalter des Postumius erteilt den Sklaven hochmütig Befehle.

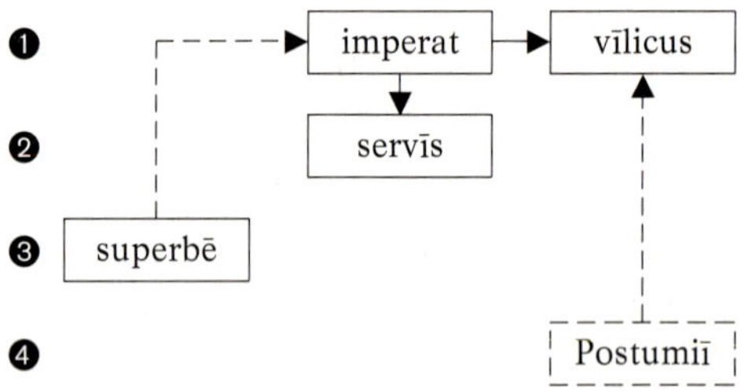

Adjektive auf -us, -a, -um bilden:

-ē **Adverb**

superbē gibt eine nähere Erläuterung zum Inhalt des Verbs. Macht man die Weglaßprobe, d. h. läßt man superbē unübersetzt, ist der Satz grammatikalisch trotzdem einwandfrei.

superbē ist demnach eine **adverbiale Bestimmung**, der Form nach ist es ein **von einem Adjektiv mit der Endung -ē gebildetes Adverb.**

Der Begriff kommt daher, daß ein solches Wort in der Regel eng „zum Verb“ = „ad verbum“ gehört.
Neben den Adverbien, die zur ergänzenden Erklärung eines Verbinhalts dienen, gibt es einzelne Adverbien, die ein anderes Adverb (oder ein Adjektiv) – meist steigernd oder abschwächend – näher erklären: ***sehr** spät, **ziemlich** schlecht, **wenig** glücklich.*
Im Deutschen kann man Adverbien auch attributiv zur näheren Bestimmung eines Nomens verwenden (adnominale Adverbien): *„die dort“, „die Menschen heute“* usw. Solche Art der Adverbverwendung gibt es im Lateinischen selten.

Die Endung -ē macht aus der Wortart Adjektiv die Wortart Adverb.

Neben diesen (und anderen) von Adjektiven abgeleiteten Adverbien gibt es auch nicht abgeleitete Adverbien (z. B. prope, nunc, saepe), die man **ursprüngliche Adverbien** nennt.

Neben der Endung -ē sind Dir schon weitere zur Adverbbildung dienende Endungen begegnet (s. Beispiele links).
Viele Adverbien lassen sich als „erstarrte Kasus“ zu bestimmten Wörtern erklären (vgl. z. B. deutsch *„tags“ = „des Tages“ = „am Tage“*).

-ō (eigentlich Ablativ):
retrō, subitō, rārō, postrēmō
-m (eigentlich Akkusativ):
prīmum (Akk. Sg. Ntr.), statim
-ter:
libenter
-tus (eigentlich Nominativ):
antīquitus

7.3 Das Adjektiv als Prädikativum

Nūntius prīmus venit.

Wir können hier das Adjektiv als Attribut auffassen und den Satz so verstehen:

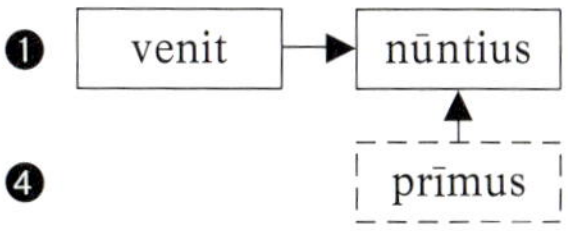

Der erste Bote kommt.

Stellen wir diesen Satz jedoch in einen bestimmten Kontext, z. B.:

Nūntius prīmus venit. Paulō post etiam dominus nūntiī adest.

müssen wir den Satz so verstehen:

Der Bote kommt als erster. Wenig später ist auch der Herr des Boten da.

Im Satzbild:

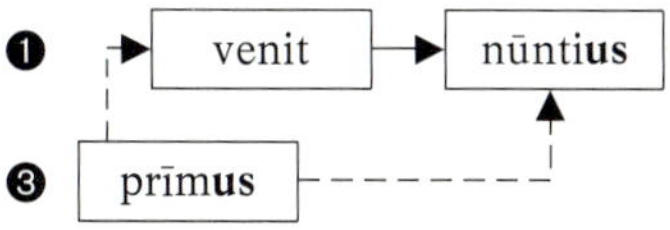

Vgl.

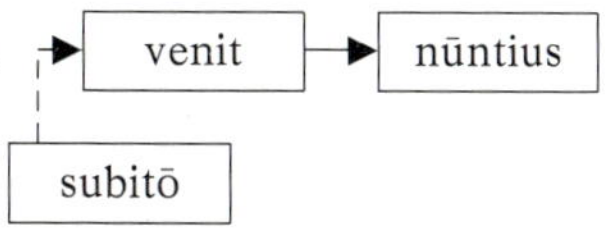

Obwohl prīmus *formal* Adjektiv ist, das auf nūntius bezogen ist, nimmt es vom Sinn her die gleiche Stelle im Satz ein wie im gegenüberstehenden Beispielsatz das Adverb subitō.

Prīmus gehört also **als Bezeichnung eines bestimmten Merkmals** des Boten **zum Nomen** nūntius, gibt aber **zugleich eine nähere Bestimmung zum Verbinhalt**. Die grammatische Bezeichnung für die Verwendung von Wörtern in dieser Funktion ist **Prädikativum**. Den Zwischencharakter des Prädikativums zwischen Attribut und adverbialer Bestimmung geben wir im Deutschen mit dem Wort „als" wieder: *Der Bote kommt **als** erster ≈ Der Bote kommt zuerst.*

Prädikativum:
nach der *Form* wie ein adjektivisches Attribut auf ein Nomen bezogen (**KNG**-Kongruenz);
inhaltlich wie eine adverbiale Bestimmung auf das Prädikat bezogen

Im Satzbild weisen wir mit einer gestrichelten Linie auch auf das Bezugswort hin.

Agricola laetus agrum petit.

a)

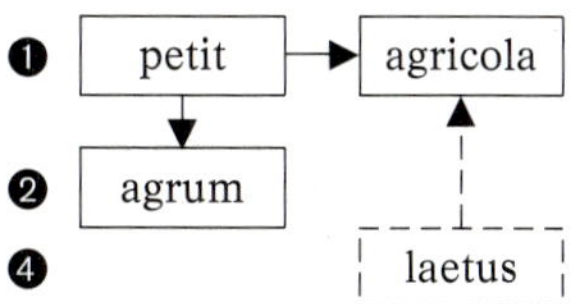

Der fröhliche Bauer begibt sich zu seinem Acker.

b)

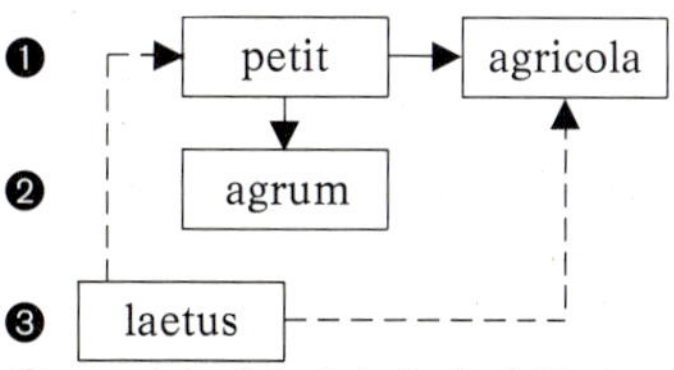

Der Bauer begibt sich („als fröhlicher" =) fröhlich zu seinem Acker.

Bei der Auffassung a) müßte es sich um einen Bauern handeln, dessen bekannte Wesensart die Fröhlichkeit ist; bei der Auffassung b) ist es so, daß ein Bauer, während er sich nach Hause begibt, gerade einen besonderen Grund zur Fröhlichkeit hat; sonst wird nichts über seine Wesensart ausgesagt.

Auch hier entscheidet also der **Kontext** darüber, wie zu übersetzen ist. **Eine attributive Übersetzung** (der fröhliche Bauer) **kann vom Kontext her eindeutig falsch sein.**

Prädikative Verwendung ist insbesondere bei Adjektiven, die eine Aufeinanderfolge, Stimmung, körperlichen Zustand usw. bezeichnen, anzunehmen.

7.4 Das Gerundium (deklinierter Infinitiv; nd-Formen I)

a) Pompōniī cōnsistunt **cēnandī** causā.
b) Pārātī estis ad **audiendum.**
c) Aquam **saliendō** turbat.

In den Wortformen erkennst Du einerseits verschiedene **Verbalstämme** wieder:

-nd- Formen

cēna-		**nd-**	ī
audi-	e-	**nd-**	um
sali-	e-	**nd-**	ō

Deklination des Infinitivs

Die **Endungen** sind Dir von der Deklination her bekannt (Muster: plaustrum); zusätzlich erscheint – vom Zwischenvokal abgesehen – ein **Wortbildungselement -nd**.

Diese **nd-Formen** (auch Gerundium genannt) werden deutsch mit einem substantivierten Infinitiv wiedergegeben:
a) *Die Pomponii halten **des Essens wegen** an = um zu essen.*
b) *Ihr seid bereit **zum Hören** = zuzuhören.*
c) *Er macht das Wasser **durch Springen** schmutzig = indem er umherspringt.*

Oft ist es aus stilistischen Gründen nötig, den substantivierten Infinitiv durch eine Infinitivwendung mit „zu" oder einen Gliedsatz zu ersetzen.

Nom.	legere	*(das) Lesen; zu lesen*
Gen.	lege**ndī**	*des Lesens*
Dat.	(-ō; sehr selten)	·/.
Akk.	(ad) lege**ndum**	*(zum) Lesen*
	legere	*(das) Lesen; lesen; zu lesen*
Abl.	(in) lege**ndō**	*(beim) Lesen*

Für den Nominativ gibt es keine nd-Form; als Nominativ wird der Infinitiv verwendet; das gilt auch für den Akkusativ, außer bei Verwendung einer Präposition.

Lēctiō octāva

8.1 Die konsonantische Deklination

Zur konsonantischen Deklination gehören die Wörter, deren **Wortstamm auf** einen **Konsonanten** ausgeht. Die Endungen sind, obwohl auch verschiedene Übereinstimmungen bestehen, andere als in der bisher bekannten o- sowie a-Deklination:

	Singular m./f.	n.	***Plural*** m./f.	n.
Nom.	∅ oder s	∅	-ēs	-a
Gen.	-is		-um	
Dat.	-ī		-bus	
Akk.	-em	∅	-ēs	-a
Abl.	-e		-bus	

(∅ = „Nullsignal")

Singular	Plural
-s[1] / **∅**[2]	**-ēs**[1] / **-a**[3]
-is	**-um**
-ī	**-bus**
-em[1] / **∅**[3]	**-ēs**[1] / **-a**[3]
-e	**-bus**

[1] m./f. [2] m./f./n. [3] nur n.
***Neutra:* Nom. = Akk.** → 2.1

Der **Nominativ Singular der Maskulina und Feminina** wird **ohne s** (→ CG 8.2.1) **oder mit s** (→ CG 8.2.2) gebildet, die **Neutra haben im Nominativ/Akkusativ Singular keine Endung.**

Die Bildung des Nominativs Singular mit s kennst Du schon vom Typ servu-s her. Der Nom. Sg. ohne s ist Dir vom Typ „puer" (→ CG 3.3) und „serv-a" her bekannt. Der Nom./Akk. Pl. der Neutra endet wie bei der o-Deklination auf -a.

Vom Genitiv an zeigen Wörter der konsonantischen Deklination häufig einen etwas anderen Wortstamm als im Nominativ. Hier sind verschiedene Lautveränderungsgesetze der lateinischen Sprache wirksam.

Es ist deshalb notwendig, beim Vokabellernen die Genitivform mitzulernen. Eine Lernerleichterung stellt es dar, wenn Du Dir die Deklinationsgruppen einprägst, in die man die Wörter der konsonantischen Deklination einteilen kann.

8.2 Deklinationsgruppen der konsonantischen Deklination

8.2.1 Nominativbildung ohne s: Stämme auf -r, -l, -n, -s

Nom. Sg. **∅**

8.2.1.1 Stammauslaut auf -r oder -l

ōrātor, ōrātōr-is *der/ein Redner*
Der Wortstamm ist zugleich Nominativform (Kürzung des o der Endsilbe im Nominativ!).

Vokalkürzung
Stamm **-ōr-**
Nom. Sg. **-ŏr**

cōnsul, cōnsulis *der/ein Konsul*
Der Wortstamm ist zugleich Nominativform.

8.2.1.2 Stammauslaut auf -n

a) Das auslautende n des Stammes fällt im Nominativ Sg. fort; vom Genitiv an kann eine Änderung des auslautenden Vokals eintreten (Vokalschwächung):

Stamm
-ōn-
Gen.-ōnis Gen.-inis
Vokalschwächung

ōrātiō, ōrātiōn-is *die/eine Rede*
homō, homĭnis *der/ein Mensch*

Diese Vokalschwächung tritt auf bei **homō** und bei Wörtern, die auf -dō und -gō ausgehen, z. B. **multitūdō, multitūdĭnis**.

Bei Wörtern dieser Gruppe mit dem Stammauslaut -n entspricht der Nom. Sg. nicht der Form des Wortstammes.

Stamm
-men-
Gen. Sg. -minis
Vokalschwächung

b) Der Stammauslaut n bleibt auch im Nom. Sg. erhalten.
Es handelt sich vorwiegend um Wörter auf **-men (-en)**. Vom Genitiv an wird e zu i abgeschwächt. Bis auf diese Veränderung entspricht der Nom. Sg. dem Wortstamm.
agmen, agmin-is *n.* *der/ein (Heeres)Zug*

8.2.1.3 Stammauslaut auf -s

Stamm -ōs
Gen. Sg. -ōris

Bei diesen Wörtern steht vor dem auslautenden s des Stammes ein Vokal; dieses s gerät zwischen zwei Vokale, wenn die Endungen hinzutreten. Dann wird es lautgesetzlich (sog. Rhotazismus, → CG 4.2) zu r, außer im Nom. Sg.
mōs, mōris *m.* *die/eine Sitte*

Neutra
-us → Gen. Sg. -oris
-us → Gen. Sg. -eris

Vor allem Neutra auf -us im Nom. Sg. gehören dazu:
tempus (< * tempos), temporis *(die) Zeit*
genus (< * genos), generis *das/ein Geschlecht*

Bei einem Teil dieser Neutra erscheint ab dem Genitiv wieder das -o des ursprünglichen Ausgangs * -os, bei einem andern Teil wird es zu -e abgelautet.

-s **Nom. Sg.**

Muta:
Labiale: **b, p**
Dentale: **d, t**
Gutturale: **g, c**

8.2.2 Nominativbildung mit s

Wörter, deren **Stamm auf** einen **Verschlußlaut** (Muta) auslautet, bilden (außer den Neutra) den **Nom. Sg. regelmäßig mit s**. Unter einem *Verschlußlaut* versteht man die folgenden Konsonanten:

b, p (**Labial-**Laut, mit der „Lippe" gebildet);
d, t (**Dental-**Laut, mit den „Zähnen" gebildet);
g, c (= [k]) (**Guttural-**Laut, mit der „Kehle" gebildet).

8.2.2.1 Stammauslaut auf Labial (b, p)

plēb-s, plēb-is *f.* *Volk, Menge*
princep-s, princip-is *m.* *der/ein führender Mann*

8.2.2.2 Stammauslaut auf Guttural (g, c)

Nach der lateinischen Rechtschreibung wird g + s sowie c + s als x geschrieben. Erst der Genitiv eines Wortes zeigt also, ob der Stamm auf g oder c auslautet.

(* lēg-s >) lēx, lēg-is *f.* — *das/ein Gesetz*
(* vōc-s >) vōx, vōc-is *f.* — *die/eine Stimme*

Nom. Sg.
g + s ⟶ x
c + s ⟶ x

8.2.2.3 Stammauslaut auf Dental (d, t)

Nach lateinischem Lautgesetz fallen Dentale vor einem s aus:

(* laud-s >) laus, laud-is *f.* — *das/ein Lob* (< laudāre)
(* lībertāt-s >) lībertās, lībertāt-is *f.* — *die Freiheit*
(* mīlet-s >) mīles, mīlit-is *m.* — *der/ein Soldat*

Nom. Sg.
d/t + s ⟶ s

8.2.3 Neutra mit Stammauslaut auf Verschlußlaut

Sie bilden den Nominativ mit dem reinen Stamm (s. o. 8.2.1.2 agmen).

cap**u**t, cap**i**t-is — *das/ein Haupt*
(* lact >) lac, lactis — *Milch*

Vokalschwächung:
cap**u**t **Gen. Sg.** cap**i**tis

8.3 Die konsonantische Deklination – Übersicht

Grundsätzlich gilt: Der Genitiv gibt Aufschluß über evtl. vom Nom. Sg. abweichende Deklinationsformen.

8.3.1 Nominativ Sg. ohne s

	Singular			
Nom.	ōrātor	ōrātiō	homō	agmen
Gen.	ōrātōr-is	ōrātiōn-is	homin-is	agmin-is
Dat.	ōrātōr-ī	ōrātiōn-ī	homin-ī	agmin-ī
Akk.	ōrātōr-em	ōrātiōn-em	homin-em	agmen
Abl.	ōrātōr-e	ōrātiōn-e	homin-e	agmin-e

	Plural			
Nom.	ōrātōr-ēs	ōrātiōn-ēs	homin-ēs	agmin-a
Gen.	ōrātōr-um	ōrātiōn-um	homin-um	agmin-um
Dat.	ōrātōr-i-bus	ōrātiōn-i-bus	homin-i-bus	agmin-i-bus
Akk.	ōrātōr-ēs	ōrātiōn-ēs	homin-ēs	agmin-a
Abl.	ōrātōr-i-bus	ōrātiōn-i-bus	homin-i-bus	agmin-i-bus

Dativ/Ablativ Pl.:
Sprechvokal **-i-**

pater, patris: Der Genitiv zeigt, daß bei diesem Wort auf -r, das wie orator zu deklinieren ist, vom Genitiv an das -e- ausgestoßen wird. Das trifft bei Wörtern zu, die auf -ter ausgehen (sog. *Schwundstufe*).

	Singular		
Nom.	mōs	tempus	genus
Gen.	mōr-is	tempor-is	gener-is
Dat.	mōr-ī	tempor-ī	gener-ī
Akk.	mōr-em	tempus	genus
Abl.	mōr-e	tempor-e	gener-e

	Plural		
Nom.	mōr-ēs	tempor-a	gener-a
Gen.	mōr-um	tempor-um	gener-um
Dat.	mōr-i-bus	tempor-i-bus	gener-i-bus
Akk.	mōr-ēs	tempor-a	gener-a
Abl.	mōr-i-bus	tempor-i-bus	gener-i-bus

8.3.2 Nominativ Sg. mit s

	Singular		
Nom.	prīnceps	lēx	mīles
Gen.	prīncip-is	lēg-is	mīlit-is
Dat.	prīncip-ī	lēg-ī	mīlit-ī
Akk.	prīncip-em	lēg-em	mīlit-em
Abl.	prīncip-e	lēg-e	mīlit-e

	Plural		
Nom.	prīncip-ēs	lēg-ēs	mīlit-ēs
Gen.	prīncip-um	lēg-um	mīlit-um
Dat.	prīncip-i-bus	lēg-i-bus	mīlit-i-bus
Akk.	prīncip-ēs	lēg-ēs	mīlit-ēs
Abl.	prīncip-i-bus	lēg-i-bus	mīlit-i-bus

8.4 Genusregeln (Ergänzung)

→ CG 1.1.3 „Grammatisches und biologisches Geschlecht"

Auch bei der konsonantischen Deklination gibt es bestimmte Regeln für das grammatische Genus, die aber nicht ohne Ausnahme gelten.

Maskulina (Nom. Sg.)	
-or	-ōs
-er	-l

Maskulina sind:
Wörter auf -l und -r im Nominativ
(mulier: die Frau – biologisches Geschlecht!)

Feminina sind:
1. Wörter mit Konsonant vor der Nominativendung -s (auch bei ausgefallenem Dental!), aber:

pēs, pĕdis m.! *der Fuß*
mīles, mīlitis: *der Soldat* – biologisches Geschlecht!
2. Wörter auf -ō (-tiō, -tūdō, -gō)

Neutra sind:
1. Wörter auf -men
2. Wörter auf -us mit Gen. -eris oder -oris

Wortbildungselemente sind eine Hilfe, die das grammatische Genus eindeutig bestimmen (→ 8.5).
Grundsätzliche Empfehlung: Du lernst beim Vokabellernen das Genus mit (→ 8.1) oder setzt ein Adjektiv dazu, z. B. „plēbs misera". Das Adjektiv signalisiert das Genus eindeutig.

Feminina (Nom. Sg.)
-b, -p/-c, -g/-d, -t
+ s
-tiō/-tūdō/-gō
-tās/-tūs

Neutra
-men, -minis
-us, -oris/-eris

8.5 Zur Wortbildung

Man kann sich das Erlernen von Vokabeln sehr erleichtern, wenn man sich einige Wortbildungselemente einprägt. Diese Wortbildungselemente wiederholen sich; daher kann man Wortbedeutungen erschließen, wenn man das Grundwort und die Bedeutung des Wortbildungselements kennt.

Beispiel aus dem Deutschen:

Grundwort	**Bildeelement** *für Substantive*	*– für Adjektive*
Herr	*-schaft*	*-lich*
	Herrschaft	*herrschaftlich* *herrlich*

Das Wort *herrlich* zeigt Dir, daß es Fälle gibt, in denen das abgeleitete Wort allmählich eine Bedeutung erreicht hat, die sich von der des Grundwortes weit entfernt hat. Beim Vokabellernen muß man auf diese Möglichkeit achten.

Beispiele aus dem Lateinischen:

Grundwort	**Bildeelement**	**gebildetes Wort**
nārrā-re	-tor *(m.)* -tiō *(f.)*	nārrātor nārrātiō
māgn-us	-tūdō *(f.)*	magnitudo
līber	-tās *(f.)*	līber-tas
ag-e-re	-men *(n.)*	ag-men

Bedeutung dieser Bildeelemente:

-tor: Bezeichnet eine männliche Person, welche die vom Verb ausgedrückte Handlung ausübt: *„Erzähl**er**".*

-tiō: Beschreibt eine Handlung: *„Erzähl**ung**".*

-tūdō und **-tās:** Bezeichnen einen aus dem Grundwort abgeleiteten abstrakten Begriff:
*die „Gr**ö**ße"* (māgnitūdō),
*die „Frei**heit**"* (lībertās)

-men: Die Wortbildung auf -men ergibt einen Begriff, der in ganz verschiedener Weise mit dem Grundwort zusammenhängt; die jeweilige Bedeutung muß jedesmal erlernt werden.

Suffixe

-tor (-tōris)
-tiō (-tiōnis)
-tūdō (-tūdinis)
-tās (-tātis)
-men (-minis)

8.6 Der Akkusativ als Zeitangabe

Multitūdō agmen iam longum tempus exspectat.
Die Umsetzung dieses Satzes in ein Satzbild zeigt, daß der Akkusativ longum tempus keine Ergänzung zum Prädikat (also kein Objekt) ist, sondern auf die Position einer adverbialen Bestimmung gehört:

Vergleiche:

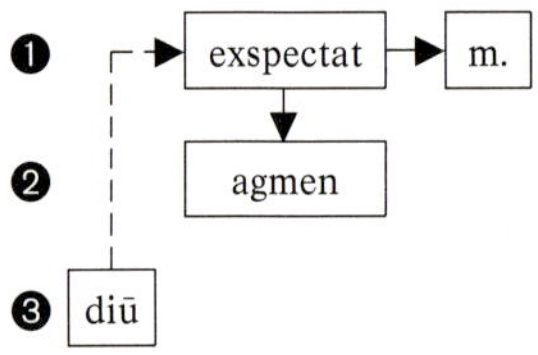

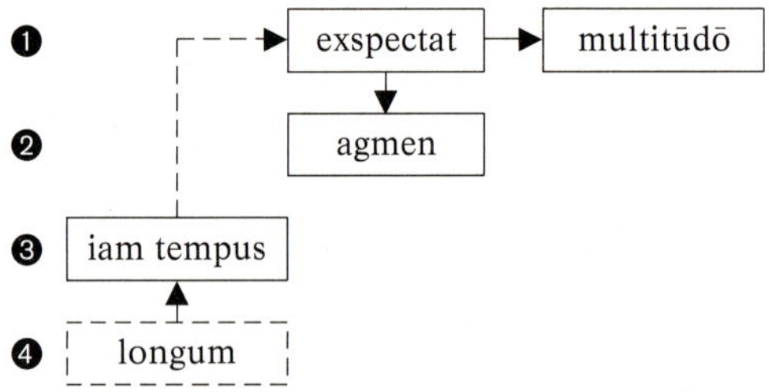

Akkusativ des Raumes/der Zeit:
wie lang, hoch, tief, breit? wie lange?

Auch im Deutschen wird der Akkusativ auf dieselbe Weise verwandt:
*Die Menge wartet schon **lange Zeit** auf den Zug.*
Dieser Akkusativ steht im Lateinischen wie im Deutschen auf die Fragen „wie lange?" (zeitlich) und „wie lang, hoch, tief, breit usw.?" (räumlich). Er heißt daher **Akkusativ der räumlichen und zeitlichen Ausdehnung**. Übereinstimmungen der Sprache bei Orts- und Zeitbestimmungen kennst Du aus der Besprechung des Ablativs.

8.7 Der Genitīvus obiectīvus

Genitivus subiectivus:
Der Genitiv bezeichnet den *Träger/Urheber* einer Handlung.
Genitivus obiectivus:
Der Genitiv bezeichnet den *Zielpunkt* einer Handlung.

Memoria antīquī temporis hominibus gaudiō est.
*Die *Erinnerung der alten Zeit* erfreut die Leute.*
**Erinnerung der alten Zeit* bedeutet, daß die alte Zeit sich erinnern kann; das gibt aber keinen Sinn; daraus folgt, daß der Genitiv hier anders zu verstehen ist.

Wir gehen von folgendem deutschen Beispiel aus:
*Die **Begrüßung des Siegers** war herzlich.*
Das kann (je nach **Kontext**) zweierlei heißen:
a) ***Der Sieger begrüßt**… herzlich.*
So verstanden, wird der Genitiv zum Subjekt und Handlungsträger.
b) *(Die Menge) **begrüßt den Sieger** herzlich.*
So verstanden, wird der Genitiv zum Objekt und Ziel der Handlung.

Entsprechend nennt man einen Genitiv nach dem Beispiel **a) Genītīvus subiectīvus**, nach dem Beispiel **b)** einen **Genītīvus obiectīvus**. Ob der Genitiv in der Funktion a) oder b) verwendet wird, ergibt sich aus dem **Kontext**. Im Deutschen ist dieser Genitivus obiectivus seltener als im Lateinischen. Daher müssen wir oft einen Genitivus obiectivus mit präpositionalen Wendungen wiedergeben, also:
Memoria antīquī temporis hominibus gaudiō est.
*Die Erinnerung **an** die alte Zeit erfreut die Leute.*

Substantive, von denen ein Genitivus obiectivus abhängig sein kann, haben einen verbalen Inhalt (z. B. *Erinnerung – sich erinnern*).

8.8 Das Personalpronomen (IV) – Zusammenfassung

Als **Genitiv der Personalpronomina** der 1. und 2. Person dient der Gen. Sg. Mask. des Possessivpronomens (→ 5.5), genauso wie im Deutschen.

	1. P. Sg.		1. P. Pl.		2. P. Sg.		2. P. Pl.	
Nom.	egō	*ich*	nōs	*wir*	tū	*du*	vos	*ihr*
Gen.	meī	*meiner*	nostrī [nostrum → 5.6]	*unser*	tuī	*deiner*	vestrī [vestrum → 5.6]	*euer*
Dat.	mihĭ̄	*mir*	nōbīs	*uns*	tibĭ̄	*dir*	vōbīs	*euch*
Akk.	mē	*mich*	nōs	*uns*	tē	*dich*	vos	*euch*
Abl.	mē		nōbīs		tē		vōbīs	

8.9 Kongruenz eines adjektivischen Prädikatsnomens mit mehreren Nomina (II)

For**um** et vi**ae** clāmōris plēn**a** sunt.
Das adjektivische Prädikatsnomen steht gewöhnlich im Neutrum Plural, wenn die Glieder der dazugehörigen Subjektgruppe verschiedene Genera aufweisen, unter denen sich auch ein Neutrum befindet.
→ CG 5.4

Lēctiō nōna

Das lateinische Perfekt

Das lateinische Perfekt ist nicht mit dem deutschen Perfekt gleichzusetzen. Es unterscheidet sich von ihm im System der Formenbildung und in der Bedeutung. Je nach Kontext und Sprechsituation ist es *im Deutschen* mit einem *Präteritum* (das ist der Regelfall) *oder* mit einer *Perfekt*form wiederzugeben.

9.1 Bildung der Perfektformen

Im Unterschied zum Deutschen werden die lateinischen Perfektformen nicht aus zwei Verbformen zusammengesetzt, sondern sie haben besondere Kennzeichen (Erweiterungen oder Veränderungen des Wortstammes) und eigene Endungen.

Diese Art der Perfektbildung ist annähernd vergleichbar mit unserem Präteritum:
Präteritumbildung durch Erweiterung: *bilden/bilde**ten***;
Präteritumbildung durch Stammveränderung: *s**i**ngen/s**a**ngen*.

Neben dem besonderen Perfektstamm sind besondere Personalendungen charakteristisch für das Perfekt; es läßt sich also an zwei Signalen erkennen.

Singular	Plural
-ī	-imus
-istī	-istis
-it	-ērunt
-is -se	Infinitiv

9.1.1 Die Personalendungen

	Singular	Plural	Infinitiv
1. P. **2. P.** **3. P.**	-ī -istī -it	-imus -istis -ērunt (< -īsunt: Rhotazismus)	
			-isse

Neben der Form -ērunt in der **3. P. Pl.** kommt häufig **auch** die Form **-ēre**, also z. B. dīxērunt = dīxēre vor.

9.1.2 Die Perfektstämme

Die Personalendungen werden an den Perfektstamm angehängt. Die folgende Übersicht zeigt Dir die verschiedenen Möglichkeiten von Perfektstammbildungen am Beispiel der 3. P. Sg.:

	a		b	c	d	e	
Präsensstamm	lauda-t	terre-t	dīc-i-t	curr-i-t	ascend-i-t	lĕg-i-t	ăg-i-t
Perfektstamm	laudā**v**-it	terr**u**-it	dī**x**-it (dic+s)	**cu**curr-it	ascend-it	l**ē**g-it	**ē**g-it
Signal	**v**	**u**	**s**	**Reduplikation**	**Ø (= Präsensstamm)**	**Dehnung**	**Dehnung + Ablaut**

Perfekt

-v-
-u-

a) **Perfektstamm auf -v/-u**
Beispiel: laudāv-isse
terru-isse
Bei vokalisch auslautenden Stämmen (amā-re, tacē-re, audī-re) wird der Perfektstamm häufig durch u oder v signalisiert. Diese Signale können aber auch bei Verben mit anderem Präsensstamm auftauchen, z. B.
pet-e-re
petīv-isse

-s-

b) **Perfektstamm auf -s**
Beispiel: dīx-isse (< * dics-isse)
Ein weiteres häufiges Signalzeichen des Perfektstammes ist ein an den Stamm angehängtes -s. Hier ergeben sich oft:
1) ***Änderungen im Schriftbild***

g + s c + s h + s = x	rĕg-e-re / rēx-isse dīc-e-re / dīx-isse trahere/trāxisse (ziehen, → L 18)
b + s = ps	scrīb-e-re / scrīps-isse

2) ***lautliche Veränderungen:***
Nach dem schon oben unter 8.2.2.3 erwähnten Lautgesetz des Lateinischen fällt ein Dental vor s aus. Also heißt es z. B. lūd-e-re, aber im Perfekt
lūs-isse (< * lūds-isse)

c) **Reduplikationsperfekt**
Manche Wörter bilden den Perfektstamm, indem sie vor den Verbalstamm eine Silbe setzen, die aus dem Anfangskonsonanten des Stammes + Vokal (e oder der erste Vokal des Stammes) besteht, z. B.: curr-e-re / **cu**-curr-isse.

Auch mit lautlichen Veränderungen ist zu rechnen, z. B. pell-e-re *(treiben)*, entstanden aus pel-n-e-re, Perfekt **pe-pul**-isse, oder cad-e-re / **ce-cid**-isse.

Redu-plikation
cu-curr-isse

d) **Perfekt ohne Stammveränderung**
Einige Perfekta weisen weder Stammveränderung noch Stammerweiterung auf; ihr Perfektstamm lautet mit dem Präsensstamm gleich: ascend-e-re / ascend-isse. Einzelne Formen (3. P. Sg./1. P. Pl.) decken sich mit den Präsensformen (ascendit / ascendit). Der **Kontext** wird aber immer eindeutig zeigen, ob im Präsens oder im Perfekt gesprochen wird.

ø
(wie Präsens-stamm)
Kontext!

e) **Perfekt mit Dehnung des Stammvokals**
Verschiedene Wörter bilden das Perfekt, indem ihr Stammvokal gedehnt wird:
lĕg-e-re / **lē**g-isse.
Lautet der Stammvokal ă, wird er zu langem ē abgelautet:
ăg-e-re / **ē**g-isse.

Viele Lexika führen die Verben nur in der 1. P. Sg. Präsens auf; bei Verben, deren Stamm -a im Perfekt zu e abgelautet wurde, muß man also das Präsens erschließen können.

Dehnung
ĕ → ē ă → ē
ŏ → ō ŭ → ū
ĭ → ī

9.2 Übersichten

1. P. Sg.	laudāv-ī	terru-ī	dīx-ī
2.	laudāv-istī *)	terru-istī	dīx-istī
3.	laudāv-it	terru-it	dīx-it
1. P. Pl.	laudāv-imus	terru-imus	dīx-imus
2.	laudāv-istis *)	terru-istis	dīx-istis
3.	laudāv-ērunt	terru-ērunt	dīx-ērunt
Inf.	laudāv-isse *)	terru-isse	dīx-isse

*) auch kontrahiert („zusammengezogen"):
laudāstī / audīstī
laudāstis / audīstis
laudāsse / audīsse usw.

1. P. Sg.	cucurr-ī	ascend-ī	lēg-ī	ēg-ī
2.	cucurr-istī	ascend-istī	lēg-istī	ēg-istī
3.	cucurr-it	ascend-it	lēg-it	ēg-it
1. P. Pl.	cucurr-imus	ascend-imus	lēg-imus	ēg-imus
2.	cucurr-istis	ascend-istis	lēg-istis	ēg-istis
3.	cucurr-ērunt	ascend-ērunt	lēg-ērunt	ēg-ērunt
Inf.	cucurr-isse	ascend-isse	lēg-isse	ēg-isse

Perfekt zu esse
fu-ī
fu-istī
fu-it
fu-imus
fu-istis
fu-ērunt

fu-isse

Lēctiō decima

10.1 Das Imperfekt

-bă-
-ē-bă-

Das Imperfekt ist ein weiteres Vergangenheitstempus des Lateinischen. Es wird nicht von einem eigenen Stamm gebildet wie das Perfekt, sondern leitet seine Formen vom Präsensstamm ab. Von den Präsensformen unterscheidet es sich durch eine **besondere Signalsilbe**, die zwischen Präsensstamm und Personalendungen eingeschoben wird. Sie lautet **-bā-** oder (erweitert) **-ē-bā-**.

-m 1. P. Sg.

Die einzelnen Konjugationen haben folgende Imperfektbildungen:

laudā-ba-m	terrē-ba-m	audi-ē-ba-m	capi-ē-ba-m	ag-ē-ba-m
laudā-bā-s	terrē-bā-s	audi-ē-bā-s	capi-ē-bā-s	ag-ē-bā-s
laudā-ba-t	terrē-ba-t	audi-ē-ba-t	capi-ē-ba-t	ag-ē-ba-t
laudā-bā-mus	terrē-bā-mus	audi-ē-bā-mus	capi-ē-bā-mus	ag-ē-bā-mus
laudā-bā-tis	terrē-bā-tis	audi-ē-bā-tis	capi-ē-bā-tis	ag-ē-bā-tis
laudā-ba-nt	terrē-ba-nt	audi-ē-ba-nt	capi-ē-ba-nt	ag-ē-ba-nt

Beim **Imperfekt von esse** steht zwischen Stamm und Endung nur ein **a**; nach der Lautregel des Rhotazismus wird aus **s** zwischen Vokalen **r**:

Die Personalendungen sind bis auf die der 1. P. Sg., die Du schon von **su-m** her kennst, die des Präsens.

*es-a-m >	eram
	erās
	erat
	erāmus
	erātis
	erant

10.2 Zur Verwendung von Perfekt und Imperfekt im Lateinischen

10.2.1 Zeitverhältnisse

Sprechakt:
Zeitpunkt einer Äußerung

Das, was eine sprachliche Äußerung ausdrückt, steht immer in einem bestimmten *Verhältnis zu dem Zeitpunkt*, in dem der Sprecher/Schreiber diese *Äußerung* tut, also zum **Sprechakt:**

- **gleichzeitig** zum Sprechakt;
- **nachzeitig** zum Sprechakt;
- **vorzeitig** zum Sprechakt.

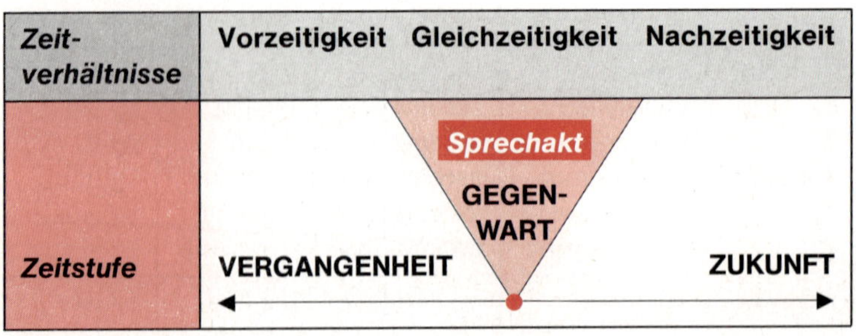

Zum Ausdruck dieses Zeitbezuges verfügen Sprachen über ein System von Tempora.

Tempora
Tempussystem

Das Lateinische besitzt zur Beschreibung von Ereignissen usw. in der *Zeitstufe Vergangenheit* die *Tempora Perfekt und Imperfekt* (Plusquamperfekt → CG 11). **Diese Tempora haben im Deutschen keine genaue Entsprechung.**

10.2.2 Die unterschiedliche Bedeutung von Perfekt und Imperfekt (Aspekte)

Wie gesagt, beschreiben Perfekt und Imperfekt Ereignisse usw. in der Vergangenheit, doch tun sie das auf unterschiedliche Weise:

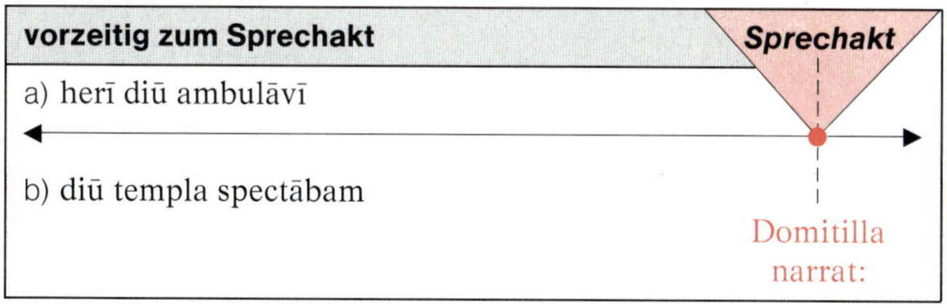

Ich ging gestern lange spazieren. (a)
Ich betrachtete lange Zeit die Tempel. (b)

Im Deutschen verwenden wir in beiden Sätzen das Präteritum und geben damit lediglich an, daß beide Vorgänge in der Vergangenheit spielen.

Die **lateinischen Formen enthalten** aber jeweils **eine zusätzliche Information**, die sich aus der jeweiligen Funktion von Perfekt bzw. Imperfekt ergibt.

Um diesen Unterschied zu klären, verwenden wir ein deutsches Beispiel:
Veronika friert. / Das Wasser ***ge****friert.*
Durch eine Vorsilbe *(ge-)* wird der Charakter des Wortes *frieren* verändert. Man kann das so graphisch ausdrücken:

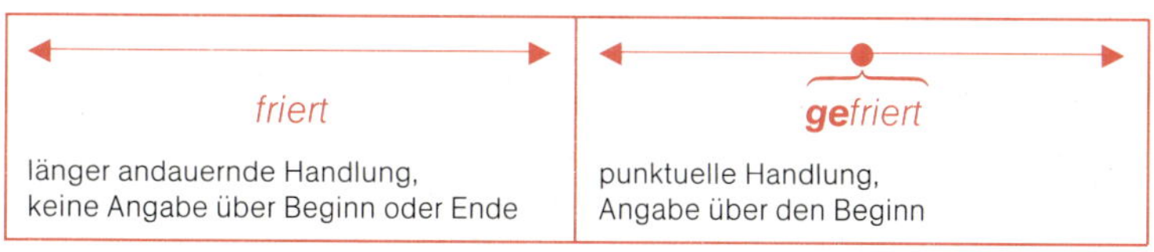

Beim Verb *gefrieren* liegt der Blickpunkt auf dem Moment, in dem das Wasser zu Eis erstarrt. Das Wort *frieren* signalisiert eine solche Begrenzung nicht. Die Wörter drücken also zusätzlich zu Tempus, Modus, Person/Numerus noch einen **Aspekt** aus, nämlich ob es sich um eine punktuelle, begrenzte Handlung handelt oder eine unbegrenzt dauernde.

Handlungs-Aspekt
Beginn – Ende
punktuell – länger andauernd
begrenzt – unbegrenzt

Perfekt:
Aspekt:
Zeitliche Begrenzung

Wenn wir jetzt die lateinischen Beispielsätze betrachten, sehen wir, daß im ersten Satz die Handlung auf eine *genau* bezeichnete Dauer festgelegt ist:

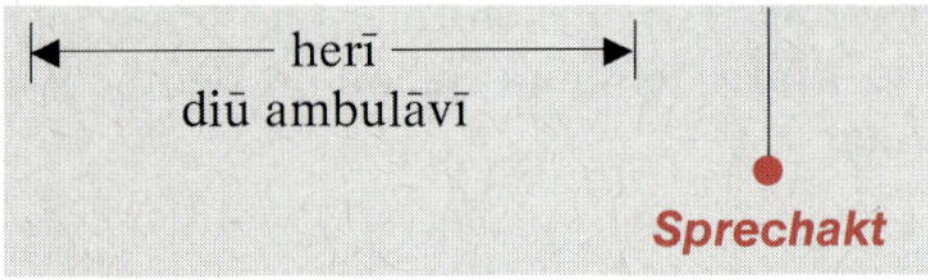

Das **Perfekt** signalisiert hier zusätzlich zu „herī" die Begrenzung der Handlung.

Imperfekt:
Aspekt:
Keine zeitliche Begrenzung

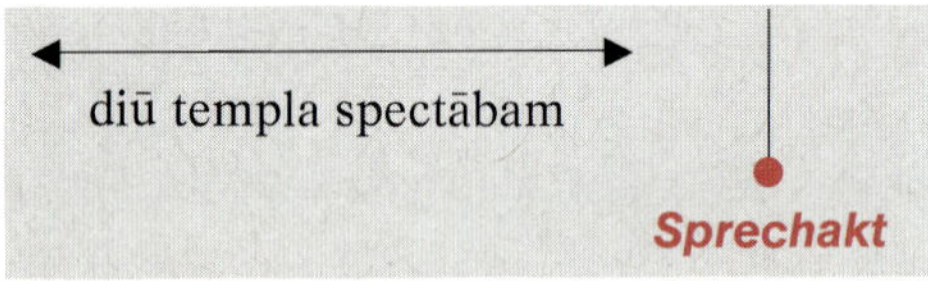

In diesem Satz (Tempus **Imperfekt**) gibt es keine Betonung einer Zeiteingrenzung, deutsch etwa: *„Ich* ***betrachtete*** *lange Zeit die Tempel."*

Der Aspekt, der im lateinischen Satz durch das Imperfekt zum Ausdruck kam, wird im deutschen Satz von der Bedeutungsvariante des Verbums getragen (*betrachten* etwa im Gegensatz zu *erblicken*).

Imperfekt oder Perfekt sagen nichts über die absolute zeitliche Dauer eines Vorgangs aus (denn der Vorgang „ambulāvī" überspannt den Vorgang „spectābam" ja zeitlich), sondern es wird die **zeitliche Begrenzung beim Perfekt** bzw. **zeitliche Offenheit** („lineare Darstellung") **beim Imperfekt betont**.

10.3 Das Perfekt als Erzähltempus

Die Aufgabe des lateinischen Perfekts in Erzähltexten läßt sich an folgendem Beispiel zeigen:

... **Kontext** ... / tum mulierēs castra intrāvērunt / Coriōlānus mulieribus occurrit / Māter autem dīxit / ... **Kontext** ...

Jeder Satz enthält einen Teilabschnitt einer fortlaufenden Handlung, gewissermaßen eine Erzählstufe:

dīxit / ...
/
occurrit /
/
... / intrāvērunt /

das Perfekt beschreibt die Stufen/Schritte einer Handlung

Wie bei einer Treppe jede einzelne Stufe von der vorhergehenden und der kommenden „begrenzt" wird, wird auch jede Erzählstufe durch die vorangehende und die folgende eingegrenzt. Diesen Verb-Aspekt signalisiert das Perfekt (zur Übersetzung → 10.5.2).

Das **Perfekt** kann dabei – wie im Beispielsatz – durchaus auch eine längere Handlung bezeichnen, wenn nur der ***Aspekt*** auf ihrer Begrenzung liegt: es **faßt** Ereignisse gewissermaßen **zusammen**. Es kann aber **auch** den **Punkt** bezeichnen, bei dem eine Handlung eintritt oder aufhört:

Rōmānīs cibus atque aqua dēfēcērunt.
Den Römern gingen Nahrung und Wasser aus (begannen ...).

Perfekt

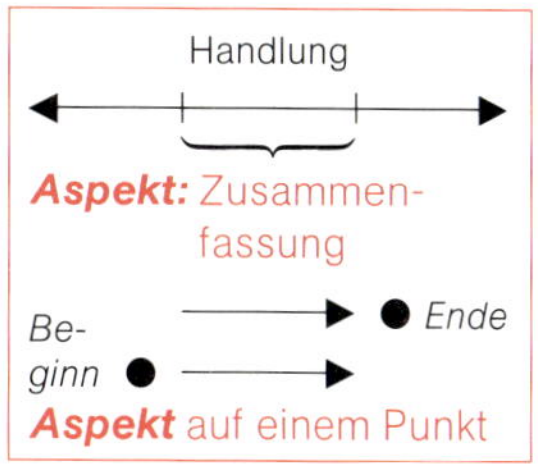

10.4 Das Imperfekt in der Erzählung

Anders ist das bei folgendem Satz aus demselben Zusammenhang:

... Kontext Perfekt / senātōrēs stupēbant / **Kontext Perfekt ...**
Die Senatoren wußten keinen Rat

Dieser Satz ist nicht Erzählstufe (→ 10.3), sondern beschreibt eine allgemeine Situation, sozusagen den **Hintergrund, vor dem die Erzählung** stufenweise **abläuft**. Das Verb stupēbant drückt durch das Tempus Imperfekt den Aspekt „unbegrenzt" und damit die Rat- und Ziellosigkeit der Senatoren aus; diese ist fortdauernd und ergebnislos – oder wird jedenfalls vom Sprecher durch das Verb so beschrieben.

das Imperfekt beschreibt die Begleitumstände und „Kulissen" einer Handlung

Während das Perfekt die nach zwei Seiten hin begrenzte Erzählstufe beschreibt, lenkt das Imperfekt die Aufmerksamkeit auf Vorgänge von unbestimmter Dauer. Indem es schildernd bei der Darstellung verweilt, unterbricht es den Handlungsfluß.

Für die Erklärung der Funktion des **Imperfekts** ist es von Bedeutung, daß es **vom Präsensstamm abgeleitet** wird.
Das Imperfekt holt den Zuhörer/Leser gewissermaßen in die Vergangenheit hinein, als ob diese dann Gegenwart wäre.
Das Perfekt hingegen signalisiert durch seinen eigenen veränderten Stamm, daß es das beschriebene Geschehen von der Gegenwart abrückt.

10.5.1 Die Wiedergabe von Perfekt und Imperfekt

Im allgemeinen geben wir Perfekt und Imperfekt im Deutschen mit dem Präteritum wieder.
Den Charakter der unbestimmten Dauer des lateinischen Imperfekts kann man im Deutschen etwa betonen durch:

- Wahl eines Verbs, das einen entsprechenden Aspekt enthält, z. B. *betrachten* (dagegen ist z. B. *erblicken* punktuell);
- Einfügung eines „Indikators", also eines Wortes, das den Aspekt der Verbhandlung unterstreicht, z. B. *„wiederholt", „immer wieder", „pflegte zu ..."*;
- Wiederholung des Verbs, etwa *„überlegten und überlegten".*

Ü

Indikator: *Signalwort zur Verdeutlichung einer Aussage*

Die Suche nach geeigneten Wiedergabemöglichkeiten soll durch diese Hinweise nur angeregt werden; falsch wäre es, willkürlich ohne Rücksicht auf den Kontext irgendeine Umschreibung für das Imperfekt zu benutzen.

10.5.2 Wiedergabe des lateinischen Perfekts mit dem deutschen Perfekt

Ü

In der deutschen Standardsprache wird das Perfekt dann verwendet, wenn eine Handlung zwar vergangen ist, aber noch eine Beziehung zum Sprechakt besteht, die betont werden soll. Beispiel: *Wo bist du die ganze Zeit (bis jetzt) gewesen?*

In L 10 wird die Erzählung durch wörtliche Reden unterbrochen. Einmal sagt Coriolan zu seiner Mutter: „Vīcistī!" Das muß im Deutschen nach der eben genannten Regel mit dem Perfekt übersetzt werden: *„Du hast gesiegt"*, fast: *„Du bist Siegerin!"* Die Beziehung zum Sprechakt ist betont. Ähnlich ist es, wenn die Mutter sagt: **„Ad inimīcum vēnī."** Auch hier wirkt eine vergangene Handlung in der Gegenwart des Sprechers (also zum Zeitpunkt des gedachten Sprechaktes) nach: *„Zu einem Feind bin ich gekommen."*

„resultatives" Perfekt

„konstatierendes" Perfekt

Man kann diese **Perfekt**verwendung als **„resultativ"** (von Resultat: Ergebnis) bezeichnen (vīcistī) oder als **„konstatierend"** (feststellend: vēnī).

Darüber hinaus wird im Deutschen das Perfekt in wörtlicher Rede bzw. in persönlicher oder persönlich gedachter Erzählung dem Präteritum vorgezogen. Hier gibt es viele umgangssprachliche und regionale Besonderheiten. Bei der Übersetzung von Texten gelten jedoch in jedem Fall die Regeln der Grammatik der deutschen Standardsprache.

10.6 vir

Das Wort vir „der Mann" gehört zu der Gruppe puer (→ CG 3.3). **Deklination:**

vir	vir-ī
vir-ī	vir-ōrum
vir-ō	vir-īs
vir-um	vir-ōs
vir-ō	vir-īs

Lēctiō ūndecima

11.1 Das Plusquamperfekt – Formen

Du hast bei den lateinischen Verben bisher zwei Stämme kennengelernt, den Präsensstamm und den Perfektstamm.

Plusquamperfekt

Perfekt-stamm + -erā-

Mit dem Präsensstamm werden die Tempora Präsens und Imperfekt gebildet,
mit dem **Perfektstamm** bildet man außer dem *Perfekt* auch das Tempus **Plusquamperfekt**. Dazu wird **an den Perfektstamm das Imperfekt von esse** gesetzt, z. B. laudāv- + eram = laudāveram.

Übersicht:

-m 1. P. Sg.

1. P. Sg.	laudāv-eram	**1. P. Pl.**	laudāv-erāmus
2.	laudāv-erās	**2.**	laudāv-erātis
3.	laudāv-erat	**3.**	laudāv-erant

Entsprechend werden die Plusquamperfektformen auch von den anderen Perfektstämmen gebildet:

monu-eram	von **esse:** fu-eram
dīx-erās	fu-erās
cucurr-erat	fu-erat
ascend-erāmus	fu-erāmus
lēg-erātis	fu-erātis
ēg-erant	fu-erant

Das **Plusquamperfekt-signal -era-** ist sprachgeschichtlich so zu erklären: Perfektzeichen **-is-** + **-a-** wird lautgesetzlich zu **-era-**. Das -a- ist zwar das gleiche wie das im Imperfekt von esse (eram usw.), doch der Stamm von esse ist nicht darin enthalten.

11.2 Zur Verwendung des Plusquamperfekts

Zusätzlich zu Perfekt und Imperfekt verfügt das Lateinische (wie das Deutsche) auch über das Plusquamperfekt.
Das Plusquamperfekt ist ein Tempus, das zur Beschreibung von Handlungen/Ereignissen der Vergangenheit dient, die zeitlich vor weiteren Handlungen/Ereignissen der Vergangenheit liegen. Das drückt auch der Name aus: plūs quam perfectum: „mehr als vergangen", vorvergangen.

Vergangenheitstempora:

Perfekt
Imperfekt
Plusquamperfekt

Das Plusquamperfekt ist die Vergangenheitsform der Vergangenheit.

Es ist daher nur zu erwarten, wenn im Kontext die Zeitstufe Vergangenheit herrscht:

Zeitstufe des Kontextes:
VERGANGENHEIT
Tempus: **Perfekt**

Puerī magistrum virgīs **verberāvērunt.**
*Die Jungen **schlugen** den Lehrer mit Ruten.*
(Ereignis vorzeitig zum Sprechakt)

„VERGANGENHEIT DER VERGANGENHEIT":
Tempus **Plusquamperfekt**

Camillus puerīs virgās **dēderat.**
*C. **hatte** den Jungen die Ruten **gegeben**.*
(Ereignis vorzeitig zu verberaverunt.)

Sprechakt

Polybius narrat:

Wie die vorgeführten Beispiele zeigen, wird im Deutschen und im Lateinischen das Plusquamperfekt in gleicher Weise verwendet.

11.3 Vom Deutschen abweichender Gebrauch temporaler Konjunktionen

Ü

Bei drei Konjunktionen, die ein Zeitverhältnis beschreiben, weicht der Sprachgebrauch im Lateinischen vom deutschen Sprachgebrauch ab:

> **postquam** in der Bedeutung *„nachdem"* steht mit dem Tempus **Perfekt**;
> **ubī** *„sobald"* steht zumeist mit dem Tempus **Perfekt**;
> **dum** in der Bedeutung *„während"* steht mit dem Tempus **Präsens**.

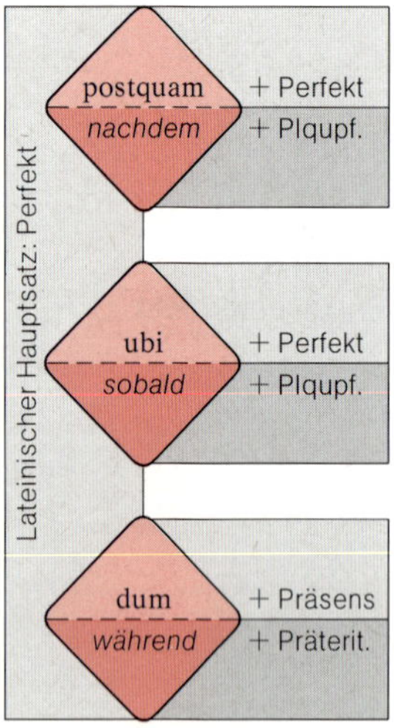

In diesen Fällen mußt Du beim Übersetzen das Tempus wählen, das Dir vom deutschen Sprachgebrauch her vorgeschrieben wird:

Magister, postquam **vēnit**, puerōs **vituperāvit**.
*Nachdem der Lehrer **gekommen war, tadelte** er die Jungen.*

Camillus, ubī magistrum **vīdit**, puerīs virgās **dedit**.
*Sobald Camillus den Lehrer **gesehen hatte, gab** er den Jungen die Ruten.*

Magister **tacuit**, dum puerī **cantant**.
*Der Lehrer **schwieg**, während die Jungen **sangen**.*

Offenbar reichten dem Römer in bestimmten Kontexten die genannten Konjunktionen bereits als **Indikatoren** (→ CG 10.5.1) aus, so daß eine genauere Zeitbestimmung durch das Tempus überflüssig war.

11.4 Satzreihe und Satzgefüge – Verknüpfung von Sätzen

Die Sprache besitzt verschiedene Möglichkeiten, mit denen man Sätze zu Texten verknüpfen kann.

11.4.1 Satzreihen (Parataxe)

Man kann Sätze als grammatisch gleichwertig verwenden und durch **beiordnende Konjunktionen** miteinander verknüpfen. Diese **Beiordnung** nennt man auch Parataxe (Adjektiv: parataktisch).

Beispiel 1:
*Die Opfer sind günstig verlaufen, **und** das Werk kann begonnen werden.*
In diesen beiden Sätzen werden zwei Aussagen grammatisch gleichwertig aneinandergereiht, sie bilden eine **Satzreihe**.

Beispiel 2:
*Das Werk kann begonnen werden, **denn** die Opfer sind günstig verlaufen.*
Auch hier liegen zwei grammatisch gleichwertige Hauptsätze vor, doch wird durch die Konjunktion *denn* dem durch diese Konjunktion eingeleiteten Satz eine bestimmte **Sinnrichtung** gegeben: Er gibt eine Begründung für die Aussage des ersten Satzes an.

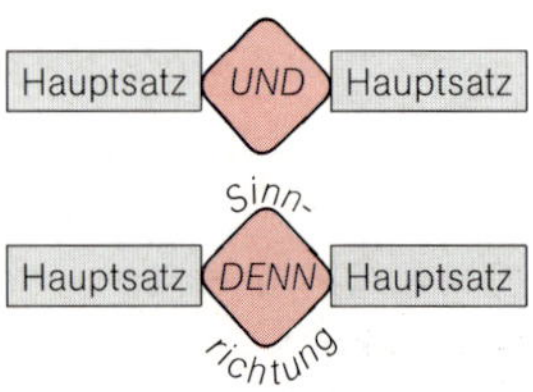

Satzreihe
(Beiordnung)

11.4.2 Satzgefüge (Hypotaxe)

Zwei Aussagen werden in der Weise miteinander in Beziehung gesetzt, daß sie durch **unterordnende Konjunktionen** (manchmal auch Subjunktionen genannt) miteinander verknüpft werden. Es entsteht so ein **Satzgefüge** aus übergeordnetem (= Haupt-)Satz und untergeordnetem (= Glied-)Satz. Diese **Unterordnung** nennt man auch Hypotaxe (Adjektiv: hypotaktisch).

Beispiele:
1) *Der Sklave wurde gefaßt, **als** er fliehen wollte.*
2) ***Weil** der Sklave fliehen wollte, wurde er bestraft.*

Das Satzgefüge 1 gibt ein **Zeitverhältnis** zwischen unter- und übergeordnetem Satz an. Beispiel 2 gibt eine **Sinnrichtung** an (hier eine Begründung = **kausale** Sinnrichtung). In beiden Fällen geben die Aussagen des Gliedsatzes (= des untergeordneten Satzes) eine erläuternde Information zur Aussage des übergeordneten Satzes.

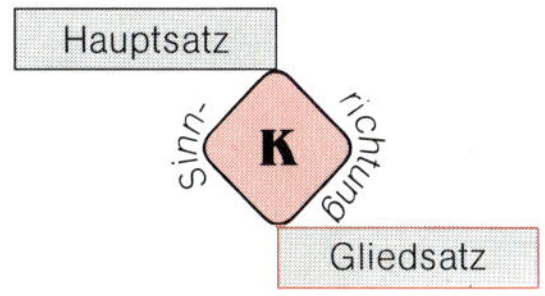

Satzgefüge
(Unterordnung)

11.4.3 Konjunktionen als Konnektoren

K onnektoren

Wörter, die der Verknüpfung von Sätzen zu Texten bzw. Textabschnitten dienen, heißen **Konnektoren** (lat. connectere: verknüpfen). Zu diesen gehören u. a. die **Konjunktionen** (lat. coniungere: verbinden). Unterordnende Konjunktionen (*als, nachdem, weil, obwohl, indem* u. a. m.) stellen eine engere Bindung zum übergeordneten Satz her als das beiordnende Konjunktionen (z. B. *und*) zwischen grammatisch gleichwertigen Sätzen tun.

11.5 Die Funktion der Gliedsätze

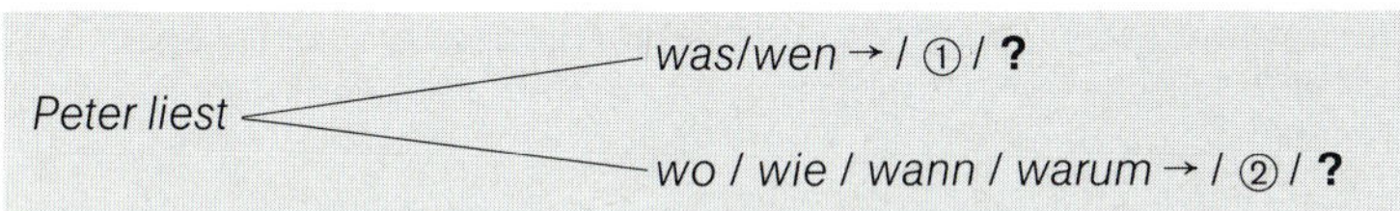

Die angezeigte **Leerstelle 1** kann durch ein **Akkusativobjekt** gefüllt werden; die Bedeutung des Verbs *lesen* gibt mögliche Objekte vor, z. B. *eine Zeitung.*

Die **Leerstelle 2** kann durch eine **adverbiale Bestimmung** gefüllt werden. Hier ist die Auswahlmöglichkeit viel größer als beim Objekt, z. B.:

- wo? *Im Garten, im Büro, in der Schule, im Sessel* usw.
- wann? *Heute, nie, oft, in der Pause, im Urlaub, frühmorgens* usw.
- wie? *Erstaunt, interessiert, gelangweilt, amüsiert, lachend* usw.
- warum? *Aus Neugier, aus Gewohnheit* usw.

Im Satzbild:

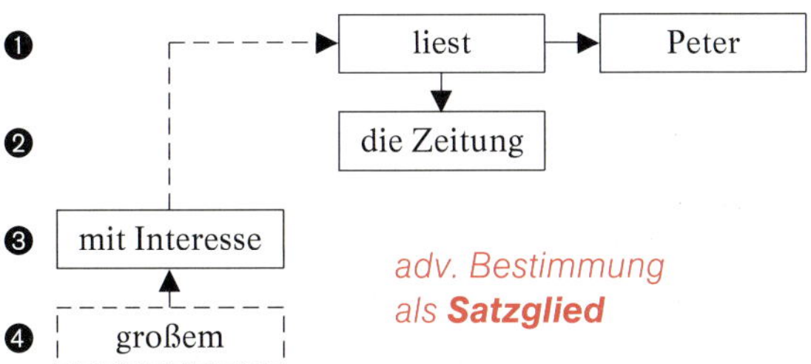

Satzglieder:
❶ **Prädikat, Subjekt**
❷ **Objekt(e)**
❸ **adverbiale Bestimmungen**

Oft kommt im Satz gerade einer näheren Erläuterung der Verbaussage große Bedeutung zu. Die knappe adverbiale Bestimmung reicht nicht immer aus. Das kann ein Grund dafür sein, daß es in der Sprache eine weitere Möglichkeit gibt, wichtige Begleitumstände einer Handlung/

eines Ereignisses zu beschreiben, nämlich den **adverbialen Gliedsatz**.

Vergleiche das folgende Satzbild mit dem vorhergehenden:

K + Satz als Satzglied
= Gliedsatz

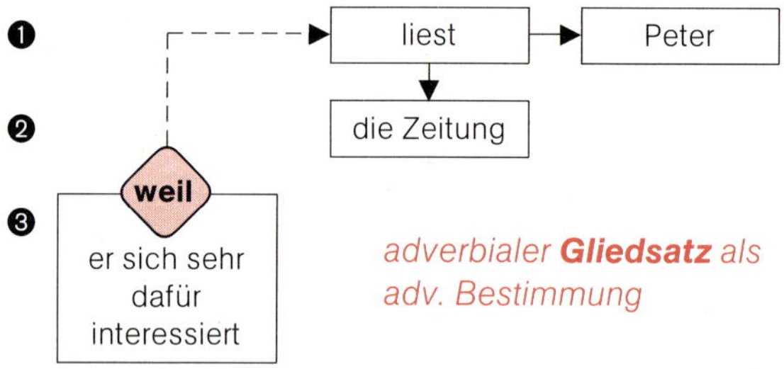

Beide Sätze sind sinngleich. In Satz 2 steht aber an der Stelle des Satzgliedes Adverbiale Bestimmung ein vollständiger Satz mit Subjekt, Prädikat und (Präpositional-)Objekt, der mit dem **Konnektor *„weil“*** an das Prädikat *liest* angeknüpft ist.

Weil diese Form eines Satzes einem Satzglied entspricht, nennt man einen solchen Satz Gliedsatz. Weil er in der Funktion einer adverbialen Bestimmung steht, heißt er **adverbialer Gliedsatz**. Es ist also ein Satz, der einen übergeordneten Satz in seinem Inhalt näher erläutert.

Solche Satzgefüge können wir auf folgende Weise im Satzbild darstellen:

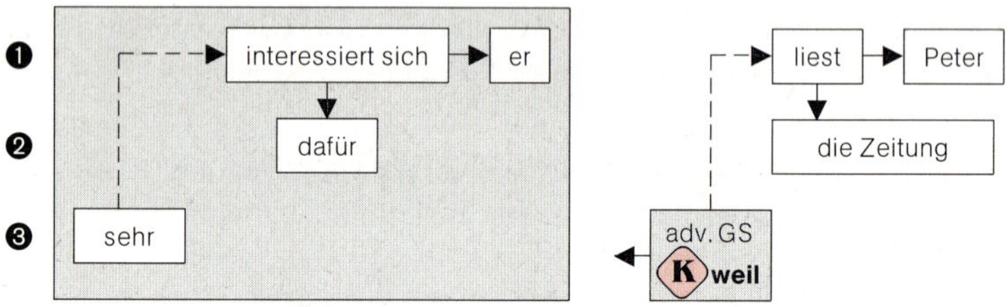

(GS steht für Gliedsatz, K für Konnektor.)

11.6 Die Angaben von Zeitverhältnissen und Sinnrichtungen im Satzgefüge

In einem Satzgefüge aus Hauptsatz und adverbialem Gliedsatz wird der Gliedsatz stets von einer Konjunktion, die als Konnektor dient, signalisiert (vgl. 11.4.3).

Konjunktionen signalisieren Gliedsätze!

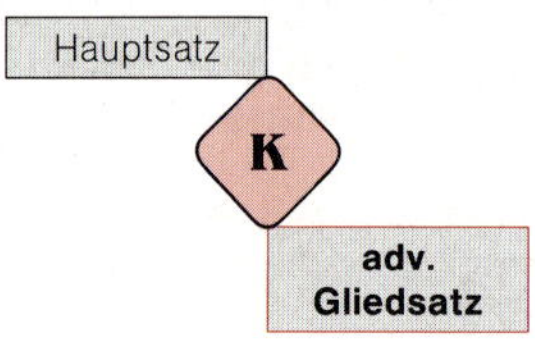

11.6.1
Eine häufige Art der Verknüpfung zweier Aussagen ist die Angabe eines Zeitverhältnisses:

1) *Die Sklavin wurde freigelassen,*
nachdem
sie das 30. Lebensjahr erreicht hatte.

2) *Domitilla und Tertia langweilten sich,*
während
die Jungen dem Pferderennen zuschauten.

Das Zeitverhältnis in Satz 1 ist das der **Vorzeitigkeit:**
Die Handlung des Gliedsatzes liegt zeitlich vor der des Hauptsatzes.
Im Beispiel 2 liegt das Zeitverhältnis der **Gleichzeitigkeit** vor: Beide Vorgänge laufen parallel.
Die Konnektoren *nachdem* und *während* sind also **temporale Konjunktionen**.

adverbiale Gliedsätze:

Temporalsätze
(Angabe eines Zeitverhältnisses)

11.6.2
Es gibt noch weitere Konjunktionen, die besondere Arten der Anknüpfung an die Aussage des übergeordneten Satzes zum Ausdruck bringen. Beispiele für diese **Sinnrichtungen** (vgl. oben 11.4.2):
Es ist schon dunkel,

weil

der Himmel bedeckt ist.
Die durch die Konjunktion *weil* angegebene Sinnrichtung der Verknüpfung ist **kausal**: Der Gliedsatz gibt einen Grund für den im Hauptsatz ausgedrückten Sachverhalt an.

Kausalsätze
(Angabe eines Grundes)

- *Es ist schon dunkel,*

  obwohl

  es noch gar nicht spät ist.
  Der Sprecher stellt einen Widerspruch zwischen zwei Sachverhalten fest; er muß zugeben, daß die Voraussetzung dafür, daß es schon dunkel wird (normalerweise nämlich, daß es Abend wird), nicht erfüllt ist.
  Etwas zugeben, ein Eingeständnis machen, heißt lat. concēdere, daher nennt man diese Art der Sinnrichtung, die durch *obwohl* angezeigt wird, **konzessiv**.

Konzessivsätze
(Angabe eines Gegengrundes)

- *Es wird zu dunkel,*

  wenn/falls

  ihr die Vorhänge schließt.
  Der Gliedsatz gibt die Bedingung oder Voraussetzung (lat. condicio) an, unter der die Aussage des übergeordneten Satzes zutrifft. Die signalisierte Sinnrichtung heißt **konditional** (diese Schreibweise mit „t" ist die übliche, obwohl „z" richtiger wäre).

Konditionalsätze
(Angabe einer Bedingung)

11.7 Spitzenstellung des Subjekts im Satzgefüge

Camillus, postquam verba dīxit, magistrum puerīs trādidit.
Nachdem Camillus gesprochen hatte, übergab er den Lehrer den Jungen.
Camillus übergab den Lehrer den Jungen, nachdem er gesprochen hatte.

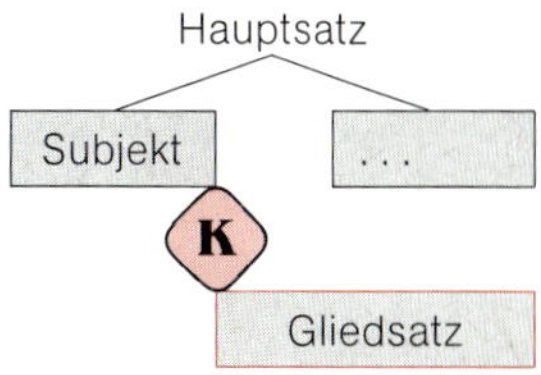

Beachte:
Steht im lateinischen Satzgefüge der Gliedsatz vor dem Hauptsatz, tritt bei gleichem Subjekt das Subjektswort an die Spitze des Satzgefüges. Bei der Übersetzung wird es in den Satz übernommen, der in der Übersetzung die erste Stelle einnimmt.

11.8 Wörter mit Genitiv Plural auf -ium

Als Kasuszeichen für den Genitiv Plural der konsonantischen Deklination hast Du **-um** kennengelernt. In Lektion 11 findest Du bei einigen Wörtern vor dieser Endung ein **-i-**, der Ausgang lautet also **-ium**.

Dieses -i- gehört manchmal zum Wortstamm (wie z. B. bei hosti-s), manchmal ist es (wahrscheinlich in Anlehnung an diese Wörter) eingeschoben worden (z. B. clād-i-um). Deshalb kann der Genitiv Plural manchmal bei ein und demselben Wort auf -um oder -ium ausgehen.

-ium **Genitiv Plural**

Die „Mischform" auf **-ium** taucht in der Regel bei Wörtern auf, die wie **hostis** *(Feind)* und **clādēs** *(Niederlage)* im Nominativ und Genitiv Singular gleichsilbig sind und auf -is oder -ēs ausgehen, und bei Wörtern, deren Stamm auf mehr als einen Konsonanten auslautet (gent-, urb-).

Nominativ Singular

-ēs, -ns, -is

Beispiele:

	Singular			
Nom.	clādēs	gēns	urbs	hostis
Gen.	clādis	gentis	urbis	hostis
Dat.	clādī	gentī	urbī	hostī
Akk.	clādem	gentem	urbem	hostem
Abl.	clāde	gente	urbe	hoste
	Plural			
Nom.	clādēs	gentēs	urbēs	hostēs
Gen.	clād**ium**	gent**ium**	urb**ium**	host**ium**
Dat.	clādibus	gentibus	urbibus	hostibus
Akk.	clādēs	gentēs	urbēs	hostes
Abl.	clādibus	gentibus	urbibus	hostibus

Das grammatische Geschlecht vieler dieser Wörter ist das Femininum; allerdings z. B. **hostis:** biologisches Geschlecht!

Lēctiō duodecima

12.1 Die Interrogativpronomina (Fragewörter)

Wie das Deutsche kennt das Lateinische zwei Arten von Interrogativpronomina (von interrogāre: fragen):

a) Das **substantivische Interrogativpronomen**, das im Fragesatz die Stelle des Nomens einnimmt, nach dem gefragt wird, z. B.:
Wem *hilfst du bei den Schulaufgaben? – Meinem Freund.*

b) Das **adjektivische Interrogativpronomen**, das als Begleiter eines Nomens eine Information zu diesem Nomen erfragt, z. B.:
Welchem *Freund … ? – Meinem besten Freund …*

12.1.1 Das substantivische Interrogativpronomen (wer/was?)

qu-
cu- ?

Nom.	quis	qui**d**
Gen.	cuius	
Dat.	cuī	
Akk.	quem	qui**d**
Abl.	quō	

Das substantivische Interrogativpronomen weist keinen Plural auf und unterscheidet nur zwischen Fragen nach Personen (quis/quem) und Sachen/Vorgängen (einschl. Tieren: quid).

12.1.2 Das adjektivische Interrogativpronomen
(welcher/welche/welches?)

	Singular		
	m.	**f.**	**n.**
Nom.	quī	quae	quod
Gen.		cuius	
Dat.		cui	
Akk.	quem	quam	quod
Abl.	quō	quā	quō

	Plural		
	m.	**f.**	**n.**
Nom.	quī	quae	quae
Gen.	quōrum	quārum	quōrum
Dat.		quibus	
Akk.	quōs	quās	quae
Abl.		quibus	

① **Nom. Sg. Fem.**
② **Nom. Pl. Fem.**
③ **Nom. Pl. Ntr.**
④ **Akk. Pl. Ntr.**
-ae

Neutrum:
Nom./Akk. Sg.
-d

Der **Stamm** dieser Pronomina wechselt in der Schreibung von **qu** zu **cu**. Viele der Formen sind Dir aus der a- und o-Deklination bekannt, andere aus der konsonantischen.

Fest einprägen mußt du Dir die **Endungen des Gen. und Dat. Sg.**; diese lauten **bei vielen Pronomina:**
Gen. Sg. auf **-ius;**
Dat. Sg. auf **-i** (vgl. mihī / sorōrī).

Gen. Sg. **-ius**

Dat. Sg. **-ī**

12.2 Interrogativsätze

12.2.1 Zur Wiederholung (→ CG 4.7)

Geht man von der Frageabsicht aus (also von dem, was der Fragende erfahren will), kann man zwei Typen von Fragesätzen unterscheiden:

a) Entscheidungsfragen;
b) Ergänzungsfragen.

Entscheidungsfragen fordern von dem Antwortenden eine Entscheidung zwischen Ja oder Nein. Als dritte Möglichkeit ist nur eine Verweigerung der Antwort denkbar.
Diese Art Frage wird auch **Satzfrage** genannt; man fragt mit ihr nach dem Inhalt eines Satzes und erwartet auf diesen Satzinhalt eine Antwort.

Satzfrage
-ne
num
nōnne
?

Solche Entscheidungsfragen bzw. Satzfragen werden im Lateinischen durch verschiedene Zeichen signalisiert:
1) echte Entscheidungsfrage, die Antwort ist offen:
Signal: -ne;
2) unechte Frage, die Antwort „nein" wird in der Fragestellung vorgegeben:
Signal: num;
3) unechte Frage, die Antwort „ja" wird in der Fragestellung vorgegeben:
Signal: nōnne.

Unechte Fragen sind oft verkappte Behauptungssätze.

12.2.2 Ergänzungsfragen

Mit Ergänzungsfragen will der Fragende sein Wissen in einem bestimmten Punkt ergänzen. Dazu benutzt der Fragende Interrogativadverbien bzw. Interrogativpronomina. Danach nennt man die Ergänzungsfragen auch **Wortfragen**. Beispiel:
Wo wurde Cicero geboren? – Antwort: In Arpinum.

Wortfrage
qu-
cu-
?

12.2.3 Das substantivische und das adjektivische Interrogativpronomen in der Ergänzungsfrage

quis?	quid?
Mask./Fem.	Ntr.
⇓	⇓
Person	**unbestimmt**
Sg. + Pl.	Sg. + Pl.

12.2.3.1 quis/quid (substantivisch)

quis: Der Fragende erwartet als Antwort die Nennung einer Person; quid: Der Fragende erwartet keine Nennung einer Person. Dabei erfaßt quis nicht das biologische Geschlecht des Erfragten, quid nicht dessen grammatisches Geschlecht.

Beispiel:
Quis venit? – Puer/puella venit.
Quid vidēs? – Aedificium/montem/vīllam, evtl. aber auch equum/puellās videō.

Das substantivische Interrogativpronomen gibt es nur im Singular; es wird auch gebraucht, wenn das Erfragte im Plural steht:
Quis venit? – Senātōrēs veniunt.

Im Satzbild nehmen die substantivischen Interrogativpronomina die Position ein, die im Antwortsatz von den in der Antwort benannten Nomina besetzt werden:

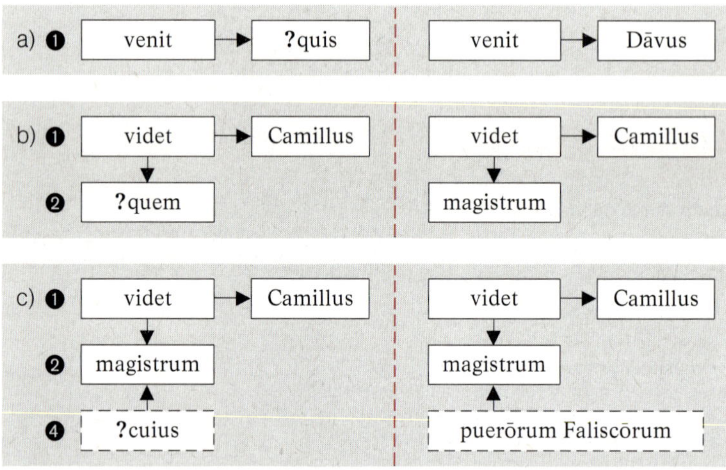

Wegen seiner Funktion im Satz nennt man dieses Fragepronomen *substantivisches Interrogativpronomen.*

12.2.3.2 quī/quae/quod (adjektivisch)

Wie oben (12.1) schon gesagt, tritt dieses Fragepronomen als Begleiter auf. Es existiert in den drei grammatischen Genera und in beiden Numeri. Mit seiner Hilfe fragt man nach bestimmten Personen oder Sachen oder nach Merkmalen, durch welche diese von anderen Sachen/Personen unterschieden sind:
Quī servus venit? – Dāvus venit.

Aus der möglichen Anzahl von Sklaven wird nach einem besonderen gefragt. In einem anderen Kontext könnte die Antwort lauten: **Servus dēfessus venit.** In diesem Fall unterschiede sich der Sklave, nach dem gefragt wird, von den anderen durch das Merkmal „Erschöpfung".

quī, quae, quod + Substantiv ?

Beispiele im Plural:

Quī servī veniunt? — **Sēdulī** servī veniunt.
Dāvus et Flāvus (servī) veniunt.

Quae servae veniunt? – Servae **M. Pompōniī** veniunt.

Im Satzbild:

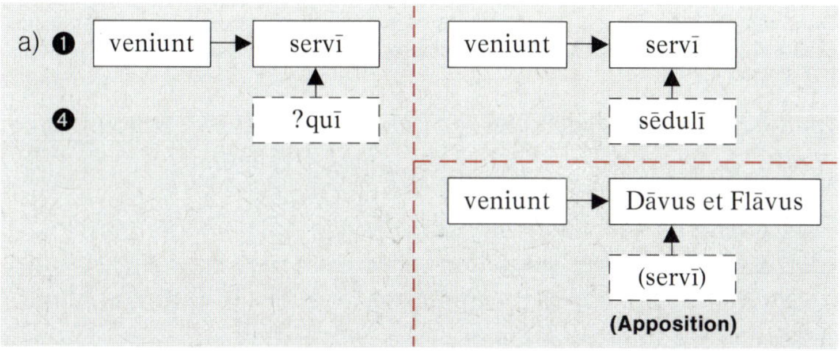

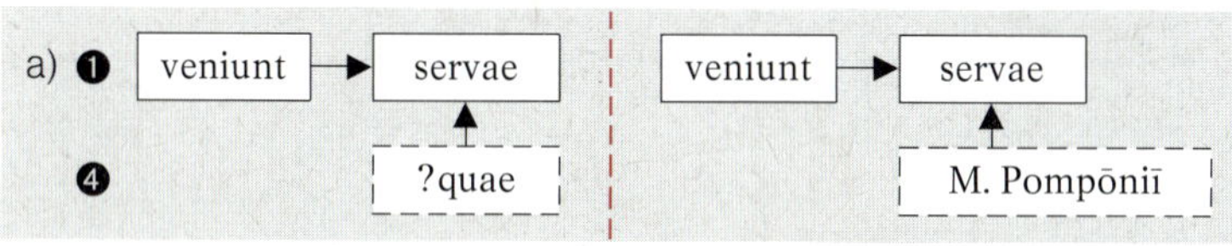

Das Satzbild zeigt, daß dieses Fragepronomen wie ein adjektivisches Attribut verwendet wird; daher heißt es *adjektivisches Interrogativpronomen.*

12.3 Der Relativsatz

quī/quae/quod
K Konnektor

So wie adverbiale Bestimmungen (also nähere Bestimmungen einer Verbaussage) durch adverbiale Gliedsätze ersetzt werden können, können an die Stelle von Attributen (also näheren Bestimmungen von Nomina) **attributive Gliedsätze** bzw. **Attributsätze** treten. Diese werden durch ein **Relativpronomen** an ihr Beziehungswort geknüpft.

12.3.1 Die Funktion des Relativsatzes

In einem Text stehen folgende Sätze hintereinander:
Domina **servō** vīnum dat. **Servus** semper pāret.
Im gegebenen Kontext bildet der zweite Satz eine Erklärung zum ersten Satz, nämlich eine genauere Beschreibung zu dem Wort servō. Beide Sätze kann man nun enger miteinander verknüpfen. Zur Verknüpfung wird ein **Konnektor** benötigt.

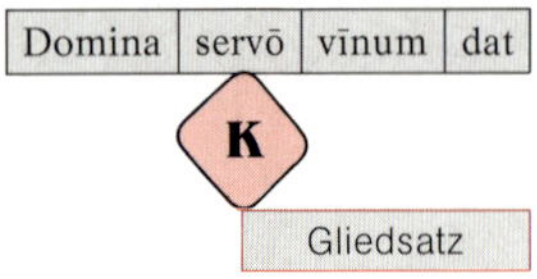

Dieser Konnektor muß bestimmte Aufgaben erfüllen.

a) Er muß zeigen, daß der durch ihn eingeleitete Gliedsatz eine nähere Bestimmung zu einem Nomen (seinem Beziehungswort) darstellt (in unserem Beispiel **servō**). Der Konnektor muß also Merkmale des Wortes aufweisen, auf das er sich bezieht.

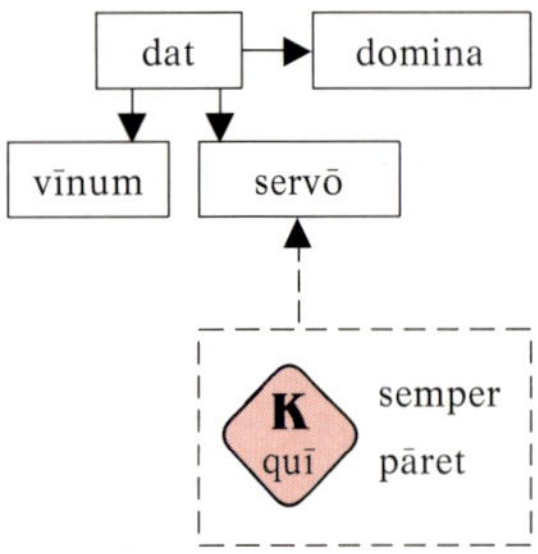

b) Der Konnektor muß gleichzeitig stellvertretend für die Wortform stehen, die im erklärenden zweiten Satz steht (in unserem Beispiel **servus** = Subjekt des 2. Satzes).

Dabei fällt auch die Wiederholung ein und desselben Wortes fort, was dem Bedürfnis der Sprache nach **Sprachökonomie** (= Bevorzugung möglichst knapper sprachlicher Mittel) entspricht.

Das heißt: Der Konnektor muß den Kasus des Wortes annehmen, das er vertritt (denn sonst fehlte dem Satz ja ein Satzglied).

Der gesuchte Konnektor muß laut a) Genus und Numerus des Beziehungswortes (**servō**) aufweisen und laut b) den Kasus des durch ihn vertretenen Wortes: Diese Merkmale weist das **Relativpronomen** auf:

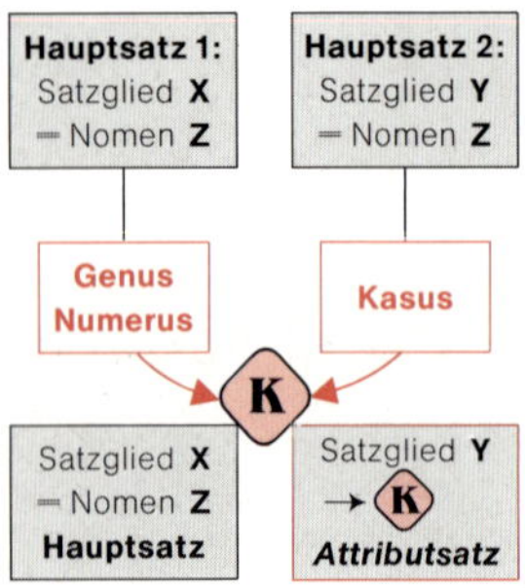

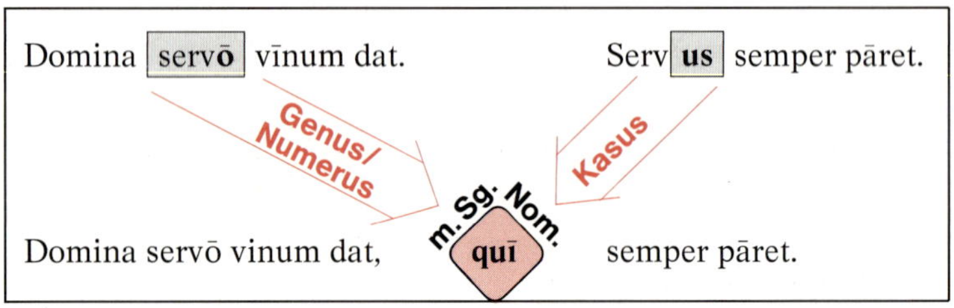

Wenn in unserem Beispiel oben dem ersten Satz nicht der erklärende zweite folgte, würden wir fragen: **Cui** servō domina vīnum dat?
Es überrascht daher nicht, wenn im Lateinischen das **adjektivische Interrogativpronomen** auch **als Relativpronomen in der Funktion als Konnektor** benutzt wird, das einen attributiven Gliedsatz (Relativsatz) an ein Nomen des übergeordneten Satzes knüpft.
Auch im Deutschen gibt es die Übereinstimmung von adjektivischem Fragepronomen und Relativpronomen:
Quī puer vēnit? – Puer, **quī** dēfessus est, vēnit.
Welcher *Junge kam? – Der Junge,* ***welcher*** *erschöpft ist, kam.*
Allerdings wird im Deutschen *der, die, das* (das dem Artikel entsprechende Pronomen) als Relativpronomen bevorzugt.

12.3.2 Relativsätze in der Funktion von Subjekt und Objekt

Es gibt Fälle, in denen das Beziehungswort, das das Relativpronomen als Stellvertreter wieder aufnehmen soll, gar nicht auftritt. In diesem Fall ist das Bezugswort immer vom **Kontext** her bestimmbar.

Hominēs laudant ōrātōrem.
Die Leute loben den Redner.

laudant → hominēs
laudant ↓ ōrātōrem

Subjektsatz

Das Subjekt dieses Satzes (hominēs) könnte durch eine stilistisch begründete oder in bestimmter Weise anschaulichere **Umschreibung** ersetzt werden:

Quī in forō stant,
laudant ōrātōrem.
Die auf dem Forum stehen,
loben den Redner.

laudant → quī in forō stant
laudant ↓ ōrātōrem

Das Subjekt kann auch so umschrieben sein, daß das Relativpronomen nicht im Nominativ steht:

Quōs magister laudat, gaudent.

gaudent → quōs magister laudat

Objektsatz

So kann ein Relativsatz auch Objekt sein:

Magister laudat discipulōs.
Magister laudat, quī sēdulō discunt.

laudat → magister
laudat ↓ discipulōs

laudat → magister
laudat ↓ quī sēdulō discunt

Nach ihrer Funktion im Satz nennt man solche Relativsätze **Subjektsätze** bzw. **Objektsätze**.

Je nach seiner Funktion im Satz kann das Relativpronomen eines Subjektsatzes oder eines Objektsatzes in jedem Kasus auftreten.

Lēctiō tertia decima

13.1 Das Pronomen is, ea, id

13.1.1 Formenübersicht

	Singular			*Plural*		
	m.	**f.**	**n.**	**m.**	**f.**	**n.**
Nom.	is	ea	**id**	eī/iī	eae	ea
Gen.		e**ius**		eōrum	eārum	eōrum
Dat.		eī			eīs/iīs	
Akk.	eum	eam	**id**	eōs	eās	ea
Abl.	eō	eā	eō		eīs/iīs	

***Neutrum* Nom./Akk. Sg.** **-d**

Gen. Sg. **-ius**

Dat. Sg. **-ī**

i/e: Stammvarianten

Die Kasus werden von den Stämmen **i** und **e** gebildet. Präge Dir beide Stämme nebeneinander gut ein.
Zu den Formen: Auch hier findest Du im **Gen. Sg.** die Form auf **-ius**; im **Dat. Sg. -ī**.

13.1.2 is, ea, id als Personalpronomen der 3. Person

1

is	**ea**	**id**
er	*sie*	*es*
seiner	*ihrer*	*seiner*
ihm	*ihr*	*ihm*
ihn	*sie*	*es*
ei	**eae**	**ea**
	sie	
	ihrer	
	ihnen	
	sie	

Du weißt, daß die Personalpronomina im Lateinischen im Nominativ selten vorkommen; die Personen werden meist durch die Verbausgänge hinreichend signalisiert. Bisher hast Du die Personalpronomina der 1. und 2. Person in allen Kasus kennengelernt. Das Personalpronomen der 3. Person fehlte noch. Es ist im Lateinischen auch nicht vorhanden, dafür stehen Formen von is, ea, id.

Als Personalpronomen der 3. Person übt is, ea, id die Funktion eines Stellvertreters aus.

Senātor **amīcum** visitat et **amīcō** librum dōnat.
Die doppelte Nennung amīcum/amīcō ist unnötig. Man setzt wie im Deutschen zur Vermeidung der Wiederholung einen Stellvertreter ein, der auf das Beziehungswort verweist:

Senātor **amīcum** visitat et **eī** librum dōnat.

Die Verweisfunktion des Stellvertreters wird dadurch deutlich, daß er Genus und Numerus des Wortes erhält, auf das er verweist. Also muß in unserem Beispiel das Wort amīcō (Dat., Sg., Mask.) durch einen Stellvertreter in derselben Form ersetzt werden.

Formal trifft für das Personalpronomen der 3. Person also ebenfalls das zu, was Du für das Relativpronomen gelernt hast, denn beide sind Stellvertreter:
a) in Numerus und Genus richtet es sich nach dem Beziehungswort, auf das es verweist;
b) im Kasus nach dem Satzglied, das es vertritt.
Beachtet man diese Regel nicht, kann man leicht einen Beziehungsfehler machen. Ein solcher Beziehungsfehler kann sinnentstellend wirken, weil **is, ea, id als Stellvertreter nicht nur grammatisch ein vorhergehendes Wort vertritt, sondern auch inhaltlich alles das aufnimmt, was über dieses Wort im vorhergehenden Text ausgesagt wurde.**

Die Funktion des Stellvertreters im Text

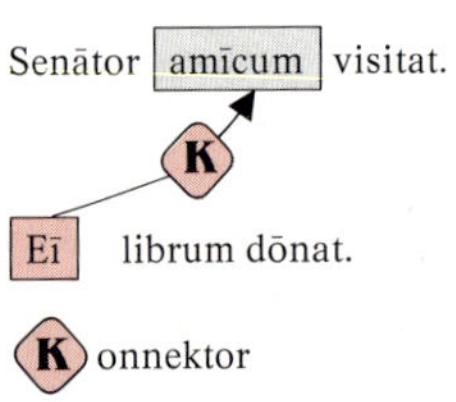

Senātor **amīcum** visitat. **Eī** librum dōnat.
Obwohl das Beispiel zwei grammatisch vollständige Sätze enthält, sind diese durch den Stellvertreter eī, der auf das Wort amīcum im vorhergehenden Satz rückverweist, eng miteinander verbunden. is, ea, id erfüllt also auch die **Aufgabe eines Konnektors**.

13.1.3 is, ea, id als Demonstrativpronomen

In jeder Sprache gibt es Wörter, die mehrere Funktionen ausüben. Auch is, ea, id ist ein solches Wort. Neben seiner Funktion als Stellvertreter (Personalpronomen der 3. Person) erfüllt es Aufgaben als Demonstrativpronomen.

13.1.3.1

Seine Bedeutung können wir besser verstehen, wenn wir noch einmal auf seine Funktion als Personalpronomen zurückkommen:
egō/nōs als Personalpronomen der *1. Person* bezeichnet die sprechende(n) Person(en);

tū/vōs als Personalpronomen der 2. *Person* bezeichnet die von einem Sprecher *angesprochene(n) Person(en);*
is, ea, id als Personalpronomen der 3. *Person* bezeichnet die von einem Sprecher *besprochene(n) Person(en)* bzw. *Dinge*, d. h. die, *über die* etwas ausgesagt wird.

is, ea, id als Demonstrativpronomen hebt ein in einem Text erwähntes Wort hervor.

2

is, ea, id + Nomen
dér, díe, dás (erwähnte) ...

Entsprechend könnte man sehr oft mit *„der, die, das erwähnte ...“* übersetzen, z. B.
Ex eō tempore Lūcia ānulum gessit. *Seit der erwähnten Zeit/seit* ***der*** *Zeit/seit dieser Zeit ...*
Oder:
Senātor amīcum visitat. **Eī amīcō** librum donat. Im zweiten Satz übersetzen wir: *Dem erwähnten Freund/****dem*** *Freund/diesem Freund ...*

Is, ea, id bezeichnet also *nicht* eine Person oder Sache, auf die ein Sprecher beim Sprechen direkt zeigt. Am ehesten entspricht dem Wort im Deutschen ein stark betonter bestimmter Artikel (vgl. oben in den Beispielen *„der“*, *„dem“*).

13.1.3.2 Korrespondenz von is, ea, id und qui, quae, quod (Relativpronomen)

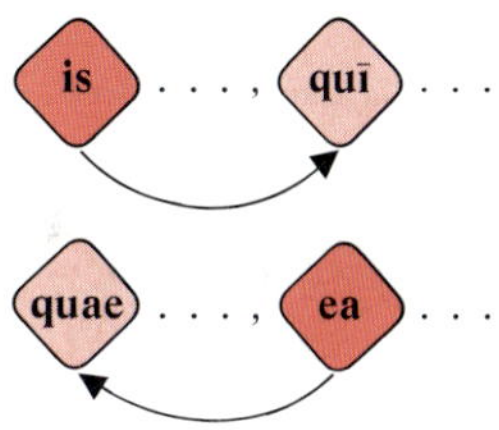

1) Iī, quī adsunt, laudant tē.

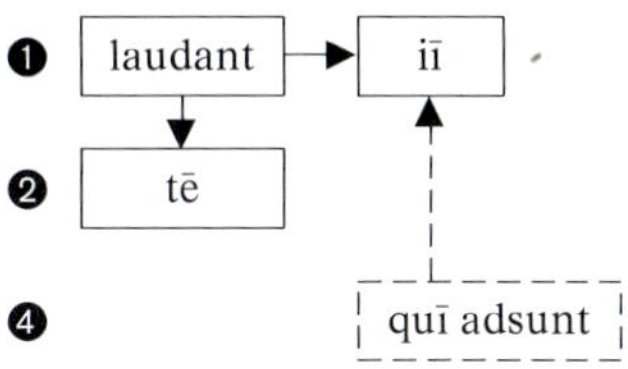

Das Satzbild zeigt, daß ii seine *inhaltliche Füllung* durch den attributiven Gliedsatz (Relativsatz) qui adsunt erhält. **Ii, qui** adsunt bildet in dem Beispielsatz also eine Umschreibung für einen Subjektsbegriff, etwa *„die Anwesenden“:*

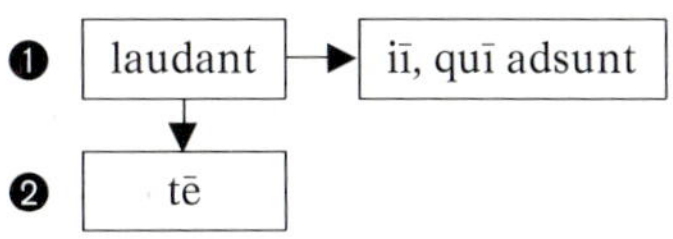

2) **Iī, quibus** semper adfuistī, tibi illūdunt.
Diejenigen, denen *du immer geholfen hast, verspotten dich.*
Das Relativpronomen erhält den Kasus, den es als Satzglied des Relativsatzes aufweisen muß (→ CG 12.3.1):
Auch hier bildet der hervorgehobene Teil das Gesamtsubjekt.

3) Stehen die Pronomina im **Neutrum Plural**, fassen sie etwas zusammen; im Deutschen muß mit dem Singular übersetzt werden:
Ea, quae vidēs, mea sunt.
Das, was *du siehst, gehört mir.*

Da is, ea, id ein verweisender Stellvertreter ist, mußt Du im Kontext immer nach einem Beziehungswort suchen. Entweder ist es ein bereits genanntes Nomen oder ein Relativpronomen, das sich an den Stellvertreter anschließt.

13.1.4 Der Genitiv von is, ea, id (eius/eōrum, eārum, eōrum) zur Angabe eines Besitzverhältnisses

3

eius
eōrum (m./n.)
eārum
} + **Nomen**

dessen/deren
sein(e); ihr(e)

Pater magistrum visitat; is magister enim fīlium **patris** docet.
Entsprechend der Funktion von **is, ea, id** als Stellvertreter läßt sich in dem Beispielsatz **patris** durch **eius** ersetzen:
Pater magistrum visitat; is magister enim fīlium **eius** docet.

Zu übersetzen wäre: (. . . ;) *denn der (erwähnte) Lehrer unterrichtet* ***dessen*** *Sohn.* Eine solche Übersetzung mit *„dessen/deren"* wählt man im Deutschen normalerweise nur, um Mißverständnisse zu vermeiden, die bei der Übersetzung mit dem Possessivpronomen *„seiner, seine, seines"* auftreten können:
(. . . ;) *denn der (erwähnte) Lehrer unterrichtet* ***seinen*** *Sohn.*
(Wessen Sohn? Den des Vaters oder den eigenen?)

Die Besitzangabe mit „eius/eōrum, eārum, eōrum" bezieht sich im Lateinischen immer auf jemand bzw. etwas, der/das nicht Subjekt des Satzes ist.

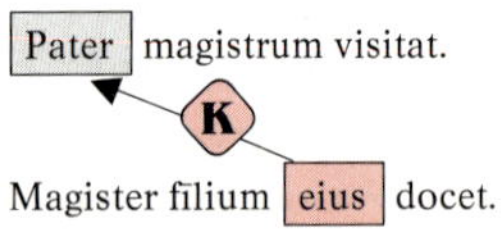

In unserem Beispielsatz kann also keinesfalls magister seinen eigenen Sohn unterrichten (→ CG 14.6.2).

13.2 Der Akkusativ zur Bezeichnung einer Strecken- oder Zeitangabe

Pūblius **māgnum spatium** ad campum Mārtium cucurrit.
Publius lief eine lange Strecke bis zum Marsfeld.
→ **CG 8.6**
Dāvus **multās hōrās** vīllam Postumiī quaesīvit.
Davus suchte viele Stunden nach Postumius' Villa.

a) ad campum Mārtium/vīllam Postumiī:
Der Akkusativ (im ersten Fall mit der Präposition **ad**) bezeichnet den Zielpunkt eines Vorgangs; diese Verwendung ist Dir bekannt.

b) māgnum spatium/multās hōras
Hier **bezeichnet der Akkusativ eine Strecke (bzw. eine Zeitdauer)**, die zurückgelegt werden muß (bzw. von einer Handlung in Anspruch genommen wurde).

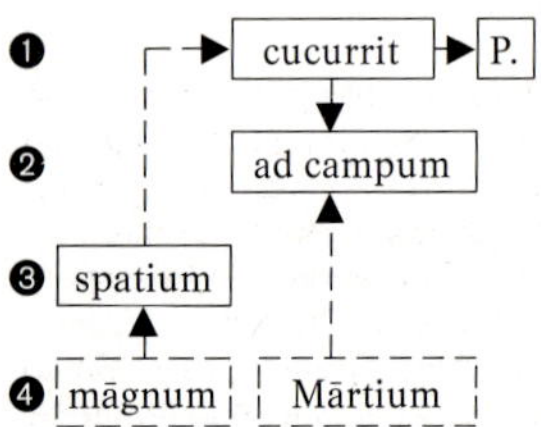

Dieselbe Akkusativverwendung gibt es im Deutschen:
Ich bin ***hundert Meter*** *gelaufen.*
Ich bin ***eine lange Zeit*** *gelaufen.*

Da dieser Akkusativ eine nähere Erläuterung zur Verbaussage gibt, ist er als adverbiale Bestimmung einzuordnen.

13.3 Adjektive mit Ergänzungen (I)

Bestimmte Adjektive verlangen von ihrer Bedeutung her **weitere Angaben**, die **in unterschiedlichen Kasus** stehen können. Wie bei Verben ist der **Kontext** entscheidend dafür, ob die Ergänzung notwendig ist.

Vergleiche:
Mūrus altus est. Mūrus duo pedēs altus est (1 Fuß ≈ 30 cm).
Der zweite Beispielsatz zeigt eine Adjektivergänzung im **Akkusativ**; sie enthält eine räumliche Maßangabe; andere Adjektive verlangen eine zeitliche Maßangabe:

Puer **octō annōs nātus** in circō cucurrit. *zeitlich*

Mūrus **duo pedēs altus** est. *räumlich*

Ergänzungen zu Adjektiven können auch in anderen Kasus folgen:
Genitiv:
Vir **linguae Graecae perītus** est. (Genitiv als Kasus des Bereichs)
Mīles **pūgnandī perītus** est. (Genitiv als Kasus des Bereichs)
Amphora **vīnī plēna** est. (Genitivus partitivus)
Ablativ:
Discipulus **praemiō** contentus est. (Ablativus instrumentalis)
Māter **cūrīs vacua** est. (Ablativus separativus)

plēnus auch mit Ablativ:
Amphora vīnō plēna est.
(Ablativus instrumentalis)

Achte bei der Übersetzung darauf, daß Du ein künstlich wirkendes Deutsch vermeidest, z. B. statt
**Der Mann ist der griechischen Sprache kundig:*
Der Mann beherrscht die griechische Sprache.

Lēctiō quārta decima

14.1 velle: wollen / nōlle: nicht wollen

Infinitive:	vel-le (<*vel-se)	nōlle (<*ne-vol-se)	
Präsens:			**Imperfekt:**
1. P. Sg.	vol-ō	nōl-ō	vol-ē-bam
2.	vī-s	nōn vī-s	usw.
3.	vul-t	nōn vul-t	nōl-ē-bam
1. P. Pl.	vol-u-mus	nōl-u-mus	usw.
2.	vul-tis	nōn vul-tis	
3.	vol-u-nt	nōl-u-nt	
Perfekt:			**Imperativ:**
Stamm:	volu-	nōlu-	
1. P. Sg.	volu-ī	nōlu-ī	nōlī
	usw.	usw.	nōlī-te

Der Vokalwechsel, den Du beobachten kannst (e : o bzw. u) hat eine Entsprechung im Deutschen „will : woll".

Vīs ist vermutlich entstanden aus *volis über *vois (vgl. westfälisch „woust").

Nōlō ist zusammengezogen aus *né-volō (ne: Nebenform zu nōn); da v ähnlich engl. w gesprochen wurde, konnte es zwischen zwei Vokalen leicht verschwinden. Die Vokalverschmelzung ist an der Länge des ō noch zu erkennen.

Zahlen sind sehr alte Sprachelemente; an ihnen kann man daher gut Sprachverwandtschaften aufzeigen. Vergleiche z. B.:
lat. **ūnus**, gotisch (germanisch) *ains*, althochdeutsch *ein*;
lat. **duo**, altindisch *dva*, griechisch *dyo*, althochdeutsch *zwo*;
lat. **trēs**, althochdeutsch *dri*, indogermanisch (erschlossene Ursprache) **trejes*.
Im älteren Deutsch wurden bei *„zwei"* auch noch drei Genera unterschieden: *zween* (m), *zwo* (f), *zwei* (n).

14.2 Die Grundzahlen

14.2.1

I	ūnus, -a, -um	XI	ūndecim	
II	duo, duae, duo	XII	duodecim	
III	trēs, tria	XIII	trēdecim	
IV	quattuor	XIV	quattuordecim	
V	quīnque	XV	quīndecim	
VI	sex	XVI	sēdecim	
VII	septem	XVII	septendecim	
VIII	octō	XVIII	duodēvigintī	(= „zweiwegvonzwanzig")
IX	novem	XIX	ūndēvigintī	(= „einswegvonzwanzig")
X	decem	XX	vīgintī	(< dvī-gintī, darin steckt duo)

		C	centum
XX	vīgintī	CC	ducentī, -ae, -a
XXX	trīgintā	CCC	trēcentī, -ae, -a
XL	quadrāgintā	CD	quadringentī, -ae, -a
L	quīnquāgintā	D	quīngentī, -ae, -a
LX	sexāgintā	DC	sescentī, -ae, -a
LXX	septuāgintā	DCC	septingentī, -ae, -a
LXXX	octōgintā	DCCC	octingentī, -ae, -a
XC	nōnāgintā	CM	nōngentī, -ae, -a
		M	mīlle

MM oder $\overline{\text{II}}$ = duo mīlia, I)) = quīnque mīlia,
((I)) = decem mīlia, $\overline{\text{XX}}$ = vīgintī mīlia, (((I))) = centum mīlia,
$|\overline{\text{X}}|$ = 1 000 000 (deciēs centēna mīlia *(„zehnmal je hundert tausend")*)

Die Grundzahlen 1–10 sowie die Zahlen **centum** und **mīlle** muß man sich gut einprägen. Aus ihnen werden alle anderen Zahlen abgeleitet. Dabei kennzeichnet

- die Zehner: -GINTĪ (bei 20), ab 30: – GINTĀ;
- die Hunderter: -CENTĪ bzw. -GENTĪ (c oder g je nach lautlichem Umfeld).

Die römischen Zahlzeichen folgen in der Bildung keinem ganz festen System. So steht für IV auch IIII, für MCD auch MCCCC, für IC auch LXXXXIX. Regel: Was links von der höchsten Zahl (oder Zahlengruppe) steht, ist zu subtrahieren, das rechts Stehende ist zu addieren, also: IM = 999, MI = 1001.
Bei der Zahlenbildung ergeben sich verschiedene lautliche Veränderungen (vgl. deutsch sechs : sechzig / sieben : siebzig), die aber immer das Grundwort erkennen lassen.

ūnus, -a, -um:

-īus **Gen. Sg.**

-ī **Dat. Sg.**

14.2.2 Einige Zahlen sind deklinierbar (wie auch im Deutschen)

ūnus	ūna	ūnum	duo	duae	duo	trēs	trēs	tria
	ūn**īus**		duōrum	duārum	duōrum		trium	
	ūn**ī**		duōbus	duābus	duōbus		tribus	
ūnum	ūnam	ūnum	duō(s)	duās	duo	trēs	trēs	tria
ūnō	ūnā	ūnō	duōbus	duābus	duōbus		tribus	

Die **Hunderter** (**außer centum** selbst) werden nach der o-/a-Deklination **dekliniert:**
ducentī, ducentae, ducenta usw.

Zu **mīlle** gehört ein deklinierter **Plural:**	
(duo usw.)	mīlia
	mīlium
	mīlibus
	mīlia
	mīlibus

14.3 totus – „ganz" (Pl.: alle)

Pronominaladjektiv

tōtus	tōta	tōtum	tōtī	tōtae	tōta
	tōt**īus**			usw.	
	tōtī				
tōtum	tōtam	tōtum			
tōtō	tōtā	tōtō			

Im **Gen.** und **Dat. Sg.: -ius/-i** wie bei Pronomina!

Gen. Sg. **-īus**

Dat. Sg. **-ī**

14.4 alius – „ein anderer"

Pronominaladjektiv

alius	alia	aliu**d**
	alterīus	
	aliī	
alium	aliam	aliu**d**
aliō	aliā	aliō

Plural:
regelmäßig
Adverb:
ali**ter**

Neutrum:

Nom./Akk.Sg. **-d**

Gen.Sg. **alter -īus**

Dat.Sg. **-ī**

alius hat die Bedeutung *der eine/der (ein) andere(r)* **von mehreren;**
alius- alius: der eine – der andere.
In der Deklination hat alius im **Ntr. Sg.** als Ausgang das von id/quod bekannte **d**.
Der Gen. Sg. wird ersetzt von **alterīus** (Gen. zu „alter", → L 18), der Dativ hat -ī wie tōtī (→ 14.3).

14.5 Der Akkusativ mit dem Infinitiv (AcI: accusatīvus cum īnfīnītīvō)

14.5.1

a) *Wir hören:* ***Du rufst.*** b) *Wir hören* ***dich rufen****.*
Die hervorgehobenen Wortgruppen in den Sätzen geben jeweils das wieder, was der Inhalt des Vorgangs *„hören"* ist:
a) Der und das Gehörte werden mit einem Satz benannt.
b) Der und das Gehörte werden mit einem Satzglied bezeichnet, und zwar mit einem Objekt.

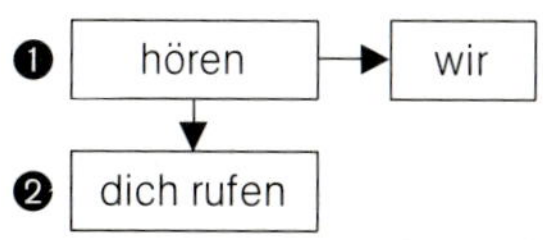

Grammatisch verhalten sich die hervorgehobenen Teile aus Satz a) und b) so zueinander:

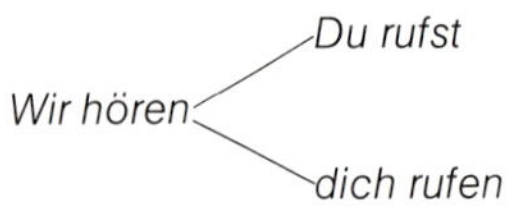

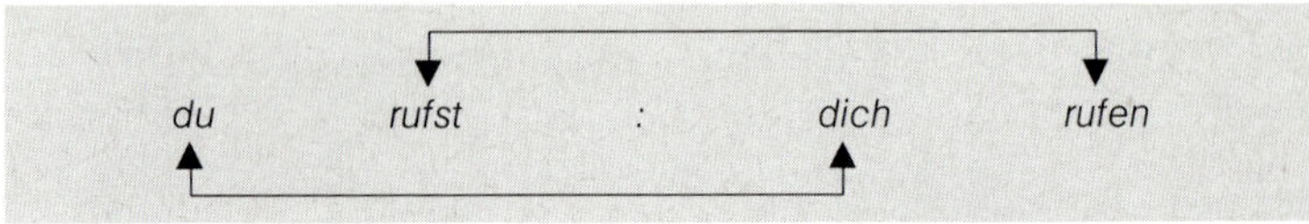

Dem Subjekt im linken Ausdruck entspricht ein Akkusativ rechts; dem Prädikat links entspricht rechts die Verbform Infinitiv.

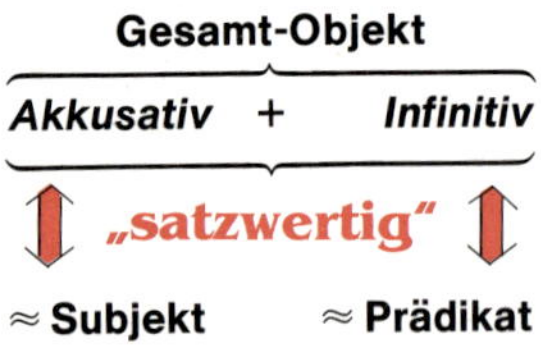

Die Teil-Satzglieder Akkusativ(objekt) und Infinitiv geben den Inhalt des linken Satzes ungekürzt wieder; deswegen sind sie, zusammengenommen, satzwertig.

Eine **solche Ausdrucksweise**, bei der ein Satz einem Satzglied, das aus einem Akkusativ und einem Infinitiv besteht, entspricht und von einem Verbum abhängig ist, ist **im Lateinischen viel häufiger als im Deutschen**. Im Deutschen gibt es nur sehr wenige Verben, denen eine solche Konstruktion (lat. accusativus cum infinitivo = AcI) folgen kann (sog. AcI-Verben); zu ihnen gehören außer *„hören"* z. B. auch *„sehen"* und *„spüren"*.

Wir müssen also lernen, wie ein lateinischer AcI wiederzugeben ist, wenn er einem Verb folgt, das im Deutschen nicht zu den AcI-Verben gehört.

14.5.2

Varrō nārrat: „Āthlēt**a** asinum tolli**t**." (a)
Varrō nārrat āthlēt**am** asinum toll**ere**. (b)

Die obige Skizze, hierauf übertragen, ergibt:

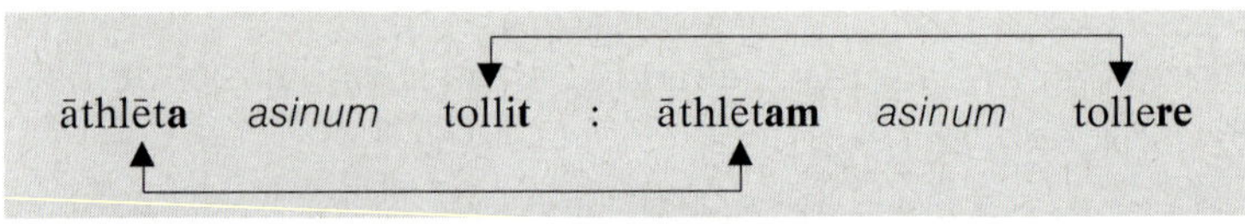

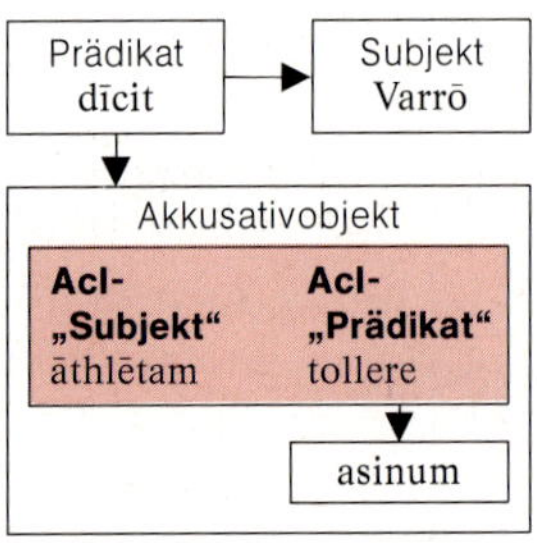

Weil *„erzählen"* im Deutschen nicht zu den AcI-Verben gehört, können wir Satz (b) nicht wörtlich übersetzen. Wir können aber, wie es das Bild zeigt, die Teil-Satzglieder umwandeln:

- **Der lateinische Akkusativ wird Subjekt** (āthlētam – *ein Athlet*);
- **Der lateinische Infinitiv wird Prädikat** (tollere – *stemmt hoch*);

also: *Ein Athlet stemmt hoch.*

- **Die übrigen Satzglieder des AcI-Teils bleiben unverändert.**

Gesamtübersetzung demnach:
Varro erzählt, ein Athlet stemmt einen Esel hoch.
Statt die beiden Sätze unverknüpft zu lassen, bevorzugen wir im Deutschen jedoch im allgemeinen die Hinzufügung eines **Konnektors:**
Varro erzählt, ***daß*** *ein Athlet einen Esel hochstemmt.*

Konnektor: **daß**

14.5.3 Zusammenfassung: Schritte zur Übersetzung eines lateinischen AcI

Beispielsatz: Sciō multōs hominēs numquam flēre.

1. Schritt:	Übersetzung des Satzes bis zum AcI:	Sciō ...	*Ich weiß ...*
2. Schritt:	Einfügung des Konnektors:	–/–	*daß*
3. Schritt:	Übersetzung des Akkusativs als Subjekt:	multōs hominēs	*viele Menschen*
4. Schritt:	Übersetzung des Infinitivs als Prädikat zum neuen Subjekt:	flēre	*weinen*
5. Schritt:	Einfügung aller Ergänzungen bzw. Erweiterungen	numquam	*niemals*
6. Schritt:	Herstellung eines sprachrichtigen deutschen Satzes: *Ich weiß, daß viele Menschen niemals weinen.*		

1. **AcI-Verb als Ausgangswort**
2. **„daß“**
3. **Akkusativ wird Subjekt/Nominativ**
4. **Infinitiv wird Prädikat zu 3**
5. **Ergänzungen einfügen**
6. **Übersetzung glätten**

14.5.4 Die Wiedergabe des Zeitverhältnisses im AcI

Da das „Prädikat“ des AcI von einem Infinitiv gebildet wird, kann es kein genaues Tempus enthalten, sondern nur ein Zeitverhältnis signalisieren. Dieses Zeitverhältnis bezieht sich natürlich immer auf das Prädikat des Satzes, dessen Satzglied der AcI ist:

Der **Infinitiv des Präsensstammes** (Infinitiv der Gleichzeitigkeit) bezeichnet ein zum Prädikat des Satzes **gleichzeitiges Zeitverhältnis**;
der **Infinitiv des Perfektstammes** (Infinitiv der Vorzeitigkeit) bezeichnet ein **vorzeitiges Zeitverhältnis**.

Beispiel:
a) Sciō multos hominēs numquam flēre.
Ich weiß, daß viele Menschen niemals weinen.
Scīvī multōs hominēs numquam flēre.
Ich wußte, daß viele Menschen niemals weinen.

b) Sciō multōs hominēs numquam flēvisse.
Ich weiß, daß viele Menschen niemals geweint haben.
Scīvī multōs hominēs numquam flēvisse.
Ich wußte, daß viele Menschen niemals geweint haben.

→ CG 10.2.1

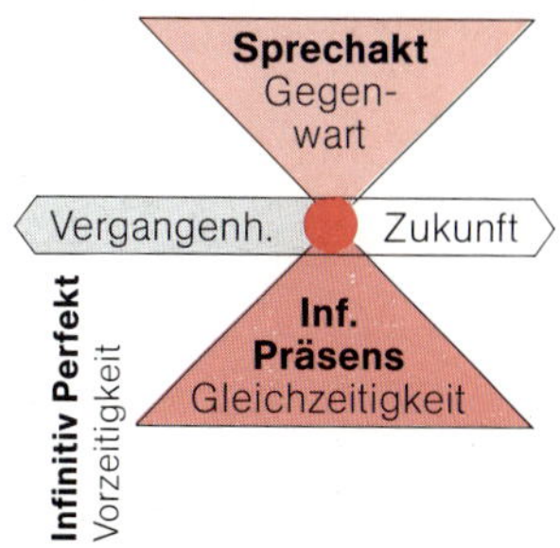

14.5.5 Gruppen lateinischer AcI-Verben

Im Lateinischen gibt es, wie schon erwähnt, viel mehr AcI-Verben als im Deutschen. Man kann diese Verben zu großen Gruppen zusammenfassen:

AcI-Verben:

① **Wahrnehmungsverben**

① Verben, die eine **Wahrnehmung** bezeichnen, die mit unseren Sinnen oder mit unserem Verstand vorgenommen wird:
audīre, vidēre, legere usw.

② **Aussageverben**

② Verben, die eine **Aussage** über das einleiten, was jemand sagt, meint, denkt usw.
dīcere, nārrāre, nūntiāre, putāre, scrībere usw.

③ **Aussage über Freude/Leid**

③ Verben, die eine Aussage über ein Gefühl der **Freude**, des **Leid**es usw. einleiten:
gaudēre, dolēre usw.

④ **Aufforderung/Verbot**

④ Verben, die eine **Aufforderung** oder ein **Verbot** einleiten:
iubēre, vetāre (verbieten), sinere, velle, nōlle, cupere usw.

velle, nōlle, cupere stehen nur dann mit AcI, wenn Subjekt des Verbs und „Subjekt" des AcI *nicht* gleich sind, sonst stehen reine Infinitive:
Volō in Siciliam iter facere. *Ich will nach Sizilien reisen.*
Volō **tē** in Siciliam iter facere. *Ich will, **daß du** nach Sizilien reist.*

⑤ **Aussagen nach unpersönlichen Ausdrücken**

⑤ **Unpersönliche Redewendungen:**
necesse est, cōnstat usw.

Anmerkungen zu Gruppe 4
Bei der Übersetzung von AcI-Wendungen nach Verben der **Gruppen 1–3** in **deutsche** Gliedsätze ergeben sich **Aussagesätze**. Aussagen sind Texteinheiten, die vom Sprechenden als wirklich, tatsächlich betrachtet werden. Daher steht in der deutschen Übersetzung meist der dem entsprechende **Modus Indikativ**.

Anders ist es bei der Übersetzung eines AcI nach Verben der **Gruppe 4:**
Iussit puellam domum venīre. – *Er befahl, daß das Mädchen nach Haus komme/ kommen solle.*
Vetuit puellam domum venīre. – *Er verbot, daß das Mädchen nach Hause komme.*
Cupīvit puellam domum venīre. – *Er wünschte, daß das Mädchen nach Haus komme.*
Hier fordert die deutsche Sprache in der Übersetzung den **Konjunktiv**, weil die den Gliedsatz einleitenden Verben keine Aussage, sondern einen Wunsch, ein Begehren enthalten; es handelt sich also um **Begehrssätze**.
Statt eines Gliedsatzes mit *daß* + Konjunktiv wird oft eine Infinitivkonstruktion gewählt:
Er befahl dem Mädchen, nach Hause zu kommen.

Anmerkung zu Gruppe 5
Eine Darstellung von Sätzen mit Verben dieser Gruppe in Form des Satzbildes zeigt, daß die von diesen Verben abhängigen AcI-Ausdrücke Subjekt des Satzes sind:

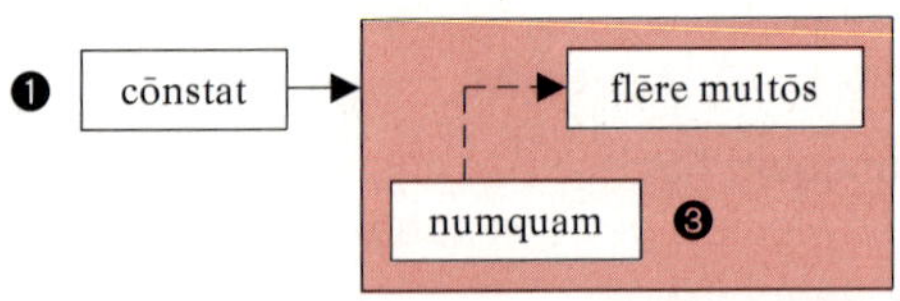

Sonst steht der AcI immer in der Rolle eines Objekts:

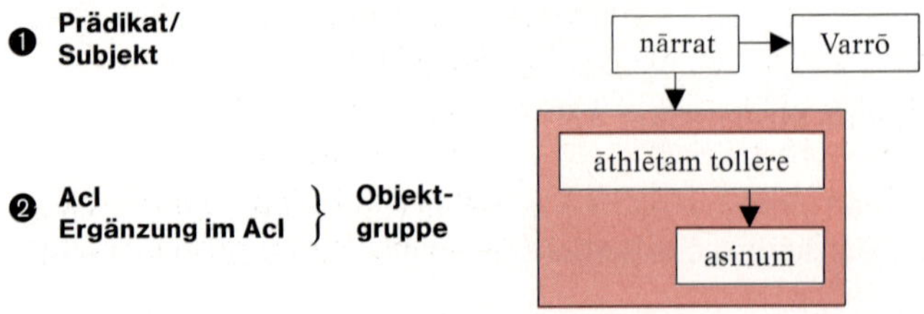

Beachte:
Polybius ita dīcit:
„Servī Graecī in Italiā miserī **sunt.**"
Polybius dīcit
servōs Graecōs in Italiā miserōs **esse.**

14.6 Pronomina zur Angabe von Reflexivverhältnissen

14.6.1

Du kennst Pronomina, die eine Stellvertreterfunktion ausüben. Ein besonderer Fall dieser Funktion liegt dann vor, wenn sich das Pronomen auf das Subjekt des Satzes zurückbezieht, in dem es steht.

Oft merkt man das nicht an der Wortform, sondern am Kontext:
Ich sehe ***mich*** im Spiegel. ***Er*** sieht ***mich*** ...
Du siehst ***dich*** im Spiegel. ***Er*** sieht ***dich*** ...
Aber:

Er sieht ***sich*** im Spiegel. ***Er*** sieht ***ihn*** ...

Reflexivität

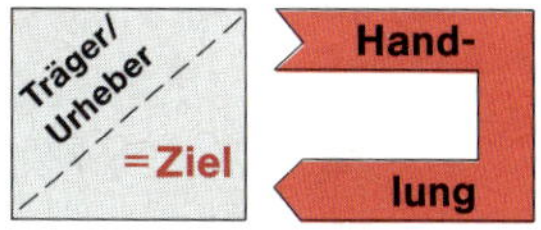

Die Form ***sich*** wird nur verwandt, wenn ein Subjekt, das in der 3. Person steht, im selben Satz wieder aufgenommen wird.

Bei der 1. und 2. Person stehen hier die entsprechenden Formen des Personalpronomens. Ein solches Verhältnis, bei dem sich ein Pronomen auf das Subjekt des Satzes rückbezieht, heißt **reflexiv** (reflectere: zurückbeugen).

Auch das Lateinische macht nur in der 3. Person einen Unterschied zwischen nicht-reflexiver und reflexiver Aussage.

Das entsprechende **reflexive Personalpronomen** heißt:

Gen.	(suī) selten, von suus (s. u. 14.6.2)
Dat.	sibī̆
Akk.	sē
Abl.	sē

Die Formen sind für **Singular und Plural gleich:**

sibī, sē, sē
Singular = Plural

Tertia gaudiō sē trādit. *Tertia gibt sich der Freude hin.*
Philosophī litterīs tōtōs sē dant. *Die Philosophen geben sich ganz den Wissenschaften hin.*

14.6.2 Das reflexivische Possessivpronomen der 3. Person

Als Possessivpronomen für die 1. bzw. 2. Person hast Du kennengelernt: meus, mea, meum bzw. tuus, tua, tuum.

Zum Ausdruck des **reflexiven Possessivverhältnisses der 3. Person** hat das Lateinische das **Pronomen**

Sg.	suus, sua, suum
Pl.	suī, suae, sua

Wie das reflexive Personalpronomen wird es gebraucht, wenn es dieselbe Person bezeichnet, die im Satz Subjekt ist:

Pater fīlium **suum** videt. Māter fīlium **suum** videt.
*Der Vater sieht **seinen** Sohn. Die Mutter sieht **ihren** Sohn.*

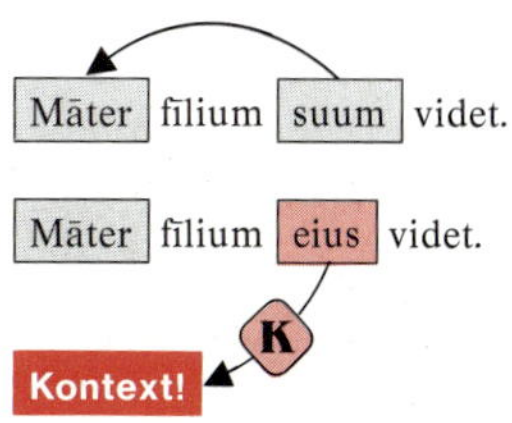

Zur Bezeichnung **nichtreflexiver Besitzverhältnisse** der 3. Person vgl. oben 13.1.4 die Verwendung der **Genitive eius/eōrum, eārum, eōrum**.

14.6.3 Reflexivität im AcI

(a) ***Er*** *hört* ***sich*** *gern reden.* – (b) ***Er*** *hört* ***ihn*** *gern reden.*
Satz a: Bezug des Reflexivpronomens zum Subjekt.
Satz b: Bezug des Pronomens der 3. Person unklar, aber keinesfalls zum Subjekt.

lat. AcI: sē

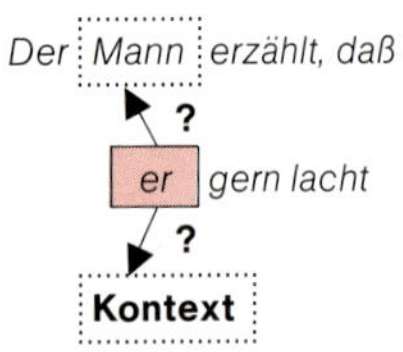

lat. AcI: eum

(c) *Der Mann erzählt, daß er gern lacht.*
Beispielsatz c ist doppeldeutig: *„Er“* kann sowohl das Subjekt als auch jemand anders bezeichnen. Das Deutsche bringt hier Reflexivität nicht zum Ausdruck. Das Lateinische hingegen ist eindeutig:

Eindeutig: Vir nārrat **sē** libenter rīdēre **(reflexiv)**.
Eindeutig: Vir nārrat **eum** libenter rīdēre **(nicht-reflexiv)**.
Wollte man im Deutschen Reflexivität eindeutig ausdrücken, könnte man z. B. sagen:
Der Mann erzählt ***von sich****, daß er gern lacht.*
Manchmal ist bei der Übersetzung ein solcher Zusatz zur Verdeutlichung der Aussage notwendig.

Lēctiō quīnta decima

15.1 Die Präsensformen des lateinischen Passivs

Sg. **Pl.**

(-o)-r **-mur**
-ris/-re **-minī**
-tur **-ntur**

Das Präsens Passiv wird im Lateinischen von folgenden Endungen signalisiert, die an den Präsensstamm (bzw. den Präsensstamm + Sprechvokal) treten:

1. P. Sg.	-o-r	**1. P. Pl.**	-mur
2. P.	-ris/-re	**2. P.**	-minī
3. P.	-tur	**3. P.**	-ntur

In der **2. P. Sg.** existieren **-ris** und **-re** gleichberechtigt nebeneinander.

Infinitiv (der Gleichzeitigkeit):

vokalische Konjugationen: -rī konsonantische (einschl. kurzvokalischer ĭ-) Konjugation: -ī

Beispiele:

laudor[1])	terrĕ-or	audĭ-or	capi-or	ag-or
laudā-ris	terrē-ris	audī-ris	cape-ris[2])	ag-e-ris
laudā-tur	terrē-tur	audī-tur	capi-tur	ag-i-tur
laudā-mur	terrē-mur	audī-mur	capi-mur	ag-i-mur
laudā-minī	terrē-minī	audī-minī	capi-minī	ag-i-minī
lauda-ntur	terre-ntur	audĭ-u-ntur	capi-u-ntur	ag-u-ntur

[1]) aus * laudā-or [2]) Abschwächung des i zu ĕ

Imperative [3])

laudā-re laudā-minī	terrē-re terrē-minī	audī-re audī-minī	cap-e-re [2]) capi-minī	ag-e-re ag-i-minī

Infinitive

laudā-rī	terrē-rī	audī-rī	cap-ī	ag-ī

Imperative
Sg. **-re**
Pl. **-minī**

Infinitiv
-rī/-ī

15.2 Die Verwendung des lateinischen Passivs

15.2.1 Aktiv : Passiv – Umkehrung der Blickrichtung

Patrēs puerōs ēducant.
Der Satz enthält
a) den **Urheber** einer Handlung: **patrēs**;
b) die **Beschreibung** einer **Handlung: ēducant**;
c) den/das von der Handlung **Betroffene(n): puerōs**.
Stellt man den Vorgang, der in dem Satz beschrieben wird, zeichnerisch dar, ergibt sich folgendes Bild:

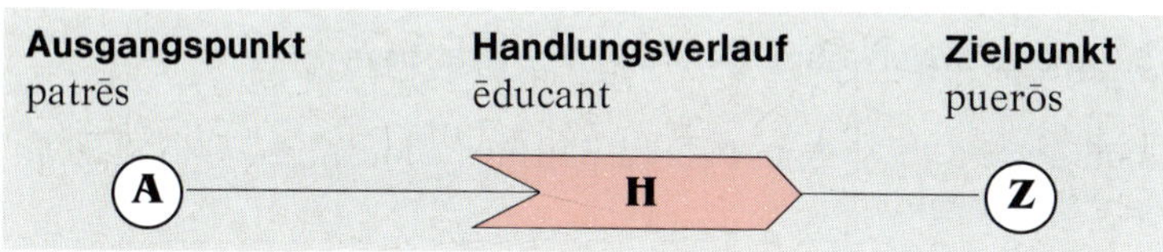

Aktiv-Satz
Perspektive des Sprechers = **Perspektive des Urhebers = A**

Die **Blickrichtung (Perspektive)** der Darstellung geht vom Urheber/Träger der Handlung hin zum Betroffenen der Handlung als Zielpunkt. Die bildliche Darstellung macht klar, daß man denselben Vorgang **unter Änderung der Blickrichtung** (Perspektive) auch vom Zielpunkt her sehen kann. Dann betrachten wir aus der Perspektive des Betroffenen den Handlungsverlauf als eine Bewegung, die auf uns zukommt, so wie man einen Wettlauf auch vom Ziel aus beobachten kann. In diesem Fall **wird das bisherige Ziel (= Objekt) zu dem Punkt, von dem aus eine Handlung beschrieben wird (= Subjekt).**

Änderung der Blickrichtung:
Z ◄——— A
ergibt
① Objekt → Subjekt:
② neues Verb-Genus Passiv;
③ Subjekt → adverbiale Bestimmung im Ablativ (bei Personen mit Präposition a/ab).

Wir erhalten in der Position des Subjekts also die Form puerī (statt puerōs). Der Punkt, von dem aus sich eine Handlung fortbewegt, wird im Lateinischen bei **Personenangaben** in den **Ablativus (separativus)** gesetzt; dabei wird die **Präposition ā, ab** verwendet. So wird aus **patrēs** die neue Form **ā patribus**.
Findest Du beim Passiv einen Ablativ ohne die Präposition ā, ab, handelt es sich um einen **Ablativus instrumenti**, der das Mittel bezeichnet, mit dem etwas bewirkt wird.

① **Ablativ + a/ab:** Person als Urheber
② **Ablativ ohne Präp.:** Ding oder Mittel als Verursacher

[3]) Zur Übersetzung solcher Imperative vgl. unten 15.2.4

Die veränderte Perspektive, unter der die Handlung beschrieben wird, muß aber auch im Verb zum Ausdruck kommen; es tritt in ein **anderes Verb-Genus**, das **Passiv**. Aus ēducant wird so die entsprechende Passivform **ēducantur**.

Nun heißt der Satz:
Ā patribus ēducantur puerī, oder: Puerī ā patribus educantur.

Passiv-Satz

Perspektive des Sprechers = **Perspektive des Betroffenen = Z**

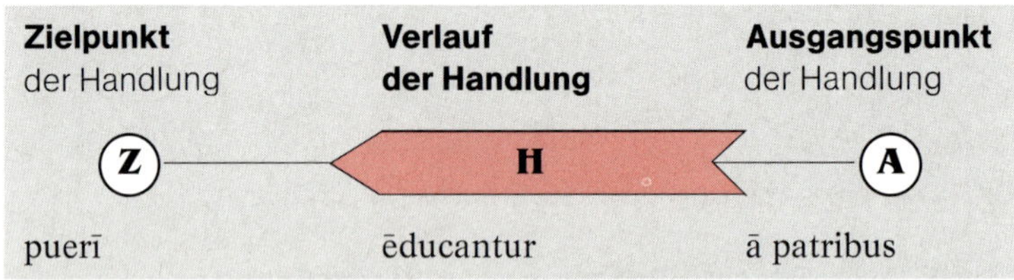

Diejenigen Verben, die ein Akkusativobjekt haben können, werden **transitive Verben** genannt. **Sätze mit transitiven Verben können in einen Passivsatz umgeformt werden**, weil sie im Akkusativobjekt ein Handlungsziel bezeichnen. Dieses Handlungsziel (Akkusativobjekt) wird im passivischen Satz zum Subjekt. Das (transitive) Verb nimmt eine Passivform an, der Urheber (bisheriges Subjekt) tritt in den Ablativ mit der Präposition ā/ab.

15.2.2 Das Passiv ohne Nennung des Urhebers

Übertragen wir den Satz Puerī ā patribus ēducantur in ein Satzbild, sieht das so aus:

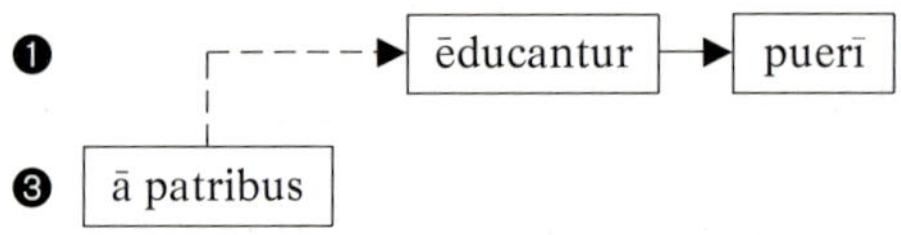

Du weißt, daß eine adverbiale Bestimmung fehlen kann, ohne daß ein Satz grammatikalisch unvollständig wird. So ergibt sich im Falle unseres Beispielsatzes:

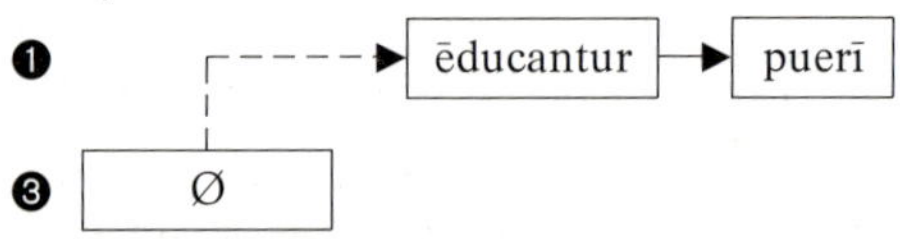

Die Jungen werden erzogen.
Hier wird eine **wichtige Funktion des Passivs** deutlich:

Das Passiv kann Vorgänge und Handlungen beschreiben, deren Urheber
- **nicht bekannt ist;**
- **im Kontext nicht wichtig ist;**
- **bewußt verschwiegen werden soll.**

15.2.3 Mediales Passiv

medial
(von medius)
„in der Mitte" zwischen Aktiv und Passiv

Aegrōtī calōre sōlis bene **sē** recreant.
*Kranke erholen **sich** in der Wärme der Sonne gut.*
In diesem Satz signalisiert das reflexive Personalpronomen der 3. Person sē, daß sich der Vorgang recreant auf das Subjekt des Satzes rückbezieht. Der Urheber der Handlung ist also gleichzeitig der durch die Handlung Betroffene.

→ CG 14.6.1

Derselbe Sachverhalt läßt sich lateinisch auch so ausdrücken:
Aegrōtī calōre sōlis recreantur.
a) *Kranke werden durch die Wärme der Sonne wiederhergestellt.*
b) *Kranke erholen sich durch die Wärme der Sonne.*

Ein weiteres Beispiel:
Puerī lavantur.

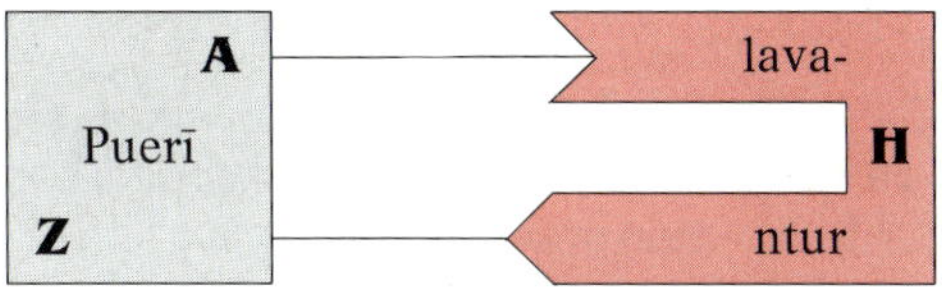

Ausgangspunkt = Zielpunkt der Handlung

Außer der Übersetzung *„Die Jungen werden gewaschen"* ist – je nach **Kontext** – auch verstehbar *„Die Jungen waschen **sich**."*

Die lateinischen Passivformen dienen sehr häufig dazu, eine solche Handlung zu beschreiben, deren Zielpunkt das Subjekt des Satzes selbst ist. Ein solches Passiv nennt man *mediales Passiv* oder Medio-Passiv. Übersetzt wird das mediale Passiv *meist reflexiv* (sie waschen *sich*), *bisweilen* auch mit einem *intransitiven Verb*.

Terra movētur.
Die Erde bewegt sich.
Die Erde bebt.

Es bleibt oft dem Übersetzer überlassen, ob er „passivisch" oder „medial" übersetzt:
Sollicitor: *Ich werde innerlich erregt* (passivisch).
Ich sorge mich (medial).

15.2.4 Imperativ in der Passivform

Imperative in der Passivform lassen sich leicht übersetzen, wenn das Wort „medialen" Sinn hat:
Mūtāre – *verwandle dich!* Lavāminī – *wascht euch!*
Ist die Aussage „passivisch" gemeint, gibt es nur den Weg einer Umschreibung:
Capere – *laß dich fangen!* Capiminī – *laßt euch fangen!*

Solche Imperative kommen freilich sehr selten vor. Die deutsche Übersetzung zeigt aber gut den fließenden Übergang zwischen „medialem" und „passivischem" Passiv, und wir sehen, daß für den Römer zwischen beidem kein echter Unterschied bestand.

15.2.5 „man“

„man“

In dem Fall, daß ein Subjekt gar nicht direkt genannt sein soll oder genannt werden kann, benutzt man im Deutschen gern das Wort *man*: *Hier kann* **man** *ja nicht in Ruhe arbeiten.*

Das grammatische Subjekt *man* (eigentlich = irgend jemand, jedermann) soll ausdrücken, daß diese **Aussage** ganz **allgemein**, also für jedermann **gilt**.

Die lateinische Sprache besitzt ein solches Wort wie *man* nicht. Man erreicht aber dieselbe Aussageabsicht, wie sie dem deutschen Satz zugrundeliegt, durch Verwendung der
3. P. Sg. des Passivs:
Bibitur – *es wird getrunken, man trinkt.*

Dieses Passiv kann man **auch** von **intransitiven Verben** (d. h. Verben, die kein Akkusativobjekt haben können) bilden:
Cēditur – *man geht.*

15.2.6 Vermeidung einer passivischen Übersetzung

In der deutschen Sprache wird das Passiv sehr oft vermieden. Es gibt viele Sprachmuster, mit denen man ein Passiv umgeht, z. B.:

Morgen erfolgt die Räumung des Hauses:
Morgen wird das Haus geräumt.

Der Gang läßt sich schwer einlegen:
Der Gang kann nur schwer eingelegt werden.

Der Schrank gelangt zum Verkauf:
Der Schrank wird zum Verkauf gegeben.

Es ist wichtig, sich diese und andere Möglichkeiten für die Übersetzung des lateinischen Passivs einzuprägen.
Besonders gilt das für Passivsätze, die ein indirektes (= Dativ-)Objekt enthalten:
Pūblius Rūfillae ānulum dōnat.
Ānulus Rūfillae ā Pūbliō dōnātur.
Rufilla (Dat.) *wird von Publius ein Ring* (Nom.) *geschenkt.*
Besser:
Rufilla (Nom.) *bekommt von Publius einen Ring* (Akk.) *geschenkt.*

15.3 rūs

rūs	rūra
rūris	rūrum
rūrī	rūribus
rūs	rūra
rūre	rūribus

Der Stamm dieses Wortes lautet rūs- (vgl. rūsticus L 7). Wie bei Städtenamen, genügt bei diesem Wort der reine Kasus zur Angabe einer Richtung oder Herkunft; auch gibt es dazu noch den alten Lokativ (→ CG 7.1), also: rūrī (Lok.) *auf dem Lande,* rūs (Akk.) *aufs Land,* rūre (Abl. separativus) *vom Lande.*

15.4 Der Ablativ als Maßangabe

Duōbus hōrīs post mūrī Ōstiae aspiciuntur.
Zwei Stunden danach kommen die Mauern Ostias in Sicht.
Während im Deutschen die Zeitangabe im Akkusativ steht, wird sie im Lateinischen, wenn post nachgestellt ist, im Ablativ ausgedrückt: *„Um zwei Stunden später . . .“* **– Ablativus instrumentalis als Maßangabe.**
Entsprechend:
decem annīs ante – *(um) zehn Jahre zuvor.*
paulō post – *„um weniges“ vorher = wenig vorher*

Präposition mit Akk.
post longum tempus
ante id tempus

Adverb
duōbus hōrīs **post**
decem annīs **ante**
Ablativ des Maßes

15.5

Tandem Pompōniī ad vīllam Agathōnis adveniunt.
Endlich kommen die Pomponii ***in der*** *Villa des Agathon an.*
Bei manchen Verben gibt das Lateinische eine Richtungsangabe (Frage: *wohin?*), wo das Deutsche eine Ziel*punkt*angabe (Frage: *wo?*) wählt.

Lēctiō sexta decima

16.1 Die Vergangenheitstempora im Passiv

16.1.1 Das Imperfekt Passiv

Die Formen des Imperfekts Passiv werden wie die des Imperfekts Aktiv vom Präsensstamm abgeleitet; an diesen werden das Dir bekannte Tempuszeichen **-ba/ēba** (→ CG 10) und die Personenzeichen des Passivs gehängt (→ CG 15).

Übersicht:

laudā-ba-r	terrē-ba-r	audi-ē-ba-r	capi-ē-ba-r	ag-ē-ba-r
laudā-bā-ris	terrē-bā-ris	audi-ēbā-ris	capi-ē-bā-ris	ag-ē-bā-ris
laudā-bā-tur	terrē-bā-tur	audi-ēbā-tur	capi-ē-bā-tur	ag-ē-bā-tur
laudā-bā-mur	terrē-bā-mur	audi-ēbā-mur	capi-ē-bā-mur	ag-ē-bā-mur
laudā-bā-minī	terrē-bā-minī	audi-ēbā-minī	capi-ē-bā-minī	ag-ē-bā-minī
laudā-ba-ntur	terrē-ba-ntur	audi-ēba-ntur	capi-ē-ba-ntur	ag-ē-ba-ntur

-bă
-ē-bă + { **-r** / **-ris/-re** / **-tur** / **-mur** / **-minī** / **-ntur** }

Beachte: In der **1. P. Sg.** lautet das Personenzeichen (im Unterschied zum Präs. Pass.) nur **-r**!
In der **2. P. Sg.** gibt es auch die Form auf **-re**.

16.1.2 Das Perfekt Passiv

Übersicht:

Perfekt Passiv

-(t)us -(t)ī | -(t)a -(t)ae | -(t)um -(t)a

\+

Präsens von esse

m.	f.	n.
laudātus sum	laudāta sum	
laudātus es	laudāta es	
laudātus est	laudāta est	laudātum est
laudātī sumus	laudātae sumus	
laudātī estis	laudātae estis	
laudātī sunt	laudātae sunt	laudāta sunt

Übersetzung:

a) *ich wurde gelobt* usw.
b) *ich bin gelobt worden* usw.
c) *ich bin gelobt* usw. (Vgl. unten 16.1.7)

16.1.3 Das Plusquamperfekt Passiv

Übersicht:

Plusquamperfekt Passiv

-(t)us -(t)ī | -(t)a -(t)ae | -(t)um -(t)a

\+

Imperfekt von esse

m.	f.	n.
laudātus eram	laudāta eram	
laudātus eras	laudāta eras	
laudātus erat	laudāta erat	laudātum erat
laudātī eramus	laudātae eramus	
laudātī eratis	laudātae eratis	
laudātī erant	laudātae erant	laudāta erant

Übersetzung:

ich war gelobt worden usw.

16.1.4 Der Infinitiv der Vorzeitigkeit im Passiv

laudātum / -am / -um esse
laudātōs / -ās / -a esse

16.1.5 Zur Formenbildung des Perfekts/Plusquamperfekts Passiv

Wie im Deutschen handelt es sich im Lateinischen beim **Perfekt und Plusquamperfekt Passiv** um **zusammengesetzte Tempora**. Die lateinischen Formen werden **gebildet aus**

a) dem **Partizip der Vorzeitigkeit**, verbunden mit
b) den **Präsens-** bzw. **Imperfektformen von esse**.

Das Partizip der Vorzeitigkeit Passiv wird gebildet, indem an den Verbstamm das Signal -t- und die Ausgänge der o/a-Deklination gehängt werden. Dabei kann in bestimmten Fällen das -t- zu -s- werden (s. u.).

Partizip der Vorzeitigkeit (Passiv) **-t-**

Der Verbstamm entspricht nicht immer dem Präsensstamm:

① Der Verbstamm kann **kürzer** sein als der Präsensstamm, z. B.

Verbstamm	Präsensstamm	Partizip
doc-	docē-	doc-t-us, -a, -um
vic-	vinc-	vic-t-us, -a, -um

② Der Verbstamm weist (z. T. zusätzlich zu 1) **Veränderungen am Stammvokal** auf, z. B.

sepel-	sepelī-	sepul-t-us, -a, -um
af-fac-	af-fic-	af-fec-t-us, -a, -um

③ Der Verbstamm kann **im Stammauslaut variieren**, z. B.

* tragh-	trah-	trāc-t-us, -a, -um (→ L 18)
reg-	reg-	rēc-t-us, -a, -um
* gvigv-	vīv-	vic-t-us, -a, -um

④ Ein auslautender **Dental** (d, t) **verschmilzt** in der Regel **mit** dem Signal **-t-** zu einem **s**, z. B.

lūd-	lūd-	lūs-us
* meit-	mitt-	miss-us

Das Signal -t- für das Partizip der Vorzeitigkeit findest Du auch im Deutschen bei den sog. schwachen Verben, z. B. *gespritz**t***.

-d + (t) → -s-
-t + (t) → -s-

-(s)us -(s)a -(s)um

Dieser Stamm, wie er sich beim Partizip der Vorzeitigkeit findet, heißt Perfekt-Passiv-Stamm oder Supinstamm.

Damit hast Du alle **Varianten des Stammes der lateinischen Verben** kennengelernt:

a) den **Verbstamm**;
b) den **Präsensstamm**;
c) den **Perfekt-Aktiv-Stamm**;
c) den **Perfekt-Passiv-Stamm** bzw. **Supinstamm**.

„supīnus, -a, -um" ist die lateinische Übersetzung für einen altgriechischen Grammatikbegriff, der soviel wie *„passivisch"* bedeutet.

Im **Vokabular** findest Du von nun an von solchen Verben vollständige **Stammreihen** angegeben, bei denen lautliche Abweichungen innerhalb dieser Stämme vorkommen.

16.1.6 Das Partizip – ein „Verbaladjektiv"

Schon vor dieser Lektion hast Du in diesem Buch Wörter kennengelernt (z. B: parātus, dēfessus, armātus u. a.), die als Adjektive dienten, aber eigentlich Partizipien der Vorzeitigkeit sind, wie Dir jetzt klar wird. Auch im Deutschen sind viele solcher Partizipien zu Adjektiven geworden – vgl. etwa *„ich bin erschöpft (= müde)"* und *„die Vorräte sind erschöpft (= aufgebraucht)"*.

Ein Partizip ist eine von einem Verb abgeleitete Wortform mit adjektivischem Charakter. Daher folgen Partizipien wie Adjektive der KNG-Regel.

Part. Vorz. Pass. (PVP):
K N G -Kongruenz

16.1.7 Zur Übersetzung der Vergangenheitstempora des Passivs

Bei der Übersetzung von Perfekt, Imperfekt, Plusquamperfekt Passiv ist denselben Grundsätzen zu folgen, wie sie in den LL 9–11 für das Aktiv dargestellt wurden. Wichtig ist auch hier:

① **Im Regelfall** entspricht das **lateinische Perfekt** dem **deutschen Präteritum:**
litterae scrīptae sunt – *der Brief wurde geschrieben;*

② vom Kontext her kann es aber auch erforderlich sein, im Deutschen das **konstatierende Perfekt** zu benutzen:
litterae scrīptae sunt – *der Brief ist geschrieben worden;*

③ ebenso kann der Kontext die Wiedergabe mit dem **resultativen Perfekt** erfordern:
litterae scrīptae sunt – *der Brief ist geschrieben.*

Bei 1) und 2) sprechen wir auch von **Vorgangspassiv**, bei 3) von **Zustandspassiv**.

16.2 Die Stämme des lateinischen Verbs – Zusammenfassung

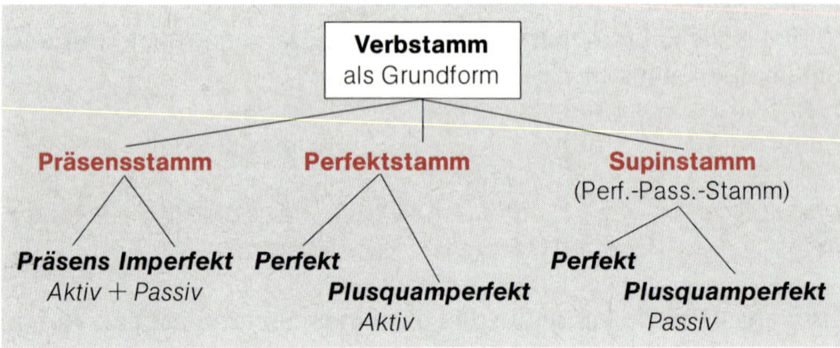

Präsensstamm

Der **Präsensstamm** kann mit dem Verbstamm übereinstimmen, kann aber auch Erweiterungen aufweisen (doc/docē-re; ven/venī-re; vic/vinc-e-re u. a.);

Perfektstamm

der **Perfekt**-(Aktiv-)**Stamm** setzt sich zusammen aus dem Verbstamm (der verschiedene lautliche Veränderungen erfahren kann) und den Bildeelementen des Perfekts Aktiv (s. oben 9.1.2);

Supinstamm

der **Supinstamm (Perfekt-Passiv-Stamm)** entspricht dem Verbstamm; Änderungen im Stammauslaut und im Stammvokal sind möglich.

16.3 Genus/Numerus-Kongruenz beim pronominalen Subjekt

Vergleiche:
Is est amīcus meus. ***Das** ist mein Freund.*

Ea est amīca mea. ***Das*** *ist meine Freundin.*
Ea est vēra stultitia. ***Das*** *ist echte Dummheit.*
Eī sunt vērī amīcī. ***Das*** *sind wahre Freunde.*

Ist das Subjekt eines Satzes ein Pronomen, richtet es sich (anders als im Deutschen) **in Genus und Numerus nach dem Prädikatsnomen.**

Diese Regel gilt demnach auch für adjektivische Fragepronomina:
Quae est patria tua? ***Was*** *ist dein Vaterland?*

16.4 Der Ablativus qualitatis als Prädikatsnomen (II) und als Attribut

Vir māgnā avaritiā est.

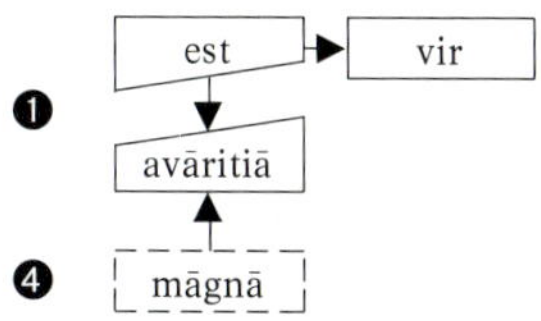

Statt eines Genitivus qualitatis (→CG 5.1.2) kann auch der Ablativ (Ablativus qualitatis) als **Prädikatsnomen zu einer Form von esse** treten:
Der Mann ist von großem Geiz = Der Mann ist sehr geizig.

Der Ablativus qualitatis steht allerdings genauso in der **Funktion eines Attributs:**
Puella māgnā pulchritūdine per viās cucurrit.
→ 5.1.1.2

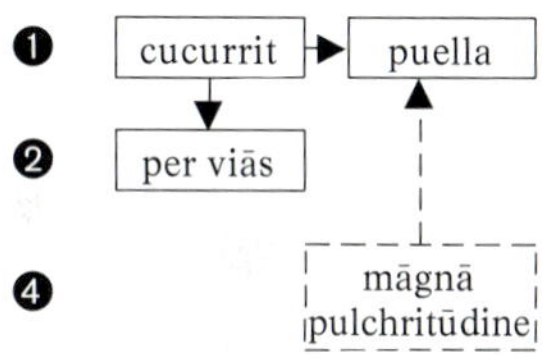

16.5 Der Genitīvus explicātīvus

Eī est Āfrī nōmen.
Er trägt den Namen Afer.
Der Genitiv kann zur inhaltlichen Erklärung (explicāre: *erklären*) des Substantivs dienen, zu dem er gehört: Genitivus explicativus. Im erwähnten Beispiel kann es aber auch heißen:
Eī est nōmen Afer.
Vergleiche auch: titulus Augustī – deutsch: *„der Ehrentitel Augustus"* oder *„der Ehrentitel eines Augustus"*!

16.6 Der Genitivus partitivus bei Ortsadverbien

ubīque Rōmae – *überall (im Bereich) Roms*
Der Genitiv als Kasus der Bereichsangabe kann bei Adverbien des Ortes (und der Zeit) den *Teil*bereich bezeichnen, auf den sich das Adverb bezieht:
ubī terrārum? – *Wo in aller Welt?*
tum temporis – *damals*

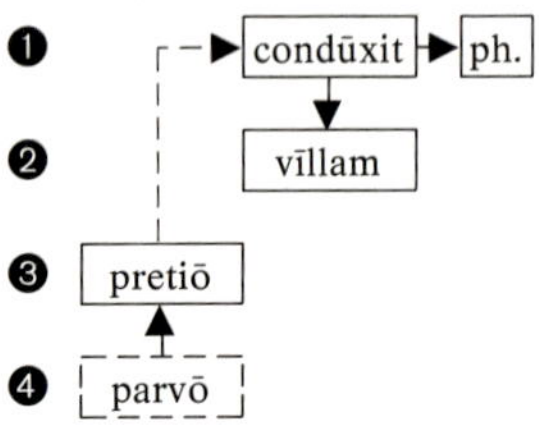

16.7 Der Ablativ als Angabe des Preises

Philosophus vīllam parvō pretiō condūxit.
Der Philosoph mietete die Villa zu einem niedrigen Preis.
Der Ablativ bezeichnet bei Verben des Kaufens u. ä. das Mittel des Erwerbs – **Ablativus instrumenti als Angabe eines Preises**, Funktion im Satz hier: adverbiale Bestimmung.

Lēctiō septima decima

17.1 Die u-Deklination

Sg.	Pl.
-us	-ūs
-ūs	-um
-uī	-ibus
-um	-ūs
-ū	-ibus

Neutra

Nom./Akk. Sg.	Nom./Akk. Pl.
-u	-ua

	Singular	*Plural*
Nom.	frūctu-s	frūctū-s
Gen.	frūctū-s	frūctu-um
Dat.	frūctu-ī	frūcti-bus
Akk.	frūctu-m	frūctū-s
Abl.	frūctū	frūcti-bus

Das **grammatische Geschlecht** der Wörter der u-Deklination ist bis auf wenige Wörter **maskulin**.

Die **wenigen Neutra** haben im Nom. und Akk. die bekannten Merkmale (Nom./Akk. Sg.: Ø-Signal; Pl.: -a).
Im **Dat./Abl. Pl.** kommen **auch** Ausgänge auf **-u-bus** (statt -i-bus) vor, z. B. **portubus**.

Ein großer Teil der Wörter der u-Deklination sind mit dem Part.-Pf.-Pass.-Stamm (Supinstamm; → CG 16.1.6) von Verben gebildete Substantive, z. B.:
ad-venīre – adventus: *die Ankunft* (vgl. Advent).

Sehr wichtig ist bei diesen Wörtern die genaue Aussprache der Ausgangssilbe **-us (kurz) oder -ūs (lang)**; in jedem Fall ermöglicht der **Kontext** die Kasusbestimmung.

17.2 Die e-Deklination

Sg.	Pl.
-ēs	-ēs
-eī	-ērum
-eī	-ēbus
-em	-ēs
-ē	-ēbus

Beachte die kurze bzw. lange Aussprache des Stamm-e!

	Singular	*Plural*	*Singular*	*Plural*
Nom.	rē-s	rē-s	diē-s	diē-s
Gen.	re-ī	rē-rum	diē-ī	diē-rum
Dat.	re-ī	rē-bus	diē-ī	diē-bus
Akk.	re-m	rē-s	die-m	diē-s
Abl.	rē	rē-bus	diē	diē-bus

diēs ist Maskulinum oder Femininum (meridiēs „Mittag" stets Mask.), sonst sind die Wörter der e-Deklination **Feminina**. Von anderen Wörtern als rēs oder diēs werden nur in ganz seltenen Fällen Pluralformen gebildet.

17.3 prōdesse – „nützen“

esse bildet mit der Vorsilbe prō (ältere Form: prōd) ein weiteres Kompositum: prōd-esse = *„für“* jd. *„dasein“* = *nützen*
Das d der älteren Form prōd fehlt bei den konsonantisch anlautenden Formen von esse, also:

prō-sum prō-fuī prōd-eram
prōd-es … …
…

prō [d] – esse
prō [–] – sum

prō [–] – fuī

17.4 Verben mit persönlichem Passiv

Pompēius ā senātū iussus est rem pūblicam ā pīrātīs līberāre.
Vom deutschen Wort *„befehlen“* kann kein persönliches Passiv gebildet werden, wohl aber von lat. iubēre. In einem Fall wie diesem kann man ein anderes deutsches Wort nehmen (z. B. *„beauftragen“*) oder übersetzen, wie oben in 15.2.6 vorgeschlagen wurde.

Vgl. Englisch:
He was told a story.

17.5 Der sog. relativische Anschluß

Mīles rēs adversās ā rē pūblicā prohibuit. **Quam** ob rem multās phalerās accēpit.
Das Relativpronomen, das üblicherweise einen attributivischen Gliedsatz einleitet, steht hier am Beginn eines Hauptsatzes. In dieser Stellung kann man es auf deutsch nur demonstrativisch wiedergeben:
*Der Soldat hat Unheil vom Staat abgewehrt. Aus **diesem** Grund bekam er viele Orden.*

Die Konstruktion des sog. relativischen Anschlusses ist im Lateinischen nicht selten. Durch sie werden zwei Hauptsätze enger miteinander verbunden, ohne daß eine allzu starke Betonung durch ein Demonstrativpronomen erfolgt.
→ CG 12.3

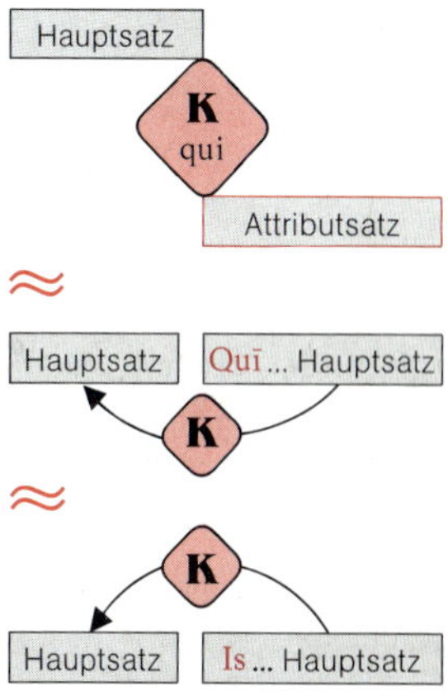

17.6 nūllus – „keiner“ / nēmō – „niemand“

Das Pronominaladjektiv nūllus hat im **Gen./Dat. Sg.** die für Pronomina typischen Ausgänge **-īus/-ī**:

m.	f.	n.
nūllus	nūlla	nūllum
	nūll**īus**	
	nūll**ī**	
nūllum	nūllam	nūllum
nūllō	nūllā	nūllō

Plural: regelmäßig

Der Genitiv nūllīus und der Ablativ nūllō ersetzen auch die entsprechenden fehlenden Formen von nēmō *„niemand“*:

Nom.	nēmō
Gen.	nūllīus
Dat.	nēminī
Akk.	nēminem
Abl.	(ā) nūllō

(< * ne-homō) ≈ dt. nie-man(d)

Pronominaladjektive

Gen. Sg.	**-īus**
Dat. Sg.	**-ī**

17.7 nihil – „nichts“

nihil (< ne-hīlum „kein Faden“) bildet nur Nom. und Akk. Die übrigen Kasus werden ersetzt durch nūlla rēs:

Nom.	nihil
Gen.	nūllīus reī
Dat.	nūllī reī
Akk.	nihil (nūllam rem)
Abl.	nūllā rē

Lēctiō duodēvīcēsima

-nt- **Partizip der Gleichzeitigkeit (Aktiv)**

18.1 Das (aktivische) Partizip der Gleichzeitigkeit

Im Lateinischen kann vom Präsensstamm der Verben ein aktivisches Partizip gebildet werden. Sein **Signal -nt-***) wird direkt (lauda-nt-/ mone-nt-) oder unter Zwischenschaltung eines Sprechvokals (audi-e-nt- / capi-e-nt- / ag-e-nt-) **an den Präsensstamm der Verben angehängt**; die **Kasuszeichen** sind die **der konsonantischen (bzw. gemischten) Deklination**. Außer in den für das Neutrum typischen Fällen (Nom./Akk. in Sg. und Pl.) werden daher die Genera nicht unterschieden.

-ns Nom. Sg. m./f. **Neutrum: Nom./Akk. Sg.**

-e/-ī **Abl. Sg.**

-ium **Gen. Pl.**

-ēs/-īs **Mask./Fem.: Akk. Pl.**

-ia **Neutrum: Nom./Akk. Pl.**

Übersicht:

Sg.	**m.**	**f.**	**n.**
Nom.	agēns	agēns	agē**ns**
Gen.	agentis	agentis	agentis
Dat.	agentī	agentī	agentī
Akk.	agentem	agentem	agē**ns**
Abl.	agente/agentī	agente/agentī	agente/agentī
Pl.			
Nom.	agentēs	agentēs	agent**ia**
Gen.	agent**ium**	agent**ium**	agent**ium**
Dat.	agentibus	agentibus	agentibus
Akk.	agentēs/agent**īs**	agentēs/agent**īs**	agent**ia**
Abl.	agentibus	agentibus	agentibus

Im **Nom. Sg. m./f.** schwindet das t lautgesetzlich vor dem Nominativ -s. Das **Neutrum** hat ein Endungs-s in Anlehnung an das Mask. Fem. Entsprechend lautet dann der **Akk. Sg. Ntr.** agēns!
Hin und wieder begegnet ein **Abl. Sg.** auf -ī, z. B. perīculō imminentī exterritus *„durch die drohende Gefahr aufgeschreckt“* (imminēre).
Im **Akk. Pl. m./f.** ist die Form auf -īs (lang!) seltener; man sollte sie sich aber einprägen, um sie gegebenenfalls zu erkennen.

esse bildet **kein Partizip**. Nur die Komposita **abesse** und **praeesse** haben **absens** und **praesens**.

*) Dieses Signal entspricht dem -nd im deutschen Partizip I: laufe***nd***.

18.2 Das Partizip als satzwertige Ergänzung (Participium coniūnctum)

18.2.1 Das passivische Partizip der Vorzeitigkeit und das aktivische Partizip der Gleichzeitigkeit

In L 16 hast Du im Zusammenhang mit der Bildung des Perfekts und Plusquamperfekts Passiv das *passivische Partizip der Vorzeitigkeit* kennengelernt.
In dieser Lektion (s. oben 18.1) lernst Du ein weiteres Partizip kennen, das *aktivische Partizip der Gleichzeitigkeit.* Dieses wird im Lateinischen viel häufiger gebraucht als im Deutschen das entsprechende Partizip Präsens (Partizip I).

Partizipien sind (→ CG 16.1.7) von Verben abgeleitete Wortformen mit adjektivischem Charakter. Wie Adjektive besitzen sie also **Signale für Kasus, Numerus und** (beim Partizip der Vorzeitigkeit und in einzelnen Formen beim Partizip der Gleichzeitigkeit) **Genus**. Sie beziehen sich daher – wie Adjektive – grundsätzlich auf ein Substantiv (oder dessen Stellvertreter), sofern sie nicht substantivisch gebraucht werden (z. B. armati – die Bewaffneten), sie **folgen daher der KNG-Regel**.

Partizipien:

K N G -Kongruenz

Darüber hinaus enthalten Partizipien wie Verben **zwei weitere Signale**:

1) ein Signal für Aktiv oder Passiv **(Genus verbi)**;
2) ein Signal für das **Zeitverhältnis**, das zum Prädikat des Satzes besteht.

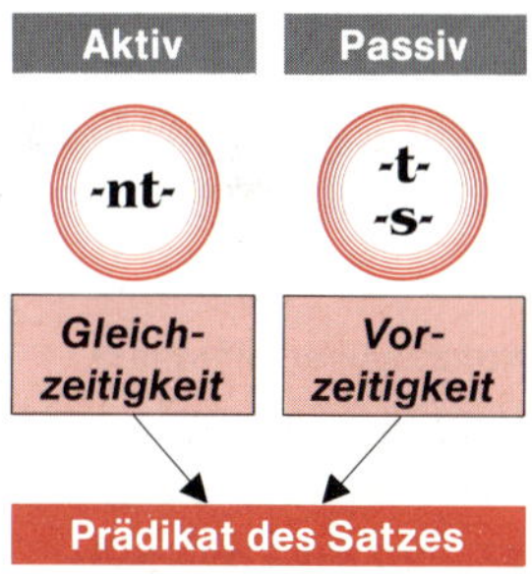

Zur Veranschaulichung:

KNG-Kongruenz
Puerī ā Polybiō domum dēduc t ī dē balneīs nārra Ø nt.
Zeitverhältnis

Die Endung -ī des Partizips dēductī legt die Beziehung zum zugehörigen Substantiv fest. Das Tempussignal (zugleich Signal für das Genus verbi Passiv) bestimmt das Zeitverhältnis zum Prädikat: *vorzeitig.* **Tempussignal im Präsens: Ø!**

Strukturähnliche Übersetzung:
Die Jungen, von Polybius nach Hause geleitet, erzählen von der Badeanstalt.
Diese Übersetzung ist stilistisch nicht gut, besser:
Nachdem die Jungen von Polybius nach Hause gebracht worden sind, erzählen sie von der Badeanstalt.

L → D

Partizip

Gliedsatz

18.2.2 Die Wiedergabe eines lateinischen Partizips mit einem deutschen Gliedsatz

Wie die Übersetzung zeigt, kann ein **lateinischer Partizipialausdruck** mit einem (Glied-)Satz wiedergegeben werden, er ist **satzwertig**. Am

Ü

temporaler Gliedsatz
als/nachdem: ***vorzeitig***
während: ***gleichzeitig***

einfachsten ist die Wiedergabe durch einen temporalen Gliedsatz, da das Zeitverhältnis vom Partizip deutlich signalisiert wird. Auf das Zeitverhältnis und auf das Genus verbi ist bei der Übersetzung zunächst genau zu achten.

18.2.3 Aktivische Wiedergabe eines passivischen Partizips

Wenn in einem Satz mit passivischem Partizip der Vorzeitigkeit der Urheber der vom Partizip bezeichneten Handlung genannt ist, kann man auch aktivisch übersetzen:
Nachdem Polybius die Jungen nach Hause gebracht hat, erzählen sie von der Badeanstalt.
Die aktivische Übersetzung ist im Deutschen oft vorzuziehen.

18.2.4 Die Sinnrichtungen beim Participium coniunctum

Balneātor tumultūs causā advocātus advolat.
Der Bademeister, wegen des Lärms zu Hilfe gerufen, eilt herbei.

KONTEXT
⇩
Sinnrichtung

Sehr oft enthalten Partizipien eine **vom Kontext gesteuerte Sinnrichtung** (→ 11.4.2 und 11.6.2). So enthält der Beispielsatz neben dem im Partizip signalisierten Zeitverhältnis auch einen *Grund*, also ein *kausales Verhältnis*:

Der Bademeister eilt herbei, ***da*** *er wegen des Lärms zu Hilfe gerufen wurde.*

kausaler Gliedsatz
da/weil

Andere Möglichkeiten:
Mē nōn convictum abdūcitis, vir clāmat.
Ihr führt mich ab, ***obwohl*** *ich nicht überführt worden bin, ruft der Mann:* **Sinnrichtung konzessiv.**

konzessiver Gliedsatz
obwohl

Hominēs in fūrtō comprehēnsī abdūcuntur.
Wenn *Menschen bei einem Diebstahl erwischt worden sind, werden sie abgeführt:* **Sinnrichtung konditional.**

konditionaler Gliedsatz
wenn/falls

Gladiātōrēs trīdente vel gladiō armātī inter sē pūgnāvērunt.
Die Gladiatoren kämpften miteinander, ***wobei*** *sie mit Dreizack und Schwert bewaffnet waren:* **Sinnrichtung modal.**

modaler Gliedsatz
wobei/indem

Nicht immer ist die Sinnrichtung eines Partizips in einem isolierten Satz eindeutig bestimmbar. Vergleiche den deutschen Satz:
Das Tier schleppte sich verwundet in ein Versteck.
Sinnrichtung a: ***Weil*** *das Tier verwundet war, ...*
Sinnrichtung b: ***Obwohl*** *das Tier verwundet war, ...*
Stets ist der Kontext der die Sinnrichtung bestimmende Faktor.

18.2.5 Wiedergabe der Gleichzeitigkeit

Die beschriebenen Grundsätze gelten gleichermaßen für das aktivische Partizip der Gleichzeitigkeit. Wichtig ist, die Gleichzeitigkeit richtig wiederzugeben.

- Amīcus Lūcium frīgidam abhorrentem in piscīnam trahit.
  Der Freund ***zieht*** *L. ins Schwimmbecken,* ***obwohl*** *der kaltes Wasser* ***verabscheut****.*
- Amīcus Lūcium frīgidam abhorrentem in piscīnam trāxit.
  Der Freund ***zog*** *L. ins Schwimmbecken,* ***obwohl*** *der kaltes Wasser* ***verabscheut/verabscheute (!).***
- Amīcī balneātōrem timentēs fugiunt.
  Die Freunde ***fliehen, weil*** *sie den Bademeister* ***fürchten****.*
- Amīcī balneātōrem timentēs fūgērunt.
  Die Freunde ***flohen, weil*** *sie den Bademeister* ***fürchteten****.*
- Līberī lūdentēs contentī sunt.
  Wenn *Kinder* ***spielen, sind*** *sie zufrieden.*
- Gladiātor panthēram hastā trānsfīgēns interfēcit.
  Der Gladiator ***tötete*** *den Panther,* ***indem*** *er ihn mit einer Lanze* ***durchbohrte****.*

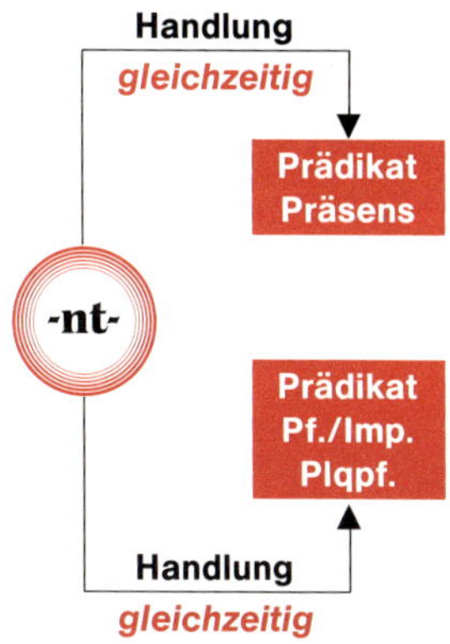

Zur rein temporalen Wiedergabe eines Partizips der Gleichzeitigkeit wählt man eine Konjunktion, die zum Prädikat ein entsprechendes Verhältnis herstellt:

- Līberī lūdentēs contentī sunt.
  Während *die Kinder* ***spielen, sind*** *sie zufrieden.*
- Līberī lūdentēs contentī fuērunt.
  Als *die Kinder* ***spielten, waren*** *sie zufrieden.*

18.2.6 Das Participium coniunctum als Prädikativum

In den bisher dargestellten Fällen waren die Partizipien bzw. Partizipialwendungen der lateinischen Sätze als Prädikativum zu verstehen gewesen; in dieser Funktion hast Du auch schon Adjektive kennengelernt (vgl. 7.3).

Ein Prädikativum macht eine nähere Aussage über das Nomen, auf das es sich bezieht (KNG-Kongruenz); diese Aussage über das Nomen gibt gleichzeitig einen Umstand an, der für die im Prädikat ausgedrückte Handlung bestimmend ist (Bezug zum Prädikat durch Ausdruck des Zeitverhältnisses).

In den meisten Fällen ist ein **lateinisches Participium coniunctum** (an ein Nomen „angebundenes Partizip") **prädikativ zu verstehen** und deswegen am besten mit einem adverbialen Gliedsatz wiederzugeben.

Da das Prädikativum in seiner Funktion einem adverbialen Gliedsatz entspricht, nimmt es in unserem Satzbild die Stelle der adverbialen Bestimmung (des Adverbiales) ein:

Beispiel 1: Prädikativum auf das Subjekt bezogen

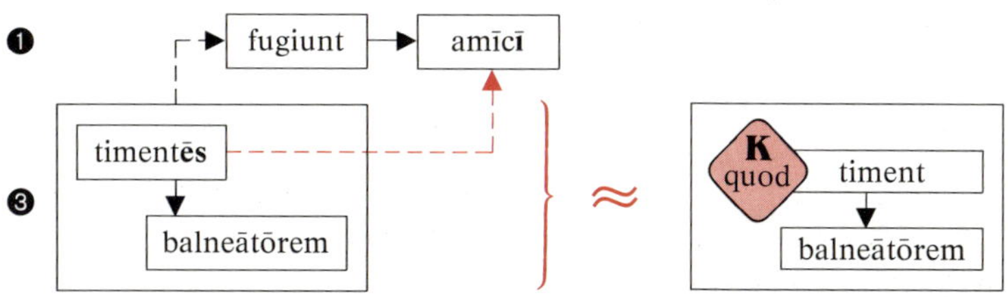

Den Bezug des Prädikativums auf sein Beziehungswort **(KNG-Kongruenz!)** geben wir durch eine zusätzliche **gestrichelte Linie** mit Pfeil wieder.

Die **Satzwertigkeit des prädikativen Participium coniunctum** wird, wie an diesem Beispiel, oft dadurch deutlich, daß es selbst Ergänzungen aufweist (Objekt balneātōrem).

Beispiel 2: Prädikativum auf ein Objekt bezogen

❸ ≈ (K) quamquam abhorrēbat frīgidam

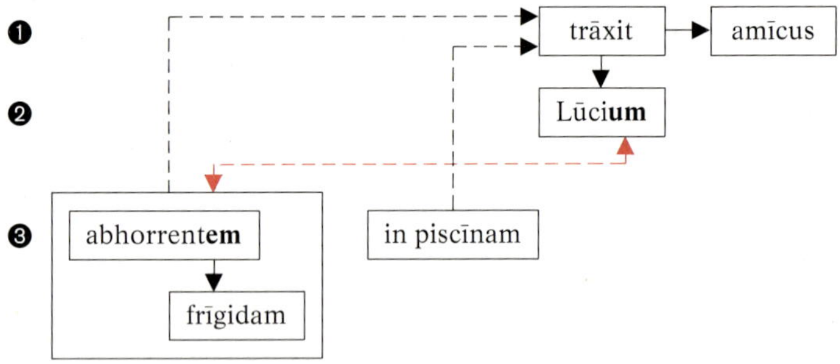

18.2.7 Ein lateinisches Partizip als Attribut

Es gibt Fälle, in denen an einem Partizip eine Sinnrichtung nicht deutlich wird oder ohne Belang ist. Dann gibt man ein lateinisches Partizip am besten attributivisch oder mit einem attributiven Gliedsatz (Relativsatz) wieder:

Puerī Polybiō in apodytēriō manentī vestēs exūtās trādunt.
Die Jungen übergeben ihre abgelegten Kleider Polybius, der in der Auskleidehalle wartet.
Emite farcīmina fūmantia!
Kauft dampfende (= heiße) Würstchen!
Līberī lūdentēs contentī sunt. (Vgl. auch oben 18.2.5!)
Spielende Kinder sind zufrieden.

Ein solches attributiv zu verstehendes Partizip setzen wir im Satzbild auf die Position eines Attributs:

Andere Möglichkeit:

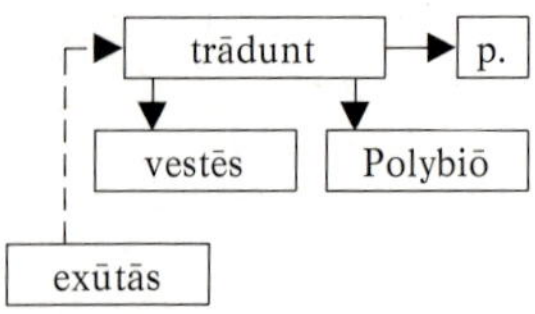

exūtās: *„als ausgezogene"*
≈ *nachdem sie ausgezogen worden waren*
≈ *als sie sie ausgezogen hatten*

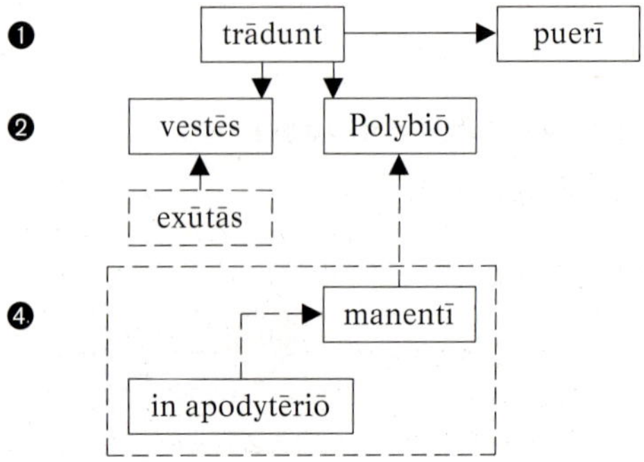

18.2.8 Weitere Wiedergabemöglichkeiten des lat. Partizips

Ein lateinisches Partizip oder eine Partizipialwendung lassen sich auch auf andere Weise deutsch wiedergeben. Entscheidend ist, daß Zeitverhältnis und Sinnrichtung durch **Indikatoren** (→ CG 10.5.1) zum Ausdruck kommen. Bisher wurde Dir nur die Wiedergabe mittels **Unterordnung** durch einen Gliedsatz vorgeführt. Genauso ist aber die Wiedergabe durch **Beiordnung** oder ein **adverbiales Gefüge (präpositionale Wendung)** möglich:

Amīcī balneātōrem timentēs in tepidārium fugiunt.
Die Freunde haben Angst vor dem Bademeister. ***Deshalb*** *fliehen sie ins Laubad:* **Beiordnung**.
Indikator: *deshalb*.

Die Freunde fliehen ins Laubad. ***Denn*** *sie haben Angst vor dem Bademeister:* **Beiordnung**.
Indikator: *denn*.

Aus Furcht vor *dem Bademeister fliehen die Freunde in das Laubad:* **präpositionaler Ausdruck.**

Ü

① **adverbialer Gliedsatz**
(Unterordnung)

Hauptsatz – K – Gliedsatz

② **Beiordnung**

Hauptsatz – K – Haupts.

Der Indikator hat hier die Funktion eines Konnektors.

③ **präpositionaler Ausdruck**
(= adverbiale Bestimmung)

adv. Best. – Hauptsatz

18.3 ambō – „beide“

m.	f.	n.
ambō	ambae	ambō
ambōrum	ambārum	ambōrum
ambōbus	ambābus	ambōbus
ambō(s)	ambās	ambō
ambōbus	ambābus	ambōbus

Deklination wie duo.

18.4 alter – „der eine/andere (von zweien)“

m.	f.	n.
alter	altera	alterum
	alterīus	
	alterī	
alterum	alteram	alterum
alterō	alterā	alterō

Plural:
regelmäßig

Pronominaladjektiv

Gen. Sg. **-īus**

Dat. Sg. **-ī**

Das Pronomen „alter“ weist im **Gen.** und **Dat. Sg.** die für Pronomina typischen Ausgänge **-īus/-ī** auf. „alter“ ist ein **Pronomen der „Zweiheit“**; es taucht also **stets paarweise** – auch in unterschiedlichem Kasus – auf (außer in Aufzählungen).

Alter labōrat, alter dormit. *Der eine arbeitet, der andere schläft.*
Alterī alterōs adiuvant. *Die einen helfen den anderen.*

Dagegen heißt „alius“ (→ CG 14.4) *„ein anderer“* **von mehreren**.

Lēctiō ūndēvīcēsima

19.1 Die i-Deklination

Bei den Wörtern der i-Deklination handelt es sich um Nominalstämme auf **-i**. Schon oben unter 11.8 war von solchen Stämmen die Rede gewesen; der Dir bei vielen Wörtern bekannte Gen. Pl. auf **-ium** ist von solchen Stämmen beeinflußt.
Es gibt nun eine Reihe von Wörtern, deren Stamm **-i** in fast allen Kasus erhalten geblieben ist. Die meisten dieser Wörter sind Feminina, dazu kommen verschiedene Neutra.

Sg.	Pl.
-is	-ēs
-is	-ium
-ī	-ibus
-im	-īs/-ēs
-ī	ibus

	Singular	*Plural*
Nom.	turri-s *der Turm*	turrē-s (< * turrei-es)
Gen.	turri-s	turri-um
Dat.	turrī	turri-bus
Akk.	turri-m	turrī-s
Abl.	turrī	turri-bus

Unter dem Einfluß der konsonantischen Deklination kommen hier auch folgende Formen vor: Akk. Sg. **turrem**, Abl. Sg. **turre**; Akk. Pl. **turrēs**. Entsprechend weisen viele **i**-Stämme, deren Formen vorwiegend wie in 11.8 dargestellt lauten, im Akk. Sg./Pl. und Abl. Sg. auch i-Formen auf:

Nom.	hosti-s	hostē-s
Gen.	hosti-s	hosti-um
Dat.	hostī	hosti-bus
Akk.	host-em/hosti**-m**	host-ēs/host**ī-s**
Abl.	host-e/host**ī**	hosti-bus

Neutra:

-e → Nom./Akk. Sg.

ø ← -i

Bei den **Neutra** der i-Deklination ist das Stamm-**i** im Nom./Akk. Sg. fortgefallen oder zu e abgeschwächt; ***Beispiele:***

Nom.	mare	mari-a	animal	animāli-a
Gen.	mari-s	mari-um	animāli-s	animāli-um
Dat.	marī	mari-bus	animālī	animāli-bus
Akk.	mare	mari-a	animal	animāli-a
Abl.	marī	mari-bus	animālī	animāli-bus

Da die konsonantische Deklination und die i-Deklination im Grunde eine Gruppe darstellen, werden sie häufig auch unter dem Namen **gemischte Deklination** zusammengefaßt.

19.2 Adjektive der i-Deklination bzw. gemischten Deklination

Lateinische Adjektive gehören entweder zur o/a-Deklination (solche hast Du bisher kennengelernt) oder zur i-Deklination (bzw. zur gemischten Deklination); ganz wenige flektieren nach der „reinen" konsonantischen Deklination (d. h., sie haben den Abl. Sg. **-e**, den Gen. Pl. **-um** und im Ntr. Pl. **-a**).

Unter 18.1 hast Du schon das (aktivische) Partizip der Gleichzeitigkeit kennengelernt. Wie Du an den dort aufgeführten Formen siehst, gehört auch dieses Partizip (als „Verbaladjektiv") zur hier genannten Deklinationsgruppe. **Manchmal wird bei den Partizipien der Gleichzeitigkeit der Abl. Sg. auf -ī gebraucht, wenn das Partizip adjektivisch (d. h. attributiv) verwendet wird.**

19.2.1

Die Adjektive der i- bzw. gemischten Deklination lassen sich in **drei Gruppen** einteilen, **je nachdem ob sie im Nom. Sg. drei, zwei oder nur eine Form für die drei Genera** haben:

m.	f.	n.
cele**ber** celer	cele**bris** celeris	cele**bre** celere
ūtilis (m./f.)		ūtile
audāx, prūdēns, elegāns (m./f./n.)		

m.	f.	n.
-er	-ris	-re
-is	-is	-e
-s -x	-s -x	-s -x

19.2.2 Deklinationsbeispiel

Singular	m.	f.	n.
Nom.	audāx	audāx	audāx
Gen.		audācis	
Dat.		audācī	
Akk.	audācem		audāx
Abl.		audācī	
Plural			
Nom.	audācēs		audāc**ia**
Gen.		audāc**ium**	
Dat.		audācibus	
Akk.	audācēs/audāc**īs**		audāc**ia**
Abl.		audācibus	

Abl. Sg. **-ī**

Gen. Pl. **-ium**

Neutra: Nom./Akk. Pl. **-ia**

Mask./Fem.: Akk. Pl. **-ēs** **-īs**

19.2.3 Adverbform

Das **Adverbsignal** dieser Adjektive ist **-ter**. Es wird entweder an den i-Stamm angehängt: ūtilis – ūtili-ter
acer – acri-ter (scharf);
oder das i fällt aus: elegāns/eleganter; audāx/audācter.

Adverb **-ter**

19.3 Übersicht über die Deklinationsgruppen

Deklinationsgruppe	A	O	Kons.	Mischklasse	I	E	U
Singular							
Nom.: **m./f.**	puella ∅	servus (< servos)	mīles ōrātor ∅	hostis gēns	turris	rēs	portus
n.	./.	caelum (< caelom)	caput ∅	cor (<*cord) ∅ (Herz)	mare ∅	./.	cornu ∅
	Im Nom. Sg. muß zwischen Maskulina/Feminina und Neutra unterschieden werden. Signale für den Nom. Sg. sind s oder ∅ („Null"), bei den Neutra der o-Dekl. m. Sonst haben die Neutra keine Endung, ebenso nicht der Nom. Sg. der a-Deklination. Wichtig: Auch eine „Null-Endung" ∅ ist ein Signal!						
Genitiv	puellae (< puellaī)	servī (< * servoī)	mīlitis	hostis gentis	turris	rei	portūs (< * portuis)
	Signale: ī / is / s						
Dativ	puellae (< puellaī)	servō (< * servoī)	mīlitī	hostī	turrī	reī	portuī (cornū)
	Signal: durchgehend ī, das z. T. mit dem auslautenden Stammvokal verschmolzen ist.						
Akk.: **m./f.**	puellam	servum (< servom)	mīlitem	hostem, -im gentem, -im	turrim	rem	portum
n.	**wie Nominativ**						
	Signale: m / em / ∅ (Neutra)						
Ablativ	puellā	servō	mīlite	hoste, -ī	turrī	rē	portū
	Signale: Längung des auslautenden Vokals / ĕ. Ursprüngliches Ablativsignal war -d, außer bei der kons. Dekl. – dort ist das ĕ wohl entstanden aus Lokativ-i (vgl. domī).						
Plural							
Nom.: **m./f.**	puellae (< puellaī)	servī (< * servoī)	mīlitēs	hostēs gentēs	turrēs (<*turreies)	rēs (< * rees)	portūs (< * portues)
n.	./.	caela	capita	corda	maria	./.	cornua
	Signale: ī / ēs (z. T. mit Endvokal verschmolzen; Länge in mīlitēs Analogiebildung); Neutra: durchgehend a						
Genitiv	puellārum (< *-ā-s-um)	servōrum (< *-ō-s-um)	mīlitum	hostium	turrium	rērum (<*rē-s-um)	portuum
	Signal: um (ium) und rum (entstanden aus Plural-s + um)						
Dativ	puellīs (<*puellaīs)	servīs (<*servoīs)	mīlit-i-bus	host-i-bus	turribus	rēbus	port-i-bus/ portubus
	Signale: īs (= ī des Dat. Sg. + Plural-s) / bus (teils davor Sprechvokal i)						
Akk.: **m./f.**	puellās (<*puellans)	servōs (<*servons)	mīlitēs (<*mīlitens)	hostēs/-īs gentēs/-īs (<*gentens)	turrīs/-ēs (<*turrins)	rēs (<*rens)	portūs (<*portuns)
n.	wie Nominativ						
	Signale: (*-ms > *-ns>) -s im m./f., -a im n.						
Ablativ:	**grundsätzlich wie Dativ**						

19.4

Außer den in der Übersicht aufgeführten Kasussignalen findest Du bei Pronomina (is, quis, quī) und Pronominaladjektiven (z. B. tōtus) noch folgende:

-ĭus: Gen. Sg. (z. B.: eius, cuius; tōtīus, nūllīus);
-d: Nom./Akk. Sg. Ntr. (z. B. id, quod; aliud).

Das -e im Nom. Sg. Fem. und Nom./Akk. Pl. Ntr. bei quae ist kein Kasussignal, sondern aus einem die Wortform lautlich voller machenden -i entstanden: * qua-i.

domus, -ūs *f.*
das Haus

Folgende Formen werden häufig nach der o-Dekl. gebildet:

Abl. Sg. domō
Gen. Pl. domōrum
Akk. Pl. domōs

Vgl. auch CG 7.1

19.5 „Endung" und „Ausgang"

Dir ist vielleicht aufgefallen, daß für die Signalteile von Wörtern sowohl die Begriffe **Endung** als auch **Ausgang** verwandt wurden.
Endung bezeichnet das eigentliche Wortelement, das die jeweilige Funktion des Wortes signalisiert; dieses kann auch „Null" sein.

Ausgang bezeichnet hingegen dieses Signal *zusammen mit* einem weiteren Wortelement, das zwischen Wortstock und Endung steht, z. B.

serv-	**a ∅**	a ist hier Signal für „Femininum"
serv-	**u-s**	u (<o) ist hier Signal für „Maskulinum"

Mit Ausgang wird also die Lautgruppe bezeichnet, die in einer Flexionsreihe bei den verschiedenen Wörtern derselben Gruppe gleich aussieht, z. B.

vīll	**a**	∅	frūct	**u-**	**s**	serv		**ī**
vīll	**a-**	**e**	frūct	**ū-**	**s**	serv	**ō-**	**rum**
vīll	**a-**	**e**	frūct	**u-**	**i**	serv	**-**	**īs**
vīll	**a-**	**m**	frūct	**u-**	**m**	serv	**ō-**	**s**
vīll	**ā**	*)	frūct	**ū**	*)	serv	**-**	**īs**

Endung:

serva	∅
servu-	s
nōmen	∅

Ausgang:

serv-	**a ∅**
serv-	**u-s**

*) Vokallänge Signal für Ablativ

19.6 Das sog. Imperfectum dē cōnātū

In 10.3 wurde Dir das lateinische Imperfekt vorgestellt. Durch das Imperfekt wird ausgedrückt, daß die beschriebene Handlung als noch nicht abgeschlossen vorgestellt wird; der Sprecher versetzt sich gewissermaßen in eine vergangene Handlung, als ob diese noch andauerte. **Als Tempus einer unvollendeten Handlung kann es** daher **auch dazu dienen, den Versuch einer Handlung zu bezeichnen.** In dieser Funktion bezeichnet die Grammatik es als Imperfectum dē cōnātū (cōnātus, -ūs m. der *Versuch*).

Imperfekt:
„... versuchte, zu ..."

Homō frūstrā tumulum ascendēbat.

Vergebens versuchte ein Mann, einen Hügel zu ersteigen.

Vgl. im Umgangsdeutsch: Ich war schon weg, da erwischte er mich noch.

Lēctiō vīcēsima

20.1 Der Ablativ mit prädikativer Ergänzung (Ablātīvus absolūtus)

20.1.0.1 Vorüberlegung I

Wir untersuchen folgenden Satz:
Die Diebe stahlen des Nachts (nachts) wertvolle Teppiche.

Das Satzglied *„des Nachts“ (nachts)* steht im Genitiv. Dieser Genitiv ist hier aber weder Attribut (→ CG 5.1.1), noch ist er Objekt. Daraus ergibt sich, daß der **Genitiv *„des Nachts“*** eine **adverbiale Bestimmung** darstellt:

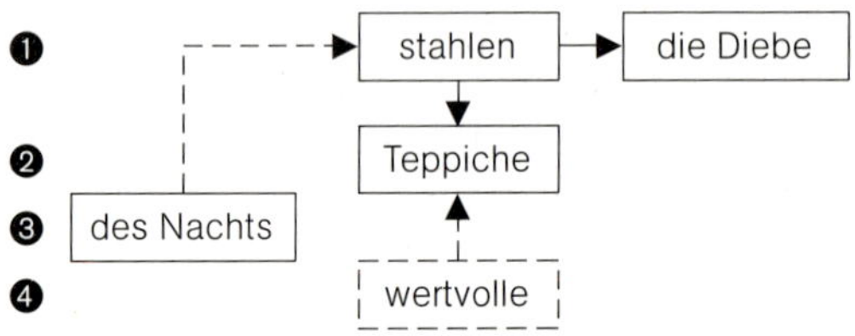

Der Satz enthält also eine adverbiale Bestimmung in Form eines Genitivs. Es gibt im Deutschen noch andere adverbiale Bestimmungen dieser Art, z. B. *tags, sommers, des Abends, winters.* Man kann aber nicht beliebig jeden Genitiv als adverbiale Bestimmung verwenden.

Ablativ:
Kasus zum Ausdruck einer adverbialen Bestimmung

Der Kasus, der im Lateinischen (neben anderen sprachlichen Möglichkeiten) zum Ausdruck einer adverbialen Bestimmung dient, ist der Ablativ (→ CG 6.3.1), z. B.

Flāvus hōrā decimā nōndum adest.
Flavus ist zur zehnten Stunde noch nicht da.
In diesem Beispielsatz gibt der Ablativ eine adverbiale Bestimmung der Zeit, ebenso:
Prīmā lūce spectātōres ad amphitheātrum cōnfluunt.
Mit dem ersten Tageslicht strömen die Zuschauer zum Amphitheater (= Bei Tagesanbruch ...).

20.1.0.2 Vorüberlegung II

***Klopfenden Herzens** schlich sich der Dieb ans Haus heran. Er sah Licht brennen, und **unverrichteter Sache** zog er sich wieder zurück.*

Auch in diesen Sätzen finden sich Genitive, die Du nicht als Attribut oder als Objekt einordnen kannst. Sie sind ebenfalls als adverbiale Bestimmungen zu erklären. Im Unterschied zum Beispielsatz in 20.1.0.1 ist der **Genitiv** aber (in beiden Fällen) **durch ein Partizip erweitert**.

Entsprechende Wendungen gibt es auch im Lateinischen, allerdings im Ablativ, da dieser ja dort der Kasus zur Bildung adverbialer Bestimmungen ist:

Fūr īnfectā rē fūgit.
Der Dieb zog sich unverrichteter Sache zurück.
(īnfectus: ungetan, in + Partizip der Vorzeitigkeit von facere)
Das Satzbild verdeutlicht die Funktion der Wendung „īnfectā rē“:

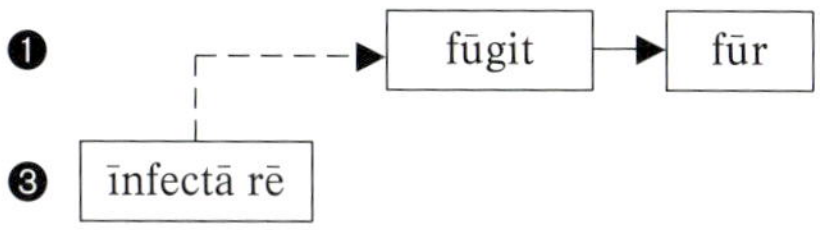

Vergleiche:

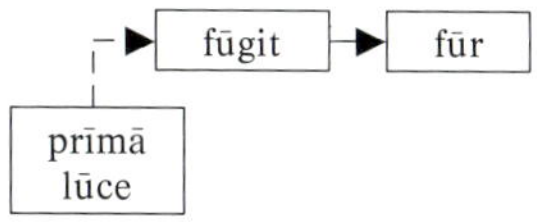

Da ablativische Wendungen wie „īnfectā rē“ nicht als Satzglied von einem anderen Satzglied abhängig sind, sondern ein Satzglied für sich (eine adverbiale Bestimmung) bilden, bekamen sie in der Grammatik den Namen **Ablatīvus absolūtus** = „losgelöster Ablativ“. Damit ist nicht gemeint, daß der Ablativus absolutus vom Satz losgelöst ist (er ist ja Bestandteil eines Satzes), sondern daß er **in keiner grammatischen Anhängigkeit zu einem anderen Satzglied** steht.

Funktion des Ablativus absolutus
(„losgelöster Ablativ“):
adverbiale Bestimmung

20.1.1 Der Ablativ mit Prädikativum als satzwertige Konstruktion

Während das Satzglied *„des Nachts/nachts“* für sich stehen konnte und gegen Ausdrücke ähnlichen Inhalts austauschbar war (z. B. *bei Nacht, im Dunkeln, in der Nacht*), ist der Genitiv *„Sache“* ohne die Ergänzung *„unverrichteter“* sinnlos. Auch ein lateinischer Satz * Fūr rē fūgit ergibt keinen Sinn. Das Nomen *„Sache/*rē*“* allein sagt im Satz nichts. Das verbale Element *„unverrichteter/*īnfectā*“* ist grammatisch unbedingt erforderlich. Versucht man, beide Elemente in einen sinngleichen Ausdruck umzuwandeln, ergibt sich ein **adverbialer Gliedsatz:**

Obwohl die Sache nicht verrichtet worden war, zog sich der Dieb zurück.
Quamquam rēs īnfecta erat, fūr fūgit.

Diese Umwandlung zeigt, daß Wendungen wie die genannten, die aus einem nominalen und verbalen Teil bestehen, den Inhalt eines ganzen Satzes in sich tragen:

Der Ablativus absolutus ist eine satzwertige Konstruktion. Da das Wort, welches das im Ablativ stehende Nomen ergänzt, in der Mehrzahl der Fälle ein Partizip ist, nennt man diese Konstruktion auch Ablativ mit Partizip.

Ablativus absolutus:
Nomen im Ablativ
+
prädikative Ergänzung
„satzwertig“

20.1.2 Die verschiedenen Arten der prädikativen Ergänzung

In den meisten Fällen bildet ein **Partizip** die prädikative Ergänzung bei einem Ablativus absolutus:

Hominibus cornū tubāque **canentibus** gladiātōrēs harēnam intrant.
Während die Männer Horn und Tuba blasen, betreten die Gladiatoren die Arena.
Gladiātōribus post salūtātiōnem **dīmissīs** ēditor mūnus incipī iubet.
Als die Gladiatoren nach der Begrüßung entlassen worden waren, befahl der Veranstalter, mit den Spielen zu beginnen.

Desgleichen kann die Ergänzung aus einem **Substantiv** bestehen:
Ēditōre **auctōre** rētiāriō missiō datur.
Weil der Veranstalter es veranlaßte, wurde dem Retiarier Gnade gewährt.

Schließlich können auch **Adjektive** diese Ergänzung bilden:
Caeciliā **quiētā** Aurēlius litterās legere coepit.
Als Caecilia still war, begann Aurelius den Brief zu lesen.

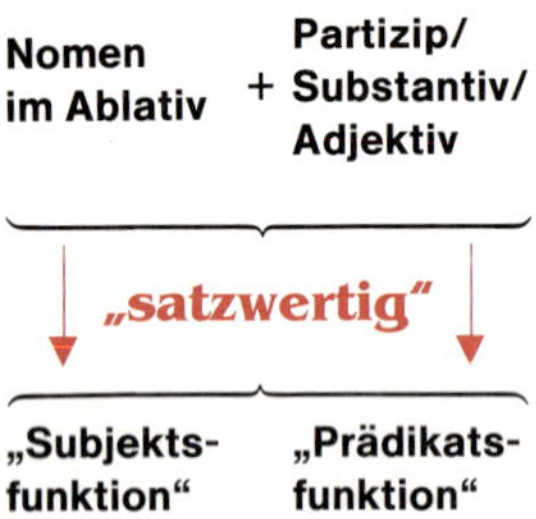

Ein Ablativus absolutus besteht also grundsätzlich aus mindestens zwei Gliedern:
a) dem **Nomen** (Substantiv oder Pronomen), das den Gegenstand der Aussage darstellt; es hat **Subjektsfunktion**;
b) einem **prädikativen Zusatz (Partizip, Substantiv, Adjektiv)**, das die Handlung bezeichnet; er hat **Prädikatsfunktion**.

20.1.3 Die Sinnrichtungen im Ablativus absolutus

Während es im Deutschen nur wenige, fast formelhaft erstarrte „Genitivi absoluti" gibt (*tränenden Auges, stehenden Fußes, klopfenden Herzens* u. a.), ist der Ablativus absolutus im Lateinischen eine häufige Konstruktion.
Da wir den Ablativus absolutus nur sehr selten strukturgleich oder strukturähnlich wiedergeben können, **übersetzen** wir ihn **meist mit Hilfe eines adverbialen Gliedsatzes.**

Dabei übernimmt der Ablativ die Rolle des Subjekts (tritt also in den Nominativ), die prädikative Ergänzung (meist Partizip) die des Prädikats.

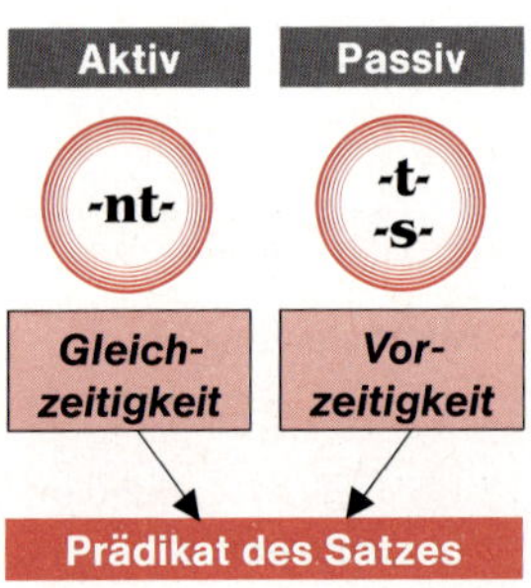

Es ist genau darauf zu achten, ob (im Falle einer partizipialen Ergänzung) das Partizip das aktivische Partizip der Gleichzeitigkeit oder das passivische Partizip der Vorzeitigkeit ist. Wie im Falle des prädikativen Participium coniunctum (→ CG 18.2.1) **signalisiert das Partizip Genus verbi und Zeitverhältnis zum Prädikat des zugehörigen Satzes.**

Daher kannst Du **zunächst** versuchen, den Abl. abs. in einen **temporalen adverbialen Gliedsatz** umzuwandeln:

temporaler Gliedsatz

Servō mē intrōdūcente poēta fābulam nārrāvit.
Während *der Sklave mich vorstellte, erzählte der Dichter eine Geschichte.*
Amphitheātrō complētō duo hominēs appāruērunt.
Als *sich das Amphitheater gefüllt hatte, erschienen zwei Männer.*

Wie beim Participium coniunctum kann im Kontext **im Prinzip jede der Dir bekannten Sinnrichtungen** angelegt sein:

weil/da; obwohl; wenn; wobei/indem; usw.

Sinnrichtungen
(→ CG 18.2.4)

Wie beim Participium coniunctum ist aber auch zu prüfen, ob sich aus dem Kontext eine **Sinnrichtung** ergibt, die durch eine entsprechende Konjunktion wiederzugeben ist:
Spectāculō nōndum fīnītō nōnnūllī spectātōrēs amphitheātrum relīquērunt.
Obwohl *das Schauspiel noch nicht beendet war, verließen einige Zuschauer das Amphitheater.*

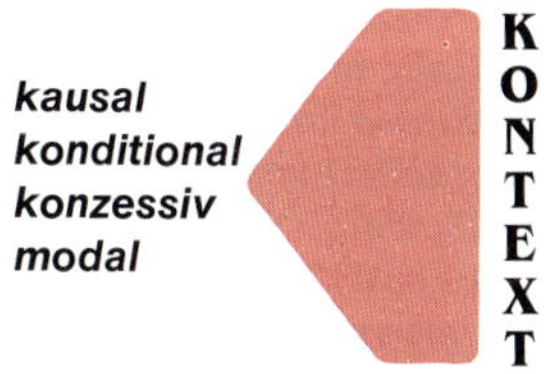

20.1.4 Umformung Passiv–Aktiv

Da das Lateinische kein *aktivisches* Partizip der Vorzeitigkeit kennt, kann es **Vorzeitigkeit mit einem Ablativus absolutus nur passivisch** ausdrücken:
Vīllā suā amplificātā Pompōnius amīcōs ad cēnam invītāvit.
Nachdem seine Villa erweitert worden war, lud Pomponius seine Freunde zu einem Festmahl ein.
Oder:
Nachdem Pomponius sein Haus hatte erweitern lassen, lud er seine Freunde zu einem Festmahl ein.

20.1.5 Klammerstellung

Das Partizip ist als Verbaladjektiv zwar formal ein Nomen, es **behält** aber **seinen verbalen Charakter**, d.h. es **kann Erweiterungen (Objekte, weitere adverbiale Bestimmungen) haben**. Dann werden diese Erweiterungen in der Regel von den beiden Gliedern des Ablativus absolutus „umklammert", so daß erkennbar ist, welche anderen Erweiterungen des Satzes nicht dazugehören:

Templō ab hostibus prīmā lūce **dēlētō** incolae oppidī cōnflūxērunt.
Nachdem der Tempel bei Tagesanbruch von den Feinden zerstört worden war, strömten die Einwohner der Stadt zusammen.

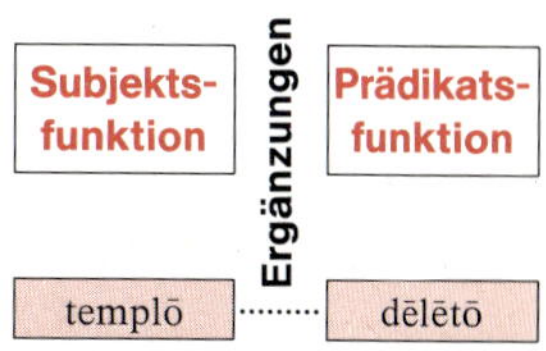

Zum Ablativus absolutus templō dēlētō gehören noch zwei weitere ablativische Wendungen als adverbiale Bestimmungen. Die Zugehörigkeit der einzelnen Satzglieder ist durch die **Klammerstellung** eindeutig.

Klammerstellung

20.1.6 Zusammenfassung

> Der Ablativus absolutus ist eine adverbiale Bestimmung, die aus einem nominalen und einem verbalen (oder verbal-ähnlichen) Teil besteht; der verbale Teil kann Ergänzungen haben.
> Der Ablativus absolutus ist vom Inhalt her satzwertig; daher wird er meist durch einen adverbialen Gliedsatz übersetzt. In manchen Fällen empfiehlt sich auch die Übersetzung in Form eines präpositionalen Ausdrucks.

① **Stelle fest:**
- ***Nomen im Ablativ***
- ***prädikative Ergänzung*** **(Partizip? Substantiv? Adjektiv?)**
- ***weitere Ergänzungen*** **(Klammerstellung!)**

② **Zeitverhältnis zum Prädikat des Satzes:** ***gleichzeitig/aktivisch? vorzeitig/passivisch?***

③ **mögliche Sinnrichtung:** ***Kontext!***

④ **Übersetzungsmöglichkeiten:**
- ***adverbialer Gliedsatz***
- ***präpositionaler Ausdruck***
- ***gleichgeordnete Sätze (richtige Konjunktion!)***

Bei der Übersetzung empfiehlt sich folgendes Verfahren:
1) Feststellung der beiden Glieder des Ablativus absolutus; Identifizierung evtl. Ergänzungen.
Denk daran: Ein Abl. abs. ist von keinem anderen Satzglied abhängig.

2) Ist die prädikative Ergänzung a) ein Substantiv/Adjektiv oder b) ein Partizip?
a) deutsch: Subjekt und Prädikatsnomen + Form von „*sein*"; Zeitverhältnis: gleichzeitig; oder:
präpositionale Wendung + Genitiv (ēditōre auctōre: *auf Veranlassung des Veranstalters*);
b) deutsch: gleichzeitige/aktivische oder vorzeitige/passivische Gliedsätze; gelegentlich auch:
präpositionale Wendung + Genitiv (ēditōre iubente: *auf Befehl des Veranstalters*).

3) Nach Arbeitsübersetzung mit temporalem Gliedsatz prüfst Du, ob der Kontext die Verdeutlichung einer Sinnrichtung verlangt.

4) Entspricht die zunächst relativ „wörtliche" Übersetzung der deutschen Sprachnorm?
Eventuell Umformung in einen aktivischen Satz, einen gleichgeordneten Satz (richtige Konjunktion zur Wiedergabe der Sinnrichtung!) oder auch eine präpositionale Wendung (z. B. dracōne ab Hercule victō: *nach Herakles' Sieg über die Schlange ...*).

20.1.7 Ablativus absolutus und Participium coniunctum

Wie Du gesehen hast, haben die Konstruktionen des Abl. abs. sowie des Part. coni. weitgehend gleichen Charakter. Beide zwingen zu genauer Beachtung des Kontextes, der allein die genaue Sinnrichtung erschließen läßt. Beide Konstruktionen dienen der Sprachökonomie, d. h. sie verhelfen dem Sprecher, sich mit verknappten Formulierungen auszudrücken.

Der **Unterschied** besteht darin, daß

- das **Participium coniunctum als** (in der Regel prädikative) **Ergänzung an ein Satzglied „angebunden"** ist, das vom Verb des Satzes als Subjekt oder Objekt regiert wird;

- der **Ablativus absolutus** ein vom Satz **grammatisch unabhängiges**, „losgelöstes" **Nomen** darstellt, das **von einer prädikativen Ergänzung begleitet** wird. Anders:

Der Subjektsteil des Abl. abs. ist unabhängig vom zugehörigen Satz, während das Beziehungswort des Part. coni. und damit auch das Part. coni. abhängiges Satzglied ist.

Participium coniunctum	**Ablativus absolutus**
Incolae oppidum ab hostibus incēnsum reliquērunt. Die Einwohner verließen **die Stadt**, als **sie** von den Feinden in Brand gesteckt worden war.	Oppidō dēlētō incolae pācem fēcērunt. Als die **Stadt** zerstört war, schlossen die **Einwohner** Frieden.
Incolae oppidum ardēns fortiter dēfendērunt. Die Einwohner verteidigten standhaft ihre **Stadt**, obwohl **sie** brannte.	Oppidō ardente incolae pācem fēcērunt. Als die **Stadt** brannte, schlossen die **Einwohner** Frieden.
Im Gliedsatz tritt das Beziehungswort des Partizips in Form eines Pronomens wieder auf.	**Das Subjekt des Gliedsatzes und sein Prädikat haben keine Entsprechung im Hauptsatz.**

Participium coniunctum:
Incolae oppid|um| ab hostibus incēn|sum| reliquērunt.
... die Stadt, (als) sie ...

Ablativus absolutus:
Oppid|ō| dēlē|tō| incolae pācem fēcērunt.
(Als) die Stadt zerstört war ...

20.2 sōlus – „allein"

Pronominaladjektiv

Auch das Pronominaldjektiv sōlus weist im Gen./Dat. Sg. aller Genera die Pronominalausgänge -īus/-ī auf:
Gen. Sg. sōl**īus**
Dat. Sg. sōl**ī**

Gen. Sg.	**-īus**
Dat. Sg.	**-ī**

20.3 Die Ordnungszahlen

In L 14 hast Du die sog. Grundzahlen (Kardinalzahlen) kennengelernt. Zahlen dienen aber nicht nur zur Feststellung einer Summe, sondern auch zum Einordnen einzelner Teile einer Menge in die Gesamtmenge. Zahlen, die diese Aufgabe erfüllen, nennt man – nach ihrer besonderen Aufgabe – Ordnungszahlen (Ordinalzahlen).
Die Ordnungszahlen von 1–20 hast Du schon kennengelernt; sie standen als einordnende Signale vor den einzelnen Lektionen und tauchten (in Ablativform) als Zeitangabe auf (hōrā sextā u. a.).
Hier wird eine Zusammenfassung und Ergänzung zur Bildung der weiteren Ordnungszahlen gegeben.

20.3.1

	1.–10.	11.–20.	10.–100.	100.–1000.
1	prīmus, -a, -um	ūn -decimus, -a, -um	decimus, -a, -um	centēsimus, -a, um
2	secundus, -a, -um*)	duo -decimus, -a, -um	vī -cēsimus, -a, -um	du -centēsimus, -a, -um
3	tertius, -a, -um	tertius decimus, -a, -um	trī -cēsimus, -a, -um	tre -centēsimus, -a, -um
4	quārtus, -a, -um	quārtus decimus, -a, -um	quadrā -gēsimus, -a, -um	quadrin-gentēsimus, -a, -um
5	quīntus, -a, -um	quīntus decimus, -a, -um	quīnquā -gēsimus, -a, -um	quīn -gentēsimus, -a, -um
6	sextus, -a, -um	sextus decimus, -a, -um	sexā -gēsimus, -a, -um	ses -centēsimus, -a, -um
7	septimus, -a, -um	septimus decimus, -a, -um	septuā -gēsimus, -a, -um	septin -gentēsimus, -a, -um
8	octāvus, -a, -um	duo-dē-vīcēsimus, -a, -um	octō -gēsimus, -a, -um	octin -gentēsimus, -a, -um
9	nōnus, -a, -um	ūn-dē-vīcēsimus, -a, -um	nōnā -gēsimus, -a, -um	nōn -gentēsimus, -a, -um
10	decimus, -a, -um	vīcēsimus, -a, -um	centēsimus, -a, -um	mīllēsimus, -a, -um

*) auch alter (in Aufzählungen, Reihen usw.)

Höhere Zahlen werden mit den **Multiplikativzahlen** gebildet: der 20 000. = vīciēs mīllēsimus = „zwanzigmal der tausendste"

20.3.2 Diese **Multiplikativzahlen** lauten:

semel *einmal*	oct -iēs	trīc -iēs
bis *zweimal*	nov -iēs	cent -iēs
ter	dec -iēs	ducent-iēs
quater	ūndec -iēs	mīl -iēs *tausendmal*
quīnqu-iēs	duodec-iēs	bis mīl -iēs
sex -iēs	ter dec -iēs	...
sept -iēs	vīc -iēs	

20.3.3

Zur Bezeichnung der **Reihenfolge** dienen die **Aufzählungsadverbien:**

prīmum	*erstens*
deinde	*zweitens, dann*
tum	*sodann, ferner*
postrēmō	*endlich*
dēnique	*schließlich*

20.3.4

Als **Zahladverbien** dienen die Akk. Sg. Ntr. der Ordnungszahlen **bei Aufzählungen:**

prīmum	*zum ersten Male*
iterum	*zum zweiten Male*
tertium	*zum dritten Male*
quārtum	*zum vierten Male*
quīntum	*zum fünften Male*
sextum	*zum sechsten Male*
septimum	*zum siebten Male*
octāvum	*zum achten Male*
nōnum	*zum neunten Male*
usw.	
(postrēmum	*zum letzten Male)*

20.4 Datumsangaben

20.4.1 Der römische Kalender seit Caesar

Bis zur Zeit Caesars benutzten die Römer das Mondjahr und rechneten nach Mondmonaten. Das hatte wegen der Differenz zum Sonnenjahr schließlich z. B. die Folge, daß ursprüngliche Winterfeste in den Sommer fielen. Dem setzte Caesar mit einer durchgreifenden **Kalenderreform** ein Ende. Er führte die Rechnung nach dem Sonnenjahr von 365 Tagen und die Schaltjahre ein. Die zwölf Monate hatten wie bei uns noch 31 bzw. 30 (Februar 28, im Schaltjahr 29) Tage.

Das Jahr wurde nach den beiden amtierenden Konsuln bezeichnet, z. B. M. Tulliō Cicerōne C. Antōniō Hybridā cōnsulibus = 63 v. Chr.

Die Monatsnamen lauteten:
Iānuārius – Februārius – Mārtius – Aprīlis – Māius – Iūnius – Iūlius*) – Augustus*)
September – Octōber – November – December
Es sind Adjektive, also z. B. mēnse Aprīlī im (Monat) April.

*) Ursprünglich Quīntīlis (seit Caesar: Iūlius) und Sextīlis (seit Augustus: Augustus). Die Zählung Quīntīlis bis December ergab sich daraus, daß ursprünglich das Jahr mit dem Mārtius begann.

Die Wochentage lauteten:
Sōlis diēs (Sonntag, **E** Sunday) – lūnae diēs (Montag, **E** Monday, **F** Lundi) – Mārtis diēs (Dienstag = Zius Tag, **E** Tuesday, **F** Mardi) – Mercūriī diēs (Mittwoch, **E** Wednesday, **F** Mercredi) – Iovis diēs (Donnerstag = Thors bzw. Donars Tag, **E** Thursday, **F** Jeudi) – Veneris diēs (Freitag = Frigs Tag, **E** Friday, **F** Vendredi) – Saturnī diēs (Sonnabend bzw. Samstag, **E** Saturday).

20.4.2 Das System der Datumsbezeichnung

Jeder Monat hatte 3 besonders bezeichnete Tage:
Kalendae (Kal.) = 1. Tag des Monats *(Kalenden)*
Nōnae (Nōn.) = 5. Tag des Monats *(Nonen)**)
Īdūs (Id.), Gen. Īduum = 13. Tag des Monats *(Iden)*

*) „9." Tag **vor** den Iden; nōnus: „neunter"

Nōnae und Īdūs lagen in den Monaten Mārtius, Iūlius, Māius, Octōber auf dem 7. bzw. 15. Tag.

Merkwort: MILMO

Kalendīs Iānuāriīs (Kal. Ian.) = *am 1. Januar*
Nōnīs Februāriīs (Nōn. Febr.) = *am 5. Feb.* **aber:** Nōnīs Mārtiīs (Nōn. Mārt.) = *am 7. März*
Īdibus Aprīlibus (Īd. Apr.) = *am 13. April* **aber:** Īdibus Māiīs (Īd. Māi.) = *am 15. Mai*

Die dazwischen liegenden Tage zählte man auf diese festen Daten hin:
prīdiē Kalendās Iūniās (prīd. Kal. Iūn.) = *am 31. Mai*, prīdiē Nōnās Iūliās (prīd. Nōn. Iūl.) = *am 6. Juli*, ante diem tertium Īdūs Augustās (a. d. III. Īd. Aug. statt diē tertiō ante Īdūs Augustās) = *am 11. August* (Anfangs- und Endtermin wurden mitgerechnet!)

Die Datumbezeichnungen wurden als ein Begriff aufgefaßt und grammatisch als Substantiva verwendet. Es finden sich bei ihnen daher Präpositionen, z. B.: usque ad ante diem quārtum Kalendās Septembrēs *bis zum 29. August.*

20.4.3 Die römische Stundeneinteilung des Tages im Laufe der zwölf Monate

Nachtwache: vigilia

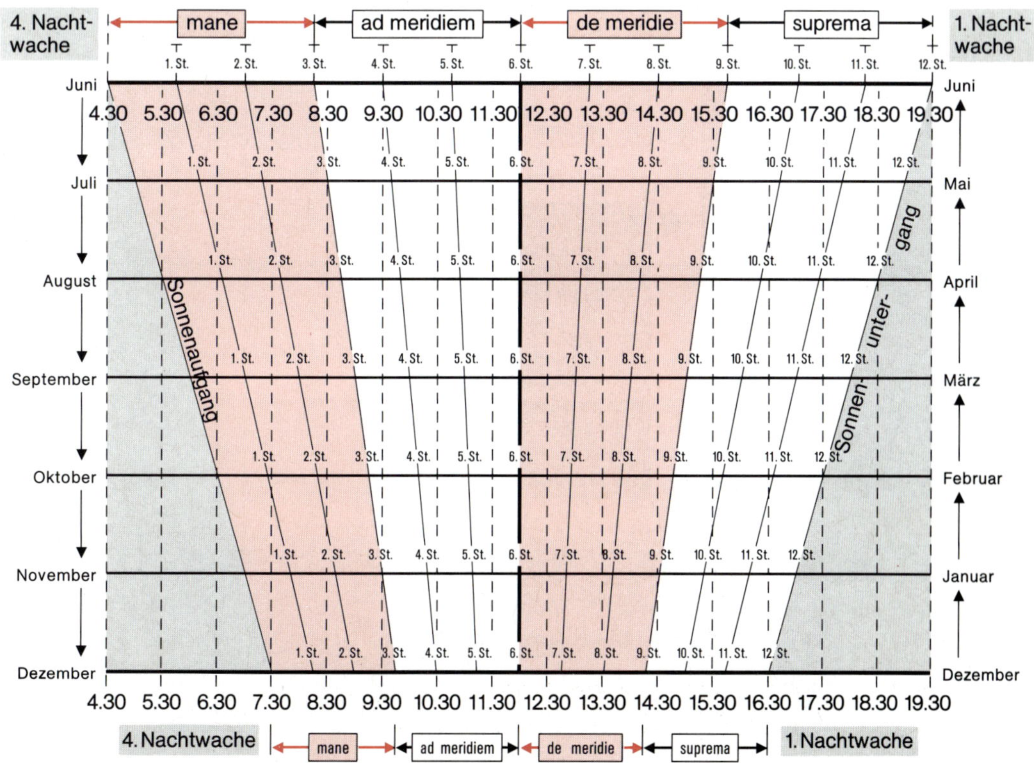

Übersicht über die Funktionen der Satzglieder und ihre Füllungsarten

Zu Beginn des Cursus grammaticus wurde Dir (→ S. 153) ein **allgemeines Satzmodell** vorgestellt, und im Verlauf des Sprachlehrgangs wurde Dir nach und nach gezeigt, wie dieses Satzmodell im einzelnen zu verstehen ist. Z. B. hast Du gelernt, daß ein Subjekt auch die Form eines Relativsatzes haben oder eine adverbiale Bestimmung auch die Gestalt eines adverbialen Gliedsatzes annehmen kann. Hier wird das alles zusammengefaßt; Du siehst, daß die verschiedenen **Funktionen**, die die einzelnen syntaktischen Erscheinungen im Satz erfüllen, bestimmten **Positionen** im Satz entsprechen; diese Positionen können auf verschiedene Weise „gefüllt“ sein; dieses nennt man die **Füllungsarten** der verschiedenen Satzglieder.

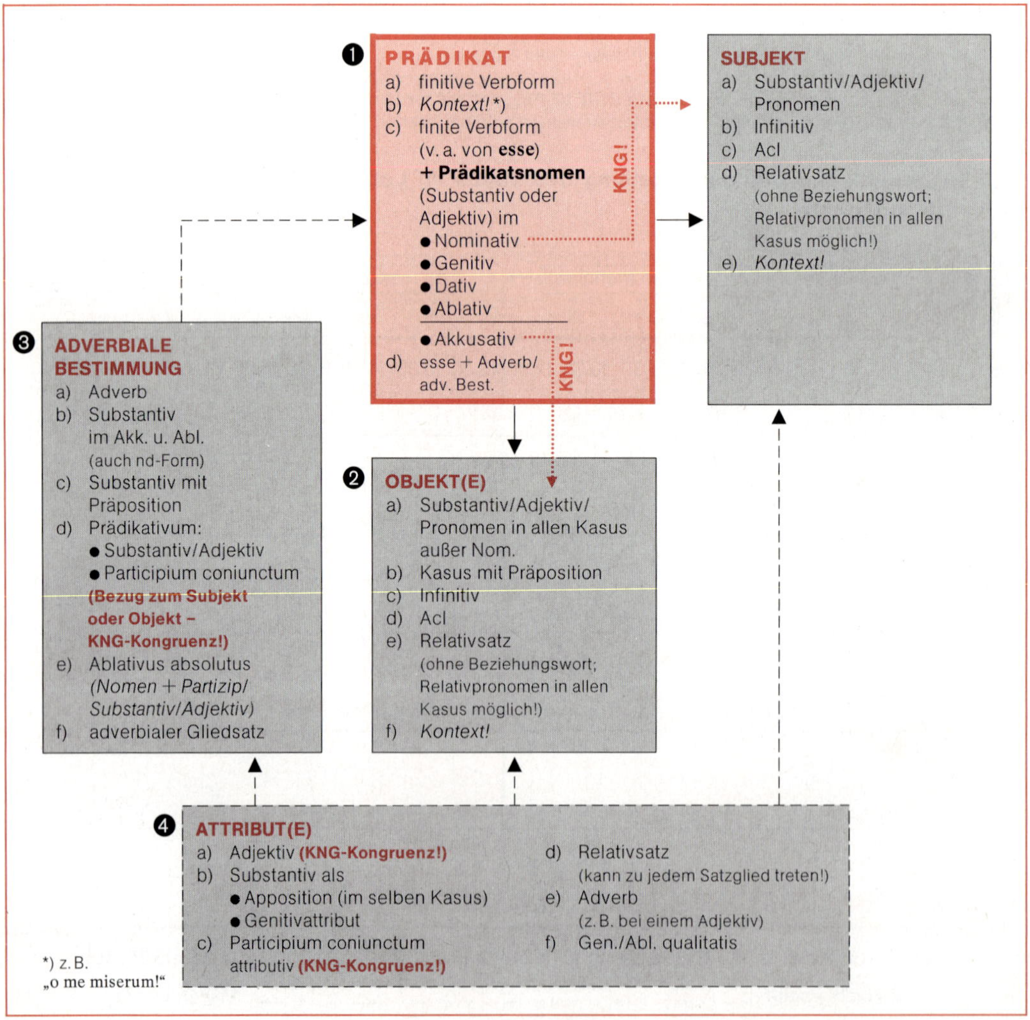

Die Angaben in der jeweils rechten Kolumne stellen Beispiele dafür dar, wie lateinische Wörter und Wortstämme im Deutschen **(D)** als Fremdwort, im Englischen **(E)** und Französischen **(F)** weitergewirkt haben. Oft hat sich dabei die Bedeutung gegenüber dem lateinischen Wort verschoben oder verändert, nicht immer sind die angegebenen Wörter direkt aus der aufgeführten lateinischen Vokabel abzuleiten.
▶ + Seitenzahl: Hinweis auf Abbildung

Lēctiō prīma I

cantāre	singen	**D** Kantate, Kantor, Chanson **F** chanter, chanson
rīdēre	lachen, auslachen	**F** rire
et	und, auch	**F** et **&** *(international)*
clāmāre	schreien, rufen	**D** Reklame **E** to claim
ululāre	heulen, jaulen	
5 **tacēre**	schweigen, verschweigen	**F** se taire
nōn iam *(Adv.)*	nicht mehr	
autem *(nachgestellte Konj.)*	aber, jedoch	
*saevīre	wütend sein, toben	
atque, ac *(Konj.)*	und	
vocāre	rufen, nennen	**D** Vokal, Vokabel
10 **nōn**	nicht	**F** non
iam *(Adv.)*	schon, bereits	**F** déjà
iūrgāre	zanken, streiten	
venīre	kommen	**D** Ad-vent **F** venir
dīcere	sagen, sprechen	**D** diktieren **F** dire
quis?	wer?	**F** qui?
15 **sed** *(Konj.)*	aber, sondern	
maledīcere (→ dīcere)	schimpfen	**D** vermaledeit
semper *(Adv.)*	immer, stets	
deinde	von da an, darauf, ferner	
decet *(unpersönlich)*	es gehört sich, es paßt	**D** dezent **E** decent
20 **neque, nec** *(Konj.)*	und nicht, auch nicht, aber nicht, nicht einmal	
tandem *(Adv.)*	endlich, schließlich	
lūdere	spielen, scherzen	
*iuvat *(unpers.)*	es macht Spaß	
ubī ?	wo?	
esse	‹sein›	
est/sunt	‹ist/sind›	
25 **dominus; domina**	(Haus-)Herr, Herrin	**D** dominant, Dame **F** Madame
vīlicus	(Guts-)Verwalter	
servus, serva	Sklave, Sklavin	**D** servieren, servil **E** to serve
lībertus, -ta	Freigelassener, -ne	
tum *(Adv.)*	damals; dann, da	
30 **caelum**	Himmel	**F** le ciel
obscūrus, -a, -um	dunkel	**D** obskur *(unklar, verdächtig)* **E** obscur **F** obscure
-que *(Konj.)* angehängt, bewirkt Betonung der vorhergehenden Silbe: sérvi servaéque	und	
cūr?	warum? weshalb?	altlat. **quōr**
labōrāre	sich anstrengen, arbeiten	**D** Laboratorium **F** labourer
35 **subitō** *(Adv.)*	plötzlich	**E** sudden **F** subit
fulgēre	glänzen	
fulget	es blitzt	
quiētus, -a, -um	ruhig	
inquīetus, -a, -um	‹un›ruhig	
plaustrum	(Last)karren, Wagen	▶ 14
frūmentum	Getreide	
enim *(Konj., nachgestellt)*	denn, nämlich	
40 **mātūrus,** -a, -um	reif; rechtzeitig	**E** mature **F** mûr
quoque *(Adv., nachgestellt)*	auch	
puella	Mädchen	
ecce! *(Ausruf)*	da! sieh mal!	
etiam *(Adv.)*	auch, noch, sogar	
45 **onustus,** -a, -um	beladen, bepackt	
dēfessus, -a, -um	müde, erschöpft	
iterum *(Adv.)*	zum zweiten Mal, wiederum	
cūnctī, -ae, -a	alle	
laetus, -a, -um	fröhlich, vergnügt	
50 **salvus,** -a, -um	wohlbehalten, unversehrt	**E** safe **F** sauf **D** Salbei *(Heilpflanze)*

lēctiō *f.*	Lektüre, Lesestoff, Text	**D** Lektion **E** lesson **F** leçon
prīmus, -a, -um	erster	**D** Primel, prima, primitiv **E** prime **F** premier
pēnsum	Aufgabe	
pēnsum exercitandum	Übungsaufgabe	
cursus grammaticus	Grammatikkurs	
vocābulārium	Vokabular, Wörterverzeichnis	

Lēctiō secunda II

secundus, -a, -um	(„folgender“:) zweiter; günstig	**D** Sekunde, sekundär **EF** second
A1 **interrogāre**	fragen	**D** Interrogativpronomen **E** to interrogate **F** interroger
quid? *(Nom. u. Akk.)*	was?	**F** que?
quem? *(Akk.)*	wen?	
5 **quaerere**	suchen, fragen	**EF** question
audīre	hören	**D** Auditorium, Audienz
vidēre	sehen, besichtigen, besuchen	**D** Videoanlage **F** voir
saccus	**?** *(Lehnwort im* **D***)*	**F** le sac
complēre	füllen	**D** komplett **E** to complete **F** compléter
aut *(Konj.)*	oder	**F** ou
10 **portāre**	tragen, bringen	**D** Porto **F** porter
apportāre (ad-portāre)	herbeitragen, herbringen	**D** apportieren **F** apporter
*onerāre	beladen	(→ onustus)
deesse (→ esse)	(„wegsein“:) fehlen, mangeln	
A2 **currere**	laufen, eilen	**D** kursieren, Kurier **E** current **F** courir
accurrere (ad-currere)	herbeieilen	
posse (< pot-esse)	(„Herr sein“:) können	**F** pouvoir
*haerēre	festhängen, hängenbleiben	**D** Ad-häsion
15 **itaque** *(Konj.)*	(„und so“:) deshalb, daher	
nōndum *(Adv.)*	noch nicht	
adesse (→ esse)	(„dabeisein“:) dasein	
rota	‹Rad›	**D** rotieren **F** la roue
petere	(zu erreichen suchen:) *(etw.)* verlangen, (er-)bitten; *(jd.)* aufsuchen, *etw.* aufsuchen	**D** Petition *(Bittschrift)*
rotam petit	er verlangt ein Rad	
dominum petit	er sucht den Herrn auf	
vīllam petunt	sie suchen das Landhaus auf, sie begeben sich zum L.	
20 **stultus,** -a, -um	dumm, töricht	
nōmināre	(be)nennen	**D** Nominativ **E** to nominate **F** nommer
mittere	schicken, gehen lassen	**D** Mission **F** mettre
dīmittere	aus-, los-, wegschicken; entlassen	**E** to dismiss
B **regere**	(„aus‹richten›“:) lenken, leiten	**D** sich ‹recken›, regieren, Regie, Rektor
*iūmentum	Zugtier, Ochse	
25 **incitāre**	antreiben, reizen	
mūgīre	**?** (lautmalendes Verb)	**F** mugir
nam *(Konj.)*	denn, nämlich	(→ enim)
*damnum	Schaden	**E** damage **F** dommage
spectāre	(an)schauen, betrachten	
frāctus, -a, -um	ge‹broch›en, kaputt	
prope *(Adv.)*	nahe, in der Nähe	**F** proche
statim *(Adv.)*	sofort, auf der Stelle	
30 **iuvāre** *(mit Akk.)*	unterstützen, helfen	
servum iuvant	sie helfen dem Sklaven	
mehercule!	(beim Herkules!:) wahrhaftig	
īnstrūmentum	Werkzeug, Hilfsmittel	**D/E/F** instrument
vīlla (→ vīlicus)	Landhaus, Landgut	**D** Villa **F** ville
volāre	fliegen, eilen	**F** voler
āvolāre	wegfliegen, enteilen, loslaufen	
35 **diū** *(Adv.)*	lange (Zeit)	
exspectāre (→ spectāre)	ausschauen, erwarten	**E** to expect
īrātus, -a, -um	zornig, erzürnt	
nunc *(Adv.)*	‹nun›, jetzt	
asinus	‚Esel‘	**F** l'âne
40 **verberāre**	schlagen	
cēterī, -ae, -a	die übrigen	**D** etc. = et cetera (= usw.)

Lēctiō tertia III

> Zur Wiederholung:
> deinde, enim, itaque, nam, quoque, sed, semper

tertius, -a, -um	dritter	**D** Terz
A1 **excitāre** (→ incitāre)	aufscheuchen, wecken	**E** to excite **F** exciter
negōtium	Geschäft, Aufgabe	**E** to negotiate

dāre	geben	**D** Datum, Daten, Dativ **E/F** date
iūmentum	Zugvieh, Ochse	
5 **aqua**	Wasser	**D** Aquarium, *Städtenamen auf* -ach, Aachen **F** l'eau
adesse *mit Dat.*	helfen	
Selēnus dominō adest	S. hilft dem Herrn	
imperium	Befehl, Herrschaft, Reich	**D** Imperium *(Weltreich);* Imperialismus *(Streben, den Machtbereich auszudehnen)* **E/F** empire
iūcundus, -a, -um	angenehm, erfreulich, interessant	
tamen *(Konj.)*	dennoch, doch	
10 **pārēre**	erscheinen; („auf Befehl erscheinen":) gehorchen, gehorsam sein	**D** parieren *(gehorchen)* **F** paraître
cui?	wem?	
imperāre *mit Dat.* (→ imperium)	befehlen, herrschen über, einen Auftrag erteilen	**D** Imperativ
dominus servīs imperat	der Herr gibt den Sklaven Aufträge	
Rōmānī populīs imperant	die Römer herrschen über die Völker	
balneum *(griech.)*	Bad (= das Baden)	
parāre (→ imperāre)	vorbereiten, bereiten	**D** Parade: *(gut) vorbereitete Schau;* parieren: *(„sich bereitmachen") einem Angriff (zu) kontern* **E** to prepare **F** préparer
libenter *(Adv.)*	gern, mit Vergnügen	

2

15 **līberī,** līberōs *(Pl.)*	Kinder	
magister, magistrum	Lehrer, Leiter	**D** Meister **E** Mister, master **F** le maître
docēre *mit Akk. der Sache*	lehren, unterrichten	**D** Dozent, Doktor
magister līberōs elementa docet	der Lehrer bringt **den** Kinder**n das** Alphabet bei	
lūdus (→ lūdere)	Spiel; Schule, Unterricht	**D** Prä-ludium *(Vorspiel)*
interesse *mit Dat.* (→ esse)	(„darunter sein":) teilnehmen	**D** sich interessieren *(an etw. Anteil nehmen)* **E** to interest **F** intéresser
līberī lūdō intersunt	die Kinder nehmen am Unterricht teil	
abecedārius	Abc-Schütze *(Schulanfänger)*	
*vīcīnus	Nachbar	
20 **sīcut** *(Adv.)*	gleich wie	
littera	Buchstabe	**D** Lettern *(Buchstaben, die ein Schriftsetzer verwendet);* Literatur; Al-literation *(gleicher Anlaut aufeinanderfolg. betonter Wörter:* Mann und Maus) **E** letter **F** la lettre
litterae, litterās *(Pl.)*	Brief; Literatur; Wissenschaft(en)	
scrībere	‚schreiben'	**D** Schrift, Manuskript, subskribieren **F** écrire
puer, puerum (→ puella)	Junge, Kind *(bis etwa zum 16. Lebensjahr)*	
25 **mōnstrāre**	zeigen	**D** Monstranz, Muster *(Ausstellungsstück)* **F** montrer
hodiē *(Adv.)*	heute	
vituperāre	tadeln	**F** vitupérer
laudāre	loben, rühmen	**F** louer
praemium	Belohnung	**D** Prämie
30 **verbum**	‹Wort›	**D** Verb **E** verb **F** le verbe
legere (→ lēctiō)	sammeln, auswählen, lesen	**D** Legende *(1. Heiligengeschichte; 2. Erklärung von Bildern)* **F** lire
liber, librum	Buch ▶ 110	**D** Libretto *(Textbuch für eine Oper)* **E** library **F** le livre
dōnāre	schenken	**D** Par-don *(Vergebung)* **F** donner
pulcher, -chra, -chrum	schön, herrlich	
35 **gaudium**	Freude, Vergnügen	**D** Gaudi
mihī̆	mir	
miser, misera, miserum	unglücklich, elend	**D** Misere, miserabel
līber, -era, -erum	frei, unabhängig	**D** liberal, Libero
saepe *(Adv.)*	oft	
vīta	Leben	**D** vital *(lebenskräftig);* Aquavit *(Branntwein)* **F** la vie

B

40 **timēre**	fürchten, sich fürchten	
elementa *(Pl.)*	Alphabet	
discipulus	Schüler	

et ... et ... *(Konj.)* (→ et)	sowohl ... als auch ...	
lingua (*altlat.* dingua)	‹Zunge›, Sprache	**D** Linguistik *(Sprachwissenschaft)* **E** language **F** la langue, le langage
discere	lernen	
45 **salūtāre** (→ salvus)	(be)grüßen	**D** Salut *(Schüsse zu ehrender Begrüßung)* **E** to salute **F** saluer
prīmum *(Adv.)* (→ prīmus)	zuerst, zum ersten Mal	
*prōnūntiare	aussprechen, vorsprechen	**E** pronunciation **F** prononciation
repetere (→ petere)	wiederholen, wiederhólen, zurückfordern; wieder wohin gehen, zurückgehen	**D** repetieren **E** to repeat **F** répéter
crūstulum	Zuckerplätzchen, Bonbon	
retrō *(Adv.)*	zurück, rückwärts	
dēclāmāre (→ clāmāre)	laut vortragen	**D** deklamieren
*contentus, -a, -um	zufrieden	**E/F** content
attentus, -a, -um	aufmerksam	**E/F** attention
50 **sīgnum**	Zeichen	**D** Signal; Segen; Zinken *(„gezinkte" Karte)* **E** sign **F** le signe
prehendere	fassen, ergreifen, packen	**F** prendre
postrēmō *(Adv.)*	zuletzt, schließlich	
dictum	Sprichwort, Äußerung	
dictāre	diktieren	**F** dicter
schola *(griech.)*	‚Schule' (urspr. schola: für Erwachsene, lūdus: für Kinder)	**D** ‹Schüler› **E** school **F** l'école
sīc *(Adv.)* (→ sīcut)	so	**F** si *Ital.:* si (ja)
fīnīre	begrenzen, beenden, festsetzen	**D** Definition; Finale **E** to finish **F** finir

Lēctiō quārta IV

> verberare, ridere, videre, audire, venire, adesse, posse;
> dominus, servus, cuncti;
> atque, autem, cur, neque, quid, tum

quārtus, -a, -um	vierter	**D** Quartal, Quartett **E** quarter **F** quatrième
A salamandra	Salamander	
capere, capiō*)	fassen, nehmen, ergreifen	**D** kapieren
cupere, cupiō	wünschen, begehren, wollen	
forte *(Adv.)*	zufällig	
5 **amīcus,** amīca	Freund, Freundin; befreundet	**F** l'ami, l'amie
vōs *(Dat.* **vōbīs,** *Akk.* **vōs)**	ihr	**F** vous
occupātus, -a, -um (→ capere)	beschäftigt	**F** occupé
nihil (nīl)	nichts	**D** Nihilismus *(Weltanschauung, nach der „nichts" einen Wert besitzt)*
egō *(Dat.* **mihī,** *Akk.* **mē)**	ich	**D** Egoist **F** je
10 **nōnne?** (→ nōn)	*(Fragepartikel:)* ... denn nicht? ... etwa nicht? ... doch wohl? (→ CG 4.7)	
susurrāre	flüstern	
heus!	he! hör mal!	
tū *(Dat.* **tibĭ̄,** *Akk.* **tē)**	‹du›	**F** tu
cista	**?** (Lehnwort im **D**)	
inesse *mit Dat.*	darin sein, enthalten sein	
frūmentum saccō inest	das Getreide ist im Sack	
-ne?	*Fragepartikel, angehängt; bleibt unübersetzt* (→ CG 4.7)	
multī, -ae, -a	viele, zahlreiche	**D** Multiplikation, Multimillionär
15 **licet**	es ist erlaubt	**D** Lizenz **E/F** licence
venēnātus, -a, -um	giftig	
terrēre	(er)schrecken	
terreō amīcum	ich erschrecke den Freund	
dīligere	lieben, hochschätzen	
num?	*(Fragepartikel:)* ... etwa? ... vielleicht? (→ CG 4.7)	
proinde *(Konj.)* (→ deinde)	daher, also *(auffordernd)*	
20 **nōs** *(Dat.* **nōbīs,** *Akk.* **nōs)**	wir	**F** nous

*) Da Du dem Infinitiv nicht ansehen kannst, ob das Verb zur konsonantischen oder zur Kurz-ĭ-Konjugation gehört, findest Du im Vokabelverzeichnis die 1. P. Sg. Präs. bei den Verben mit kurzem ĭ angegeben.

adiuvāre *mit Akk.* (→ iuvāre)	unterstützen, helfen	**E** aid **F** aider
adiuvāmus amīcōs	wir helfen den Freunden	
quōmodo?	auf welche Weise? wie?	
intrāre *mit Akk.*	eintreten, betreten	**E** to enter **F** entrer
Aurēlia intrat vīllam	A. betritt das Haus	
*ēmittere (→ mittere)	hinausschicken, entlassen	**D** Emission *(Aussendung von Strahlen; Ausstoß von Schadstoffen)*
vel *(Konj.)*	oder	
5 **improbus,** -a, -um	böse, frech	
*probus, -a, -um	tüchtig, rechtschaffen, brav	
certē (Adv.) (**certus,** -a, -um)	sicher, gewiß	**E/F** certain
3 **illūdere** (→ lūdus, lūdere) *mit Dat. oder Akk.*	(„sein Spiel treiben":) *jd.* einen Streich spielen; jd. verspotten	**D** Illusion **E/F** illusion
cūr illūditis Lamprīscō?	Warum spielt ihr dem Lampriscus einen Streich?	
causa	Ursache, Grund; Vorfall, Streitsache	**D** kausal **E** cause, case, because **F** la chose, la cause, à cause de
imperātum	Befehl, Auftrag	
facere, faciō	tun, machen	**D** Fazit *(aus der Kaufmannssprache:* facit: das macht ...) **E** fact **F** faire
0 **sevērus,** -a, -um	streng, ernst	**E** severe **F** sévère
dēbēre	schulden: müssen, sollen	**D** Debet *(Belastung auf einem Bankkonto; Soll; Gegenteil: Haben)* **E** debt **F** devoir
nōnnumquam *(Adv.)*	manchmal, gelegentlich	
studēre *mit Dat.*	sich bemühen um, sich beschäftigen mit, streben nach	**D** studieren **E** to study **F** étudier
studeō geōmetriae	ich beschäftige mich mit der Geometrie	
intellegere (→ legere)	einsehen, verstehen	**D/E/F** intelligent
5 **populus**	Volk	**D** populär, Pöbel (populus *aber ohne negative Bedeutung)* **E** people **F** la peuple
legiōnāriī	Legionäre	
quidem *(Adv.)*	zwar, wenigstens; gewiß, freilich	
doctus, -a, -um	gelehrt, gebildet	(→ docēre)
antīquitus *(Adv.)*	von alters her, in alter Zeit	
studium (→ studēre)	Eifer, Bemühung, (wissenschaftl.) Betätigung	**D** Studium **E** study **F** étude
necessārius, -a, -um	notwendig; verwandt	**D** Reisenecessaire **E** necessary **F** nécessaire
dictum	Sprichwort	
*natāre	schwimmen	
40 **neque ... neque ...** (nec ... nec ...) (→ neque)	weder ... noch ...	**F** ne ... ni ... ni ...
scīre	wissen, verstehen	**E/F** science

PE

*īgnāvus, -a, -um	feige, träge	

Latein in der modernen Wissenschaft

Vitalfärbung	*vita*	Färbung lebender Zellen zu mikroskopischen Untersuchungen
Vitamin	*vita*	Substanz, die für Organismen (zumindest als Vorstufe) lebensnotwendig ist
lingual	*lingua*	alles, was zur Zunge gehört
Element	*elementum*	chemischer Grundstoff; ursprünglich wurden vier Elemente (Erde, Wasser, Feuer, Luft) angenommen; inzwischen sind über 100 Elemente bekannt
multiple Faktoren	*multi, -ae, -a*	Erbanlagen, die nur zusammen mit „vielen" anderen wirken
Populationsstärke	*populus*	Besiedlungsdichte in einem biologisch gemeinten Siedlungsraum

Lēctiō quīnta V

apportare, cantare, exspectare, interrogare, monstrare, vocare;
litterae, praemium, iratus, miser, pulcher;
iam, sed, tandem, ubi

quīntus, -a, -um	fünfter	**D** Quintett **F** cinquième

A1 **vīnum**	‚Wein'	**E** wine **F** le vin
tuus, -a, -um (→ tu)	‹dein›	**F** ton, ta
quam *(Adv.)*	wie	
5 **habēre**	‹haben›, halten	**F** avoir
A2 **trādere** (→ dare)	überliefern, übergeben	**D/E/F** tradition
*vīcīnus	Nachbar; benachbart	**F** voisin **E** vicinity
inquit *(wird in wörtl. Rede eingeschoben)*	sagt er/sie/es	
noster, nostra, nostrum	unser	**F** notre
āvolāre	loslaufen	
reperīre	finden	
10 **aliēnus,** -a, -um	fremd, nicht zugehörig	**E** alien
tēctum	‹Dach›	**F** le toit
*longinquus, -a, -um	weit entfernt	
cūius?	wessen?	*sprich:* cūjjus
meus, -a, -um	‹mein›	**F** mon
mūrus	‚Mauer'	**F** le mur
15 **aedificium**	Gebäude	(→ facere)
stabulum	‹Stall›	**E** stable
ruīnōsus, -a, -um	baufällig	**D** Ruine **E** ruins
tantus, -a, -um	so groß, so viel	**F** tant
stultitia	**?** (→ stultus)	
at	aber, dagegen	
māgnus, -a, -um	groß, bedeutend	
numerus	Zahl; Menge	**D** Nummer **E** number **F** le nombre, le numéro
tam *(Adv.)*	so, so sehr	
20 **superbus,** -a, -um	stolz, überheblich, prächtig	**F** superbe
nēmō *(Nom.)*	niemand	
A3 **salvēre**	gesund sein	
salvē! salvēte! (→ salvus)	sei(d) gegrüßt! Guten Tag!	
vester, vestra, vestrum	euer	**F** votre
25 **abesse** (→ esse)	abwesend sein, entfernt sein; fehlen	
accipere, accipiō (→ capere)	annehmen, empfangen, aufnehmen	**D** akzeptieren **E** to accept **F** accepter
avāritia	Habgier, Geiz	
tenēre	halten, festhalten	**F** tenir
B **convīva** *(m.)* (→ vīta)	*(zum Essen geladener)* Gast	
30 **hōra**	Stunde	**D** Uhr, Abkürzung: z. B. 2 h **E** hour **F** l'heure
cēna	(Haupt-)Mahlzeit; *(sie fand etwa um 4 Uhr nachmittags statt)*	
nōnnūllī, -ae, -a	manche, einige	
ibī *(Adv.)*	da, dort	**F** y
clam *(Adv.)*	heimlich	
murmurāre	**?** (lautmalendes Verb)	
minister, -strī	Diener, Gehilfe	
35 **vērō** *(Konj.)*	aber, freilich	
bonus, -a, -um	gut, tüchtig	**D** Bonbon, Bonus **F** bon
gaudēre	sich freuen	(→ gaudium)
grātia	Gunst, Zuneigung; Ansehen; Dank; Anmut	**D** Grazie **F** la grâce
agere	treiben, betreiben, handeln; tun	**E** to act **F** agir
40 **grātiās agere**	*(mit Worten)* danken, Dank sagen	
pigritia	Faulheit	
appārēre (→ pārēre)	erscheinen, sich zeigen	**E** to appear **F** apparaître
hīc *(Adv.)*	hier	
vae!	wehe! ach!	
vacuus, -a, -um	leer, frei	**D** Vakuum, evakuieren *(räumen)* **E** vacation **F** les vacances
bibulus	Säufer; trinkfreudig	
PE **cārus,** -a, -um	lieb, teuer	**F** cher
*rārus, -a, -um	selten, ‚rar'	**D** Rarität
45 **sēdulus,** -a, -um	fleißig, eifrig	
piger, -gra, -grum	faul, träge	

Lēctiō sexta VI

incitare, portare, spectare, verberare, parere, studere, petere, adesse;
asinus, vilicus, vita, cuncti, defessus, onustus;
atque, nam, nondum, non iam, nunc, postremo, tamen

sextus, -a, -um	sechster	**D** Sextett **F** sixième
A1 saccus	**?** (Lehnwort im **D**)	
*onerāre	beladen	
lŏcus	Ort, Platz, Stelle	**D** Lokal, Lokaltermin, Lokativ, Milieu **E** local **F** le lieu
sistere	hinstellen, anhalten	

cōnsistere	sich aufstellen, haltmachen	**D** Konsistenz *(Zusammenhalt, Dichte eines Stoffes)* **E** to consist **F** consister
5 **cēdere**	gehen, weggehen	**F** céder
frūstrā *(Adv.)*	vergeblich	**D** frustrieren *(enttäuschen)*
dīligentia (→ dīligere)	Sorgfalt, Gewissenhaftigkeit	**E/F** diligent
*herba	Gras, Kraut, Pflanze	**D** Herbarium *(Sammlung gepreßter Pflanzen)*
colligere (→ legere)	(„zusammenlesen“:) sammeln	**D** Kollekte, Kollektiv, Kollektion **E** to collect **F** cueillir
movēre	bewegen	**E** to move **F** se mouvoir
10 **in** *(beim Abl.: wo?)*	in, auf, an, bei	**E** in **F** en
in vīllā	im Landhaus	
in forō	auf dem Forum	
2 **cum** *(beim Abl.)*	(zusammen) mit	
cum amīcō	zusammen mit dem Freund	
mēcum	= cum mē	
decimus, -a, -um	zehnter	**D** dezimieren *(eigentl. jeden zehnten töten: stark vermindern);* Dezimalsystem
*vesper, -rī *m.*	Abend	**D** Vesper(mahl)zeit
ā, ab *(beim Abl.)*	von, von ... her, von ... an	
ā vīllā	von der Villa (her)	
ab aquā	vom Wasser her	
fŏrum	Markt(platz), Versammlungsplatz	**D** Forum **F** foire
15 **fābula**	Geschichte, Erzählung	**D** fabulieren, Fabel
narrāre	erzählen, berichten	**D** narrativ *(erzählend)*
ē, ex *(beim Abl.)*	aus, von ... an	
ex aquā	aus dem Wasser	
ē vītā excēdit	er scheidet aus dem Leben	
*tumulus	Hügel	
prō *(beim Abl.)*	vor; für; anstelle	**D** Pro und Kontra **F** pour
prō mūrō	vor der Mauer	
prō dominō	für den Herrn	
Dāvus prō Flāvō saccum complet	D. füllt anstelle von F. den Sack	
situs, -a, -um	gelegen, liegend *(im Dt. manchmal unübersetzt)*	**D/E/F** situation

20 **ascendere**	hinaufsteigen, erklimmen	**D** Aszendent *(Aufgangspunkt eines Gestirns)* **F** l'ascenseur
dē *(beim Abl.)*	von ... herab, über	**F** de
dē equō cadit	er fällt vom Pferd	
fābulam dē equō narrat	er erzählt eine Geschichte über ein Pferd	
sub *(beim Abl.: wo?)*	unter, am Fuße von	**D** Subkultur **F** sous
sub tēctō	unter dem Dach	
sub tumulō	am Fuße des Hügels	
stāre (→ sistere, statim)	‹stehen›	**D** Staat, Station
sine *(beim Abl.)*	ohne	**F** sans
servus venit sine plaustrō	der Sklave kommt ohne Wagen	
stabulum	Stall	

B

25 **equus**	Pferd	
agricola *m.*	Bauer	
annus	Jahr	**D** Annalen *(Jahrbücher)* Anno Domini *(A.D.)* **F** an
cōnfectus, -a, -um	erschöpft, schwach	
annīs cōnfectus	altersschwach	
*vacāre *mit Abl.* (→ vacuus)	leer, frei sein, *etw.* nicht haben	**F** vacances
stabulum tēctō vacat	dem Stall fehlt das Dach	
paulō post *(Adv.)*	bald darauf	
via	‹Weg›, Straße	**F** la voie
30 **valdē** *(Adv.)*	sehr	
līberāre (→ līber)	befreien	**D** liefern
dīmidium	Hälfte	
molestus, -a, -um	beschwerlich, lästig	**D** Molesten *(Beschwerden)*
cadere	fallen	**D** Kadenz
excēdere (→ cēdere)	herausgehen, sich entfernen	**D** Exzeß *(Ausschreitung)*
35 **tergum**	Rücken	
tollere	emporheben; wegnehmen, beseitigen	
pōnere	stellen, setzen, legen	

CG **cūra**	Sorge, Pflege, Sorgfalt	**D** Kur **E** cure

Lēctiō septima VII

> clamare, excitare, imperare, laborare, ridere, scire, cupere, maledicere;
> aqua, cena, negotium, vilicus, laetus, liber;
> cur, deinde, ecce, enim, nonnumquam, primum, quidem, quis, semper, sic, statim

septimus, -a, -um	siebter	**D** Septime, Septett **F** septième
A1 **terra**	Erde, Land	**D** Terrarium, Terrasse **F** la terre
vīvere (→ vīta, convīva)	leben	**F** vivre
ager, agrī *m.* (→ agricola)	Acker, Feld	**D** Agrar-Reform **E** acre
5 **post** *(beim Akk.)*	nach, hinter	
post mūrum	hinter der Mauer	
post quīntam hōram	nach der 5. Stunde	
cēnāre	speisen, essen	(→ cēna)
ad *(beim Akk.)*	zu, nach; nahe bei	**F** à
ad aedificium	am Gebäude	
ad agrōs	zu den Äckern	
sub *(beim Akk.)*	unter *(wohin?)* gegen *(wann?)*	
sub tēctum portāre	unter das Dach tragen	
sub vesperum	gegen Abend	
A2 *vesper, -erī	Abend	**D** Vesper
nūntius	Bote; Nachricht	**D** Nuntius *(= Botschafter des Papstes bei Regierungen)*
10 **ante** *(beim Akk.)*	vor	
porta	Tor, Eingang, ‚Pforte‘	**D** Porta Westfalica, Portal, Portier, Porta Nigra *(in Trier)*
unde?	woher?	
domī *(Adv.)*	zu Hause	(→ dominus)
domō *(Adv.)*	von zu Hause (her)	
15 **per** *(beim Akk.)*	durch ... hindurch; mit Hilfe von ...	
per portam	durch die Tür	
per agrōs	über die Felder (hin)	
per litterās	durch einen Brief	
*vesperī *(Adv.)*	am Abend, abends	
domum *(Adv.)*	nach Hause	
relinquere	zurücklassen, verlassen	
iter facere	(„eine Reise machen“:) verreisen	
necesse est *(unpersönl.)*	es ist notwendig	(→ necessārius)

discēdere (→ cēdere)	auseinander-, weggehen	
20 **quō?**	wohin?	
animus	Seele, Geist *(Sammelbegriff für alle Seelenkräfte und geistige Fähigkeiten wie Denken, Fühlen oder Wollen. Gegensatz: Körper); oft auch:* Mut, Gemüt, Herz *(sehr oft nicht zu übersetzen)*	**D** animieren *(zu etwas ermuntern)*
in animō habēre	im Sinn haben, beabsichtigen	
apud *(beim Akk.)*	bei, nahe bei	
apud tē	bei dir	
sacer, sacra, sacrum	heilig, geweiht	**D** sakral, Sakristei **F** sacré
ambulāre	spazierengehen, wandeln	**D** Ambulanz, Präambel *(Vorwort)*
25 **taberna**	Bude: Laden, Wirtshaus	**D** Taverne
templum	‚Tempel‘, heiliger Bezirk	**E/F** temple
A3 agite!	auf! vorwärts!	(→ agere)
surgere (< *súb-regere)	(„sich von unten her aufrichten“:), aufstehen, sich erheben	
parātus, -a, -um (→ parāre)	bereit, fertig	**D** parat
raeda	(Reise-)Kutsche	▶ 44
procul *(Adv.)*	in die Ferne, fern, fern von	
nebula	‹Nebel›, Dunst Wolke	
30 **deus; dea**	Gott; Göttin	**D** Adieu (**ad deum:** *zu Gott [befohlen]*) **F** dieu
circum *(beim Akk.)*	um ... herum	
circum templum	um den Tempel herum	
oppidum	Stadt *(vor allem eine kleinere Landstadt)*	
*incola *(m.)*	Einwohner	
prope *(beim Akk.)* (→ prope *Adv.*)	nahe bei	**F** proche de
prope mūrum	dicht an der Mauer	
flamma	Flamme, Glut	**E** flame **F** la flamme
35 **causā** *(beim Gen.)*	um ... willen, wegen	*Abl. von* → causa
natandī causā	um zu schwimmen	

*timidus, -a, -um	ängstlich	**E** timid **F** timide
appropinquāre (→ prope)	sich nähern	**E** to approach **F** approcher
*rūsticus, -a, -um	ländlich, bäuerlich; Bauer	**D** rustikal
māne *(Adv.)*	(morgens) früh	
stāgnum (→ stāre)	Teich	**F** l'étang
parvus, -a, -um	klein, gering	
rāna	Frosch	
errāre	(sich) ‚irren', umherirren	
egēre *mit Abl.*	nötig haben	
frūmentō eget	er braucht Getreide	
bibere	trinken	**F** boire
*vīcus	Dorf	
propinquus, -a, -um	nahe, benachbart; verwandt	(→ prope)
prohibēre *mit Abl.* (→ habēre)	abhalten, hindern, verhindern	**E** to prohibit
amīcōs cantandō prohibeō	ich halte die Freunde vom Singen ab	
*implōrāre	erflehen, anflehen	
pius, -a, -um	gottesfürchtig, pflichtgetreu	
*impius, -a, -um	gewissenlos	
in *(beim Akk.)*	in, auf, gegen, nach *(wohin?)*	**F** en
in Italiam iter facere	eine Reise nach Italien machen	
salīre	springen	
*turbāre	verwirren, aufwühlen, trüben	**D** turbulent
mūtāre	ändern, wechseln, (ver-)tauschen	**D** mutieren *(1. im Stimmwechsel stehen; 2. Erbanlagen verändern)* Mauser *(der Vögel)*
commūtāre	verwandeln	
fōrma	‚Form', Gestalt	
fulget	es blitzt	
malus, -a, -um (→ maledīcere)	schlecht, schlimm, böse	**F** mal

Lēctiō octāva VIII

laudare, salutare, complere, habere, agere, dicere; gaudium, gratia, murus, plaustrum; attentus; hodie, itaque, quoque, subito

octāvus, -a, -um	achter	**D** Oktave, Oktett
lēctiō, -ōnis *f.*	Lektüre, Lesestoff	

A1

ōrātor, ōrātōris *m.*	Redner	
*rōstra, -ōrum *(Pl.)*	Rednerbühne	
vōx, vōcis *f.* (→ vocāre)	Stimme, Laut	**E** voice **F** la voix **D** Vokal
plēbs, plēbis *f.* (→ com-plēre)	Menge; Plebs *(der nichtadlige Teil der Bevölkerung Roms)*	**D** Plebiszit
5 **placēre**	gefallen	**E** to please **F** plaire
imperātor, -tōris *m.* (→ imperāre, imperium)	Herrscher, Feldherr; *(Ehrentitel für einen großen Sieg; seit Caesar Titel der röm. Herrscher:)* Kaiser	**E** emperor **F** empereur
honōs/honor, honōris *m.*	Ehre, Ehrenamt	**D** Honorar **E** honour **F** l'honneur
audītor, -ōris *m.*	Zuhörer	(→ audīre)
*displicēre	mißfallen	(→ placēre)
senātor, -ōris *m.*	Senator	
dictum	Äußerung	(→ dīcere)
laus, laudis *f.* (→ laudāre)	Lob, Ruhm; *Pl.* Lobsprüche, Loblieder	
10 **probāre** (→ probus, improbus)	billigen, gutheißen, prüfen	**D** ‚prüfen', probieren **E** to prove **F** prouver
nōmen, nōminis *n.* (→ nōmināre)	‹Name›	**D** Nomen, nominell **F** le nom
clārus, -a, -um	*(für das Auge:)* hell, ‚klar'; *(für das Gehör:)* laut; *(übertragen:)* berühmt	**D** Klara, Klarinette

A2

paedagōgus *(griech.)*	Erzieher *(urspr. ein Sklave, der die Kinder aus dem Elternhaus in die Schule und zurück geleitete; im weiteren Sinn:)* Betreuer	**D** Pädagoge
aspicere, aspiciō *(Simplex* specere, *selten)*	ansehen, erblicken	**D** Aspekt *(Gesichtspunkt)* **E/F** aspect
homō, hominis *m.* (→ nēmō < né-homō)	Mensch, Mann; *Pl.:* Leute	**D** Hominiden *(Sammelbegr. für die Menschenrassen)* **F** l'homme
15 **multitūdō,** -dinis *f.*	Vielzahl, Menge, Masse	(→ multī)

	ōrātiō, -ōnis *f.*	Rede, Vortrag	(→ ōrātor)
	*mortuus, -a, -um	tot	**F** mort
	*suprēmus, -a, -um	*(zeitl.)* letzter, *(räuml.)* oberster, höchster	**E** supreme **F** suprême
	honōrem habēre *(mit Dat.)*	Ehre erweisen	
	virtūs, virtūtis *f.*	Tatkraft, Leistung(sfähigkeit); *(im engeren Sinne:)* Tapferkeit, Tüchtigkeit	**E** virtue **F** la vertu
	antīquus, -a, -um (→ ante)	alt	**D** antik, Antike, Antiquitäten **E/F** antique
	mōs, mōris *m.*	Sitte, Brauch, Gewohnheit	**D** Moral **E** moral **F** les mœurs
20	**honestus,** -a, -um (→ honōs)	angesehen, anständig	**E** honest **F** honnête
	afficere, afficiō *(mit Abl.)*	(„hinzutun":) versehen mit etwas	**D** Affekt, affektiert (→facere)
	magister discipulum praemiō afficit	der Lehrer belohnt den Schüler	
	vīvus, -a, -um (→ vīta, vīvere)	lebend, lebendig	**F** vif **D** Vivarium
	aut ... aut ... *(Konj.)*	entweder ... oder ...	
	*supplicātiō, -ōnis *f.*	Bitt-, Dankfest	
	*triumphus *(griech.)*	Triumphzug *(Einzug des Siegers)*	**D** Trumpf
	fūnus, fūneris *n.*	Begräbnis, Bestattung	**E** funeral
25	**pūblicus,** -a, -um (→ populus)	öffentlich, staatlich	**D** Publikum, publizieren **E/F** public
	nōtus, -a, -um	bekannt	**D** notorisch *(allbekannt; berüchtigt)*
	clāmor, -ōris *m.*	Geschrei, Lärm	(→ clāmāre)
	acclāmāre	zurufen	**D** Akklamation
	nōn modo ... sed etiam ...	nicht nur ... sondern auch ...	
	tempus, -poris *n.*	Zeit	**D** Tempus, Tempo **F** le temps
30	**māiōrēs** *m. (Pl.)*	Vorfahren, Ahnen	
	memorāre	erinnern an, erwähnen	
	memŏria	Erinnerung, Gedächtnis	**D** Memoiren **E** memory **F** la mémoire
	păter, patris *m.*	Vater; *Pl.* Senatoren *(im Senat saßen urspr. die Oberhäupter der grundbesitzenden Familien)*	**D** Pater *(Mönch mit Priesterweihe);* Pater noster *(„Vater unser");* Paternoster *(ein ständig umlaufender Aufzug);* Patriarch, Pate **F** le père

	eques, equitis *m.* (→ equus)	Reiter, *(milit.)* Ritter; einflußreicher Bürger, Eques	(→ Kap. „Die röm. Gesellschaft")
35	**fămĭlia,**	Hausgemeinschaft, Familie *(niemals, was im* **D** *als „Familie" gilt, sondern Gemeinschaft von Herr, Dienerschaft und Sklaven);* auch *(hier):* Sippe, Geschlecht	**D** Familie **E** family **F** la famille
	corpus, corporis *n.*	‚Körper', Leib; Leiche	**D** Korporation, korpulent *(beleibt)* **E** corpse **F** corps
	agmen, agminis *n.*	Zug, Heereszug	(→ agere)
	longus, -a, -um	‹lang›	**F** long
	extrā *(beim Akk.)* (→ ex)	außerhalb von *(wo?)*, aus ... heraus *(wohin?)*	**D** Extra-Ausgabe
	extrā mūrōs sepelīre	außerhalb der Mauern beisetzen	
40	**lēx,** lēgis *f.* (→ legere)	Gesetz	**D** legal, Legislative *(gesetzgebende Gewalt)* **F** la loi
	*sepelīre	bestatten	
	pervenīre (→ venīre)	*(in etwas)* gelangen, geraten	**F** parvenir
	praeter *(beim Akk.)*	an ... entlang, an ... vorbei; außer	
	praeter Rōmam	an Rom vorbei	
	nēmō praeter mē adest	niemand außer mir ist da	
	*sepulcrum	Grabmal	(→ sepelīre)
	honōrārius, -a, -um	geehrt, Ehren-	(→ honōs)
	urbs Rōma	die Stadt Rom	
B	**cōnsul,** -lis *m.* *(Abkürzung auf Inschriften: COS)*	‚Konsul'	**D** Konsul *(heute ständiger Vertreter eines Staates im Ausland)*
	victor, victōris *m.*	Sieger; siegreich	**D** Viktor **E** victor **F** le vainqueur
45	**nūntiāre** (→ nūntius)	melden, verkünden, berichten	
	victōria	Sieg	**E** victory **F** la victoire
	cernere	scheiden, entscheiden, wahrnehmen	
	dēcernere	entscheiden, beschließen	**D** Dekret *(amtl. Beschluß)*, Dezernent *(verantw. Leiter eines Verwaltungsbereichs)*

plēnus, -a, -um *(mit. Gen.)*	voll *(von etw.)*	**D** Plenum *(Vollversammlung)* **F** plein
tubicen, tubicinis *m.*	Tubabläser, Trompeter	(→ cantāre)
*captīvus (→ capere)	Gefangener; gefangen	
praeda	Beute	
spectātor, -ōris *m.*	Zuschauer	(→ spectāre)
mīles, mīlitis *m.*	Soldat	**D** Militär ▶ 68
quadrīgae, -ārum	Viergespann	(→ quārtus)
albus, -a, -um	weiß	**D** Album *(in Rom: weiße Holztafel für amtl. Bekanntmachung; heute: Buch mit (weißen) Blättern für Eintragungen etc.);* Albino

triumphātor, -ōris *m.*	‚Triumphator' *(der feierlich einziehende Sieger)*	
*corōna	Kranz, ‚Krone'	**E** crown **F** couronne
suprā *(beim Akk.)* (→ suprēmus)	oberhalb, über	**D** Sopran *(oberste Stimmlage)*
suprā terram	oberhalb, über der Erde	supranational
caput, capitis *n.*	Kopf, ‹Haupt›	**D** Kapitol (→ S. 49); kapitaler Hirsch *(besonders prächtig),* Kapitulation *(militär. Übergabe);* rekapitulieren *(wiederholen);* Kapitel *(Hauptabschnitt in einem Buch);* Kapitell *(Kopfstück einer Säule);* Kapitän **E** chief **F** chef

corona triumphalis

carmen, -minis *n.*	Lied, Singvers	
io!	juchhe!	
Iūpiter, *(oder* **Iuppiter**), *Gen.* Iovis (< *Djeu-pater, *vgl.* Zeu-s)		**D** jovial *(Das Wesen des unter Jupiters Stern Geborenen ist heiter, freundlich)*
Capitolīnus, -a, -um	*Adj. zu* Capitolium	
immolāre	(„Opfermehl auf das Opfertier streuen":) feierlich opfern	
iacēre	liegen	
genus, generis *n.*	Geschlecht; Art, Abstammung	**F** le genre
prīnceps, -cipis *m.* (→ prīmus, capere)	Anführer; erster	**D** Prinz **E/F** prince
mulier, -ris	Frau	
pēs, pēdis *m.*	‹Fuß›	**D** Pedal **F** le pied

Latein in der modernen Wissenschaft

Vakuole	*vacuus,* -a, -um	Teile einer Zelle, die unter dem Mikroskop leer aussehen können
aktives Zentrum	*agere:* wirken	der Teil eines Enzyms (biologischer Wirkstoff im Körper), der die Wirkung hervorruft, im Unterschied zu anderen Teilen, die z. B. den Wirkstoff nur tragen
Herbivoren	*herba, vorare* (fressen)	Pflanzenfresser
Annuelle	*annus*	einjährige Pflanze
Tergit	*tergum*	Teil der Rückenplatte bei Gliederfüßlern
Primaten	*primus,* -a, -um	Menschenaffen (weil sie die ersten = menschenähnlichsten im Tierreich sind)
Sakralwirbel	*sacer,* -cra, -crum	Kreuzbeinwirbel (sacer: heilig; Kreuz: christl. Symbol)

Lēctiō nōna IX

apportare, declamare, decet, iacere, salvere, studere, tacere, cadere, capere, intellegere, legere, scribere, inquit, posse;
discipulus, littera, praemium, puella, puer, schola, molestus; nos, noster, vos, vester;
frustra, heus, num, postremo, proinde, quid

Die folgenden Verben aus Lektion 9 hast Du in ihrer Bedeutung schon kennengelernt; neu ist für Dich die Erweiterung durch die Perfektform der 1. P. Sg. Du mußt sie in Zukunft mitlernen, damit Du in Texten schnell erkennst, welche Perfektform zu welchem Verb gehört (→ CG 9.1).
Bei der ā- und ī-Konjugation wird der Perfektstamm nur angegeben, wenn es ein anderer als der auf -v ist, bei den Verben der e-Konjugation nur, wenn es sich nicht um den Perfektstamm auf -u handelt.
In Klammern findest Du den dem Wort zugrundeliegenden Verbstamm angegeben. Von ihm werden andere Stämme, evtl. auch andere Wörter abgeleitet.

dăre, dō, dedī (*St.* **dă-**)
vidēre, videō, vīdī (*St.* **vĭd-**)
fulgēre, fulget, fulsit (*St.* ***fulgv-**)
mŏvēre, mŏveō, mōvī (*St.* **mŏv-**)
vĕnīre, vĕniō, vēnī (*St.* **vĕn-**)
cadere, cadō, cecidī (*St.* **cad-**)
currere, currō, cucurrī (*St.* **curr-**)
dīcere, dīcō, dīxī (*St.* **dīc-**)
lūdere, lūdō, lūsī (*St.* **lūd-**)

illūdere, illūdō, illūsī (*St.* **lūd-**)
legere, legō, lēgī (*St.* **lĕg-**)
intellĕgere, intellĕgō, intellēxī (*St.* **lĕg-**)
mittere, mittō, mīsī (*St.* **mītt-**)
petere, petō, petīvī (*St.* **pet-**)
regere, regō, rēxī (*St.* **rĕg-**)
relinquere, relinquō, relīquī (*St.* **līqu-**)
scrībere, scrībo, scrīpsī (*St.* **scrīp-**)
trādere, trādō, trādidī (*St.* **dă-**)
aspicere, aspiciō, aspēxī (*St.* **spec-**)
capere, capiō, cēpī (*St.* **cap-**)
facere, faciō, fēcī (*St.* **fac-**)
esse, sum, fuī (*St.* **(e)s-, fu-**)
posse, possum, potuī

nōnus, -a, -um	neunter	
A **cūria**	Rathaus	
*carcer, -eris *m.*	Gefängnis, ‚Kerker'	**D** ‚Karzer': Arrestraum *(Studentensprache des 18./19. Jh.)*
rēx, rēgis *m.*	(„Lenker":) König	(→ regere)
propter *(beim Akk.)*	nahe bei; wegen	(→ prope)
propter aquam	nahe am Wasser	
propter multitūdinem hominum	wegen Überbevölkerung	
5 **socius**	Partner, Gefährte, Bundesgenosse; verbündet	**D** Sozius *(Geschäftsteilhaber; Mitfahrer auf Motorrad)* sozial, Soziologe
advocāre	herbeirufen	**D** Advokat *(Rechtsanwalt)*
lēgātus (→ lēx)	Beauftragter, Gesandter	**D** Legat *(päpstlicher Gesandter*
pāx, pācis *f.* (→ pācāre, S. 9)	Friede, Friedensschluß	**D** Pazifismus **E** peace **F** la paix
arma, -ōrum *n. (Pl.)*	Waffen, Rüstung	**D** Armee **E** arms **F** l'arme
contrā *(beim Akk.)*	gegen	**D** Pro und Kontra, kontern, Kontrast (< contra + stare) **F** contre
contrā Rōmānōs	gegen die Römer	
10 **poena**	Strafe, Bestrafung, Buße	**D** ‚Pein' **E** penalty **F** la peine
vādere *(nur Präsens-St.)*	gehen, wandeln *(nhd. ‹waten›)*	**D** Vademecum *(kurzgefaßter Ratgeber über ein Wissensgebiet)*
invādere, -vādo, -vāsī *(St.* **vād-**) *(mit Akk.)*	eindringen	**D** Invasion
Italiam invādere	in Italien eindringen	
lĕgiō, legiōnis *f.*	Legion *(röm. Heeresabteilung, bis zu 6000 Mann stark)*	
flūmen, flūminis *n.*	Fluß, Strom	

vincere, vincō, vīcī *(St.* **vic-**) (→ victor)	siegen, besiegen	**D** Vinzenz **E** to vanquish **F** vaincre
*incola *m.*	Einwohner	
*timidus, -a, -um	ängstlich	
casa	Hütte	
*cibus	Speise, Futter	
15 **dēficere,** -ficiō -fēcī *(St.* **fac-**)	fehlen, mangeln	**D** Defekt, Defizit (→ facere)
tribūnus	‚Tribun' *(beim Militär Führer einer kleinen Abteilung)*	
aurum	Gold	**F** l'or
argentum	Silber	**D** Argentinien **F** l'argent
mīlle (→ multī)	tausend	**D** Million, Promille, ‚Meile' **E** mile **F** mille
20 **pondus,** -deris *n.*	Gewicht, *(hier)* ‚Pfund'	**D** ‚Pfund' **E** pound **F** le poids
solvere, solvō, solvī *(St.* **solv-**)	lösen; (be)zahlen	**D** absolvieren; insolvent *(zahlungsunfähig)* **E** to solve
pendere, pendō, pependī *(St.* **pend-**) (→ pondus)	abwägen; bezahlen	**D** Pension, Pensum *(regelmäßig zu leistende Arbeit)*
părum *(Adv.)* (→ parvus)	zu wenig, nicht genug	
fraus, fraudis *f.* (→ frūstrā)	Täuschung, Betrug	
25 **aequus,** -a, -um	gleich, eben, gerecht	**D** Äquator **E** equal
inīquus, -a, -um	*Ggs. zu* aequus	
adhibēre (→ habēre)	anwenden, hinzuziehen	
saevus, -a, -um	wütend, grimmig	(→ saevīre)
*victus, -a, -um	besiegt	(→ vincere)
acclāmāre	zurufen	(→ clāmāre)
*adicere, -iō, adiēcī	dazuwerfen	
30 **iacere,** -iō, iēcī *(St.* **iac-**)	werfen, legen	**D** Interjektion *(Zwischenruf)* pro-/injizieren
īnsuper *(Adv.)*	noch dazu	(→ suprā)
gladius	Schwert ▶68	**D** Gladiole
B ostentātor, -ōris *m.*	Marktschreier	**L** ostendere: hinhalten, vorzeigen
turba	(„Gewimmel":) Schwarm, *(ungeordnete Menschen-)* Menge	
mīrus, -a, -um	wunderbar, erstaunlich	**D** Mirakel
implēre, implēvī	füllen *(etwas Leeres füllen)*	**complēre:** *etwas vollständig anfüllen, so daß der Inhalt an die Grenze reicht*

āthlēta *(griech.) m.*	Athlet, sportlicher Wettkämpfer	
nūdus, -a, -um	nackt, bloß	**F** nu
pūgnus	Faust	
pūgnāre	*(urspr.:* mit der Faust) kämpfen	
spectātor, -ōris *m.*	Zuschauer	(→ spectāre)
iūrgāre	zanken, streiten	
*mortuus, -a, -um	tot	**F** mort
*(h)arēna	Sand, *(sandbedeckter)* Platz, Kampfplatz, ‚Arena'	
minimē *(Adv.)*	am wenigsten, keinesfalls	**D** Minimum
humī (Adv.)	auf dem Boden	
*hortus	‹Garten›	**E** garden **F** le jardin
basilica	Basilika *(großer Hallenbau)*	
altus, -a, -um	hoch, tief	**D** Alt *(urspr.: hohe Männerstimme, heute: tiefe Frauenstimme)* **F** haut
nē ... quidem	selbst ... nicht, nicht einmal	
immō vērō	ja, genau!	
concīdere, -cidō, -cidī *(St.* **cad-)** (→ cadere)	zusammenbrechen, einstürzen	
crēdere, crēdō, crēdidī, *(St.* **crē-d-)**	glauben, vertrauen	**D** Credo *(Teil der kath. Liturgie)* Kredit *(Darlehen im Vertrauen auf künftige Zahlungsfähigkeit)* **F** croire
māter, mātris *f.*	‹Mutter›	**D** Matriarchat, Matrize **F** la mère
visitāre (→ vidēre)	*jd.* aufsuchen, besuchen	**D** Visite **E** to visit **F** visiter
medicus	Arzt	**D** Medizin, Medikament **F** le médicin
palaestra *(griech.)*	Ringplatz, Sportplatz	
*corōna	Kranz, Krone	
euge! *(Interjekt., griech.)*	gut! schön! bravo!	
at *(Konj.)*	aber, dagegen	
tabula	Brett, ‚Tafel', Gemälde, Schrifttafel	**D** Tablette, Tabelle **E/F** table
sator, -ris *m.*	Sämann	
opus, operis *n.*	Werk, Arbeit	
nescīre	nicht wissen	(→ scīre)
avunculus	‚Onkel' *(mütterlicherseits)*	
falsus, -a, -um	‚falsch'	**D** Falsifikat (< **falsus** u. facere: Fälschung) **E** false **F** faux
sērō *(Adv.)*	(zu) spät	
50 **respondēre,** -eō, -ndī *(St.* **spond-)**	antworten	**D** Korrespondenz **F** répondre, réponse **E** to respond

Lēctiō decima X

clamare, intrare, parare, movere, excedere, vivere; annus, cena, litterae, negotium, populus, vita; ceteri, decimus, iratus, laetus, meus, miser, situs; aut, causā, quidem, sed, statim, tamen, valde.

agere, agō, ēgī *(St.* **ag-)**
cōnsistere, cōnsistō, constitī *(St.* **sta-)**
dīligere, dīligō, dīlēxī *(St.* **leg-)**
excēdere, excēdō, excessī *(St.* **ced-)**
quaerere, quaerō, quaesīvī *(St.* **quaes-)**
vīvere, vīvō, vīxī *(St.* ***gvigv-)**
accipere, accipiō, accēpī *(St.* **cap-)**
afficere, afficiō, affēcī *(St.* **fac-)**
cupere, cupiō, cupīvī *(St.* **cup-)**

A pergere, pergō, perrēxī *(St.* **reg-)**	fortsetzen, weitermachen	(→ per, regere)
vir, virī *m.*	Mann	(→ virtūs)
bene *(Adv.)* (→ bonus)	gut	**D** gebenedeit *(gesegnet,* < bene, dīcere) **F** bien
patria (→ pater)	Vaterland, Heimat(-stadt)	**F** la patrie
meritus, -a, -um dē *(+ Abl.)*	verdient um	**D** Meriten *(Verdienste)*
5 **exilium**	Verbannung	**D** Exil
exul, exulis *m.*	Verbannter; verbannt	
tunc *(Adv.)*	damals, dann	
inimīcus (→ amīcus)	Feind; feindlich	**E** enemy **F** l'ennemi
spērāre	hoffen	**F** espérer
10 **dēspērāre**	(„von der Hoffnung ablassen") die Hoffnung aufgeben, verzweifeln	**D** Desperado *(aus Verzweiflung zu allem fähiger Verbrecher);* desperat *(verzweifelt)* **E** to despair **F** désespérer
dēspērō dē salūte patris	ich gebe die Hoffnung auf die Rettung des Vaters auf	
stupēre	(wie) erstarrt sein; *(mit Abl.)* über etwas staunen	**D/E/(F)** stupid(e)
tremere	zittern	**D** Tremolo *(Beben mit der Stimme oder auf dem Instrument)* **F** trembler

*exitium	Untergang, Verderben	
dēflēre, dēflēvī	beweinen, beklagen	
duo, duae, duo	‹zwei›	**D** Duo, Duett, Dualismus *(Widerstreit zweier Faktoren)* **F** deux
uxor, uxōris *f.*	Ehefrau, Gattin	
15 **castra,** -ōrum *n. (Pl.)*	Lager	*im* **E** *zur Bildung von Städtenamen, z. B.:* Lan-caster, Man-chester
castra movēre	das Lager abbrechen, aufbrechen	
fīlius; fīlia	Sohn; Tochter	**D** Filiale **F** le fils, la fille
dūcere, dūcō, dūxī (*St.* **duc-**)	führen, ziehen	
occurrere, occurrō, occurrī (*St.* **curr-**)	entgegenlaufen, begegnen	(→ currere)
beātus, -a, -um	glücklich	**D** Beate
20 **dolēre** *(mit Akk., Abl.,* dē + *Abl.)*	Schmerz empfinden, bedauern	**D** kondolieren *(Mittrauer zeigen)*
Doleō fortūnam puellae.	Mich schmerzt das Schicksal des Mädchens.	
Dolēbam dē exiliō tuō.	Ich empfand Schmerz über deine Verbannung.	
Morbō tuō doleō.	Ich bedaure deine Krankheit.	
an? *(Fragepartikel)*	oder?	
īra	Zorn, Wut	(→ īrātus)

B heri *(Adv.)*	gestern	**F** hier
pergula	Verkaufs-, Handwerkerbude	
statua (→ stāre)	‚Statue', Standbild	**E/F** statue
25 **properāre**	eilen, sich beeilen	
*īgnōtus, -a, -um	unbekannt	*(Gegenteil:* nōtus)
resalūtāre (→ salūtāre)	wieder-, zurückgrüßen	
dūrus, -a, -um	hart	**D** Dur *(Musik)* **F** dur
morbus	Krankheit	**D** morbid *(kränkelnd)*
trēdecim	dreizehn	**F** treize
*pulchritūdo, -dinis *f.*	Schönheit	(→ pulcher)
*modestia	Mäßigung, Besonnenheit, Bescheidenheit	**E** modest(y) **F** modeste
superāre (→ suprā)	übertreffen, überwinden	
parentēs -ntum *m. (Pl.)*	Eltern	**E/F** parents
nuptiae, -ārum *f. (Pl.)*	Hochzeit	**F** les noces
30 **cōnficere,** -ficiō, -fēcī (*St.* **fac-**) (→ facere)	fertigmachen, vollenden	**D** Konfektion *(fabrikmäßige Herstellung von Kleidung)*
dolor, dolōris *m.* (→ dolēre)	Schmerz, Kummer	**F** douleur
*patientia	Ausdauer, Geduld	**D** Patient **E/F** patience
sustinēre (→ tenēre)	aushalten, ertragen	**F** soutenir
*oboedīre	gehorchen	(→ pārēre)
fortūna	Schicksal, Glück; *Pl.:* Hab und Gut, Vermögen	**E/F** fortune
rapere, rapiō, rapuī (*St.* **rap-**)	(‹raffen›:) rauben	**F** ravir
35 **ēripere,** ēripiō, ēripuī (*St.* **rap-**)	entreißen, befreien	
ut *(Adv.)*	wie	
inhaerēre, -haereō, -haesī (*St.* **haes-**) *mit Dat.*	festhängen an; haften an	
puella patrī inhaeret	das Mädchen hängt an ihrem Vater	
amāre (→ amīcus)	lieben *(eher das Lieben aus Zuneigung mit Gefühl,* **dīligere** *mehr das Verehren, auf Achtung gegründet)*	**D** Amateur **F** aimer
numquam *(Adv.)*	niemals	(→ nōnnumquam)
*laetitia (→ laetus)	Freude, Fröhlichkeit	
*maestus, -a, -um	traurig	
ūnā cum *(beim Abl.)*	zusammen mit	(→ ūnus)
ūnā cum patre	zusammen mit dem Vater	
40 **ūsque ad** *(beim Akk.)*	bis zu	**F** jusqu'à
ūsque ad forum videō	ich sehe bis zum Forum	

PE poēta, -ae *m.* *(griech.)*	Dichter	**D** Poet, Poesie **E** poet **F** poète
silva	Wald	**D** Silvester *(Name eines Papstes, nach dem der letzte Tag im Jahr benannt ist)*
perīculum	Gefahr	
posteā *(Adv.)* (→ post)	danach, später	**F** puis

Lēctiō ūndecima XI

verberare, in animo habere, respondere, scire, facere, interesse; cur

adiŭvāre, adiuvō, adiūvī (*St.* **iuv-**)
cēdere, cēdō, cĕssī (*St.* **ced-**)
facere, faciō, fēcī (*St.* **fac-**)

ūndecimus, -a, -um	elfter	**F** onzième
urbs, urbis *f.*	(größere) Stadt *(oft ist Rom gemeint)*	**D** urban *(wie ein Städter: gebildet),* Urbanisierung *(Ausbreitung der Städte und städt. Kultur)*
postquam *(Konj. mit Pf.)*	nachdem, seit (-dem)	
gēns, gentis *f.* (→ genus)	Volksstamm; *(die auf Blutsverwandtschaft beruhende Gemeinschaft:)* Sippe, Geschlecht	**E** gentleman **F** les gens
5 **fīnitimus,** -a, -um (→ fīnīre)	benachbart; Grenznachbar	
fīnis, fīnis *m.*	Grenze, Ende; *Pl.:* Gebiet	**D** Finale **E** finish **F** la fin
occupāre (→ capere, occupātus)	einnehmen, besetzen, an sich reißen	**D** Okkupation **E** to occupy **F** occuper
hostis, hostis *m.*	Fremder; Feind *(Staatsfeind,* **inimīcus** *ist eher der persönliche Feind)*	**D** ‚Gast' **E** host **F** hôte
bellum	Krieg	*altlat.* **duellum**
10 **gerere,** gerō, gessī (*St.* **ges-**)	tragen, (aus-)führen	**D** Geste *(Haltung, die man an sich trägt);* suggerieren *(jd. „von unten", d. h. unbemerkt etwas beibringen: etwas einreden)*
cōpiae, -ārum *f. (Pl.)*	Truppen, Heeresmacht	
dum *(Konj. m. Präs.)*	während	
meritus, -a, -um dē *mit Abl.*	verdient um	**D** Meriten *(Verdienste)*
suscēnsēre	aufgebracht sein, zürnen	
quod *(Konj.)*	weil	
quamquam *(Konj.)*	obwohl, obgleich	
merēre	verdienen, sich verdient machen	**D** emeritieren *(jd. in den Ruhestand versetzen)*

Meruit dē patriā.	Er hat sich um das Vaterland verdient gemacht.	
Meruit māgnum praemium.	Er hat eine große Belohnung verdient.	

A3 **salūs,** salūtis *f.* (→ salūtāre, salvus)	Wohlergehen, Heil, Rettung	**D** Salut **F** le salut
*clādēs, -dis *f.*	Niederlage	
ubī *(Konj. m. Pf.)*	sobald	
dŭx, dŭcis *m.* (→ dūcere)	Führer, Anführer des Heeres	**D** Doge *(Oberhaupt der ehemaligen Stadtrepublik Venedig)* **E** duke *(Her„zog": einer, der vor dem Heer voraus„zog")*
nisī *(Konj.)*	wenn nicht, außer wenn	
20 **oculus**	Auge	**D** Okular, Monokel *(Einauge: Augenglas für nur 1 Auge; griech.* **monos:** *einzig)* **F** l'œil
fallere, fallō, fefellī (*St.* **fal-**)	täuschen, hintergehen	**D** ‹fehlen› **E** to fail (→ falsus)
sī *(Konj.)* (→ nisī)	wenn, falls	**F** si
B **praeclārus,** -a, -um (→ clārus)	sehr berühmt, glänzend; ausgezeichnet	
expūgnāre	erobern	(→ pūgnāre)
25 **oppūgnāre**	bestürmen, angreifen	
*subvenīre, subveniō, subvēnī (*St.* **ven-**)	zu Hilfe kommen	**D** Subvention
varius, -a, -um	bunt, mannigfaltig, verschieden	**D** Variation, variabel **E** various
cot(t)īdiē	täglich	
campus	Feld, freier Platz, Ebene	**D** ‚Kampf', Camping, Champignon *(Feldpilz),* Champagne *(Landschaft im östl. Frankreich, woher der Champagner kommt),* Kampanien *(Landschaft um Neapel herum)* **F** le champ
aliquandō (→ quandō)	irgendwann, einst, eines Tages	
*scelestus, -a, -um	frevelhaft, verbrecherisch	

30 **mūnus,** mūneris *n.*	Verpflichtung, Amt; Geschenk *(zu dem man sich verpflichtet fühlt)*	
nātūra	‚Natur'	**E/F** nature
inter *(beim Akk.)*	zwischen	**D** international, Intercity
inter fīnēs Germanōrum et Gallōrum	zwischen dem Gebiet der Germanen und der Gallier	
societās, tātis *f.* (→ socius)	Gemeinschaft, Vereinigung; Gesellschaft	**D** Sozietät *(Genossenschaft)* **E** society **F** la société
hūmānus, -a, -um (→ homō)	menschlich, gebildet	**D** human **E** human **F** humain
35 **iūs,** iūris *n.*	Recht	**D** Jura, Justiz, Jury, justieren *(eichen)*
*armātus, -a, -um (→ arma)	bewaffnet, in voller Rüstung	
scelus, sceleris *n.*	Verbrechen, gemeine Tat	
perfidia	Treulosigkeit, Unredlichkeit	
in animō habēre	beabsichtigen	
ars, artis *f.*	Geschicklichkeit, Kunst, Handwerk	**D** Artist **E/F** art
*perfidus, -a, -um	treulos, unredlich, wortbrüchig	**D** perfide
*virga	dünner Zweig, Rute	
redūcere, redūcō, redūxī *(St.* **duc-)** (→ dūcere)	zurückführen, hinbringen	**D** Reduktion, reduzieren **E** to reduce
CG		
cīvis, -is *m.*	Bürger	**D** Zivilist

Lēctiō duodecima XII

errare, imperare, interrogare, iuvare, liberare, monstrare, nuntiare, properare, vocare, complere, docere, parere, prohibere, timere, ascendere, deficere;
aedificium, cura, dea, deus, flamma, maiores, murus, numerus, rex, taberna;
carus, defessus, doctus, nonnulli, vacuus;
at, ibi, -ne, postremo, primum, quis, saepe, satis, sic, sub, tandem

reperīre, reperio, repperī *(St.* **par-)**

duodecimus, -a, -um	zwölfter	**F** douzième
A1 *subvenīre	zu Hilfe kommen	**D** Subvention
quī, quae, quod? *(adj. Interrogativpron.)*	welcher, welche, welches?	
*perfidus, -a, -um	treulos	**D** perfide
quī, quae, quod *(Relativpron.)*	welcher, welche, welches; der, die, das	**F** qui
*scelestus, -a, -um	verbrecherisch, frevelhaft	
committere, -mittō, -mīsī *(St.* **mitt-)** (→ mittere)	anvertrauen; veranstalten	**D** Kommission **E** to commit **F** commettre
scelus committere	ein Verbrechen begehen	
*repudiāre	zurückweisen, verschmähen	
A2 incohāre	anfangen	
5 **perficere,** -ficiō, -fēcī *(St.* **fac-)** (→ facere)	vollenden, ausführen	**D** perfekt **E** perfect **F** parfait
ultimus, -a, -um	äußerster, letzter	**D** Ultimatum *(letzte Aufforderung)*
dēdicāre (→ dīcere)	zuweisen, weihen	**D** Dedikation
trēs, tria (→ tertius)	‹drei›	**F** trois
*mātrimōnium	Ehe	(→ māter)
cūra	Sorge, Sorgfalt, Pflege	**D** Kur
appellāre	anrufen, nennen	**D** Appell **F** appeler
10 **sacerdōs,** -dōtis *m.*	Priester	(→ sacer)
immolāre	opfern	
mōns, mōntis *m.*	Berg	**E** mount **F** mont
aedēs, aedis *f.*	*(mit Götternamen oder* **sacra** *als Attribut:)* Tempel	
aedificāre	bauen	(→ aedificium)
medius, -a, -um	‹mitt›lerer	**D** Medium *(Vermittler)*; Intermezzo *(Zwischenspiel)*; Milieu *(aus dem F:* medius, locus: *Ort, in dessen „Mitte" man lebt:) Umwelt, Umgebung*
*nauta *m. (griech.)*	Seemann	
*adōrāre	(an)beten	
15 **virgō,** virginis *f.*	junges Mädchen, Jungfrau	**D** Virginia *(Bundesstaat der USA)* **E** virgin **F** la vierge
ignis, ignis *m.*	Feuer	
*aeternus, -a, -um	ewig	**E** eternal **F** éternel
custōdīre	bewachen, beaufsichtigen, kontrollieren	
satis *(Adv.)*	genug	**D** ‚satt' **F** assez

*praefectus (→ facere)	Vorsteher, Befehlshaber,	**D** Präfekt **F** préfet
vigil, vigilis *m.*	Wächter; *Pl.:* Feuerwehrleute	
incendium	Brand, Feuer	**F** incendie
dēlēre, dēleō, dēlēvī	zerstören, vernichten	
initium	Eingang, Anfang	**D** Initiale *(großer, oft verzierter Buchstabe)* Initiative *(erste Anregung)* **E** initial
pars, partis *f.*	Teil, Seite	**D** Partner, Partei **E** part, party **F** la part, la partie
circus	Zirkus, Rennbahn für Rosse und Wagen; *oft wie hier:* Circus Maximus	**D** Zirkel **E** circus **F** cirque
ventus	‹Wind›	**D** Ventilator **F** le vent
citō *(Adv.)* (→ incitāre, excitāre)	schnell	
agitāre	heftig (be)treiben	**D** Agitation **F** agiter
māteria	Bauholz, Material	**D** Materie, Material **E** material **F** la matière
*corripere, -ripiō, -ripuī (*St.* **rap-**)	zusammen‹raff›en, wegnehmen	(→ rapere)
loca, -ōrum *n. (Pl.)*	Gegend	
*plānus, -a, -um	flach, eben	**D** planieren, Plan **E** plain
*percurrere, -currō, -currī (*St.* **curr-**)	durcheilen	**D** Parcours *(beim Pferdesport)* (→ currere)
dēscendere, -scendō, -scendī (*St.* **scand-**)	herabsteigen	**F** descendre (→ ascendere)
*celeritās, -tātis *f.*	Schnelligkeit	
angustus, -a, -um	‹eng›	
iter, itineris *n.*	Marsch, Weg, Reise	
impedīre	(ver)hindern	**F** empêcher
invalidus, -a, -um	kraftlos, schwach	**D** Invalide
fugere, fugiō, fūgī (*St.* **fug-**)	fliehen, meiden	**F** fuir
circumvenīre, -veniō, -vēnī (*St.* **ven-**)	umzingeln	(→ venīre)
interficere, -ficiō, fēcī (*St.* **fac-**)	töten, vernichten	(→ facere)
āmittere, āmittō, āmīsī (*St.* **mitt-**)	loslassen, verlieren	(→ mittere)
mors, mortis *f.*	Tod	**F** la mort
nōn modo	nicht nur	
exstinguere, -stinguō, -stīnxī (*St.* ***stingv-**)	auslöschen, vertilgen	**E** to extinguish **F** éteindre
immo vērō *(Adv.)*	ja gewiß; nein im Gegenteil	
*fax, facis *f.*	‚Fackel'	
incendere, -cendō, -cendī (*St.* **cand-**)	in Brand stecken, entflammen	(→ incendium)
*dīripere, -ripiō, ripuī (*St.* **rap-**)	wegreißen, plündern	(→ rapere)
*incola *m.*	Einwohner	
spatium	Raum, Strecke	**D** spazieren **E** space **F** l'espace
prōruere, prōruō, prōruī (*St.* **ru-**)	niederreißen	**D** Ruine
obstāre, obstō, obstitī (→ stāre)	entgegenstehen, hinderlich sein	
īnsula	‚Insel'; Mietshaus; Häuserblock	**D** isolieren **E** isle **F** l'île ▶ 108
aedēs, aedium *f. (Pl.)*	Haus	

Latein in der modernen Wissenschaft

erratische Blöcke	*errare*	Einzelgestein aus der Eiszeit, das sich „verirrt" hat
Stagnation	*stagnum*	die Zeit, in der bei Teichen und Seen keine Wasservermischung durch Wind stattfindet (Winter und Sommer)
Mutation	*mutare*	Veränderung der Erbanlagen
Albinismus	*albus, -a, -um*	Ausbleiben der Pigmentierung (Farbgebung)
Album		Weißes im Vogel- oder Reptilienei
Soziation	*socius*	Tier- oder Pflanzengesellschaft in einem natürlichen Lebensraum
Turbellarien	*turba*	Strudelwürmer
Filialgeneration	*filius, -ia*	Folgegeneration bei einem Stammbaum

Lēctiō tertia decima XIII

cantare, cenare, exspectare, laborare, portare, probare, stare, visitare, currere, illudere, intellegere, legere, quaerere, relinquere, surgere, tollere;

amicus, aqua, gratia, memoria, pondus, rota, villa, vox; molestus, necessarius, nos, paratus, primus, propinquus, tantus, unus, vester; certe, forte, hodie, iterum, numquam, pro, proinde, statim, supra, ubi, usque ad, vel

bibere, bibō, bibī *(St.* **bib-)**

	tertius decimus -a, -um	dreizehnter	**F** treizième
A1	avunculus	Onkel *(mütterlicherseits)*	
	statuere, statuō, statuī (*St.* **statu-)** (→ statua)	aufstellen, festsetzen, beschließen	**D** ein Exempel statuieren *(ein abschreckendes Beispiel aufstellen);* Statut *(festgesetzte Ordnung, Satzung)*
	cōnstituere, -stituō, -stituī (*St.* **statu-)**	aufstellen, festsetzen, beschließen	**D** Konstitution
	clīvus	Hügel	
	māchina *(griech.)*	‚Maschine', Werkzeug	
	ēn!	sieh mal!	
	is, ea, id	er, sie, es; dieser; derjenige	
	anteā *(Adv.)*	vorher, früher	(→ posteā)
	*inesse *(m. Dat.)*	darin sein	
5	**quīn etiam**	ja sogar	
	calcāre	treten	
	labor, labōris *m.* (→ labōrāre)	Anstrengung, Mühe, Arbeit	**D** Laboratorium **E** labour
A2	**advenīre,** -veniō, -vēnī (*St.* **ven-)**	ankommen	**D** Advent (→ venīre)
	pertinēre (→ tenēre)	sich erstrecken, sich beziehen	**D** impertinent *(sich nicht auf die Sache beziehend: unsachlich, unverschämt)*
	pertinēre ad vītam	sich aufs Leben beziehen	
	ad mē pertinet	das interessiert mich	
	perītus, -a, -um *(m. Gen.)*	erfahren, kundig	(→ perīculum: Erfahrung > Gefahr)
	perītus iūris	rechtskundig	
	trāctōrius, -a, -um	zum Ziehen (gehörig)	**D** Traktor
	māchina trāctōria	(Hebe-)Kran	
	fūnis, fūnis *m.*	Seil, Tau	
	crassus, -a, -um	dick	
	legere	*hier:* aufwickeln	
B	**lūx,** lūcis *f.*	‹Licht›	**D** Lux *(lx Maßeinheit der Beleuchtungsstärke)*
	prīmā lūce	bei Tagesanbruch	
	cubiculum	Schlafzimmer	
11	**somnus**	Schlaf, Traum	**F** le sommeil
	nuptiae, -ārum *f. (Pl.)*	Hochzeit	**F** les noces
	nox, noctis *f.*	‹Nacht›	**F** la nuit
	*dormīre	schlafen	**F** dormir
	lavāre, lavō, lāvī (*St.* **lav-)**	(sich) waschen, (sich) baden	**D** Lavendel *(eig. Badekraut)* **F** laver
	tunica	(wollenes) Unterkleid, ‚Tunika'	
	albus, -a, -um	weiß	
15	**praebēre** (→ habēre)	hinhalten, gewähren, darreichen	
	*induere, induō, induī	anziehen, (be)kleiden	(ind- ≈ in)
	impōnere, -pōnō, posuī (*St.* **pōn-/pos-)** (→ pōnere)	aufsetzen	**D** imponieren *(Eindruck machen)* **E** to impose **F** imposer
	auspicium	Vogelschau, Vorzeichen	
	secundus, -a, -um	zweiter; günstig	
	*observāre	beobachten, beachten	**D** Observatorium **E** observe **F** observer
	*invītāre	einladen	**E** to invite **F** inviter
	impatientia	Ungeduld	
	spondēre, spondeō, spopondī	geloben, versprechen	
	spōnsa	Verlobte, Braut	**F** l'épouse
	spōnsus	Verlobter, Bräutigam	
	*nūbere, nūbō, nūpsī (*St.* **nub-)** *(mit Dat.)*	heiraten *(von der Frau gesagt)*	
	puellula	junges Mädchen	
	*dēstināre	bestimmen, verloben	**D** to destine **F** destiner
	cum *(Konj.)*	als *(zeitlich)*	
	vix *(Adv.)*	kaum, mit Mühe	
20	**duodecim**	zwölf	(→ duodecimus)
	nātus, -a, -um *(mit Zeitangabe)*	alt	
	duodecim annōs nāta erat	sie war zwölf Jahre alt	
	*ānulus	Ring	
	*ferreus, -a, -um	eisern	
	suus, sua, suum	sein, ihr	**F** son, sa
	*mātrimōnium	Ehe	
	sacrificāre (→ sacer, facere)	opfern	**E** to sacrifice **F** sacrifier
	*implōrāre	erflehen, anflehen	
	*mātrōna	(verheiratete) Frau	(→ māter)
	dexter, dext(e)ra, dext(e)rum	rechts; glücklich	

dextra	die Rechte (Hand)	
iungere, iungō, iūnxī (*St.* **iung-**)	verbinden, vereinigen	**E** to join **F** joindre
familiās	*alter Gen. zu* familia	
māter familiās	Hausfrau	
fēliciter!	Glück auf! Viel Glück!	
conclāmāre	con-clamare	
dōnum (→ dōnāre)	Geschenk	**F** don
saltāre (→ salīre)	tanzen	**D** Salto
*fax, facis *f.*	Fackel	
*illūstrāre (→ lūx)	beleuchten, erhellen	**D** Illustration
novus, -a, -um	‹neu›	**D** renovieren, Novize *(angehender Mönch)* **F** neuf
*marītus	Ehemann	**F** le mari
nupta	Ehefrau	
gremium	Schoß	
nux, nucis *f.*	Nuß	**F** la noix
*spargere, spargō, sparsī (*St.* ***spargv-**)	(ver)streuen, verteilen	
carmen, carminis *n.* (<*can-men, *vgl.* cantāre)	Lied, Gedicht, Spruch	
iocōsus, -a, -um	scherzhaft	
*maestus, -a, -um	traurig	
ēbrius, -a, -um	(be)trunken	
*līmen, līminis *n.*	Schwelle	**D** eliminieren *(über die Schwelle hinausbringen: beseitigen)*
ātrium	Empfangshalle, Atrium	
claudere, claudō, clausī (*St.* **claud-**)	(ab-, ein-) schließen	**D** Klausur, Klausel *(urspr. Schlußbestimmung, heute: zusätzliche Vereinbarung)* **E** to close
immolāre	opfern	

Lēctiō quārta decima XIV

superare, salutare, gaudere, ridere, salvere, timere, scire, credere, ludere, mittere, scribere, deesse, necesse est;
asinus, caput, dominus, fabula, hora, locus, miles, negotium, nuntius, plaustrum, verbum; attentus, beatus, iucundus, mille, notus, onustus, parvus, salvus, tuus;
itaque, num, quoque, si, sub, unde

rīdēre, rīdeō, rīsī (*St.* **rīd-**)
accipere, accipiō, accēpī (*St.* **cap-**)

quārtus decimus -a, -um	vierzehnter	**F** quatorzième

A1

minimus, -a, -um (→ minimē)	kleinster	**D** Minimum
alius, alia, aliud	ein anderer	
maximus, -a, -um (→ māgnus)	größter	**D** Maximum
novem (→ nōnus)	‹neun›	**D** November **F** neuf
item *(Adv.)*	ebenso, auch	
āthlēta *(griech.) m.*	Athlet	
circus	Circus Maximus	
ūmerus	Schulter	
tōtus, -a, -um	ganz; *Pl.*: alle	**D** total, totalitär *(alles beherrschend)* **E** total **F** tout
equidem (→ egō, quidem)	ich allerdings, meinerseits	
*flēre, fleō, flēvī	weinen	
*(h)arēna	Kampfplatz	
octō (→ octāvus)	acht	**D** Oktober
stadium	Stadion *(altes griech. Längenmaß: ca. 190 m)*	**D** Stadion *(Wettkampfplatz)*
*nauta *(griech.) m.*	Seemann, Seefahrer	
*mōnstrum (→ mōnstrāre)	Wunder-, Warnzeichen; Ungeheuer	
marīnus, -a, -um	zum Meer gehörig, Meeres-	
*lātus, -a, -um *m.*	weit, breit	
*observāre	beobachten	
iubēre, iubeō, iussī (*St.* ***iudh-**)	befehlen, beauftragen	
cōnstat (→ stāre)	es ist bekannt, es steht fest	**D** konstatieren *(feststellen)*; Konstante *(Größe von gleichbleibendem Wert)*
septem (→ septimus)	sieben	**D** September **F** sept
epistula *(griech.)*	Brief	**D** Epistel
simul *(Adv.)*	zugleich	**D** simultan **F** ensemble
dictāre	diktieren	

A2

*vīcīnus	Nachbar	
sinere, sinō, sīvī	(zu)lassen	
dēsinere, -sinō, -siī (*St.* **si-**)	ablassen, aufhören	
soror, sorōris *f.*	Schwester	**F** la sœur
recitāre	vorlesen, vortragen	**D** rezitieren **E** to recite **F** réciter
sententia	Ansicht, Meinung, Spruch	**D** Sentenz **E** sentence

velle, volō, voluī (*St.* **vol-**)	wollen	**D** Volontär **F** vouloir
20 **nōlle,** nōlō, nōluī (→ nōn, velle)	nicht wollen	
imperātum	Befehl	
neglegere, neglegō, neglēxī (*St.* **leg-**)	nicht beachten, vernachlässigen	**E** to neglect **F** négliger
A3 **mŏdŏ** *(Adv.)*	eben gerade; nur	
nūper *(Adv.)*	neulich, kürzlich	
dēcēdere, -cēdō, -cessī (*St.* **ced-**)	weggehen	(→ cēdere)
25 **factum**	Handlung, Tat, Ereignis, Geschichte	**D** Faktum **E** fact **F** le fait
*sepulcrum	Grabmal	
adhūc *(Adv.)*	bis jetzt, noch	
invenīre, -veniō, -vēnī (*St.* **ven-**) (→ venīre)	auf etwas stoßen, finden, entdecken	**D** Inventur **E** to invent **F** inventer
*īnfimus, -a, -um	unterster, tiefster	
circumscrīptiō, -ōnis *f.*	Umfang	(→ scrībere)
putāre	glauben, meinen	
computāre	(be)rechnen, zusammenrechnen	**D** Computer
B **mercātor,** -tōris *m.*	Kaufmann	**D** Merkantilismus *(Wirtschaftslehre)* Merkur *(Gott des Handels)* **E** merchant **F** le marchant
30 **habitāre**	(be)wohnen	**E** inhabitant **F** habiter
*vesper, -rī	Abend	
*pulsāre	klopfen an	
ōstiārius	Pförtner	(→ ōstium)
aperīre, aperiō, aperuī (*St.* **aper-**)	öffnen, aufdecken	**F** ouvrir
quaesō!	bitte!	(→ quaerere)
advocāre	**?** (ad + vocāre)	
cōgnōscere, cōgnōscō, cōgnōvī (*St.* **gnō-**) (→ nōtus)	kennenlernen, erkennen,	**D** inkognito *(ohne sich zu erkennen zu geben)* **F** connaître
*laetitia	Freude	
valēre	stark, gesund sein	**D** Valenz **F** valoir
valē! valēte!	leb/lebt wohl!	
resalutāre	**?** (re-salūtāre)	
35 **paucī,** -ae, -a	(nur) wenige	**F** peu
mēnsis, mēnsis *m.*	Monat	**E** month **F** le mois
ante *(Adv.)*	vorher, früher	
amplificāre (→ amplus: weit, facere)	erweitern	
cēnsēre, cēnseō, cēnsuī (*St.* **cēns-**)	abschätzen, meinen, beschließen	**D** zensieren
comparāre (→ parāre)	beschaffen, erwerben	
nāvis, -is *f.*	Schiff	**E** navy
*marmor, marmoris *n.*	Marmor	
*īnspicere, īnspiciō, īnspēxī	in Augenschein nehmen	**D** inspizieren **E** to inspect
PE **rēctus,** -a, -um (→ regere)	‹richt›ig, gerade	**E** right
nuptiae, -ārum	Hochzeit	
*maestus, -a, -um	traurig	
41 **sex** (→ sextus)	‹sechs› (PE W3!)	**F** six
CG *vetāre, vetuī	verbieten	**D** Veto

Lēctiō quīnta decima — XV

appellare, mutare, parare, verberare, apparere, delere, dolere, licere, terrere, agere, cedere, descendere, pendere, afficere, aspicere; animus, clamor, flumen, imperium, incendium, insula, iter, lingua, magister, mos, oppidum, porta, praemium, rusticus, taberna, ventus; nemo, noster, nudus, severus, situs, stultus, ultimus, vos; an, ante, apud, aut, cottidie, deinde, heus, hic, nisi, nonnumquam, paulo post, post, quam, quamquam, saepe, sed, tandem, vae

discere, (<di-dc-sc-) disco, didicī (*St.* **doc-**)

quīntus decimus -a, -um	fünfzehnter	**F** quinzième
A1 māchina trāctōria	(Hebe-)Kran	
altitūdō, -dinis *f.*	Höhe, Tiefe	(→ altus)
calcāre	treten	
axis, axis *m.*	‚Achse‘	
versāre	drehen	
fūnis, fūnis *m.*	Seil	
fūnis ductārius	Zugseil	
opera	Mühe, Arbeit	**D** Opfer, Operation
operam dare	sich Mühe geben	**F** l'œuvre
A2 *pulsāre	anklopfen	
ōstiārius	Pförtner	(→ ōstium)
incipere, incipiō (*St.* **cap-**)	(„anpacken:") anfangen	
*turbāre	stören	
interrumpere	unterbrechen	**E** to interrupt **F** interrompre
retinēre	zurückhalten, festhalten	**F** retenir

*aegrotāre	krank sein	
sollicitāre (→ excitāre)	erregen, reizen, beunruhigen	
ita *(Adv.)* (→ itaque)	so, auf diese Weise	
sānāre	heilen	**D** sanieren
cōnfīnium	Grenzland	(→ fīnis)
barbaricus, -a, -um *(griech.)*	ausländisch, fremd	**D** Barbar
calor, calōris *m.*	Wärme, Hitze	**F** la chaleur
sōl, sōlis *m.*	Sonne	**D** Solarium **F** le soleil
*recreāre	kräftigen	
*frīgidus, -a, -um	kalt, frostig, kühl	**F** froid
*imber, imbris *m.*	Regen	
*vexāre	quälen	
frāter, frātris *m.*	Bruder	**D** fraternisieren *(sich verbrüdern)* **F** le frère
*merx, mercis *f.* (→ mercātor)	Ware	
ĕmere, emō, ēmī *(St.* **em-)**	kaufen, nehmen	
nōn sōlum ... sed etiam ...	nicht nur ... sondern auch ...	
*rōbustus, -a, -um	kräftig	**D** robust
*gignere, gignō, genuī	erzeugen, gewinnen	(→ gēns)
ōceanus *(griech.)*	Meer, Ozean *(vor allem im Gegensatz zum Mittelmeer)*	**E** ocean
*horridus	rauh; abstoßend, schaurig	
*vīcus	Dorf	
*ēducāre	erziehen	
*ĕdĕre, edō, ēdī *(St.* **ed-)**	‹essen›	
pōtāre	saufen	
ēbrius, -a, -um	(be)trunken	
ālea	Würfel(spiel)	
lībertās -tātis *f.* (→ līber)	Freiheit	**E** liberty **F** la liberté
*displicēre	mißfallen	(→ placēre)
plērumque *(Adv.)*	meistens	
asper, -a, -um	rauh	
stāgnum	Teich	
rūrsus *(Adv.)*	rückwärts, wieder	
raeda	(vierrädriger) Reisewagen	
raedārius	Kutscher	
post *(Adv.)*	später, darauf	
annō post	ein Jahr später	
vehere, vehō, vēxī *(St.* ***vegh-)** *(mit Akk.)*	befördern, fahren	**D** Vehikel, Vektor

saccum vehere	einen Sack befördern	
vehī, vehor *(m. Abl.)*	sich fortbewegen, fahren	
nāve vehī	auf einem Schiff fahren	
equō vehī	reiten	
operārius (→ opera)	Arbeiter, Tagelöhner	
*repōnere (→ pōnere)	zurücklegen, aufbewahren	
tribuere, tribuō, tribuī *(St.* **tribu-)**	zuteilen	
*distribuere	verteilen	**D** Distributivzahlen **E** to distribute
prōvincia	‚Provinz' *(von den Römern unterworfenes und verwaltetes Gebiet außerhalb Italiens)*	**F** Provence
importāre	**?** (in + portāre)	**D** Import
exportāre	**?** (ex + portāre)	**E** Export
*theātrum *(griech.)*	Theater	

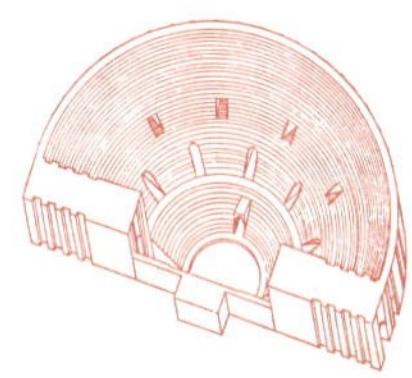

*statiō, -tiōnis *f.* (→ stāre)	Standort, Niederlassung	**E/F** station
*varietās, -tatis *f.* (→ varius)	Buntheit, Mannigfaltigkeit, Abwechslung	**E** variety **F** variété
vestis, vestis *f.*	Kleid, Kleidung	**D** ‚Weste' **F** la veste
ubīque *(Adv.)*	überall	(→ ubi)
officīna	Werkstatt	
pergula	Handwerkerbude	
thermopōlium	Imbißstube	
subrutōrēs	Abbrucharbeiter	
dēstruere, -strūxī	niederreißen, zerstören	**D** destruktiv **E/F** destruction
illīc *(Adv.)*	dort, an jenem Ort	
quattuor (→ quārtus)	‹vier›	**D** Quadrat **F** quatre
tabulātum	Stockwerk	
structor, -ōris *m.*	Maurer	
īnsuper *(Adv.)*	oben darauf	
addere, addō, addidī	hinzutun, hinzufügen	**D** addieren
pulsāre	anklopfen	
ōstiārius	Pförtner	
*increpāre, -crepō, -crepuī	lärmen, schelten, tadeln	

rūs, rūris *n.*	Land *(im Gegensatz zu Stadt und Dorf)*; Landgut	**D** ‹Raum›
rūrī *(Adv.)*	auf dem Lande	
*rūs *(Adv.)*	auf das Land	
iūrgium	Gezanke, Streit	
24 **īgnōscere,** īgnōscō, īgnōvī *(St.* **gnō-)**	verzeihen	(→ cōgnōscere)
quaesō!	bitte!	(→ quaerere)
stultitia	**?** (→ stultus)	
prandium	(zweites) Frühstück (gegen Mittag)	
PE dēlectāre	erfreuen, unterhalten	**D** delikat **E** delight

Lēctiō sexta decima XVI

appropinquare, interrogare, stare, praebere, gerere;
aedes, caput, causa, memoria, patria, signum, tabula;
magnificus, malus, medius, novus, publicus, vacuus;
diu, forte, nam, postremo, -que, quod, supra, ut

In dieser Lektion lernst Du als letzte Stammform eines Verbs den ***Supinstamm*** *kennen. In der folgenden Liste findest Du die Dir schon bekannten Verben, die in der Lektion 16 vorkommen, diesmal mit der vollständigen Stammformreihe:*

nūntiāre, nūntiō, nūntiāvī, nūntiātum

Verben der ***a-Konjugation,*** *die nach diesem Muster ihre Stammform bilden, werden nur im Infinitiv verzeichnet.*
Dagegen:

dăre, dō, dedī, datum
stāre, stō, stetī, statum
lavāre, lavō, lāvī, lautum

praebēre, praebeō, praebuī, praebitum

Verben der ***e-Konjugation*** *werden auch nur mit der vollständigen Stammformreihe verzeichnet, wenn sie von diesem Muster abweichen. Also:*

cēnsēre, cēnseō, cēnsuī, cēnsum
complēre, compleō, complēvi, complētum
respondēre, respondeō, respondī, respōnsum
rīdēre, rīdeō, rīsī, rīsum
vidēre, videō, vīdī, vīsum

Bei der ***i-Konjugation*** *wird verzeichnet, was von folgendem Muster abweicht:*

audīre, audiō, audīvī, audītum

In Lektion 16 ist dies

venīre, veniō, vēnī, ventum

Bei den ***übrigen Konjugationen*** *werden immer die vollständigen Stammformreihen angegeben:*

dīcere, dīcō, dīxī, dictum
dūcere, dūcō, dūxī, ductum
emere, emō, ēmī, ēmptum
gerere, gerō, gessī, gestum
neglegere, neglegō, neglēxī, neglēctum
pōnere, pōnō, posuī, positum
quaerere, quaerō, quaesīvī, quaesītum
relinquere, relinquō, relīquī, relictum
scrībere, scrībo, scrīpsī, scriptum
trādere, trādō, trādidī, trāditum
vincere, vincō, vīcī, victum
capere, capio, cēpi, captum

sextus decimus -a, -um	sechzehnter	**F** seizième
A		
*rōbustus, -a, -um	kräftig	
*hortus	Garten	
prōcūrātor, -tōris *m.*	Verwalter, Oberaufseher	(→ cūra)
addūcere, -dūcō, -dūxī, -ductum	heran-, herbeiführen	
hospes, hospitis *m.*	Gast	**D** Hospital, Hospiz
validus, -a, -um	stark, kräftig	(→ valēre)
prōpōnere, -pōnō, -posuī, -positum (→ pōnere)	vorlegen, ausstellen	**E** to propose **F** proposer
invalidus, -a, -um	Gegenteil von validus	**D** Invalide
5 **valētūdō,** -dinis *f.*	Gesundheitszustand *(ob gut oder schlecht, wird durch das Attribut angezeigt)*	
ōlim *(Adv.)*	einst *(in einer der Gegenwart fernliegenden Zeit)*	
vendere, vendō, vendidī, venditum (< vēnum „Verkauf", dare)	verkaufen	**F** vendre
rēctus, -a, -um	gerade, ‹richt›ig	(→ regere)
*rārus, -a, -um (→ rārō)	selten, ‚rar'	

prĕtium	‚Preis', Lohn	**D** Preziosen *(Kostbarkeiten)* **E** price **F** le prix
condūcere, -dūcō -dūxī, -ductum	zusammenführen; mieten	**F** conduire (→ dūcere)
quandō?	wann?	**F** quand
proximus, -a, -um (→ prope)	nächster, letztvergangener	**F** prochain
*avārus, -a, -um	habgierig, geizig	
*sordidus, -a, -um	schmutzig	
*sōlācium	Trost	
*lectīcārius	Sänftenträger	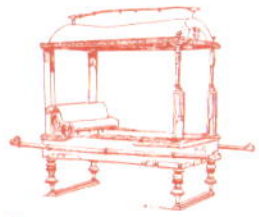 lectīca
māgnificus, -a, -um (→ māgnus, facere)	großartig, prächtig	**D** Magnifizenz **E** magnificent **F** magnifique
3		
*horridus, -a, -um	gruselig, unheimlich	
*sonus	Laut, Klang	
ferrum	Eisen	**D** Ferro-Chrom-Kassette **F** le fer
mox *(Adv.)*	bald	
senex, senis *m.* (→ senātor)	Greis, alter Mann *(über ca. 60 J., beim Militär über 45)*	**D** senil
barba	Bart	**D** Barbier, „Barbarossa" **F** la barbe
*capillus	Haar	
horrēre (→ horridus)	schaudern *vor etwas;* sich sträuben	**D** Horror
capillī horrent	die Haare stehen struppig ab	
vinculum	Fessel	(→ vincīre)
crepāre, crepō, crepuī	tönen, rasseln	
cum *(Konj.)*	(zu der Zeit) als; jedesmal wenn	
*mōnstrum	Erscheinung, Ungeheuer	
*vigilāre	wachen	
succēdere, -cēdō, -cessī, -cessum (→ cēdere)	sich nähern, nachrücken, gelingen	**D** sukzessiv *(allmählich eintretend)* **E** to succeed **F** succéder
*vexāre	quälen	
*prōscrībere, -scrībo, -scrīpsī, -scrīptum	öffentlich bekanntmachen, ausbieten	(→ scrībere)
*apertus, -a, -um	offen, offenkundig	(→ aperīre)
*lectus	Bett, Lagerstätte	**F** le lit ▶ 132
sternere, sternō, strāvī, strātum (*St.* ***str-***)	ausbreiten, hinstreuen; zurechtmachen	**D** Straße (< via strāta) **E** street
stilus	(Schreib)stift	**F** le stylo

*lūmen, lūminis *n.*	Licht, Leuchte	(→ lūx)
poscere, poscō, poposcī (*St.* **posc-**)	fordern, verlangen	
intendere, intendō, intendī, intentum (*St.* **tend-**)	anspannen; beabsichtigen	**D** Intendant, Intention *(Anspannung des Geistes: Absicht)* **E** to intend
timor, timōris *m.* (→ timēre)	Furcht, Angst	
pellere, pellō, pepulī, pulsum (*St.* **pel-**)	stoßen, schlagen, vertreiben	**D** Puls, Propeller (→ appellāre)
crēscere, crēscō, crēvī (*St.* **crē-**)	wachsen, zunehmen	**E** crescent **F** croître
cubiculum	Schlafzimmer	
*digitus	Finger	**D** Digital- **F** le doigt
innuere, innuō, innuī	winken	
dēmum *(Adv.)*	erst, endlich	
*antecēdere (→ cēdere)	vorausgehen, übertreffen	
dēflectere, -flectō, -flēxī, -flexum	abbiegen	
ēvānēscere, ēvānēscō, ēvānuī	verschwinden, sich auflösen	
*herba	Gras	
fŏlium	Blatt; *Pl.:* Laub	**D** Feuilleton *(Kulturteil der Zeitung),* Folie **F** feuille
postrīdiē *(Adv.)*	am folgenden Tag	
*effodere, effodiō, effōdī, effossum	ausstechen, umgraben	
ŏs, ŏssis *n.*	Knochen	
vincīre, vinciō, vinxī, vinctum	fesseln	
*sepelīre, sepeliō, sepelīvī, sepultum	bestatten	(→ sepulcrum)
rītē *(Adv.)*	in feierlicher Form, nach Vorschrift	**D** Ritus, Ritual
PE vigilēs	Feuerwehrleute	

Latein in der modernen Wissenschaft

Konstitutionsformel	*constituere*	gibt an, wie die einzelnen Atome in einem Molekül verbunden sind
Lux	*lux*	Maßeinheit für die Beleuchtungsstärke

Totalpräparat	*totus, prae-parare*	ein ganzer Organismus, der zu einer mikroskopischen Untersuchung präpariert ist
Territorium	*terra*	Bereich innerhalb eines größeren Lebensraumes, der von einem Einzellebewesen oder einer Gruppe belegt und verteidigt wird
Valenz	*valere*	bei einem Element die Zahl, die angibt, wieviel Wasserstoffatome dieses Element binden kann; in der Grammatik: Zahl der möglichen Ergänzungen eines verbs; „sehen" hat zwei Valenzen, z. B. „Der Mann (1) sieht den Hund (2)."
Positionseffekt	*ponere, efficere*	Wirkung, die ein Gen (Erbträger) auf seine Umgebung ausübt
Reliktvorkommen	*relinquere*	Vorkommen von Pflanzen oder Tieren, die sonst ausgestorben sind
Rectum	*rectus, -a, -um*	letzter Teil des Enddarms

Lēctiō septima decima XVII

liberare, probare, salutare, merere, prohibere, sustinere, tenere;
bellum, dux, imperator, miles, populus, salus, vir;
alius, antiquus, decimus, praeclarus;
e, sic

sustinēre, sustineō, sustinuī, sustentum
tenēre, teneō, tenuī, tentum
accipere, accipiō, accēpī, acceptum
facere, faciō, fēcī, factum
rapere, rapiō, rapuī, raptum
vincere, vincō, vīcī, victum

septimus decimus -a, -um	siebzehnter	
A glōriōsus, -a, -um	ruhmvoll; hier: prahlerisch	**F** glorieux **E** glorious
diēs, diēī (→ hodiē, postrīdiē, cotīdiē)	*m.*: Tag; *f.*: Termin, Frist	**D** Meri-dian
portus, -ūs *m.* (→ porta)	Hafen	**E/F** port
*aspectus, -ūs *m.*,	**?** (→ aspicere)	**D** Aspekt **E/F** aspect
exercitus, -ūs *m.*	Heer	
expōnere, -pōnō, -posuī, -positum (→ pōnere)	(her)aussetzen, ausstellen; *hier:* an Land setzen	**D** Exposition, Exponat *(Ausstellungsstück)* **F** exposer
*īgnōtus, -a, -um	**?** (→ nōtus)	
accēdere, -cēdō, -cessi, -cessum	herantreten, hinzukommen	(→ cēdere)
*peditātus, -ūs *m.*	Fußheer	(→ pēs)
*stipendium	Sold, Kriegsdienst	
veterānus	altgedienter Soldat, Veteran	
*commīlitō, -ōnis *m.* (→ mīles)	(Kriegs-) Kamerad	
barbarus *(griech.)*	Ausländer, Fremder	**D** Barbar
impetus, -ūs *m.*	Andrang, Angriff	(→ petere)
rēs, reī *f.*	Ding, Sache, Besitz; Ereignis	**D** reell, Realismus, Rebus *(„durch Dinge ausgedrücktes Bilderrätsel")* **F** rien
adversus, -a, -um	zugewandt, vorn, feindlich *(Beim Segeln ist der Wind, der dem Schiff „folgt", „günstig"; der von „vorn" bläst, verhindert das Fahren) daher:*	

ventus secundus

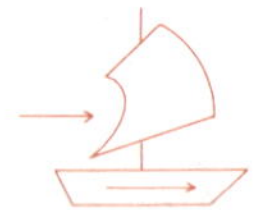

ventus adversus

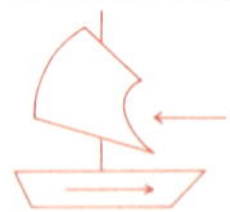

rēs secundae *f. (Pl.)*	Glück	
rēs adversae *f. (Pl.)*	Unglück	
rēs pūblica *f.*	Staat	**D** Republik **E** republic **F** république
fidēs, fideī *f.*	Treue, Schutz Vertrauen	**F** la foi
ob *(beim Akk.)*	wegen	
ob eam rem	wegen dieser Sache, deswegen	
occurrere	entgegenlaufen	
frūctus, -ūs *m.*	‹Frucht›, Ertrag Nutzen (nicht im Sinne von „Obst")	**E/F** fruit
*fortitūdō, -dinis *f.*	Tapferkeit	
*praefectus	Befehlshaber	
equitātus, -ūs *m.* (→ eques)	Reiterei; Stand der Equites	
praeesse, -sum, -fuī *(mit Dat.)*	an der Spitze stehen, leiten	
mactē!	Heil!	
ēvānēscere	verschwinden	
aptus, -a, -um	passend, geeignet	
ineptus, -a, -um	albern, töricht	

garrulus, -a, -um	schwatzhaft	
nūllus, -a, -um	keiner	**D** Null **F** nul
prōdesse, prōsum, prōfuī	nützen, nützlich sein	**D** prost! prosit!
spēs, speī *f.* (→ spērāre)	Hoffnung, Erwartung	
caput rērum	Hauptstadt der Welt	
servāre	beobachten; bewahren, retten	**D** Konserve
aciēs, aciēī *f.*	Schlacht, Schlachtreihe; Schärfe	
exercēre (→ exercitus: ausgebildete Mannschaft)	(aus)üben	**D** Exerzizien, exerzieren **E** to exercise **F** exercer
togātus	Bürger, Zivilist	(toga)
perniciēs, -niciēī *f.*	Verderben, Untergang, Vernichtung	
persaepe *(Adv.)*	*starkes* saepe	
*nāvis onerāria	Lastschiff	▶ 118/o.
*ancora *(griech.)*	‚Anker'	**E** anchor
vīctus, -ūs *m.* (→ vīvere)	Nahrung, Lebensmittel	
ūsus, -ūs *m.*	Gebrauch, Nutzen	**D** es ist Usus *(es ist üblich)* **E** use **F** l'usage
im-/exportāre	*vgl.* Import/Export	
mercātūra	Handel	(→ merx)
*quaestus, -ūs *m.*	Gewerbe, Erwerb	(→ quaerere)
potestās, -tātis *f.* (→ posse)	Macht, Möglichkeit	
manus, -ūs *f.*	Hand; Schar (= eine Handvoll)	**D** manuell, Manual **E** to manage **F** la main
*commeātus, -ūs *m.*	Verkehr	
*maritimus, -a, -um	See-, Küsten-	
custōdīre	kontrollieren, bewachen	
ignōrāre (→ ignōtus)	nicht kennen, nicht wissen	**D** ignorieren, Ignorant **E** to ignore **F** ignorer
certāre	kämpfen, wetteifern	**D** Kon-zert
perdere, perdō, perdidī, perditum	zugrunde richten, verlieren	**F** perdre
*columna	Säule	**D** Kolumne *(senkrechte Spalte in der Zeitung)*
longē lātēque *(Adv.)*	weit und breit	
patēre	sich erstrecken, offenstehen	
*nauta *m. (griech.)*	Seefahrer	
tempestās, -tātis *f.*	Unwetter	**E** tempest **F** tempête
pīrāta *m. (griech.)*	Seeräuber, Pirat	
metuere, metuō, metuī (*St.* **metu-**)	fürchten, sich fürchten	
metus, -ūs *m.*	Furcht, Angst	
*vacāre	**?** (→ vacuus)	
memoria	Zeit *(als Gegenstand der Erinnerung)*	(→ L 8)
*merx, mercis *f.*	Ware	(→ mercātūra)
servitūs, -tūtis *f.*	Sklaverei	(→ servus)
abdūcere	**?** (ab + dūcere)	
senātus, -ūs *m.*	Senat	(→ senātor, senex)
iussū (→ iubēre)	auf Befehl	
nāvis longa	Kriegsschiff	▶ 118/u.
ōrnāre	ausstatten, schmücken	**D** Ornament **E** to adorn **F** orner
*domāre, domō, domuī, domitum	zähmen, bezwingen	**D** Dompteur
magister nāvis	Kapitän	
adventus, -ūs *m.* (→ advenīre)	Ankunft	**D** Advent
PE fēriae, -ārum	geschäftsfreie Tage, Feiertage, Ferien	

Lēctiō duodēvīcēsima XVIII

> adiuvare, amare, pugnare, gaudere, studere, finire, consistere, fugere, interficere, mittere, petere, solvere;
> agmen, aqua, clamor, corpus, munus, sedes, vestis, victor, vox;
> ceteri, laetus, plenus, primus, unus, varius;
> cur, humi, inter
>
> **adiuvāre,** adiuvō, adiūvī, adiūtum
> **salīre,** saliō, saluī
> **cōnsistere,** cōnsistō, cōnstitī
> **lūdere,** lūdō, lūsī, lūsum
> **mittere,** mittō, mīsī, missum
> **solvere,** solvō, solvī, solūtum
> **iacere,** iaciō, iēcī, iactum

duodēvīcēsimus, -a, -um	achtzehnter	
A1 balneae, -ārum *f. (Pl.)*	*(öffentl.)* Badeanstalt	
tendere, tendō, tetendī, tentum	‹dehnen›, spannen, strecken	
contendere, contendī, contentum	sich anstrengen, eilen, kämpfen	(→ intendere)
abdūcere	**?** (ab + dūcere)	
fūrtum	Diebstahl	
comprehendere, -prehendō, -prehendī, -prehēnsum	ergreifen, festnehmen	**F** comprendre

*convincere, -vincō, vīcī, -victum *(mit Gen.)*	*(einer Schuld)* überführen	
A2 grātuītō *(Adv.)*	kostenlos, umsonst	**D** gratis
vel ... vel ... *(Konj.)*	entweder ... oder ...	
*natāre	schwimmen	
pōmum	Obst	
crūstulum	Zuckerplätzchen	
placenta	Kuchen	
farcīmina fumantia	heiße Würstchen	
undique *(Adv.)* (→ unde)	von überall her, von allen Seiten	
circumsonāre	(ringsum) widerhallen, *etw./jd.* umtönen	
ex-uere, -uō, -uī, -ūtum **(***St.* **u-)**	ausziehen, ablegen	(→ ind-uere)
manēre, maneō, mānsī, mānsum (St. **man-**)	bleiben, warten auf	**D** permanent *(andauernd)* **E** to remain **F** la maison
adventum amīcī manēre	auf die Ankunft des Freundes warten	
*frīgidus, -a, -um	kalt, kühl, frostig	**F** froid
frīgida (aqua)	kaltes Wasser	
*ambō, -ae, -ō	beide (zusammen)	
tumultus, -ūs, *m.*	Aufruhr, Lärm, Unruhe	**D** ‚Tumult'
resonāre	widerhallen	**D** Resonanz
balneātor, -tōris *m.*	Bademeister	
advocāre	**?** (ad + vocāre)	
*advolāre	herbeieilen	
effugere, -fugiō, -fūgī *(mit Akk.)*	entfliehen, entkommen	(→ fugere)
*sonus	Laut, Ton, Klang	**F** le son
tepidus, -a, -um	lauwarm	
tŭbŭs	(Leitungs-)Rohr	
fluere, fluō, flūxī (*St.* ***flugv-**) (→ flūmen)	fließen, strömen	**D** Fluor *(im Flußspat enthalten)*; fluktuieren; Influenza *(von außen einfließende Krankheit: Grippe)*; Koblenz *(< Confluentēs)* **E** fluent
effluere	herausfließen	
dēdūcere, -dūcō, -dūxī, -ductum (→ dūcere)	wegführen, begleiten	**D** deduktiv *(Ableiten eines Einzelfalles aus einer allg. Gesetzmäßigkeit)*
*rēs gestae *f. (Pl.)*	Taten, Erlebnisse	(→ gerere)
*fēstus, -a, -um	festlich; fröhlich	(→ fēriae)
thermae, -ārum *f. (Pl.) (griech.)*	Thermen, Hallenbad	

B spectātor, -ōris *m.*	Zuschauer	(→ spectāre)
amphitheātrum *(griech.)*	Amphitheater	▶ 138
sedēre, sedeō, sēdī, sessum (*St.* **sed-**)	sitzen	**D** Präsidium, Dissident *(„der abseits Sitzende")* **E** to seat
cōnsīdere, -sīdō, -sēdī (*St.* **sed-**)	sich niederlassen, sich setzen	
cornū, cornūs *n.*	‹Horn›; Heeresflügel	**D** Kornett *(Blechblasinstrument)*
*canere, canō, cecinī (→ cantāre)	singen, blasen, *(Instrument)* spielen	
*spectāculum (→ spectāre)	Anblick, Schauspiel, Vorführung	**D** Spektakel
coepisse, coepī, coeptum	*gebraucht als Perfekt zu* **incipere**	
*gladiātor, -ōris *m.* (→ gladius)	Fechter, Gladiator	
sēdēs, -dis *f.* (→ sedēre)	Sitz, Wohnsitz	
*(h)arēna	Kampfplatz, Arena	
prōcēdere, cēdō, -cessī, -cessum (→ cēdere)	vorwärtsgehen, vorrücken	**D** Prozedur, Prozession, Prozeß **F** procéder
applaudere, -plaudō, -plausī, -plausum	Beifall klatschen	**D** applaudieren, Applaus
mūnus, mūneris *n.*	*(hier:* Geschenk eines Beamten an das Volk:) öffentliches Schauspiel	
tigris, -is *f.*	Tiger	
immittere	**?** (in + mittere)	
*bēstia	Tier	
citō *(Adv.)*	schnell, rasch	
*corripere, -ripiō, -ripuī, -reptum (*St.* **rap-**)	hastig ergreifen, packen	
*lacerāre	zerfleischen, zerreißen	
sanguis, sanguinis *m.*	Blut	**D** Sanguiniker *(leicht erregbarer Mensch)* **F** le sang
vulnus, vulneris *n.*	Wunde	
rubefacere	röten	
ursus	Bär	**D** Ursula *(kleine Bärin)*
intrōdūcere	hineinführen	**D** Introduktion
*lacessere, lacessō, lacessīvī, lacessītum	reizen	
albus, -a, -um	weiß	
*induere, induō, induī, indūtum	bekleiden, anziehen	(ind ≈ in) (→ exuere)

cornu

*adversārius	Gegner	
premere, premō, pressī, pressum (*St.* **prem-/pres-**)	drücken, drängen,	**D** Presse **E** to press **F** presser
opprimere, -primō, -pressī, -pressum	zu Boden drücken, unterdrücken; überfallen	
lōrum	Lederriemen, Peitsche	
*commīlitō, -ōnis *m.*	Kamerad	**D** Kommilitone
*ruber, -bra, -brum	‹rot›	**D** Rubin *(roter Edelstein)* **F** rouge
*favēre, faveō, fāvī, fautum *mit Dat.*	geneigt sein, begünstigen	**D** Favorit **E** favour
iugulāre	abstechen, erdolchen	
profectō *(Adv.)* (→ facere)	in der Tat, sicherlich	
baculum	Stock, Stab	**D** Bazillus *(stäbchenförmiger Krankheitserreger)*
alter, altera, alterum	der eine, der andere *(von zweien)*	**D** Altruismus *(Uneigennützigkeit)* **F** autre
panthēra *(griech.)*	Panther	
*hasta	Lanze, Spieß	
*trānsfīgere, -fīgō, fīxī, -fīxum	durchstechen	
*dēns, dentis *m.*	‹Zahn› (der „Esser": edere)	**D** Dentist **F** la dent
trahere, trahō, trāxī, trāctum (*St.* ***tragh-**)	ziehen, schleppen	**D** Traktor, trainieren, Trakt **F** traîner
tridēns, -dentis *m.*	Dreizack	
pūgiō, -iōnis *m.*	Dolch	
reticulum	Netz	
*scūtum	Langschild ► 68	
galea	(Leder)Helm	
*armātus, -a, -um	bewaffnet	(→ arma)
*ferīre	schlagen, stoßen	
dēfendere, dēfendō, dēfendī, dēfēnsum (*St.* ***fend-**)	wegstoßen, abwehren, verteidigen	**D** Defensive **E** to defend **F** défendre
super *(beim Akk.)* (→ suprā, superāre)	über, oberhalb, oben auf	**F** sur
super caput	über den Kopf	
super tēctum statuere	oben auf das Dach setzen	
conclāmāre	**?** (cum + clāmāre)	
pollex, pollicis *m.*	Daumen	
ērigere, ērigō, ērēxī, ērēctum (→ regere)	aufrichten	**E** to erect

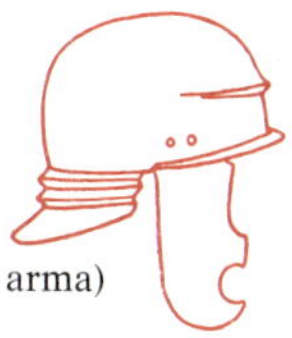

Lēctiō ūndēvīcēsima XIX

agitare, mutare, spectare, stupere, ascendere, cadere, decedere, fallere, ponere, vendere, deesse; ager, animus, caelum, deus, filia, flumen, ira, littera, locus, oculus, orator, pes, rex, silva, sol, tectum, tergum, urbs, uxor, ventus, verbum, via, vita;
altus, defessus, propinquus, suus;
dum, forte, hic, ibi, modo, neque vero, non iam, postquam, quoque, satis, si, sub, tunc

cōgnōscere, cōgnōscō, cōgnōvī, cognitum

ūndēvīcēsimus, -a, -um	neunzehnter	
A		
*maritimus, -a, -um	See-, Küsten-	
vēnālis, -is, -e	käuflich	(→ vendere)
*ēlegāns, -ntis (→ legere)	wählerisch; geschmackvoll, elegant	
*salūber, -bris, -bre	gesund	(→ salūs)
iuxtā *(b. Akk.)* (→ iungere)	dicht neben, direkt bei	
iuxtā mare	direkt am Meer	
mare, maris *n.*	Meer	**D** Marine, mariniert *(mit Essig, urspr. Meersalz, haltbar gemacht)* **F** la mer
casa	Hütte	
dulcis, -is, -e	süß	**D** Dolce vita *(ital.)* **F** doux
gravis, -is, -e	schwer, ernst	**D** gravierend, Gravitation **E/F** grave
domus, -us *f.* (→ dominus, domī)	Haus	**D** Dom, Domäne ► 130–132
sollers, sollertis	kunstfertig, klug	(→ ars)
similis, -is, -e	ähnlich	**D** Assimilation, Faksimile **E** similar
vir deōrum/deīs similis	ein den Göttern ähnlicher Mann	
dissimilis, -is, -e	unähnlich	
ūtilis, -is, -e (→ ūsus)	brauchbar, nützlich	**D** Utilitarist *(einer, der nur an den Nutzen denkt)* **F** utile
ingēns, ingentis	ungeheuer, gewaltig	
collocāre (→ locus)	aufstellen, einrichten	*hier:* (Geld) anlegen, investieren
omnis, -is, -e	jeder, ganz; *Pl:* alle	**D** Omnibus
capāx, capācis (→ capere)	geräumig	**D** Kapazität
sūmptuōsus, -a, -um	verschwenderisch, teuer	
ātrium	Empfangshalle, Atrium	

grandis, -is, -e	großartig, bedeutend	**D** grandios, Grand Prix *(Motorsport)* **E/F** grand
*porticus, -ūs *f.*	Säulenhalle, Gang	
spectābilis, -is, -e (→ spectāre)	ansehnlich, prächtig	
*(ex-)struere, -struō, -strūxī, -structum	(auf-)schichten, (auf-)bauen	(→ dēstruere)
laudābilis, -is, -e	lobenswert	(→ laudāre)
excurrere	**?** (ex + currere)	
flūctus, -ūs *m.*	Flut	(→ fluere)
frangere, frangō, frēgī, frāctum *(St.* **frag-)**	(zer-)‚brechen'; verletzen	**D** Fraktur, Fragment, Fraktion **E** fracture
lēnis, -is, -e	mild, sanft	
adluere	bespülen	
fenestra	‚Fenster'	**F** la fenêtre
15 **latus,** lateris *n.*	Seite, Flanke	**D** multi-lateral
*frōns, frontis *f.*	Stirn, Vorderseite	**D/E/F** front
quăsi *(Adv.)*	gleichsam	
prōspectāre (→ spectāre)	Aussicht auf *etw.* gewähren	**D** Prospekt
*longinquus, -a, -um	weit entfernt	(→ longus)
respicere	**?** (re + specere)	
*hortus	Garten	
mīrābilis, -is, -e	wunderbar	
*calidus, -a, -um	warm, heiß	**F** chaud
piscīna	Fischteich; Badebecken	
*inesse	**?** (in + esse)	
*natāre	schwimmen	
*occāsus, -ūs *m.* (→ cadere)	Untergang; Westen	
unda	Welle	**D** ondulieren **F** l'onde
iocōsus, -a, -um	zum Scherzen aufgelegt	**D** Jokus (**L** iocus) **E** joke
turris, turris *f.*	‚Turm'	**E** tower **F** le tour
*pulchritūdō, -dinis *f.*	Schönheit	(→ pulcher)
singulāris, -is, -e	einzeln; einzigartig	**D** Singular **E** singular **F** singulier
serēnus, -a, -um	heiter, klar	
architectus	Baumeister	
*prūdēns, -ntis	klug	**E/F** prudent
20 **tegere,** tegō, tēxī, tēctum *(St.* **teg-)**	(be)‹decken›, schützen	**D** Detektiv *(der Verbrechen aufdeckt)*
*contegere, -tegō, -tēxī, -tēctum	bedecken	(→ tēctum)
adhaerēre	hängen an, angrenzen an	**D** Adhäsion
animal, animalis *n.* (→ animus)	Lebewesen	**D** animalisch **E/F** animal
piscīnārius	Fischteichbesitzer, Emporkömmling, Neureicher	(→ piscīna)

B **crūdēlis,** -is, -e	grausam	**E/F** cruel
audāx, audācis	kühn, verwegen	**F** audace
audācia	Kühnheit, Frechheit	
25 **commovēre,** -moveō, -mōvī, -mōtum	bewegen, veranlassen	(→ movēre)
īrā commōtus	aus Zorn	
*pūnīre (→ poena)	bestrafen	**E** to punish **F** punir
rapāx, rapācis	reißend, räuberisch	(→ rapere)
*innocēns, -ntis	unschuldig	**E/F** innocent
suscēnsēre	aufgebracht sein, zürnen	
placēre	gefallen	**E** please **F** plaisir
mihī placet	ich beschließe	
*imber, -bris *m.*	Regen	
brevis, -is, -e	kurz	**D** ‚Brief', Abbreviatur *(Abkürzung)*
vīs, vim, vī; *Pl:*	Kraft	
vīrēs, vīrium		
*vīcus	Dorf	
fundere, fūdī, fūsum	(aus-)gießen	
effundere	ausgießen	
30 **arbor,** arboris *f.*	Baum	**F** l'arbre
*latēre	verborgen sein	**D** latent
lītus, lītoris *n.*	Strand	**D** Lido
*cervus, cerva	Hirsch(kuh)	
gracilis, -is, -e	schlank	**D** Grazie
*herba	Gras	
*edere, edō, ēdī, ēsum	essen	
phōca *(griech.)*	Seehund	
*lupus	Wolf	**F** le loup
ovis, ovis *f.*	Schaf	
delphīnus *(griech.)*	Delphin	
*natāre	schwimmen	
vehemēns, -ntis (→ vehere)	(„hochfahrend:") heftig, energisch	**D** Vehemenz
*leō, leōnis *m.* *(griech.)*	Löwe	
fortis, -is, -e (→ fortitūdō)	stark, tapfer	**D** Fort *(kleines Verteidigungswerk)*, forcieren, **F** fort
aper, aprī *m.*	‹Eber›	
fugāx, fugācis	flüchtig, scheu	(→ fugere)
celer, celeris, celere	schnell	(→ celeritās)
*avis, avis *f.*	Vogel	(→ auspicium: < avis, specere)
*tumulus	Hügel	
illīc *(Adv.)*	dort	
*nāvīgāre	segeln, befahren	(< nāvis, agere)
*nāvīgium	Schiff	
*cibus	Speise	
*celeber, -bris, -bre	beliebt, berühmt	**F** célèbre
35 **opus,** operis *n.* (→ opera)	Werk; *hier:* Bauwerk	**D** Opus *(eines Künstlers)*

ruīnae, -ārum *f. (Pl.)* (→ ruīnōsus)	Trümmer, Überreste, Ruinen	**D** Ruin
ferē *(Adv.)*	fast, etwa	
tantum *(Adv.)*	nur	
mortālis, -is, -e	sterblich; *Pl.:*	**D** Salto mortale
mortālēs, -ium *m.* (→ mors)	Menschen	**E** mortal
*pius, -a, -um	fromm	
fidēlis, -is, -e (→ fidēs)	treu, zuverlässig	**D** Hifi *(= high fidelity)* **F** fidèle
acer, acris, acre (→ aciēs)	scharf	

Lēctiō vīcēsima XX

laudare, lavare, visitare, apparere, complere,
valere, aperire, pervenire, intellegere;
cena, lux, nomen, porta;
nonnulli, pauci, proximus;
hodie, nondum, praeter, simul

claudere, claudō, clausī, clausum

vīcēsimus, -a, -um	zwanzigster	
mūnus gladiātōrium	Gladiatorenkampf	
ēdere, ēdō, ēdidī, ēditum	herausgeben; veranstalten	**D** edieren *(ein Buch herausgeben)* **E/F** edition
spectātor, -ōris *m.*	Zuschauer	
cōnfluere, -fluō, flūxī (*St.* ***flugv-**)	sich einfinden, zusammenströmen	(→ fluere)
tŭbă	(gerade) Trompete (mit tiefem Ton)	
*canere, canō, cecinī (→ cantāre)	blasen, *(Instrument)* spielen	
ēditor, -ōris *m.*	Veranstalter	
salūtātiō, -iōnis *f.*	**?** (→ salūtāre)	
sollers, -ertis	gewandt	(→ ars)
*favēre, faveō, fāvī, fautum *mit Dat.*	begünstigen, Beifall geben	**D** Favorit **E** favour
auctor, -ōris *m.*	Urheber	**D** Autor **F** l'auteur
Caesare auctōre	auf Veranlassung Caesars	
lepus, leporis *m.*	Hase	
aper, aprī *m.*	‹Eber›	
*cervus	Hirsch	
immittere	**?** (in + mittere)	
vēnātiō, -iōnis *f.*	Jagd	
fu!	buh!	
*occidere, occidō, occidī, occāsum (→ cadere)	untergehen	**D** Okzident

B Īdūs Octōbrēs	15. Oktober	(→ CG 20.4.2)
commūnis, -is, -e	gemeinsam	**D** Kommune, Kommunist **E** common **F** commun
*splendidus, -a, -um	glänzend	**E** splendid
peristylium	Peristyl	
amplificāre	erweitern	
*invītāre	einladen	**E** to invite **F** inviter
rēvērā *(Adv.)*	tatsächlich	
*epulae, -ārum *f.*	Festmahl	
*luxus, -ūs *m.*	übermäßiger Aufwand	**D** Luxus **F** le luxe
exōrnāre	ausschmücken	
pavīmentum	Estrich (= Fußboden)	
subscrībere	**?** (sub + scrībere)	
5 **cavēre,** caveō, cāvī cautum *mit Akk.*	achtgeben, sich hüten vor	**D** Kaution *(vorsichtshalber verlangte Summe)*
cavēre sociōs	sich vor den Bundesgenossen hüten	
*canis, -is *m.*	‹Hund›	**F** le chien
alicubī *(Adv.)*	irgendwo	(→ ubī)
ferōx, ferōcis	wild, trotzig, tapfer	
lātrāre	bellen	
pulsāre	anklopfen	
ōstiārius	Pförtner	
faucēs, faucium *f. (Pl.)*	Korridor	
tablīnum	Tablinum, Empfangszimmer	
*porticus, -ūs *f.*	Säulengang	
umbrōsus, -a, -um	schattig	
*hortus	Garten	
lābrum (< lavabrum)	Becken	(→ lavāre)
marmoreus, -a, -um	aus Marmor	
viridis, -is, -e	grün	**F** vert
*flōs, flōris *m.*	Blume	**E** flower **F** la fleur
flōrēre	blühen	**D** florieren
lautus, -a, -um	geschmackvoll	(→ lavāre)
*circumdāre	umgeben	
iuxtā *(b. Akk.)*	dicht neben	
*aestīvus, -a, -um	sommerlich	
intrōdūcere	hineinführen	
accubāre *(m. Dat.)*	lagern	
amīcālis, -is, -e	freundschaftlich	
lectus, -ūs	Lager, Liege, Sofa	
accumbere, accubuī, -bitum	Platz nehmen	
*columna	Säule	
nivātus, -a, -um	gekühlt	
īnfundere, īnfūdī, īnfūsum	eingießen, übergießen	**D** Infusion
*cibus	Speise	

ab ovō ūsque ad māla	(„vom Ei bis zu den Äpfeln") von der Vorspeise bis zum Nachtisch	
ēnumerāre	aufzählen	
*asportāre	wegbringen, fortschaffen	(abs ≈ ab + portāre)
lector, -ōris *m.*	Vorleser	(→ legere)
prōdūcere, -dūcō, dūxī, -ductum	vorführen, auftreten lassen	**D** Produktion **E** to produce **F** produire
imprīmīs *(Adv.)*	in erster Linie	
versus, -ūs *m.*	Vers	**F** vers **E** verse
10 **imāgō,** imāginis *f.*	Bild	**D** imaginär *(nur in der Vorstellung, nicht real)* **E/F** image
*pariēs, parietis *m.*	Wand	**F** la paroi
dēscrībere	beschreiben	
pictor, -ōris *m.*	Maler	
pingere, pingō, pīnxī, pictum	malen	**D** Pigment *(Farbstoff)* **E** to paint **F** peindre
excellēns, -ntis	vortrefflich	**D** exzellent
dīlūvium	Sintflut	
sōlus, -a, -um	allein	**D** Solist **E** sole **F** seul
lautissimus	fantastisch o. ä.	(→ lautus; lavare)
pictūra	Gemälde	**E** picture
cūrāre (→ cūra)	sich kümmern um; pflegen	**D** kurieren, akkurat **F** curer
dīligēns, -ntis (→ dīligere)	sorgfältig, genau	
15 **prīdiē** *(Adv.)*	am Tag zuvor	(→ diēs)
Kalendae Novembrēs	1. November	(→ CG 20.4.2)
PE		
*incola *m.*	Einwohner	
*dormīre	schlafen	**F** dormir
20 *saevīre	wütend sein	
*merīdiēs, -diēī *m.* (→ medius, diēs)	Mittag	**D** Meridian *(„Mittagslinie": Längengrad)*
CG		
*īnfectus, -a, -um	ungetan	

Latein in der modernen Wissenschaft

Fruktose	*fructus*	Fruchtzucker
Nullosomie	*nullus, -a, -um*	Fehlen der Erbanlagen auf beiden Chromosomen (griech. sôma: Körper)
Cornea	*cornu*	Hornhaut
Tractus	*trahere*	Nervenfasern, die z. B. untereinander Verbindungen herstellen
Gravitation	*gravis, -e*	Schwerkraft
Omnivoren	*omnis, -e*	Allesfresser (vorare: fressen, s. Herbivoren)
Lateralorgane	*latus*	die an den Seiten der Fische liegenden Organe zur Wahrnehmung von Strömungsgeschwindigkeit usw.
Imago	*imago*	geschlechtsreife Form des Insekts
solitär	*solus, -a, -um*	Formen von Tieren, die allein leben, z. B. solitäre Bienen

Stammformen (Perfektbildung) wichtiger Verben

Wörter im **halbfetten** Druck: enthalten im Grundwortschatz Klett
Wörter mit Sternchen *: enthalten im Aufbauwortschatz Klett
übrige Wörter: Lesevokabeln in OSTIA I

a-Konjugation

Normaltyp: Perfekt auf -vī

amāre, amō, amāvī, amātum — lieben

Perfekt auf -uī

1.	crepāre, crepuī, crepitum	*allg.:* ein (lautes) Geräusch machen
	*increpāre	lärmen, *jd.* anschreien
2.	(ac)cubāre, cubuī, cubitum	liegen (um zu ruhen), lagern
3.	*domāre, domuī, domitum	zähmen, bezwingen
4.	*(re-)sonāre, sonuī, sonitum	(wider-)hallen, tönen, klingen
	circumsonāre	umtönen, ringsum tönen

Perfekt mit Dehnung oder Reduplikation

5.	**(ad)iuvāre,** (ad)iūvī, (ad)iūtum	unterstützen, helfen
6.	**lavāre,** lāvī, lautum	waschen, baden *(tr./intr.)*
7.	**dăre,** dedī, dătum	geben
	*circúmdare	umgeben
8.	**stāre,** stetī, (stătum)	stehen
	obstāre, obstitī *(ohne PPP)*	entgegenstehen, hinderlich sein

e-Konjugation

Normal-Typ: Perfekt auf -uī

terrēre, terreō, terruī, territum	*(jd.)* erschrecken

Im PPP weichen hiervon ab:

9.	**cēnsēre,** cēnsuī, cēnsum	(ab)schätzen, meinen
10.	**docēre,** docuī, doctum	lehren, unterrichten
11.	**tenēre,** tenuī, tentum	halten, festhalten
	pertinēre, pertinuī, pertentum	sich erstrecken, sich beziehen
	retinēre	zurück-, festhalten
	sustinēre	aushalten, ertragen

Perfekt auf -vī

12.	**complēre,** complēvī, complētum	(an)füllen
	implēre	anfüllen, ausfüllen
13.	**dēlēre,** dēlēvī, dēlētum	vernichten, zerstören
14.	* flēre, flēvī, flētum	(be)weinen
	dēflēre	beweinen, beklagen

Perfekt auf -sī

15.	fulgēre, fulsī *(ohne PPP)*	glänzen; *3. P. Sg.:* es blitzt
16.	* haerēre[1]), haesī, haesum	festsitzen, hängenbleiben
	adhaerēre	angrenzen an
	inhaerēre	haften an, festhängen an
17.	**iubēre**[2]), iussī, iussum	befehlen, auffordern, auftragen
18.	**manēre,** mānsī, mānsum	bleiben, *jd.* erwarten
19.	**rīdēre,** rīsī, rīsum	lachen

Perfekt mit Dehnung des Stammvokals

20.	**cavēre,** cāvī, cautum	sich hüten
21.	* favēre, fāvī, fautum	gewogen sein, begünstigen, für *jd./etw.* sein
22.	**movēre,** mōvī, mōtum	bewegen
	commovēre	bewegen, veranlassen
23.	**sedēre,** sēdī, sessum	sitzen
24.	**vidēre,** vīdī, vīsum	sehen

Perfekt mit Reduplikation

25.	spondēre, spopondī, spōnsum	geloben
	respondēre, respondī, respōnsum	antworten

[1]) aus haesēre; haes-sī > haesī
[2]) aus ioudhēre; ioudh-si > iussī
[3]) aus * répeperī (Reduplikation)
[4]) aus quaesere; vgl. „quaesō" = „bitte"

ī-Konjugation (langes ī)

Normal-Typ: Perfekt auf -vī

audīre, audiō, audīvī, audītum	hören

Abweichung:

26.	* sepelīre, sepelīvī, sepultum	begraben, bestatten

Perfekt auf -uī

27.	**aperīre,** aperuī, apertum	öffnen, aufdecken
28.	**salīre,** saluī *(ohne PPP)*	springen

Perfekt auf -sī

29.	* vincīre, vīnxī, vīnctum	fesseln

Andere Perfektbildungen

30.	**reperīre,** repperī[3]), repertum	finden, erfahren
31.	**venīre,** vēnī, ventum	kommen
	advenīre	ankommen
	circumvenīre	umzingeln
	invenīre	finden, entdecken
	pervenīre	(hin-)gelangen, *in etw.* geraten
	* subvenīre	zu Hilfe kommen

Konsonantische Konjugation

Bei dieser Konjugation existiert ein „Normal-Typ" nicht.

Perfekt auf -vī

32.	**cernere,** crēvī, crētum	wahrnehmen, erkennen
	dēcernere	entscheiden, beschließen
33.	* lacessere, lacessīvī, lacessītum	reizen, herausfordern
34.	**petere,** petīvī, petītum	bitten, verlangen; *zu jd./etw.* hinstreben
	repetere	wiederholen, sich zurückbegeben
35.	**quaerere**[4]), quaesīvī, quaesītum	suchen, fragen
36.	**sinere,** sīvī, situm	(zu)lassen
	dēsinere, dēsiī, dēsitum	aufhören
37.	**sternere,** strāvī, strātum	ausbreiten

Perfekt auf -uī

38.	accumbere, accubuī, accubitum	sich *zu Tische* legen: Platz nehmen
39.	* gignere, genuī, genitum	erzeugen, hervorbringen

40.	**pōnere**[5]**,** posuī, positum	stellen, setzen, legen
	expōnere	hinaussetzen; darstellen
	impōnere	einsetzen, *auf etw.* setzen, auferlegen
	prōpōnere	vorlegen, aufstellen, vorschlagen, in Aussicht stellen
41.	**tremere,** tremuī *(ohne PPP)*	zittern

Perfekt auf -sī

42.	**cēdere,** cessī, cessum	gehen, weggehen
	accēdere	herantreten, hinzukommen
	* antecēdere	vorausgehen, übertreffen
	dēcēdere	weggehen
	discēdere	auseinander-, weggehen
	excēdere	hinausgehen, sich entfernen
	prōcēdere	vorwärts gehen, hervortreten
	succēdere	vorrücken, nachfolgen; gelingen
43.	**claudere,** clausī, clausum	(ab)schließen, einschließen
44.	**dīcere,** dīxī, dictum	sagen, reden, nennen
	maledīcere	schimpfen
45.	**dīligere,** dīlēxī, dīlēctum (s. Nr. 82)	hochachten, lieben
	intellegere, intellēxī, intellēctum	einsehen, verstehen
	neglegere, neglēxī, neglēctum	vernachlässigen, nicht beachten
46.	**exstinguere,** exstīnxī, exstīnctum	auslöschen, vertilgen
47.	**dūcere,** dūxī, ductum	führen
	abdūcere	wegführen
	addūcere	heranführen, veranlassen
	condūcere	zusammenführen; mieten
	dēdūcere	wegführen, ableiten, begleiten
	intrōdūcere	hineinführen
	prōdūcere	vorwärtsführen, hervorbringen, vorführen
	redūcere	zurückführen, hinbringen
48.	trāns-fīgere, trāns-fīxī, trāns-fīxum	durchbohren
49.	**fluere,** flūxī	fließen
	cōnfluere	zusammenströmen, sich einfinden
	effluere	hervorfließen
50.	**gerere**[6]**,** gessī, gestum	tragen, ausführen
51.	**iungere,** iūnxī, iūnctum	verbinden, vereinigen
52.	**lūdere,** lūsī, lūsum	spielen, scherzen
	illūdere	verspotten, *jd.* einen Streich spielen
53.	**mittere,** mīsī, missum	schicken, werfen
	āmittere	loslassen, verlieren
	committere	veranstalten; anvertrauen
	dīmittere	wegschicken, entlassen
	ēmittere	hinausschicken, entlassen
	immittere	hineinlassen, -schicken
54.	* nūbere, nūpsī, nūptum	*(einen Mann)* heiraten
55.	**pingere,** pīnxī, pictum	malen
56.	(ap)plaudere, plausī, plausum	Beifall klatschen
57.	**premere**[7]**,** pressī, pressum	drücken, (be)drängen
	opprimere	unterdrücken, vernichten
58.	**regere,** rēxī, rēctum	leiten, regieren, lenken
	ērigere, ērēxī, ērēctum	aufrichten, errichten
	pergere, perrēxī, perrēctum	fortfahren *(etwas zu tun)*
	Ebenso **surgere**	aufstehen, sich erheben
59.	**scrībere,** scrīpsī, scrīptum	schreiben
	dēscrībere	beschreiben
	* prōscrībere	öffentlich bekannt machen, anbieten; ächten
	subscrībere	darunterschreiben
60.	* (ex-)struere, exstrūxī, exstrūctum	(auf-)schichten, (auf-)bauen
	dēstruere	niederreißen, zerstören

[5]) aus pósinere > posnere > pōnere (also eigtl. zu Nr. 36 sinere)
[6]) gesere > gerere
[7]) zwei Stämme: prem-/pres-

61. **tegere,** tēxī, tēctum	bedecken
*contegere	bedecken
62. **trahere,** trāxi, trāctum	ziehen, schleppen
63. vādere *(nur Präs.)*	gehen
invādere, invāsi, invāsum	eindringen, angreifen
64. **vehere,** vēxī, vectum	*(etwas)* fahren, transportieren
65. **vīvere,** vīxī, vīctum	leben

Perfekt mit Reduplikation
(bei Komposita z. T. ohne Reduplikation)

66. **addere,** addidī, additum	hinzutun, -fügen
ēdere	herausgeben, vollbringen, veranstalten
perdere	zugrunde richten, verlieren; vertun
trādere	übergeben, überliefern
vendere[8]	verkaufen
67. **cadere,** cecĭdī, cāsum	fallen
*occidere, occĭdī, occāsum	untergehen, im Kampf fallen
concidere *(ohne PPP)*	zusammenfallen
68. *canere, cecinī *(ohne PPP)*	singen, blasen
69. **crēdere,** crēdidī, crēditum	glauben, vertrauen
70. **currere,** cucurrī, cursum	laufen, eilen
accurrere, accurrī, accursum	herbeieilen
excurrere	herauslaufen, hervoreilen
occurrere	entgegenlaufen
*percurrere	durchlaufen, durcheilen
71. **fallere,** fefellī, (falsum)	täuschen, betrügen
72. **pellere,** pepulī, pulsum	(ver)treiben, stoßen
73. **pendere,** pependī, pēnsum	aufhängen; wägen; zahlen
74. **sistere,** stitī/stetī, statum	hinstellen, anhalten, sich hinstellen
cōnsistere, constitī *(ohne PPP)*	sich aufstellen, haltmachen
75. **tendere,** tetendī, tentum	dehnen, spannen, strecken
contendere, contendī, contentum	kämpfen, sich anstrengen; eilen
intendere	anspannen, richten auf

Perfekt mit Dehnung des Stammvokals

76. agere, ēgī, āctum	treiben; tun, handeln
77. **cōnsīdere**[9], cōnsēdī, cōnsessum	sich setzen, niederlassen
78. *edere, ēdī, ēsum	essen, verzehren
79. **emere,** ēmī, ēmptum	kaufen
80. frangere, frēgī, frāctum	*(etwas)* zerbrechen
81. (ef-)**fundere,** fūdī, fūsum	(aus)gießen
īnfundere	ein-, übergießen
82. **legere,** lēgī, lēctum	lesen
aber:	(s. Nr. 45)
colligere, collēgī, collēctum	sammeln
83. **relinquere,** relīquī, relictum	zurücklassen, verlassen
84. **rumpere,** rūpī, ruptum	(zer-)brechen
interrumpere	unterbrechen
85. **vincere,** vīcī, victum	(be)siegen
*convincere	*(einer Sache)* überführen

Perfekt mit unverändertem Präsensstamm

86. **bibere,** bibī *(ohne PPP)*	trinken
87. **incendere,** incendī, incēnsum	anzünden
88. **dēfendere,** dēfendī, dēfēnsum	wegstoßen, verteidigen, abwehren
89. **ascendere,** ascendī, ascēnsum	aufsteigen, besteigen
dēscendere	hinabsteigen
90. exuere, exuī, exūtum	ausziehen
*induere	anziehen, bekleiden
91. **metuere,** metuī *(ohne PPP)*	(sich) fürchten
92. prehendere, prehendī, prehēnsum	ergreifen, packen
comprehendere	ergreifen
93. prō-ruere, ruī, rutum	niederreißen
94. **solvere,** solvī, solūtum	lösen; bezahlen
95. **statuere,** statuī, statūtum	aufstellen; festsetzen, beschließen
cōnstituere, cōnstituī, cōnstitūtum	hinstellen; beschließen
96. *(dis-)**tribuere,** -tribuī, -tribūtum	zuteilen, verteilen

Verben auf -sco (Verba incohativa)
Das Suffix -sc- drückt meistens aus, daß eine Handlung oder ein Zustand allmählich in Gang kommt oder erreicht wird (incohāre = erst anfangen).

97. **crēscere,** crēvī (crētum)	(an)wachsen

8) aus vēnum dare: zum Verkauf geben
9) aus con-si-sd-ere (Präsensreduplikation; sd „Schwundstufe" zu sed)

98. **discere**[10], didicī *(ohne PPP)*	lernen
99. **īgnōscere,** ignōvī, (īgnōtum)	verzeihen
aber:	
cōgnōscere, cōgnōvī, cōgnitum	erkennen, kennenlernen
100. poscere, poposcī *(ohne PPP)*	fordern

ĭ-Konjugation (kurzes ĭ)

(Konsonantische Konjugation mit i-Erweiterung)

Perfekt mit Dehnung des Stammvokals

101. **capere,** capiō, cēpī, captum	fassen, fangen
accipere, accēpī, acceptum	annehmen, sich geben lassen, empfangen
incipere, (coepī), inceptum	beginnen
102. **facere,** faciō, fēcī, factum	tun, machen
Die mit Präpositionen gebildeten Komposita werden konjugiert wie	
afficere, affēcī, affectum	*(mit etwas)* versehen
cōnficere	fertigmachen, vollenden
dēficere	abnehmen, schwinden, mangeln
interficere	töten
perficere	vollenden, ausführen
103.* effodere, -fodiō, -fōdī, -fossum	ausstechen, (um-)graben
104. **fugere,** fugio, fūgī, fugitum	fliehen, meiden
effugere *(ohne PPP)*	entfliehen
105. iacere, iaciō, iēcī, iactum	werfen
* adicere[11]	hinzufügen

Andere Perfektbildungen

106. **aspicere,** aspiciō, aspēxī, aspectum	anblicken, erblicken, sich ansehen
īnspicere	besichtigen
respicere	zurückblicken, berücksichtigen
107. **cupere,** cupiō, cupīvī, cupītum	begehren, wollen, wünschen
108. **rapere,** rapiō, rapuī, raptum	rasch ergreifen, rauben
* corripere, corripuī, correptum	wegnehmen, zusammenraffen
* dīripere	plündern, wegreißen
ēripere	entreißen

esse, velle

109. **esse,** sum, fuī	sein
abesse, absum, āfuī	abwesend sein, entfernt sein
adesse, adsum, adfuī (affuī)	da sein, beistehen, helfen
deesse, dēsum, dēfuī	fehlen, mangeln
inesse, īnsum, (īn-)fuī	darin sein, enthalten sein
interesse, intersum, interfuī	dabei sein, teilnehmen
praeesse, praesum, praefuī	vorgesetzt sein, leiten
prōd-esse, prō-sum, prō-fuī	nützlich sein, nützen
posse, possum, potuī	imstande sein, können
110. **velle,** volō, voluī	wollen
nōlle, nōlō, nōluī	nicht wollen

Verba defectiva

Von diesen „unvollständigen" Verben ist nur ein Teil der sonstigen Formen gebräuchlich.

Nur im Perfektstamm:

111. **coepisse,** coepī, coeptum (→ Nr. 101)	angefangen haben
112. inquam, inquis, **inquit,** inquiunt *(Präsens)* inquit *(Perfekt)* *(stets eingeschoben in direkter Rede)*	sagen
113. salvē, salvēte!	sei(d) gegrüßt
valē, valēte!	leb(t) wohl!
114. **tollere,** sustulī, sublātum[12]	hochheben, tragen, ertragen

[10]) aus di-dc-scere (Präsensreduplikation; Stamm auch bei doc-ēre)

[11]) sprich: -jicere

[12]) Stamm tol / tul / * tlā; sus < * subs = sub, vgl. Nr. 11 sus-tinēre

Alphabetisches Vokabular Lateinisch–Deutsch

Wörter in **halbfettem** Druck: Grundwortschatz Klett
Wörter mit Sternchen *: Aufbauwortschatz Klett
übrige Wörter: Lesevokabeln in OSTIA I
St + Ziffer: Nr. der Stammformenreihen
△: Erklärung neben dem Text

a, ab	von, von ... her, von ... an 6 A 2
abducere	wegführen 17 B, St 47
abecedarius	Abc-Schütze 3 A 2
abesse	abwesend sein; entfernt sein; fehlen 5 A 3, St 109
accedere	herantreten, hinzukommen 17 A, St 42
accipere	annehmen, empfangen, aufnehmen 5 A 3, St 101
acclamare	zurufen 8 A 2
accubare	lagern 20 B, St 2
accumbere	Platz nehmen 20 B, St 38
accurrere	herbeieilen 2 A 1, St 70
acer	scharf 19 C G
acies	Schlacht; Schärfe 17 A
ad	zu, nach, nahe bei 7 A 1
addere	hinzutun, hinzufügen 15 B, St 66
adducere	heran-, herbeiführen 16 A, St 47
adesse	dasein; helfen 2 A 2, 3 A 1, St 109
adhaerere	angrenzen an 19 A, St 16
adhibere	anwenden; hinzuziehen 9 A
adhuc	bis jetzt, noch 14 A 3
*adicere	hinwerfen auf 9 A, St 105
adiuvare	helfen, unterstützen 4 A, St 5
adluere	bespülen 19 A
*adorare	(an)beten 12 A 2
advenire	ankommen 13 A 2, St 31
adventus	Ankunft 17 B
*adversarius	Gegner 18 B
adversus	zugewandt, vorn, feindlich 17 A
advocare	herbeirufen 9 A
*advolare	herbeieilen 18 A 2
aedes	Tempel 12 A 2
aedes *(Pl.)*	Haus 12 B
aedificare	bauen 12 A 2
aedificium	Gebäude 5 A 2
*aegrotare	krank sein 15 A 2
aequus	gleich, eben, gerecht 9 A
aerarium	Schatzkammer, Staatskasse 12 A 2
*aestivus	sommerlich 20 B △
*aeternus	ewig 12 A 2
afficere	versehen mit 8 A 2, St 102
ager	Feld, Acker 7 A 1
agere	(be)treiben, handeln, tun 5 B, St 76
agitare	heftig (be)treiben 12 B
agite!	auf! vorwärts! 7 A 3
agmen	Zug, Heereszug 8 A 2
agricola	Bauer 6 B
albus	weiß 8 B
alea	Würfel(spiel) 15 A 2
alicubi	irgendwo 20 B
alienus	fremd, nicht zugehörig; unpassend 5 A 2
aliquando	irgendwann, einst, eines Tages 11 B
alius	ein anderer 14 A 1
alius ... alius	der eine ... der andere
alter	der eine (von zweien), der andere 18 B
altitudo	Höhe, Tiefe 15 A 1
altus	hoch, tief 9 B
amare	lieben 10 B
*ambo	beide (zusammen) 18 A 2
ambulare	spazieren, umhergehen 7 A 2
amicalis	freundschaftlich 20 B
amicus	Freund; befreundet 4 A
amittere	loslassen, verlieren 12 B, St 53
amphitheatrum	Amphitheater 18 B
amphora	(Wein-, Vorrats-)Krug 5 B △
amplificare	erweitern 14 B
an	oder? 10 A
*ancora	Anker 17 B
angustus	eng 12 B
animal	Lebewesen 19 A
animus	Seele, Geist; Mut, Gemüt, Herz 7 A 2
in animo habere	im Sinn haben, beabsichtigen 7 A 2
annus	Jahr 6 B
ante *(Adv.)*	vorher, früher 14 B
ante *(Präp.)*	vor 7 A 2
antea	vorher, früher 13 A 1
*antecedere	vorausgehen, übertreffen 16 B, St 42
antiquitus	von alters her, in alter Zeit 4 B
antiquus	alt 8 A 2
*anulus	Ring 13 B
aper	Eber 19 B
aperire	öffnen, aufdecken 14 B, St 27
*apertus	offen, offenkundig 16 B
apodyterium	Auskleidehalle 18 A 2 △
apotheca	Weinlager, Vorratsraum 5 B △
apparere	erscheinen, sich zeigen 5 B
appellare	anrufen, nennen 12 A 2
applaudere	Beifall klatschen 18 B, St 56
apportare	herbeitragen, herbringen 2 A 1
appropinquare	sich nähern 7 A 3
aptus	passend, geeignet 17 A
apud	bei 7 A 2
aqua	Wasser 3 A 1
arbor	Baum 19 B
architectura	Baukunst 4 B △
architectus	Baumeister 19 A
argentum	Silber 9 A
arithmetica	Arithmetik 4 B △
arma *(Pl.)*	Waffen, Rüstung 9 A
*armatus	bewaffnet, in voller Rüstung 11 B
ars	Geschicklichkeit, Kunst, Handwerk 11 B
ascendere	hinaufsteigen, erklimmen 6 A 2, St 89
asinus	Esel 2 B
*aspectus	Blick, Anblick, Aussehen 17 A
asper	rauh 15 A 2
aspicere	(sich) ansehen, erblicken 8 A 2, St 106
*asportare	wegbringen, fortschaffen 20 B
at	aber, dagegen 9 B
athleta	sportl. Wettkämpfer, Athlet 9 B
atque, ac	und 1 A
atrium	Empfangshalle, Atrium 7 A 2 △
attentus	aufmerksam 3 B
auctor	Urheber 20 A
audacia	Kühnheit, Frechheit 19 B
audax	kühn, frech 19 B
audire	hören 2 A 1
auditor	Zuhörer 8 A 1
aurum	Gold 9 A
auspicium	Vogelschau, Vorzeichen 13 B
aut	oder 2 A 1
aut ... aut ...	entweder ... oder ... 8 A 2
autem	aber, jedoch 1 A
avaritia	Habgier, Geiz 5 A 3
*avarus	habgierig 16 A
*avis	Vogel 19 B
avolare	loslaufen 2 B
avunculus	Onkel 9 B
axis	Achse 15 A 1
baculum	Stock 18 B

balneae *(Pl.)*	öff. Badeanstalt 18 A 1
balneaticum	Badegeld 18 A 2 △
balneator	Bademeister 18 A 2
balneum	Bad 3 A 1
barba	Bart 16 B
barbaricus	ausländisch, fremd 15 A 2
barbarus	Fremder, Ausländer 17 A
basilica	Basilika 9 B △
beatus	glücklich 10 A
bellum	Krieg 11 A 2
bene	gut 10 A
*bestia	Tier 18 B
bestiarius	Tierkämpfer 18 B △
bibere	trinken 7 B, St 87
bibulus	Säufer, trinkfreudig 5 B
bonus	gut, tüchtig 5 B
brevis	kurz 19 B
cadere	fallen 6 B, St 67
caelum	Himmel 1 B
calcare	treten 13 A 1
*calidus	warm, heiß 19 A
calor	Wärme, Hitze 15 A 2
campus	Feld, freier Platz, Ebene 11 B
*canere	blasen, singen 18 B, St 68
*canis	Hund 20 B
cantare	singen 1 A
capax	geräumig 19 A
capere	fassen, nehmen, ergreifen 4 A, St 101
*capillus	Haar 16 B
*captivus	Gefangener; gefangen 8 B
caput	Kopf, Haupt 8 B
caput rerum	Hauptstadt der Welt 17 A
*carcer	Gefängnis 9 A △
carmen	Lied, Gedicht, Spruch 8 B
carus	lieb, teuer PE 5
casa	Hütte 9 A
castra *(Pl.)*	Lager 10 A
catasta	Schaugerüst 16 A △
caupo	Gastwirt, Verkäufer 18 A 2 △
caupona	Wirtshaus 7 A 3 △
causa	Ursache, Grund, Vorfall, Streitsache 4 B
causā *(Präp.)*	wegen, um ... willen 7 A 3
cavea	Zuschauerraum 18 B △
cavere	sich hüten vor 20 B, St 20
cedere	gehen, weggehen 6 A 1, St 42
*celeber	belebt, berühmt 19 B
celer	schnell 19 B
*celeritas	Schnelligkeit 12 B
cena	Mahlzeit 5 B
cenare	speisen, essen 7 A 1
censere	abschätzen, meinen, beschließen 14 B, St 9

cento	dickes Kissen 12 B △
cernere	erkennen, wahrnehmen 8 B, St 32
certare	kämpfen 17 B
certus	sicher, gewiß 4 A
cervus	Hirsch 19 B
ceteri	die übrigen 2 B
*cibus	Speise 9 A
circum	um ... herum 7 A 3
*circumdare	umgeben 20 B, St 7
circumscriptio	Umfang 14 A 3
circumsonare	umtönen, umgeben, ringsum widerhallen 18 A, St 4
circumvenire	umzingeln 12 B, St 31
circus	Rennbahn 12 B
cista	Kiste 4 A
cito	schnell, rasch 12 B
civis	Bürger 11 CG
*clades	Niederlage 11 A 3
clam	heimlich 5 B
clamare	schreien, rufen 1 A
clamor	Geschrei, Lärm 8 A 2
clarus	hell; laut; berühmt 8 A 1
claudere	abschließen, einschließen 13 B, St 43
*clientela	Klientel 10 B △
clivus	Hügel 13 A 1
coepisse	begonnen haben 18 B, St 111
cognoscere	kennenlernen, erkennen, erfahren 14 B, St 99
colligere	sammeln 6 A 1, St 82
collocare	aufstellen, einrichten; investieren 19 A
*columna	Säule 17 B △
*commeatus	Verkehr 17 B
*commilito	(Kriegs)Kamerad 17 A
committere	anvertrauen; veranstalten 12 A 1, St 53
commovere	bewegen, veranlassen 19 B, St 22
communis	gemeinsam 20 B
commutare	verwandeln 7 B
comparare	beschaffen, erwerben 14 B
complere	füllen 2 A 1, St 12
comprehendere	ergreifen 18 A 1, St 92
computare	(be)rechnen 14 A 3
concidere	zusammenbrechen, einstürzen 9 B, St 67
conclamare	gemeinsam rufen 13 B
conducere	zusammenführen, mieten 16 A, St 47
confectus	erschöpft, schwach, matt 6 B
conficere	fertigmachen, vollenden 10 B, St 102
confinium	Grenzland 15 A 2
confluere	sich einfinden, herbeiströmen 20 A, St 49

considere	sich niederlassen, sich setzen 18 B, St 77
consistere	sich aufstellen; haltmachen 6 A 1, St 74
constat	es ist bekannt 14 A 1
constituere	aufstellen, festsetzen, beschließen 13 A 1, St 95
consul	Konsul 8 B △
*contegere	bedecken 19 A, St 61
contendere	sich anstrengen, eilen 18 A 1, St 75
*contentus	zufrieden 3 B
contra	gegen 9 A
*convincere	(einer Schuld) überführen 18 A 1, St 85
conviva	Gast 5 B
copiae	Truppen, Heeresmacht 11 A 2
cornu	Horn, Heeresflügel 18 B
*corona	Kranz, Krone 8 B
corpus	Körper, Leib; Leiche 8 A 2
*corripere	zusammenraffen, wegnehmen, packen 12 B, St 108
cottidie	täglich 11 B
crassus	dick 13 A 2
credere	glauben, vertrauen 9 B, St 69
crepare	tönen, rasseln 16 B, St 1
crescere	wachsen, zunehmen 16 B, St 97
croceus	safrangelb 13 B △
crudelis	grausam 19 B
crustulum	Zuckerplätzchen 3 B
cubiculum	Schlafzimmer 13 B
cui?	wem? 3 A 1
cuius?	wessen? 5 A 2
cum *(Konj.)*	(zu der Zeit) als, jedesmal wenn 16 B
cum *(Präp.)*	(zusammen) mit 6 A 2
cuncti	alle 1 B
cupere	wünschen, begehren, wollen 4 A, St 107
cur?	warum? weshalb? 1 B
cura	Sorge, Pflege, Sorgfalt 6 CG, 12 A 2
curare	sich kümmern um; pflegen 20 B
curator	Aufseher, Bevollmächtigter 15 B △
curia	Rathaus 9 A △
currere	laufen, eilen 2 A 2, St 70
custodire	bewachen, beaufsichtigen, kontrollieren 12 A 2
*damnum	Schaden 2 B
dare	geben 3 A 1, St 7
de	von ... herab; von ... weg; über 6 A 2

dea	Göttin 7 A 3
debere	schulden: müssen, sollen 4 B
decedere	weggehen 14 A 3, St 42
decernere	entscheiden, beschließen 8 B, St 32
decet	es paßt, es gehört sich 1 A
decimus	zehnter 6 A 2
declamare	laut vortragen 3 B
decumanus maximus	Hauptstraße 15 B △
dedicare	zuweisen, weihen 12 A 2
deducere	wegführen, begleiten; ableiten 18 A 2, St 47
deesse	fehlen, mangeln 2 A 1, St 109
defendere	wegstoßen, abwehren, verteidigen 18 B, St 88
defessus	müde, erschöpft 1 B
deficere	fehlen, mangeln 9 A, St 102
deflectere	abbiegen 16 B
deflere	beweinen, beklagen 10 A, St 14
deinde	von da an, dann, ferner 1 A
delectare	erfreuen 15 PE
delere	zerstören, vernichten 12 B, St 13
delphinus	Delphin 19 B
demum	erst, endlich 16 B
*dens	Zahn 18 B
descendere	herabsteigen 12 B, St 89
describere	beschreiben 20 B, St 59
desinere	ablassen, aufhören 14 A 2, St 36
desperare	die Hoffnung verlieren, verzweifeln 10 A
*destinare	bestimmen 13 B
destruere	niederreißen, zerstören 15 B, St 60
deus	Gott 7 A 3
dexter	rechts; glücklich 13 B
dextra	Rechte (Hand) 13 B △
dicere	sagen, reden, nennen 1 A, St 44
dictare	diktieren 3 B
dictum	Sprichwort, Äußerung 3 B
dies	Tag; Termin, Frist 17 A
*digitus	Finger 16 B
diligens	sorgfältig, genau 20 B
diligentia	Sorgfalt, Gewissenhaftigkeit 6 A 1
diligere	lieben, hochschätzen 4 A, St 45
diluvium	Sintflut 20 B
dimidium	Hälfte 6 B
dimittere	wegschicken, entlassen 2 A 2, St 53
*diripere	wegreißen, plündern 12 B, St 108
discedere	auseinander-, weggehen 7 A 2, St 42
discere	lernen 3 B, St 98
discipulus	Schüler 3 B
*displicere	mißfallen 8 A 1
dissimilis	unähnlich 19 A
*distribuere	verteilen, einteilen 15 B, St 96
diu	lange (Zeit) 2 B
docere	lehren, unterrichten 3 A 2, St 16
doctus	gelehrt, gebildet 4 B
dolabra	Spitzhacke 12 B △
dolere	Schmerz empfinden, bedauern 10 A
dolor	Schmerz, Kummer 10 B
*domare	zähmen, bezwingen 17 B, St 3
domina	Herrin 1 B
domi	zu Hause 7 A 2
dominus	Herr 1 B
domo	von zu Hause 7 A 2
domum	nach Hause 7 A 2
domus	Haus 19 A
donare	schenken 3 A 2
donum	Geschenk 13 B
*dormire	schlafen 13 B
ducere	führen, ziehen 10 A, St 47
dulcis	süß, lieblich 19 A
dum	während 11 A 2
duo	zwei 10 A
duodecimus	zwölfter 12 A
duodecim	zwölf 13 B
duodevicesimus	achtzehnter 18 A
durus	hart 10 B
dux	Führer 11 A 3
e, ex	aus, von ... an 6 A 2
ebrius	(be)trunken 13 B
ecce!	da! sieh mal! 1 B
*edere	essen 15 A 2, St 78
edere	herausgeben, veranstalten 20 A, St 66
editor	Veranstalter 18 B △
*educare	erziehen 15 A 2
effluere	herausfließen 18 A 2, St 49
*effodere	ausstechen, umgraben 16 B, St 103
effugere	entfliehen, entkommen 18 A 2, St 104
effundere	ausgießen 19 B, St 81
egere	nötig haben 7 B
ego	ich 4 A
*elegans	wählerisch, geschmackvoll 19 A
elementa *(Pl.)*	Alphabet 3 B △
emere	nehmen, kaufen 15 A 2, St 79
*emittere	hinausschicken, entlassen 4 A, St 53
en!	sieh mal! 13 A 1
enim	nämlich, denn 1 B
enumerare	aufzählen 20 B
epistula	Brief 14 A 1
*epulae	Festmahl 20 B
eques	Reiter, einflußreicher Bürger 8 A 2
equidem	ich meinerseits, ich allerdings 14 A 1
equitatus	Reiterei; Stand der Equites 17 A △
equus	Pferd 6 B
erigere	aufrichten, errichten 18 B, St 58
eripere	entreißen, befreien 10 B, St 108
errare	(sich) irren, umherirren 7 B
esse	sein 1 B, St 109
et	und, auch 1 A
et ... et ...	sowohl ... als auch ... 3 B
etiam	auch, noch, sogar 1 B
euge!	gut! schön! bravo! 9 B
evanescere	verschwinden, sich auflösen 16 B
excedere	herausgehen, sich entfernen 6 B, St 42
excellens	vortrefflich 20 B
excitare	aufscheuchen, wecken 3 A 1
excurrere	vorspringen 19 A, St 70
exercere	(aus)üben 17 A
exercitus	Heer 17 A
exilium	Verbannung 10 A
*exitium	Untergang, Verderben 10 A
exornare	verzieren 20 B
exponere	(her)aussetzen, ausstellen; an Land setzen 17 A, St 40
exportare	(Waren) ausführen 15 B
expugnare	erobern 11 B
exspectare	herausschauen, (er)warten 2 B
exstinguere	auslöschen, vertilgen 12 B, St 46
*exstruere	aufschichten, aufbauen 19 A, St 60
extra	außerhalb von, aus ... heraus 8 A 2
exuere	ausziehen, ablegen 18 A 2, St 90
exul	Verbannter, verbannt 10 A
fabula	Geschichte, Erzählung 6 A 2
facere	tun, machen 4 B, St 102
factum	Handlung, Tat 14 A 3

fallere	täuschen 11 A 3, St 71
falsus	falsch 9 PE
familia	Hausgemeinschaft; Familie 8 A 2
familias	alter Gen. zu familia 13 B
farcimina fumantia	heiße Würstchen 18 A 2
fauces *(Pl.)*	Korridor 20 B
*favere	geneigt sein, begünstigen 18 B, St 21
*fax	Fackel 12 B
feliciter!	Viel Glück! Glück auf! 13 B
fenestra	Fenster 19 A
fere	fast, etwa 19 B
feriae	geschäftsfreie Tage, Feiertage 15 A 2 △, 17 PE
*ferire	schlagen, stoßen 18 B
ferox	wild, trotzig, tapfer 20 B
*ferreus	eisern 13 B
ferrum	Eisen 16 B
*festus	festlich, fröhlich 18 A 2
fidelis	treu, zuverlässig 19 B
fides	Treue, Vertrauen, Schutz 17 A
filia	Tochter 10 A
filius	Sohn 10 A
finire	begrenzen, beenden, festsetzen 3 B
finis	Grenze, Ende; Pl: Gebiet 11 A 2
finitimus	benachbart; Nachbar 11 A 2
flamma	Flamme 7 A 3
flammeus	feuerrot 13 B △
*flere	(be)weinen 14 A 1, St 14
florere	blühen 20 B
*flos	Blume 20 B
fluctus	Flut 19 A
fluere	fließen 18 A 2, St 49
flumen	Fluß, Strom 9 A
folium	Blatt, *Pl:* Laub 16 B
forma	Form, Gestalt 7 B
forte	zufällig, vielleicht 4 A
fortis	tapfer, stark 19 B
*fortitudo	Tapferkeit 17 A
fortuna	Schicksal, Glück *Pl:* Habe, Hab und Gut 10 B
forum	Markt(platz) 6 A 2 △
fractus	gebrochen, kaputt 2 B
frangere	(zer)brechen 19 A, St 80
frater	Bruder 15 A 2
fraus	Täuschung, Betrug 9 A
*frigidus	kalt, kühl, frostig 15 A 2
*frons	Stirn, Vorderseite 19 A
fructus	Frucht, Ertrag 17 A
frumentum	Getreide 1 B

frustra	vergeblich 6 A 1
fugax	flüchtig, scheu 19 B
fugere	fliehen, meiden 12 B, St 104
fulgere	glänzen 1 B, St 15
fulget	es blitzt 1 B, St 15
fundere	(aus)gießen 19 B, St 81
funis	Seil, Tau 13 A 2
funus	Begräbnis, Bestattung 8 A 2
furtum	Diebstahl 18 A 1
galea	(Leder)Helm 18 B
garrulus	schwatzhaft 17 A
gaudere	sich freuen 5 B
gaudium	Freude, Vergnügen 3 A 2
gens	Volksstamm; Geschlecht, Sippe 11 A 2
genus	Geschlecht, Abstammung, Art 8 CG
geometria	Geometrie 4 B △
gerere	tragen, (aus)führen 11 A 2, St 50
*gignere	erzeugen, hervorbringen 15 A 2, St 39
*gladiator	Fechter 18 B
gladius	Schwert 9 A
gloriosus	ruhmvoll; prahlerisch 17 A
gracilis	schlank 19 B
grandis	großartig, bedeutend 19 A
gratia	Gunst, Zuneigung, Ansehen, Dank, Anmut 5 B
gratias agere	Dank sagen 5 B
gratuito	kostenlos, umsonst 18 A 2
gravis	schwer, ernst 19 A
*gremium	Schoß 13 B
habere	haben, halten 5 A 1
habitare	wohnen 14 B
*haerere	festhängen, hängenbleiben 2 A 2, St 16
*harena	Sand, Kampfplatz 9 B
*hasta	Lanze, Spieß 18 B
*herba	Gras, Kraut, Pflanze 6 A 1
heri	gestern 10 B
heus!	he! hör mal! 4 A
hic	hier 5 B
hodie	heute 3 A 2
homo	Mensch, Mann; *Pl:* Leute 8 A 2
honestus	angesehen, anständig 8 A 2
honorarius	geehrt; Ehren... 8 A 2
honos/honor	Ehre, Ehrenamt 8 A 1
hora	Stunde 5 B
horrere	schaudern vor *etw.*, sich sträuben 16 B
horreum	Scheuer, Scheune 7 A 1 △

*horridus	starrend, rauh; abstoßend; gruselig 15 A 2
*hortus	Garten 9 B
hospes	Gast 16 A
hostis	Feind 11 A 2
humanus	menschlich, gebildet 11 B
humi	auf dem Boden 9 B
hydraulus	Wasserorgel 18 B △
hymenaeus	Hochzeitsgesang 13 B △
iacēre	liegen 8 PE
iacĕre	werfen 9 A, St 105
iam	schon, bereits 1 A
ibi	da, dort 5 B
idolum	Gespenst 16 B △
Idus, -uum	die Iden 20 B △
*ignavus	träge, feige 4 PE
ignis	Feuer 12 A 2
ignorare	nicht kennen, nicht wissen 17 B
ignoscere	verzeihen 15 B, St 99
*ignotus	unbekannt, unkundig 10 B
illic	an jenem Ort, dort 15 B
illudere	verspotten, einen Streich spielen 4 B, St 52
*illustrare	beleuchten, erhellen 13 B
imago	Bild 20 B
*imber	Regen(wasser) 15 A 2
immittere	hineinschicken, -lassen 18 B, St 53
immolare	opfern 8 B
immo vero	ja, gewiß; nein, im Gegenteil, vielmehr 12 B
impatientia	Ungeduld 13 B
impedire	(be-)hindern 12 B
imperare	befehlen, herrschen über, Aufträge geben 3 A 1
imperator	Herrscher; Feldherr; Kaiser 8 A 1
imperatum	Befehl, Auftrag 4 B
imperium	Befehl, Herrschaft, Reich 3 A 1
impetus	Andrang, Angriff 17 A
*impius	gewissenlos 7 B
implere	anfüllen, ausfüllen 9 B, St 12
*implorare	er-, anflehen 7 B
imponere	setzen auf 13 B, St 40
importare	einführen 15 B
imprimis	in erster Linie 20 B
improbus	böse, frech 4 A
in *(beim Abl.)*	in, auf, an, bei 6 A 2
in *(beim Akk.)*	in, auf, nach, gegen 7 B
incendere	in Brand setzen, entflammen 12 B, St 87
incendium	Brand, Feuer 12 B

incipere	anfangen 15 A 2, St 101
incitare	antreiben, reizen, 2 B
incohare	anfangen 12 A 2
*incola	Einwohner 7 A 3
*increpare	lärmen, schelten, tadeln 15 B, St 1
*induere	bekleiden 13 B, St 90
ineptus	albern, töricht 17 A
*inesse	darin sein, enthalten sein 4 A, St 109
*infectus	ungetan 20 CG
*infimus	unterster, niedrigster 14 A 3
infundere	ein-, übergießen 20 B, St 81
ingens	ungeheuer, gewaltig 19 A
inhaerere	festhängen an; haften an 10 B, St 16
inimicus	Feind; feindlich 10 A
iniquus	ungleich, uneben, ungerecht 9 A
initium	Eingang, Anfang 12 B
*innocens	unschuldig, uneigennützig 19 B
innuere	winken 16 B
inquietus	unruhig 1 B
inquit	sagt(e) er, sie, es 5 A 2, St 112
*inspicere	besichtigen, in Augenschein nehmen 14 B, St 106
instrumentum	Werkzeug, Hilfsmittel 2 B
insula	Insel; Mietshaus; Häuserblock 12 B
insuper	oben darauf 9 A
intellegere	einsehen, verstehen 4 B, St 45
intendere	anspannen, richten auf 16 B, St 75
inter	zwischen 11 B
interesse	teilnehmen 3 A 2, St 109
interficere	vernichten, töten 12 B, St 102
interrogare	fragen 2 A 1
interrumpere	unterbrechen 15 A 2, St 84
intrare	eintreten, betreten 4 A
introducere	hineinführen 18 B, St 47
invadere	eindringen 9 A, St 63
invalidus	kraftlos, schwach 12 B
invenire	auf etwas stoßen, finden, entdecken 14 A 3, St 31
*invitare	einladen 13 B
io!	juchhe! 8 B
iocosus	scherzhaft 13 B
ira	Zorn, Wut 10 A
iratus	zornig, erzürnt 2 B
is, ea, id	er, sie, es; dieser; derjenige 13 A 1
ita	so, auf diese Weise 15 A 2
itaque	deshalb, daher 2 A 2
item	ebenso, auch 14 A 1
iter	Weg, Marsch, Reise 12 B
iter facere	verreisen 7 A 2
iterum	zum zweiten Male, wiederum 1 B
iubere	befehlen, auftragen 14 A 1, St 17
iucundus	angenehm, erfreulich, interessant 3 A 1
iugulare	abstechen, erdolchen 18 B
iumentum	Zugtier, Ochse 2 B
iungere	verbinden, vereinigen 13 B, St 51 △
iurgare	zanken, streiten 1 A
iurgium	Wortwechsel, Streit 15 B
ius	Recht 11 B
iussu	auf Befehl 17 B
iuvare	unterstützen, helfen 2 B, St 5
iuvat	es macht Freude 1 A
iuxta	dicht neben, direkt an 19 A
Kalendae	erster Tag im Monat 20 B
labor	Mühe, Anstrengung, Arbeit 13 A 1
laborare	sich anstrengen, arbeiten 1 B
labrum	Becken 20 B
*lacerare	zerfleischen, zerreißen 18 B
*lacessere	reizen 18 B, St 33
*laetitia	Freude, Fröhlichkeit 10 B
laetus	fröhlich, vergnügt 1 B
*latere	verborgen sein 19 B
latrare	bellen 20 B
latus	Seite, Flanke 19 A
*latus	weit, breit 14 A 1
laudabilis	lobenswert 19 A
laudare	loben, rühmen 3 A 2
laus	Lob, Ruhm; *Pl:* Lobsprüche 8 A 1
lautus	geschmackvoll 20 B
lavare	waschen, baden 13 B, St 6
lecticarius	Sänftenträger 16 A
*lectio	Lektüre, Lesestoff 1 A, 9 A
lector	Vorleser 20 B
*lectus	Bett, Lagerstätte 16 B
legatus	Beauftragter, Gesandter 9 A
legere	sammeln, lesen, auswählen 3 A 2, St 82
legio	Legion 9 A
legionarii	Legionäre 4 B
lenis	mild, sanft 19 A
*leo	Löwe 19 B
lepus	Hase 20 A
lex	Gesetz 8 A 2
libenter	gern, mit Vergnügen 3 A 1
liber	frei, unabhängig 3 A 2
liber	Buch 3 A 2
liberare	befreien 6 B
liberi	Kinder 3 A 2
libertas	Freiheit 15 A 2
libertus	Freigelassener 1 B
licet	es ist erlaubt 4 A
*limen	Schwelle 13 B
lingua	Zunge, Sprache 3 B
littera	Buchstabe 3 A 2
litterae *(Pl.)*	Brief, Wissenschaften 3 A 2
litus	Strand 19 B
loca *(Pl.)*	Gegend 12 B
locus	Ort, Platz, Stelle 6 A 1
longe lateque	weit und breit 17 B
*longinquus	weit entfernt 5 A 2
longus	lang 8 A 2
lorum	Lederriemen, Peitsche 18 B
ludere	spielen, scherzen 1 A, St 52
ludus	Spiel; Schule, Unterricht 3 A 2
*lumen	Licht, Leuchte 16 B
*lupus	Wolf 19 B
lux	Licht 13 B
luxus	übermäßiger Aufwand 20 B
machina	Maschine, Werkzeug 13 A 1
machina tractoria	(Hebe-)kran 13 A 2
macte!	Heil! 17 A
*maestus	traurig 10 B
magister	Lehrer, Leiter 3 A 2
magister navis	Kapitän 17 B
magnarii *(Pl.)*	Großhändler 15 B △
magnificus	großartig, prächtig 16 A
magnus	groß, bedeutend 5 A 2
maiores	Vorfahren, Ahnen 8 A 2
maledicere	schimpfen 1 A, St 44
malus	schlecht, böse, schlimm 7 PE
mane	(morgens) früh 7 B
manere	bleiben, erwarten 18 A 2, St 18
manes *(Pl.)*	Manen 16 B △
mango	Sklavenhändler 16 A △
manus	Hand, Schar 17 B
mare	Meer 19 A
marinus	Meeres- 14 A 1
*maritimus	See-, Küsten- 17 B
*maritus	Gatte 13 B
*marmor	Marmor 14 B △
marmoreus	marmorn 20 B
mater	Mutter 9 B
materia	Bauholz, Material 12 B
*matrimonium	Ehe 12 A 2

*matrona	(verh.) Frau 13 B
maturus	reif, rechtzeitig 1 B
maximus	größter 14 A 1
medicina	Heilkunde 4 B
medicus	Arzt 9 B
medius	mitten, mittlerer 12 A 2
mehercule!	wahrhaftig! 2 B
memorare	erinnern an, erwähnen 8 A 2
memoria	Erinnerung, Gedächtnis 8 A 2; Zeit 17 B
mensis	Monat 14 B
mercator	Kaufmann 14 B
mercatura	(Groß)Handel 17 B
merere	verdienen, sich verdient machen 11 A 2
*meridies	Mittag 20 PE
meritus	verdient 10 A 2
*merx	Ware 15 A 2
metuere	(sich) fürchten 17 B, St 91
metus	Furcht 17 B
meus	mein 5 A 2
miles	Soldat 8 B
mille	tausend 9 A
minime	am wenigsten, keineswegs 9 B
minimus	kleinster 14 A 1
minister	Diener, Gehilfe 5 B △
mirabilis	wunderbar, bewundernswert 19 A
mirus	wunderbar, erstaunlich 9 B
miser	unglücklich, elend 3 A 2
missio	Pardon, Gnade 18 B △
mittere	schicken 2 A 2, St 53
*modestia	Mäßigung, Besonnenheit, Bescheidenheit 10 B
modo	eben gerade; nur 14 A 3
molestus	beschwerlich, lästig 6 B
mons	Berg 12 A 2
monstrare	zeigen 3 A 2
*monstrum	Wunderzeichen, Ungeheuer 14 A 1
morbus	Krankheit 10 B
mors	Tod 12 B
mortalis	sterblich: *Pl:* Menschen 19 B
*mortuus	tot 8 A 2
mos	Sitte, Brauch, Gewohnheit 8 A 2
movere	bewegen 6 A 1, St 22
mox	bald 16 B
mugire	muhen 2 B
mulier	Frau 8 CG
multi	viele, zahlreiche 4 A
multitudo	Vielzahl, Menge, Masse 8 A 2
munus	Verpflichtung; Amt; Geschenk 11 B
munus gladiatorium	Gladiatorenkampf 20 A
murmurare	murmeln 5 B
murus	Mauer 5 A 2
mutare	ändern, wechseln, tauschen 7 B
myrteus	kastanienbraun 13 B △
nam	denn, nämlich 2 B
narrare	erzählen, berichten 6 A 2
*natare	schwimmen 4 B
natura	Natur 11 B
natus	alt 13 B
*nauta	Seefahrer, -mann 12 A 2
navicularius	Reeder 15 B △
*navigare	segeln, befahren 19 B
*navigium	Schiff 19 B
navis	Schiff 14 B
navis longa	Kriegsschiff 17 B
*navis oneraria	Lastschiff 17 B
-ne?	(unübersetzt) 4 A
nebula	Nebel, Dunst, Wolke 7 A 3
necessarius	notwendig; verwandt 4 B
necesse est	es ist notwendig 7 A 2
neglegere	nicht beachten, vernachlässigen 14 A 2, St 45
negotium	Geschäft, Aufgabe 3 A 1
nemo	niemand 5 A 2
neque, nec	und nicht, auch nicht, aber nicht, nicht einmal 1 A
neque (nec) ... neque (nec) ...	weder ... noch 4 B
ne ... quidem	selbst ... nicht, nicht einmal 9 B
nescire	nicht wissen 9 B
nihil	nichts 4 A
nisi	wenn nicht 11 A 3
nivatus	(mit Schnee) gekühlt 20 B
nolle	nicht wollen 14 A 2, St 110
nomen	Name 8 A 1
nominare	(be)nennen 2 A 2
non	nicht 1 A
nondum	noch nicht 2 A 2
non iam	nicht mehr 1 A
non modo	nicht nur 12 B
non modo ... sed etiam	nicht nur ... sondern auch ... 8 A 2
nonne?	... etwa nicht? ... doch wohl? 4 A
nonnulli	manche, einige 5 B
nonnumquam	manchmal, gelegentlich 4 B
non solum ... sed etiam ...	nicht nur ... sondern auch ... 15 A 2
nonus	neunter 9 A
nos	wir 4 A
noster	unser 5 A 2
notus	bekannt 8 A 2
novem	neun 14 A 1
novus	neu 13 B
nox	Nacht 13 B
*nubere	sich (einem Mann) vermählen, heiraten 13 B, St 54
nudus	nackt, bloß 9 B
nullus	kein(er) 17 A
num?	... etwa? ... vielleicht? 4 A
numerus	Zahl; Menge 5 A 2
numquam	niemals 10 B
nunc	nun, jetzt 2 B
nuntiare	melden, verkünden 8 B
nuntius	Bote; Nachricht 7 A 2
nuper	neulich, kürzlich 14 A 3
nupta	Ehefrau 13 B
nuptiae *(Pl.)*	Hochzeit 10 B
nux	Nuß 13 B △
ob	wegen; entgegen 17 A
*oboedire	gehorchen 10 B
obscurus	dunkel 1 B
*observare	beobachten, beachten 13 B
obstare	entgegenstehen, hinderlich sein 12 B, St 8
*occasus	Untergang, Westen 19 A
*occidere	untergehen 20 A, St 67
occupare	einnehmen, besetzen, an sich reißen 11 A 2
occupatus	beschäftigt 4 A
occurrere	entgegenlaufen, begegnen 10 A, St 70
oceanus	Meer, Ozean 15 A 2
octavus	achter 8 A
octo	acht 14 A 1
oculus	Auge 11 A 3
officina	Werkstatt 15 B
olim	einst 16 A
oliva	Olive 7 A 1 △
omnis	jeder; *Pl:* alle 19 A
*onerare	beladen 2 A 1
onustus	beladen, bepackt 1 B
opera	Mühe, Arbeit 15 A 1
operarius	Arbeiter, Tagelöhner 15 B
oplomachus	schwerbewaffneter Gladiator 20 A △
oppidum	Stadt 7 A 3
opprimere	zu Boden drücken, unterdrücken, bedrängen, überfallen 18 B, St 57
oppugnare	bestürmen, angreifen 11 B
opus	Arbeit, Werk 19 B
oratio	Rede, Vortrag 8 A 2
orator	Redner 8 A 1

ornare	ausstatten, schmücken 17 B
os	Knochen 16 B
ostentator	Marktschreier 9 B
ostiarius	Pförtner 7 A 2 △
ostium	Tür, Eingang 13 B
ovis	Schaf 19 B
paedagogus	Erzieher 8 A 2
palaestra	Ringplatz, Sportstätte 9 B
palla	Palla 13 B △
panthera	Panther 18 B
parare	(vor)bereiten 3 A 1
paratus	bereit, fertig 7 A 3
parentes *(Pl.)*	Eltern 10 B
parere	erscheinen; gehorchen, gehorsam sein 3 A 1
*paries	Wand 20 B
pars	Teil, Seite 12 B
parum	zu wenig, nicht genug 9 A
parvus	klein 7 B
pater	Vater; *Pl:* Senatoren 8 A 2 △
patere	sich erstrecken; offenstehen 17 B
*patientia	Ausdauer, Geduld 10 B
patria	Vaterland, Heimat (-stadt) 10 A
pauci	(nur) wenige 14 B
paulo post	bald darauf 6 B
pavimentum	Estrich (Fußboden) 20 B
pax	Frieden(sschluß) 9 A
*peditatus	Fußheer 17 A △
pellere	stoßen, schlagen, vertreiben 16 B, St 72
pendere	abwägen; bezahlen 9 A, St 73
per	durch (... hindurch), mit Hilfe von, über ... hin 7 A 2
*percurrere	durcheilen 12 B, St 70
perdere	zugrunde richten, verlieren 17 B, St 66
perficere	vollenden, ausführen 12 A 2, St 102
perfidia	Treulosigkeit, Wortbrüchigkeit 11 B
*perfidus	treulos, unredlich, wortbrüchig 11 B
pergere	fortsetzen, fortfahren, aufbrechen 10 A, St 58
pergula	Verkaufs-, Handwerkerbude 10 B
periculum	Gefahr 10 PE
peristylium	Peristyl 14 B △, 19 A △
peritus	erfahren, kundig 13 A 2
pernicies	Verderben, Untergang, Vernichtung 17 A
persaepe	sehr oft 17 A
pertinere	sich erstrecken, sich beziehen 13 A 2, St 11
pervenire	in etwas gelangen, geraten 8 A 2, St 31
pes	Fuß 8 CG
petere	(etwas) verlangen, erbitten, (jdn.) aufsuchen, (zu etwas) hineilen 2 A 2, St 34
phalerae	militär. Orden 17 A △
philosophia	Philosophie 4 B △
philosophus	Philosoph 16 B △
phoca	Seehund 19 B
physica	Physik 4 B △
pictor	Maler 20 B
pictura	Gemälde 20 B
piger	träg, faul 5 PE
pigritia	Faulheit 5 B
pingere	malen 20 B, St 55
pirata	Seeräuber 17 B
piscina	Fischteich; Badebassin 18 A 2 △
piscinarius	Fischteichbesitzer 19 A
*pius	pflichtgetreu, gottesfürchtig, fromm 7 B
placenta	Kuchen 18 A 2
placere	gefallen 8 A 1; ich beschließe 19 B
*planus	flach, eben, platt 12 B
plaustrum	(Last)karren, Fahrzeug, Wagen 1 B △
plebs	Plebs, Menge 8 A 1
plenus	voll 8 B
plerumque	meistens 15 A 2
poena	Strafe, Buße 9 A
poeta	Dichter 10 PE
poetica	Dichtungslehre 4 B △
pollex	Daumen 18 B
pomum	Obst 18 A 2
pondus	Gewicht 9 A
ponere	stellen, setzen, legen 6 B, St 40
populus	Volk 4 B
porta	Tor, Eingang 7 A 2
portare	tragen, bringen 2 A 1
*porticus	(Säulen)Halle, -Gang 19 A △
portus	Hafen 17 A
poscere	fordern, verlangen 16 B, St 100
posse	können 2 A 2, St 109
post *(Adv.)*	später, darauf 15 B
post *(Präp.)*	nach, hinter 7 A 1
postea	danach, später 10 PE
postquam	nachdem, seitdem 11 A 1
postremo	zuletzt, schließlich 3 B
postridie	am folgenden Tag 16 B
potare	saufen 15 A 2
potestas	Macht; Möglichkeit 17 B
praebere	hinhalten, gewähren, darreichen 13 B
praeclarus	sehr berühmt, glänzend, ausgezeichnet 11 B
praeda	Beute 8 B
praeesse	vorstehen, leiten 17 A, St 109
*praefectus	Vorsteher, Befehlshaber 12 B, 17 A △
praemium	Belohnung 3 A 2
praeter	an ... vorbei, außer 8 A 2
prandium	zweites Frühstück 15 B
prehendere	fassen, ergreifen, packen 3 B, St 92
premere	drücken, drängen 18 B, St 57
pretium	Preis, Lohn 16 A
pridie	am Tage zuvor 20 B
prima luce	bei Tagesanbruch 13 B
primum	zum ersten Mal, zuerst 3 B
primus	erster, vorderster 1 B
princeps	erster; Anführer 8 CG
pro	vor; für; anstelle von; im Verhältnis zu 6 A 2
probare	billigen, gutheißen 8 A 1
*probus	tüchtig, rechtschaffen, brav 4 A
procedere	vorwärtsgehen, hervortreten 18 B, St 42
procul	in die/der Ferne, von ferne 7 A 3
procurator	Verwalter, Oberaufseher 16 A △
prodesse	nützen 17 A, St 109
producere	vorführen, auftreten lassen 20 B, St 47
profecto	in der Tat, sicherlich 18 B
prohibere	abhalten, hindern, verhindern 7 B
proinde	daher, also 4 A
*pronuntiare	aussprechen 3 B
prope *(Präp.)*	nahe bei 7 A 3
prope *(Adv.)*	nahe, in der Nähe 2 B
properare	eilen, sich beeilen 10 B
propinquus	nahe, benachbart, verwandt 7 B
proponere	vorlegen, -stellen, in Aussicht stellen, ausstellen 16 A, St 40
propter	nahe bei; wegen 9 A
proruere	niederreißen 12 B, St 93
*proscribere	öffentlich bekanntmachen, ausbieten 16 B, St 59
prospectare	Aussicht auf etwas gewähren 19 A
provincia	Provinz 15 B
proximus	nächster, letztvergangener 16 A
*prudens	klug 19 A
publicus	öffentlich, staatlich 8 A 2
puella	Mädchen 1 B

puellula	kleines Mädchen 13 B
puer	Junge, Kind 3 A 2
pugio	Dolch 18 B
pugnare	kämpfen 9 B
pugnus	Faust 9 B
pulcher	schön, herrlich 3 A 2
*pulchritudo	Schönheit 10 B
*pulsare	schlagen, stoßen, anklopfen 14 B
*punire	bestrafen 19 B
putare	glauben, meinen 14 A 3
quadrigae	Viergespann 8 B
quaerere	suchen, fragen 2 A 1, St 35
quaeso!	bitte! 14 B
*quaestus	Gewerbe, Erwerb 17 B
quam	wie 5 A 1
quamquam	obwohl, obgleich 11 A 2
quando?	wann? 16 A
quartus	vierter 4 A
quasi	gleichsam 19 A
quattuor	vier 15 B
-que	und 1 B
quem?	wen? 2 A 1
qui?	welcher? 12 A 1
qui	der 12 A 1
quid?	was? 2 A 1
quidem	zwar, wenigstens, gewiß, freilich 4 B
quietus	ruhig 1 B
quin etiam	ja sogar 13 A 1
quintus	fünfter 5 A
quis?	wer? 1 A
quo?	wohin? 7 A 2
quod	weil 11 A 2
quomodo?	auf welche Weise? wie? 4 A
quoque	auch 1 B
raeda	Reisewagen 7 A 3
raedarius	Kutscher 15 B
rana	Frosch 7 B
rapax	reißend, räuberisch 19 B
rapere	rauben 10 B, St 108
raro *(Adv.)*	selten 10 PE
*rarus	selten 5 PE
recitare	vorlesen, vortragen 14 A 2
*recreare	wiederherstellen, kräftigen 15 A 2
rectus	gerade, richtig 14 PE
reducere	zurückführen, hinbringen 11 B, St 47
regere	lenken, leiten 2 B, St 58
relinquere	zurück-, verlassen 7 A 2, St 83
reperire	finden 5 A 2, St 30
repetere	zurückholen; wiederholen; wieder (wohin) gehen 3 B, St 34
*reponere	zurück-, weglegen, aufbewahren 15 B

*repudiare	zurückweisen, verschmähen, verstoßen 12 A 1
res	Ding, Sache, Besitz 17 A
res adversae	Unglück 17 A
resalutare	wieder-, zurückgrüßen 10 B
*res gestae	Taten 18 A 2
resonare	widerhallen 18 A 2, St 4
respicere	hinter sich erblicken 19 A, St 106
respondere	antworten 9 PE, St 25
res publica	Staat 17 A
res adversae	Unglück 17 A
res secundae	Glück 17 A
retiarius	Retiarius (Netzkämpfer) 18 B △
reticulum	Netz 18 B
retinere	festhalten 15 A 2, St 11
retro	zurück, rückwärts 3 B
revera	tatsächlich 20 B
rex	König 9 A
rhetorica	Rhetorik 4 B △
ridere	(aus)lachen 1 A, St 19
rite	in feierlicher Form, nach Vorschrift 16 B
*robustus	kräftig 15 A 2
*rostra *(Pl.)*	Rednerbühne 8 A 1 △
rota	Rad 2 A 2
rubefacere	röten 18 B
ruber	rot 18 B
ruinae *(Pl.)*	Trümmer 19 B
ruinosus	baufällig 5 A 2
*ruri	auf dem Lande 15 B
rursus	rückwärts; wieder 15 A 2
rus	Land; Landgut 15 B
rus *(Akk.)*	aufs Land 15 B
*rusticus	ländlich, Bauer 7 A 3
saccus	Sack 2 A 1
sacer	heilig, geweiht 7 A 2
sacerdos	Priester 12 A 2
sacrificare	opfern 13 B
saepe	oft 3 A 2
***saevire**	wütend sein, toben 1 A
saevus	wütend, grimmig 9 A
salamandra	Salamander 4 A △
salire	springen 7 B, St 28
saltare	tanzen 13 B
*saluber	gesund 19 A
salus	Wohlergehen, Heil, Rettung 11 A 3
salutare	(be)grüßen 3 B
salutatio	Begrüßung 20 A
salvere	gesund sein 5 A 3 vgl. St 113
salve/salvete	sei(d) gegrüßt 5 A 3
salvus	wohlbehalten, unversehrt 1 B
sanare	gesund machen, heilen 15 A 2
sanguis	Blut 18 B
satis	genug 12 A 2

*scelestus	frevelhaft, verbrecherisch 11 B
scelus	Verbrechen, gemeine Tat 11 B
schola	Schule 3 B
scire	wissen, verstehen 4 B
scribere	schreiben 3 A 2, St 59
*scutum	Langschild 18 B
secundus	zweiter, folgender; günstig 2 A 1
secutor	spez. Gladiator 18 B
sed	aber, sondern 1 A
sedere	sitzen 18 B, St 23
sedes	Sitz 18 B
sedulus	fleißig 5 PE
semper	immer, stets 1 A
senator	Senator 8 A 1 △
senatus	Senat 17 B
senex	alt; Greis 16 B
sententia	Ansicht, Meinung, Spruch 14 A 2
*sepelire	bestatten 8 A 2, St 26
septem	sieben 14 A 1
septimus	siebter 7 A
*sepulcrum	Grab(mal) 8 A 2, St 26
serenus	heiter, klar 19 A
sero *(Adv.)*	(zu) spät 9 PE
serva	Sklavin 1 B
servare	beobachten; behüten, retten 17 A
servitus	Sklaverei 17 B
servus	Sklave 1 B
severus	streng, ernst 4 B
sex	sechs 14 PE
sextus	sechster 6 A
si	wenn, falls 11 A 3
sic	so 3 B
sicut	gleich wie 3 A 2
signum	Zeichen 3 B
silva	Wald 10 PE
similis	ähnlich 19 A
simul	zugleich 14 A 1
sine	ohne 6 A 2
sinere	(zu)lassen 14 A 2, St 36
singularis	einzeln, einzigartig 19 A
sipho	Feuerspritze 12 B △
sistere	hinstellen, anhalten, stehenbleiben 6 A 1, St 74
situs	gelegen, liegend 6 A 2
societas	Gemeinschaft, Vereinigung, Verbindung; Gesellschaft 11 B
socius	Partner, Gefährte, Bundesgenosse; verbündet 9 A
sol	Sonne 15 A 2
*solacium	Trost 16 A
solarium	flaches Dach, Terrasse 19 A △
solea	Sandale 13 B △
solium	Badewanne 18 A △

sollers	kunstfertig, klug 19 A
sollicitare	erregen, reizen, beunruhigen 15 A 2
solus	allein 20 B
solvere	lösen; (be)zahlen 9 A, St 94
somnus	Schlaf, Traum 13 B
*sonus	Laut, Ton, Klang 16 B
*sordidus	schmutzig 16 A
soror	Schwester 14 A 2
*spargere	(zer)streuen, verteilen 13 B
spatium	Raum, Strecke 12 B
spectabilis	ansehnlich, prächtig 19 A
*spectaculum	Anblick, Schauspiel, Vorführung 18 B
spectare	schauen, betrachten 2 B
spectator	Zuschauer 8 B
sperare	hoffen 10 A
spes	Hoffnung 17 A
*splendidus	glänzend 20 B
spondere	geloben 13 B
sponsa	Verlobte, Braut 13 B
sponsus	Verlobter, Bräutigam 13 B
stabulum	Stall 5 A 2
stadium	Stadion 14 A 1
stagnum	Teich 7 B
stare	stehen 6 A 2, St 8
statim	sofort, auf der Stelle 2 B
*statio	Standort, Niederlassung 15 B
statua	Statue, Standbild 10 B
statuere	aufstellen, festsetzen, beschließen 13 A 1, St 95
sternere	hinstreuen, ausbreiten, zurechtmachen 16 B, St 37
stilus	Schreibstift 16 B
*stipendium	Kriegsdienst 17 A
structor	Maurer 15 B
studere	sich bemühen um, streben nach, sich beschäftigen mit 4 B
studium	Eifer, Bemühung, Bestätigung 4 B
stultitia	Dummheit, Torheit 5 A 2
stultus	dumm, töricht 2 A 2
stupere	erstarren; erstaunt sein; staunen 10 A
sub *(b. Akk.)*	unter, gegen 7 A 1
sub *(b. Abl.)*	unter 6 A 2
subito	plötzlich 1 B
subrutores	Abbrucharbeiter 15 B
subscribere	darunterschreiben 20 B, St 59
*subvenire	zu Hilfe kommen 11 B, St 31
succedere	vorrücken; sich nähern, (nach)folgen; gelingen 16 B, St 42
sucinum	Bernstein 15 A 2 △
sumptuosus	verschwenderisch, teuer 19 A
super	über 18 B
superare	übertreffen, überwinden 10 B
superbus	stolz, überheblich, prächtig 5 A 2
*supplicatio	Bitt-, Dankfest 8 A 2 △
supra	oberhalb, über 8 B
*supremus	letzter, oberster, höchster 8 A 2
surgere	aufstehen, sich erheben 7 A 3, St 58
suscensere	aufgebracht sein, zürnen 11 A 2
sustinere	aushalten, ertragen 10 B, St 11
susurrare	flüstern 4 A
suus	sein, ihr 13 B
taberna	Bude: Laden, Wirtshaus 7 A 2
tablinum	Tablinum 20 B
tabula	Brett, Tafel, Gemälde 9 B
tabulatum	Stockwerk 15 B
tacere	(ver)schweigen 1 A
tam	so, so sehr 5 A 2
tamen	dennoch, doch 3 A 1
tandem	endlich, schließlich 1 A
tantum	nur 19 B
tantus	so groß, so viel 5 A 2
tectum	Dach 5 A 2
tegere	(be)decken 19 A, St 61
tempestas	Unwetter 17 B
templum	Tempel; heiliger Bezirk 7 A 2
tempus	Zeit 8 A 2
tendere	dehnen, spannen, strecken 18 A 1
tenere	halten, festhalten 5 A 3, St 11
tepidarium	Tepidarium 18 A 2 △
tepidus	lauwarm; warm, kühl 18 A 2
tergum	Rücken 6 B
terra	Erde 7 A 1
terrere	(er)schrecken 4 A
tertius	dritter 3 A
tesselatus	aus Mosaik 20 B △
tetrastylus	viersäulig 20 B
*theatrum	Theater 15 B
thermae *(Pl.)*	Bäder, Thermen 18 A 2
thermopolium	Imbißstand, Schnellrestaurant 10 B △
Thraex	Gladiator in (sog.) thrak. Rüstung 20 A
tigris	Tiger 18 B
timere	(sich) fürchten 3 B
*timidus	ängstlich 7 A 3
timor	Furcht 16 B
togatus	Bürger, Zivilist 17 A
tollere	emporheben, wegnehmen, beseitigen 6 B, St 114
totus	ganz; *Pl:* alle 14 A 1
tractorius	zum Ziehen 13 A 2
tradere	übergeben, überliefern 5 A 2, St 66
trahere	ziehen 18 B, St 62
*transfigere	durchstechen 18 B, St 48
tredecim	dreizehn 10 B
tremere	zittern 10 A, St 41
tres	drei 12 A 2
tribuere	zuteilen 15 B, St 96
tribunus	Tribun 9 A △
triclinium	Speisezimmer 19 A △
tridens	Dreizack 18 B
triumphator	Triumphator 8 B
*triumphus	Triumphzug 8 A 2 △
tu	du 4 A
tuba	Tuba 20 A
tubicen	Tubabläser, Trompeter 8 B
tubus	(Wasserleitungs) Rohr 18 A 2
tum	damals; dann, da 1 B
tumultus	Lärm, Aufruhr 18 A 2
*tumulus	Hügel 6 A 2
tunc	damals, dann 10 A
tunica	Unterkleid 13 B △
turba	Schwarm, (Menschen-) Menge 9 B
*turbare	verwirren, aufwühlen, trüben 7 B
turris	Turm 19 A
tuus	dein 5 A 1
ubi	sobald 11 A 3
ubi?	wo? 1 B
ubique	überall 15 B
ultimus	äußerster, letzter 12 A 2
ululare	jaulen 1 A
umbrosus	schattig 20 B
umerus	Schulter 14 A 1
una cum	zusammen mit 10 B
unda	Welle, Flut 19 A
unde?	woher? 7 A 2
undecimus	elfter 11 A
undevicesimus	neunzehnter 19 A
undique	von allen Seiten 18 A 2
unus	ein, einzig 5 A 2
urbs	Stadt; Rom 11 A 1
ursus	Bär 18 B
usque ad	bis zu 10 B
usus	Gebrauch, Nutzen, Übung 17 B
ut	wie 10 B
utilis	brauchbar, nützlich 19 A
uxor	Ehefrau, Gattin 10 A
*vacare	leer, frei sein 6 B
vacuus	leer, frei 5 B
vadere	gehen, waten 9 A, St 63

vae!	wehe! ach! 5 B
valde	sehr 6 B
valere	stark, gesund sein 14 B, vgl. St 113
valetudo	Gesundheit(szustand) 16 A
validus	stark, gesund 16 A
*varietas	Buntheit; Mannigfaltigkeit 15 B
varius	bunt, mannigfaltig, verschieden 11 B
vehemens	heftig 19 B
vehere	fahren, befördern 15 B, St 64
vehi	sich fortbewegen, fahren 15 B
vel	oder 4 A
vel ... vel ...	entweder ... oder ... 18 A 2
velamen	Schleier 13 B △
velle	wollen 14 A 2, St 110
venalis	käuflich 19 A
venatio	Jagd 18 B △
vendere	verkaufen 16 A, St 66
venenatus	giftig 4 A
venire	kommen 1 A, St 31
ventus	Wind 12 B
verberare	schlagen 2 B
verbum	Wort 3 A 2
vero	aber, jedoch 5 B
versare	drehen 15 A 1
versus	Vers 20 B
*vesper	Abend 6 A 2
*vesperi	am Abend, abends 7 A 2
vester	euer 5 A 3
vestibulum	Vorhalle 20 B △
vestis	Kleid(ung) 15 B
*vetare	verbieten 14 CG
veteranus	altgedienter Soldat, Veteran 17 A
*vexare	quälen 15 A 2
via	Weg, Straße 6 B
vicesimus	zwanzigster 20 A
*vicinus	Nachbar; benachbart 3 A 2
victor	Sieger; siegreich 8 B
victoria	Sieg 8 B
*victus, -us	Nahrung, Lebensunterhalt 17 B
*victus	besiegt 9 A
*vicus	Dorf 7 B
videre	sehen, besichtigen, besuchen 2 A 1, St 24
vigil	Wächter; *Pl:* Feuerpolizei 12 B
*vigilare	wachen, wachsam sein 16 B
vilicus	Gutsverwalter 1 B
villa	Landhaus, -gut 2 B
vincere	(be)siegen 9 A, St 85
*vincire	fesseln 16 B, St 29
vinculum	Fessel, Band 16 B
vinum	Wein 5 A 1
vir	Mann 10 A
*virga	dünner Zweig, Rute 11 B
virgo	junges Mädchen 12 A 2
viridis	grün 20 B
virtus	Tatkraft, Leistung; Tüchtigkeit, Tapferkeit 8 A 2
vis	Kraft 19 B
visitare	besuchen 9 B
vita	Leben 3 A 2
vituperare	tadeln 3 A 2
vivere	leben 7 A 1, St 65
vivus	lebend, lebendig 8 A 2
vix	kaum 13 B
vocare	rufen, nennen 1 A
volare	fliegen, eilen 2 B
vos	ihr 4 A
vox	Stimme, Laut 8 A 1
vulnus	Wunde 18 B

Wörterverzeichnis Deutsch–Lateinisch

alle	cuncti → L 1
Amphore	amphora → L 5
Angst	timor → L 16
Bauer	agricola → L 6
befreien	liberare → L 6
beladen	onerare → L 2
berichten	nuntiare → L 8
besiegen	vincere → L 9
besuchen	visitare → L 9
blitzen	fulgere → L 1
Brief	litterae → L 3
bringen	portare → L 2
Buch	liber → L 3
daher	itaque → L 2
danken	gratias agere → L 5
dumm	stultus → L 2
eilen	volare → L 2
einstmals	aliquando → L 11
empfangen	accipere → L 5
endlich	tandem → L 1
erschöpft	defessus → L 1
erschrecken	terrere → L 4
erzählen	narrare → L 6
Feld	ager → L 7
fliegen	volare → L 2
Fluß	flumen → L 9
fragen	interrogare → L 2
Freude	gaudium → L 3
Freund	amicus → L 4
froh	laetus → L 1
Furcht	metus → L 17
Futter	cibus → L 9
Gattin	uxor → L 10
gerettet	salvus → L 1
gern	libenter → L 3
Geschichte	fabula → L 6
gestern	heri → L 10
groß	magnus → L 5
Haus	aedificium → L 5
nach Hause	domum → L 7
helfen	adiuvare, adesse → L 4, 2
hören	audire → L 2
immer	semper → L 1
Junge	puer → L 3
kämpfen	pugnare → L 9
Kinder	liberi → L 3
kommen	venire → L 1
krank sein	aegrotare → L 15
Kranz	corona → L 8
lange (Zeit)	diu → L 2
laufen	currere → L 2
Lehrer	magister → L 3
lieben	diligere → L 4
loben	laudare → L 3
Mahl	cena → L 5
Nachricht	nuntius → L 7
nicht mehr	non iam → L 1
Pferd	equus → L 6
plötzlich	subito → L 1
schenken	donare → L 3
schlagen	verberare → L 2
schließlich	postremo → L 3
schön	pulcher → L 3
schon	iam → L 1
Schule	ludus, schola → L 3
sehen	videre → L 2
sehr	valde → L 6
Sieg	victoria → L 8
Sorge	cura → L 6
Sorgfalt	diligentia → L 6
Speicher	horreum → L 7
spielen	ludere → L 1
suchen	quaerere → L 2
unglücklich	miser → L 3
unruhig	inquietus → L 1
vergeblich	frustra → L 6
verspotten	illudere → L 4
viele	multi → L 4
voll	plenus → L 8
vorbereiten	parare → L 3
Wagen	plaustrum → L 1
Wasser	aqua → L 3
Wein	vinum → L 5
Weinkeller	apotheca → L 5
wissen	scire → L 4
wollen	cupere, velle → L 4, 14
zeigen	monstrare → L 3
zornig	iratus → L 2
zurückgrüßen	resalutare → L 10

Aufgenommen sind nur die Namen, die auch für die Lektüre lateinischer Literatur wichtig sind. Du kannst also das folgende Verzeichnis wie ein Lexikon benutzen. Ein Pfeil → verweist auf Stellen mit Erläuterungen, Verweise in [ ] geben weitere Fundstellen an.

Folgende Personen der fiktiven Texte sind historisch authentisch: M. Pomponius Marcellus, Q. Postumius Modestus, Umbricius Agathopus, L. Memmius Regulus, L. Munatius Plancus, C. Indutius Sallustianus, M. Holconius Priscus, Vatia, Ampliatus, Celadus, C. Cuspius Pansa, L. Pomponius Bassus, P. Stallius Agatho, L. Caecilius Iucundus, Cn. Alleius Nigidius Maius.

Abkürzungen der gebräuchlichsten Vornamen

A.	Aulus	**Mam.**	Mamercus
App.	Appius	**N./Num.**	Numerius
C.	Gāius	**P.**	Pūblius
Cn.	Gnaeus	**Q.**	Quīntus
D.	Decimus	**Ser.**	Servius
K.	Kaeso	**S.**	Sextus
L.	Lūcius	**Sp.**	Spurius
M.	Mārcus	**T.**	Titus
M'.	Mānius	**Ti(b).**	Tiberius

Actium, Vorgebirge im westl. Griechenland. Hier errang Octavianus, der spätere Kaiser Augustus, 31 v. Chr. den Seesieg über → Antonius. [5 C]
Aegyptus, -ī *f.*, Ägypten [14 C]
L. Aemilius Paullus, Konsul 182 u. 168 v. Chr. → S. 24
Aethiŏps, -ŏpis *m.* (griech.: *„mit verbranntem Gesicht“),* „Äthiopier“ (Schwarzafrikaner) [15 B]
Āfer, Āfrī, Einwohner von Āfrica [15 B]
Alexandria, Stadt in Ägypten, 331 v. Chr. von Alexander d. Gr. gegründet; mehr als 300 Jahre führende Handelsstadt, durch das wissenschaftliche Forschungsinstitut *Museion* der geistige Mittelpunkt der Zeit; durch einen Steindamm mit der Insel → Pharos verbunden. [19 C]
Āllia, kleiner Nebenfluß des → Tiber nordöstl. Roms. Hier erlitten die Römer 387 v. Chr. eine vernichtende Niederlage durch die Gallier. [9 A]
Amāsis, griechenfreundlicher König Ägyptens (570–526 v. Chr.). → Polycrates. [14 C]
Antiochus, König von Syrien, 223–187 v. Chr. Bei der Erweiterung seines Herrschaftsgebietes geriet er in Konflikt mit Rom. 196 nahm er → Hannibal bei sich auf. 188 mußte er große Gebiete seines Reiches an die Römer abgeben, ferner seine Kriegselefanten an Rom abliefern und eine riesige Geldmenge zahlen. Gegen den Befehl der Römer ließ er Hannibal entkommen. [6 C 2]

Antōnius, M. Antōnius (82–30 v. Chr.). Als Mitkonsul → Caesars kämpfte er lange gegen dessen Mörder zusammen mit Octavianus (→ Augustus). Bei der Verteilung der Beute erhielt A. den Osten, Octavianus den Westen. Unstimmigkeiten führten zum Krieg zwischen beiden Machthabern, der mit dem Sieg bei → Actium für Octavianus endete (31 v. Chr.). [5 C]
Apīcius, M. Gāvius A. → S. 141
Apollō, -inis *m.*, (griech. Apollon) Gott des Bogenschießens, des Ackerbaus, der Heilkunde, der Weissagung, der Künste und Wissenschaften; anderer Namen → Phoebus. [7 B]
Appia, via A., → 8 A 2
Aquae Sextiae, heute Aix-en-Provence, berühmt durch → Marius' Sieg über die → Teutonen (102 v. Chr.) [S. 70, 100]
Arcadia, → 19 B
Argentārius, clīvus A., → 13 A 1
Argīlētum, → 8 A 2
Ariovistus, König der → Sueben, wurde von → Caesar 58 v. Chr. im Elsaß besiegt. [S. 100]
Arminius, Fürst des Germanenstammes der → Cherusker. Er überfiel 9 n. Chr. 3 röm. Legionen unter → Vārus im Teutoburger Wald. Die Römer wurden völlig aufgerieben. [S. 100]
Arpīnum, Stadt in → Latium, Geburtsort von → Marius und → Cicero, heute: Arpino. [CG 80]
Athēnae, -arum *f.*, Athen [16 B]
Augusta Rauricōrum, Kaiseraugst, Stadt bei Basel, von → Augustus gegründet. [7 PE/S 1; 9 C]
Augusta Trēverōrum, → 15 A 2
Augustus, erster röm. Kaiser (63 v. Chr.–14 n. Chr.). Er hieß eigentlich C. Octavius. Als er nach dem Tode seines Vaters von Caesar adoptiert worden war, nannte er sich C. Iūlius Caesar Octāviānus. Aus den Bürgerkriegswirren am Ende der Republik ging er schließlich als Sieger gegen → Antonius in der Schlacht bei → Actium 31 v. Chr. hervor. Dadurch war er fortan Alleinherrscher. Weil er die Gewalt von Volk und Senat wieder stärkte, erhielt er 27 v. Chr. den Ehrentitel Augustus *(der Erhabene).* Ziel seiner Politik war von nun an die Sicherung des inneren und äußeren Friedens. Er förderte daneben bedeutende zeitgenössische Dichter wie → Ovid.
Von seinem Namen sind abgeleitet Städtenamen wie *Augs-burg* oder *Saragossa* (aus Caesarea Augusta); → Colōnia Augusta Trēverōrum (Trier) wurde unter seiner Herrschaft gegründet. – Der Monatsname (→ CG 20.4.1) August wurde nach ihm benannt, weil er in diesem Monat sein erstes Konsulat angetreten hatte. [5 C; 8 B; S. 66; S. 100; 16 C; S. 115; S. 126]

Aventīnus, Hügel Roms [S. 82]
Babylōn, -ōnis *f.*, Stadt am Euphrat (im Alten Testament: Babel). → Semiramis ließ hier die „Hängenden Gärten“ errichten, eine terrassenförmige Gartenanlage über gewölbten Substruktionen. [19 C]
Babylōnius, Einwohner von Babylon
Bacchus, (griech. Dionysos und Bakchos) Gott des Weines. Sein Kult mit ausschweifenden Feiern wurde ca. 200 v. Chr. in Rom eingeführt. Der röm. Staat schritt allerdings 186 v. Chr. streng dagegen ein: Die meisten von 7000 Angeklagten wurden hingerichtet. Trotzdem lebte der Kult wieder auf. [S. 78]
Bāiae, → 7 A 2; 10 C
Brennus, → 9 A [S. 65]; → Āllia
Britannia, die britischen Inseln waren den seefahrenden Mittelmeervölkern seit der Bronzezeit bekannt. Die Römer

kamen erst durch Caesars Eroberungspolitik näher mit ihnen in Berührung. 43 n. Chr. begann die Eroberung, 407 mußten die Römer die Inseln wieder verlassen. [17 B]
Brundisium, Hafenstadt in Süditalien, wichtigster Überfahrtsort Richtung Griechenland und Ägypten; heute: Brindisi. [8 PE; 15 PE]
Brūtus, → 12 A 2

Caesar, -aris *m.*, C. → Iūlius Caesar; → 14 A 1 [S. 70; 12 B; 13 C; 14 A 1; S. 100]
Camillus, M. Fūrius Camillus. Eroberer von → Vēiī (396 v. Chr.) und → Fălĕriī (394 v. Chr.). Sieger über die Gallier (390 v. Chr.). [9 B; 12 A 1; 12 A 2]
Campānia, Landschaft in Mittelitalien, besonders die Ebene um Capua; fruchtbares Land. [18 B]
Campus Mārtius, → Marsfeld: eine Ebene zwischen Tiber und Capitol, als Sport- und Exerzierplatz und zu Wahlveranstaltungen benutzt. [CG 89]
Cannae, -ārum *f.*, Dorf in Apulien (Süditalien). Hier brachte → Hannibal 216 v. Chr. den Römern eine vernichtende Niederlage bei. Ca. 50 000 Römer fielen, 20 000 gerieten in Gefangenschaft. [S. 65]
Capitōlium, → 8 B [9 A; 9 B; 12 A 2]
Capreae, -ārum *f.*, → 19 A
Cāria, Karien. Küstenlandschaft im südwestlichen Kleinasien. Bedeutende Städte: → Ephesos, → Halikarnassos [19 C]
Castor, → 10 B [12 A 2]
Castorēs, → 16 A [S. 116] griech.: Dioskuren
Catō, -ōnis *m.*, M. Porcius C. (234–149 v. Chr.), heftiger Verfechter einer nationalrömischen, antigriechischen Haltung im Leben und in der Literatur. Sein Werk *„Über den Ackerbau"* (dē agrīcultūrā) ist erhalten. [S. 24]
Caucasus, Hochgebirge zwischen dem Schwarzen und Kaspischen Meer. Die Römer lernten ihn erst durch Feldzüge des → Pompeius kennen. [17 B]
Cheruscī, -ōrum, germ. Volk zwischen Weser und Elbe, mächtig unter → Arminius, ab ca. 100 n. Chr. keine Nachrichten mehr. [S. 100]
Cicerō, -onis, M. Tullius C. (106 v. Chr. in Arpinium; 43 v. Chr. ermordet). Einer der berühmtesten Redner und Politiker Roms. Ein umfangreiches Werk (philosoph. Schriften, Reden, Briefe) ist erhalten. [S. 52]

Cimbrī, -ōrum, Kimbern: germanischer Volksstamm an der Unterelbe. Sie zogen mit den → Teutones nach Süden und wurden nach einigen Siegen gegen die Römer 101 v. Chr. von den röm. Heeren aufgerieben. [S. 70, 100, 17 C]
Circus Māximus, → S. 82 [12 C]

Cleopatra, die letzte Königin von Ägypten, war im Gegensatz zur verbreiteten Meinung keine große Schönheit. Geliebte von → Caesar und → Antonius, beging 30 v. Chr. Selbstmord. [16 PE]
Clūsīnus, → 9 A
Colōnia Augusta Trēverōrum, → 15 A 2
Colophōnius, Einwohner von Kolophon, einer ionischen Stadt zwischen Smyrna und → Ephesus. [17 C]
Comitium, → 10 B
Concordia, → 12 A 2
Cŏrĭŏlānus, Cn. Mārcius Coriolānus: sagenhafter Held der röm. Frühzeit. Er eroberte 493 v. Chr. die → Volskerstadt Cŏrĭŏlī. [10 A, 11 A 2]
Corinthus, -ī *f.*, → Korinth
Cūmae, -ārum *f.*, älteste griech. Kolonie in der → Campānia, → 7 A 2 (→ Sibylla)
Cūria (Iūlia), → 9 A
Cȳrus, → 14 A 1
Dācus, Daker, Einwohner von Dakien (heute Rumänien und Teile Ungarns). [15 B]
Dēlos, -i *f.*, Insel der Kykladengruppe, Geburtsort von → Apollo und → Diana, bedeutendster Umschlagplatz der Antike für Sklaven [S. 116]
Dēmētrius, Dēmētrius Phalēreus (ca. 350–283 v. Chr.), bedeutender Wissenschaftler, Statthalter in Athen 318–308 v. Chr. [19 C]
Deucaliōn, Deucaliōn und seine Gattin Pyrrha entkamen als einzige Menschen einer Sintflut, weil ihm sein Vater Promētheus geraten hatte, einen Kasten (≈ „Arche") zu bauen. [19 B, 20 B]
Diāna, → 7 B [19 C]
Dionȳsidōrus, Grieche, Erdvermesser von der griech. Insel Mēlos. Die Frage nach der Größe der Erde beschäftigte ihn bis ins hohe Alter. Seine Lebenszeit fällt zwischen ca. 240 und 25 v. Chr. Die Geschichte mit dem Brief wird von → Plinius d. Ä. berichtet. [14 A 3]
Domitiānus, T. Flāvius Domitiānus, röm. Kaiser 81–96 n. Chr. Er richtete die Gebiete des linken Rheinufers als Provinzen ein, die oberrheinischen Gebiete sicherte er durch den Limes. [S. 100]
Drūsus Germānicus, Adoptivsohn des Kaisers Tiberius (15 v.–19 n. Chr.). Berühmt wurde er durch 3 Feldzüge in Germanien (14–16 n. Chr.). Er bestattete die Toten der → Varus-Schlacht und besiegte → Arminius. [S. 100]
Ephesus, alte Küstenstadt in → Cāria, einer der bedeutendsten Hafenplätze der Antike. In der Nähe lag der berühmte Tempel der Artemis (→ Diāna), den Herostratos 356 v. Chr. in Brand steckte, um durch diese Tat seinen Namen zu verewigen. Der Tempel wurde bald neu errichtet und als eines der 7 Weltwunder bestaunt. [19 C]
Eratosthenēs, -is, (ca. 275–195 v. Chr.), Leiter der berühmten Bibliothek von → Alexandria. Seine Hauptverdienste erwarb er sich in der Geographie. So bewies er die Möglichkeit der Erdumsegelung, schuf für seine Erdkarte eine Einteilung in Vierecke und bestimmte den Erdumfang mit im Altertum unübertroffener Genauigkeit. [16 A 1]
Esquiliae, -ārum *f.*, der größte Hügel Roms; ursprünglich als Begräbnis- und

Richtstätte benutzt; später in eine Parkanlage umgewandelt.

Esquilīnus, Adj. zu → Esquiliae [12 B]

Fabius, Q. Fabius Maximus Rulliānus. 325 v. Chr. magister equitum (Stellvertreter des Diktators), → L. Papīrius Cursor. [11 C]

Faleriī, -ōrum *m.*, → 11 B

Falernus, falernisch. Das Falernerland liegt an der latinisch-kampanischen Grenze. Es ist bekannt für guten italischen Wein. [5 B; 20 B]

Faliscī → 11 B

Fīdēnae, -ārum *f.*, sabinische Stadt am linken Tiberufer nördl. Roms. [18 C 1]

Formiae, -ārum *f.*, → 7 A 2

Forum (Romanum), → 50 ff.

Gallus, Gallier, gallisch (= Kelten). [9 A; 12 A 2; S. 100; 15 B]

Germānus, der Germane [15 A 2; 15 B]

Germānia, Germanien [15 A 2]

Getae, -ārum *m.*, die Geten, thrakisches Reitervolk in der heutigen Ukraine. [15 B]

Gracchī, die Brüder Tib. Semprōnius Gracchus (162–133 v. Chr.) und C. Semprōnius Gracchus (153–121 v. Chr.) wollten gegen erhebliche Widerstände in führenden Kreisen Roms eine gerechtere Verteilung der Bodennutzung (zugunsten Ärmerer) und ein Getreidegesetz, durch das der Bevölkerung verbilligtes Getreide zugewiesen wurde. Mit ihrem Wirken lösten sie ein Jahrhundert voller polit.-sozialer Kämpfe aus. [S. 66]

Graecia, Griechenland

Hadriānus, P. Aelius Hadriānus (76–138), Kaiser 117–138. In Germanien ließ er den Limes verstärken. Er beschränkte das Imperium auf seine Grenzen und führte nur einen einzigen Krieg.

Halicarnassus, Handelsstadt an der Südwestküste von Kleinasien. → Mausōlus [19 C]

Hannibal, -alis, → 17 B [6 C 2; S. 65]

Herculāneum, → 7 A 3

Herculēs, -is, (griech. Herakles), einer der berühmtesten Helden der antiken Sagenwelt. Er galt als Inbegriff männlichen Wesens. Bekannt sind seine 12 übermenschlichen Arbeiten, die er für den König Eurystheus erledigen mußte. Nach ihm ist die Meerenge bei Gibraltar: **columnae Herculis** benannt; sein Name erscheint in der Beteuerungsformel „**mehercule!**“ [20 PE]

Hispānia (griech. Ibēria), Spanien [S. 66; 17 B]

Homērus, → 3 A 2

Horātius, Q. Horātius Flaccus (65–8 v. Chr.). Horaz gilt als einer der größten Lyriker Roms; er war ein Freund von → Maecēnās. [S. 24]

Iānus, Janus, röm. Gott der Tordurchgänge, des Ein- und Ausgangs, Anfangs und Endes. Er wird oft doppelköpfig dargestellt. Am Forum stand das alte Janus-Tor, das nur in Friedenszeiten geschlossen werden durfte. Vor → Augustus war das nur einmal (237 v. Chr.) gewesen, unter Augustus geschah es dreimal. [S. 77]

Iāsōn, Führer der Argonauten, die in Kolchis (heute: Krim) das goldene Vlies holen wollten. [17 C]

Indus, Inder [15 B]

Īsis, -idis *f.*, altägypt. Gottheit, galt als Spenderin der Fruchtbarkeit und war ab dem 1. Jh. v. Chr. die in Rom am meisten verehrte ausländische Gottheit. [S. 78]

Iūlius, Name einer patrizischen gēns, aus der z. B. C. Iūlius → Caesar stammte.

Iūnō, -ōnis, altital. Göttin, nach der der Monat Juni heißt. Später der griech. Göttin Hera gleichgesetzt und damit Gattin → Iupiters. [12 A 2]

Iūpiter, *Gen.* **Iovis,** Jupiter; ursprüngl. der Gott des Himmelslichts, später dem griech. Zeus gleichgesetzt und damit König der Götter. [8 B; 12 A 2; 19 B; 19 C]

Iuvenālis, ca. 60–140 n. Chr., Dichter von Satiren. [18 C 3]

Karthāgō, inis *f.*, Kolonie der → Punier in der Gegend des heutigen Tunis, gegründet, um die Handelsschiffahrt nach → Hispania zu sichern; 146 v. Chr. von den Römern zerstört. [S. 66]

Korinth, berühmte Handelsstadt an der Meerenge (Isthmus) zwischen dem griech. Festland und der Halbinsel Peloponnes; 146 v. Chr. von den Römern zerstört als Zentrum römerfeindlicher Kräfte. [S. 66]

Latīnī, ōrum, Latiner, Bewohner Latiums (Volksstamm in Italien). [11 A 2; 11 B; 12 A 1; 12 A 2]

Lātium, Gebiet an der Tibermündung, Heimat der → Latiner.

Lātōna, → 7 B

Libya, Urspr. Name für Afrika, später auf die Nordküste beschränkt. [17 B]

Līvius, T. Līvius Patavīnus („aus Padua“), 59 v. Chr.–17 n. Chr., röm. Geschichtsschreiber, der in 142 Büchern (35 erhalten) die röm. Geschichte von der Erbauung Roms bis 9 v. Chr. aufgezeichnet hat. [11 PE; 12 PE]

Lycāōn, König von → Arkadien. Vater vieler Söhne, die in der Peloponnes Städte gründeten. Er setzte Zeus einen seiner Söhne zum Mahle vor, um ihn auf die Probe zu stellen. Dies war der Anlaß der Sintflut. Zeus verwandelte ihn in einen Wolf. [19 B; 20 B]

Lyc̆ia, → 7 B

Lyc̆ius, Einwohner von Lykien [17 C]

Maecēnās, C. Cilnius Maecēnās. Staatsmann und Freund des Kaisers Augustus. Er tat sich durch die Förderung der Künste hervor. „Mäzen“ ist seither die ehrende Bezeichnung für einen freigebigen Förderer der Kunst und Wissenschaft. → Horātius [10 C]

Mărius, C. Marius (156 Arpīnum–86 v. Chr.), siebenmal Konsul, Gegner → Sullas. Der berühmte röm. Heerführer vernichtete die → Cimbrī und → Teutones bei → Aquae Sextae und wurde so zum Retter Roms. Als Konsul in wirren Zeiten aber übte er eine Schreckensherrschaft aus. [S. 70, 100]

Mārs, alter ital. Vegetations- und Kriegsgott, nach dem der Monat „März“ (Mārtius) heißt, ursprünglich (→ CG 20.4.1) der Anfangsmonat des röm. Jahres. Auf dem → Campus Mārtius sammelt sich das Volk zur Heeresversammlung um seinen Altar. [S. 77]

Mārtiālis, M. Valērius Mārtiālis (ca. 40 in Spanien–102 n. Chr. in Rom). In seiner Sammlung von 15 Büchern erwies er sich als Meister von kleinen Spottgedichten mit geistreichen witzigen Pointen. [18 C 2]

Mauretānia, Mauretanien in Nordwestafrika, heute etwa Marokko. [17 A]
Mausōlus, persischer Provinzstatthalter in Karien (→ Cāria) in der Stellung eines unabhängigen Herrschers (377–353 v. Chr.). In der Mitte seiner neu errichteten Hauptstadt → Halikarnassos stand sein Grabmal, das berühmte, 46 m hohe *Mausoleion* (lat. Mausōlēum). Es wurde 351 v. Chr. durch seine Frau Artemisia vollendet. Reste des Reliefschmucks sind im British Museum in London zu sehen. [19 C]
Mĕgără, -ōrum, Hauptstadt der Landschaft Megaris zwischen → Korinth und Attika. [7 C]
Memphis, -idis *f.*, Stadt in Mittelägypten, bekannt durch seine Pyramiden. [19 C]
Minerva, Göttin der Handwerker, Künstler, Ärzte und Lehrer, der griech. Athene gleichgesetzt. [12 A 2]
Minotaurus, *(„Stier des Königs Minos")*, in der griechischen Sage ein Ungeheuer mit Stierkopf auf menschlichem Körper. Der König Minos hielt ihn in einem Labyrinth in Knossos auf der Insel Kreta gefangen, bis ihn Theseus aus Athen tötete. [9 C]
Mīsēnum, Stadt an der Bucht von Bāiae; seit Augustus Kriegshafen für die kaiserl. Westflotte; heute: Capo di Miseno. [7 A 2]
Mithrās, -ae *m.*, altiranischer Lichtgott, der als Sol invictus *(„unbesiegte Sonne")* in der röm. Kaiserzeit einer der bedeutendsten Götter wurde. Der Mithraskult dehnte sich durch Kaufleute und Legionäre über das gesamte röm. Reich aus. (Das Christentum hat später viele Details übernommen, z. B. war der Geburtstag von Mithras am 25. Dez.). [S. 78]
Nērēidēs, die 50 Töchter des → Nēreus, schöne Meernymphen, die den Menschen freundlich zugetan sind. [19 B]
Nēreus, ein weissagender Meeresgott, der mit seinen 50 Töchtern, den Nereïden, in der Tiefe des Ägäischen Meeres wohnt. [19 B]
Nerō, Nerōnis, geb. 37 n. Chr., fünfter römischer Kaiser 54–68 n. Chr. [17 C; 20 C]
Numidia, Gebiet von Tunis und Ostalgerien, bewohnt von Berberstämmen. [17 B]
Olympia, uralte Kultstätte des Zeus und der Hera in Griechenland. Im Zeustempel (→ Iupiter) befand sich eine berühmte Statue des → Phidias. [19 C]
Ōstia, → S. 107 [14 B; 15 B; 17 A; 17 B]
Ovidius, P. Ovidius Nāsō, einer der größten Dichter des augusteischen Zeitalters (43 v. Chr.–17 n. Chr. in der Verbannung am Schwarzen Meer). [19 B; 20 B]
Palātium, Palatin, Hügel in Rom südl. des Forums. Auf ihm stand die älteste Siedlung. Seit Augustus erheben sich dort die Kaiserpaläste. Die deutschen Wörter Palast und Pfalz leiten sich von P. ab; Adj.: Palatīnus. [S. 82]
Papīrius, L. Papīrius Cursor: röm. Führer in den Kriegen gegen die → Samnites. Er war fünfmal Konsul (zuerst 316 v. Chr.) und feierte als Diktator zweimal einen Triumph gegen die Samniten. → Q. Fābius Māximus Rulliānus. [11 C]
Persae, -ārum *m.*, die Perser [15 B]
Pharos, -ī *f.*, Insel vor der Hafeneinfahrt von → Alexandria, auf der ein Turm stand, um 280 v. Chr. erbaut. Er wurde zu den 7 Weltwundern gerechnet. Nach Meinung einiger Forscher handelte es sich um einen Leuchtturm (so auch die antike Überlieferung), andere meinen, er diente nur zur Orientierung bei Tag. Er wurde Vorbild für alle Leuchttürme der Welt. Erst im 14. Jh. wurde er durch ein Erdbeben zerstört. [19 C]
Phīdiās, -ae, (griech. Pheidías), 5. Jh. v. Chr., der berühmteste Bildhauer des Altertums, Athener und Freund des Staatsmannes Perikles, als dessen künstlerischer Berater er für die Ausgestaltung der Akropolis in Athen wirkte. Er schuf auch die berühmte Zeusstatue in → Olympia aus Gold, Elfenbein und Holz. [19 C]
Phoebus, → 7 B
Plīnius, ① C. Plīnius Secundus d. Ältere (23–79 n. Chr.). Neben seiner Tätigkeit als kaiserlicher Beamter (u. a. Flottenkommandant von → Misēnum) war er ein bekannter Schriftsteller. Bei seiner Lektüre fertigte er stets Auszüge an, Grundlage seiner „Nātūrālis Historia" *(Naturkunde)*, eines Sammelwerks in 37 Büchern. Er fand bei Ausbruch des Vesuvs den Tod. [14 A]
② C. Plīnius Secundus d. Jüngere (62–ca. 113 n. Chr.) Neffe und Adoptivsohn von ①. Wir besitzen von diesem kaiserlichen Statthalter der Provinz Bithynien im nordwestl. Kleinasien 120 Briefe, die ein Bild der vornehmen Gesellschaft zur Zeit des Kaisers → Trajan vermitteln. [16 PE]
Plūtarchus, Plutarch, griech. Schriftsteller (~45–125 n. Chr.), bekannt u. a. durch Biographien berühmter Griechen und Römer (→ Caesar, → Cicero). [S. 100]
Poenī, Punier = Karthager. Hauptstadt: → Karthago in Nordafrika. Die Punier beherrschten um 600 v. Chr. den Handel im westl. Mittelmeer, kamen durch Ausweitung ihres Herrschaftsgebiets in Konflikte mit den Römern. Im Zeitraum 264–146 v. Chr. fanden drei sog. Punische Kriege statt, die mit der Zerstörung Karthagos und der Versklavung der überlebenden Einwohner endeten. → Hannibal. [17 B]
Pollūx, -ūcis, (griech. Polydeukes) Bruder des → Castor, berühmter Faustkämpfer. [12 A 2]
Polycratēs, -is, Tyrann von → Sămos (ca. 537–522 v. Chr.). Seine Flotte brachte ihm, vor allem durch Seeraub, großen Reichtum. Er führte eine glänzende Hofhaltung, pflegte Künste und Wissenschaften, ließ Wasserleitungen, Befestigungen etc. bauen. Schillers Ballade *„Der Ring des Polykrates"* geht (wie unser Text) auf eine Erzählung des Griechen Herodot zurück. In ihr ist das historisch belegte Bündnis mit dem Ägypterkönig → Amāsis angesprochen. [14 C]
Pompēiī, -ōrum → S. 36
Pompēius, → 17 B
Ptolemaeus, Name griech. Fürsten in Ägypten.
Pūblĭlĭŭs Sўrŭs, → 13 C
Pŭtĕŏlī, -ōrum, → 7 A 3
Pyrrha, → Deucaliōn [19 B]

Pyrrhus, König von Epīrus (Westgriechenland), ~319–272 v. Chr. Er wollte ein Weltreich gründen, wurde aber schließlich nach einigen Siegen von den Römern 275 geschlagen. (Die Siege kosteten so viel Blut, daß er ausgerufen haben soll: *„Noch ein solcher Sieg, und ich bin verloren"*, sog. Pyrrhus-Sieg.) [14 PE]
Quirīnālis collis, Quirinal, einer der 7 Hügel Roms; heute Monte Cavallo.
Rĕmŭs, Bruder von → Rōmŭlŭs. [S. 7]
Rhēnus, Rhein [9 C; S. 100]
Rhodos, -ī *f.*, *(„Roseninsel")*, Insel vor der Südwestküste Kleinasiens. Zur Erinnerung an eine erfolglose Belagerung der Insel durch Athener stellten die Rhodier um 300 v. Chr. eine ca. 30 m hohe Kolossalstatue des Sonnengottes Helios (lat. Sōl) auf. Sie stürzte 227 v. Ch. bei einem Erdbeben um. (Die Freiheits-

statue in New York ist 46 m hoch.) [19 C]
Rōmŭlŭs, mit seinem Zwillingsbruder Rĕmŭs (Vater: → Mārs) im Tiber ausgesetzt und von einer Wölfin gesäugt. Er gründete auf dem → Palātium die älteste Siedlung Roms. Als Remus höhnisch seine Mauer übersprang, erschlug ihn Romulus. [S. 7]
Rōstra, -ōrum *n.* → 8 A 1
Sabīnī, -ōrum, Bewohner eines Gebirgslandes in Mittelitalien, nordöstl. von Rom. Durch eine List wurden die Frauen der Sabiner – man hatte sie zu einem Schauspiel geladen – geraubt, und auf diese Weise wurde der Bestand der jungen Siedlung Rom durch → Romulus gesichert. [16 PE]
Samnītēs, -ium, kriegerisches Gebirgsvolk, über Mittel- und Süditalien verbreitet, von → Sulla planmäßig ausgerottet. [S. 65, 11 C]
Sămos, -ī *f.*, fruchtbare Insel vor der kleinasiatischen Küste, bekannt durch Weinbau (→ Polycratēs). [14 C]
Sărdĭnĭă, zweitgrößte Insel des Mittelmeeres [17 B]
Sāturnus, → 12 A 2

Reste seiner Armee besiegte → Pompēius, der 6000 Gefangene entlang der via → Appia kreuzigen ließ. [S. 66]
Spartiātae, -arum *m.*, Einwohner Spartas, eines griech. Stadtstaates in der Peloponnes [14 A 1]
Subūra, → 12 B
Suēbī, -ōrum, westgerman. Stamm in der Maingegend, der 58 v. Chr. von Caesar besiegt wurde. Später schlossen sie sich mit anderen Germanen als „Alemannen" zusammen. In den „Schwaben" lebt ihr Name heute noch fort. [S. 100]
Sulla, -ae, L. Cornēlius Sulla (138–78 v. Chr.) bedeutender röm. Feldherr, Gegner des → Marius in den Bürgerkriegswirren Italiens. [S. 70]
Tăcĭtŭs, → 15 A 2 [S. 101]
Tărquĭnĭŭs Prīscŭs, → S. 82
Tărquĭnĭŭs Sŭpĕrbŭs, → 12 A 2
Teutŏnēs, -um, german. Volk an der Ostsee, das mit den → Cimbrī nach Süden zog, von → Marius 102 v. Chr. bei → Aquae Sextae vernichtet. [S. 70, 100]
Tĭbĕrĭs, -is *m.*, Hauptfluß Etruriens, heute: Tevere. Zwischen → Ōstia und Rom lebhafter Schiffsverkehr. [17 C]

Etruskern vieles übernommen: Religiöse Bräuche, Häuser- und Kanalbau, u. a. auch die Gladiatorenspiele. [11 B; 12 A 2]
Varrō, -ōnis, M. Tĕrĕntĭŭs Vărrō, 116–28 v. Chr., aus Rĕātĕ im Sabinerland; ein vielseitiger Gelehrter und Schriftsteller, der in einem großen Werk (Antīquitātēs rērum hūmānārum et dīvīnārum, etwa: *Menschen und Götter in der alten Zeit*) alles Wissenswerte über die Römer gesammelt hat. [14 A]
Vārus, P. Quīntīlius Vārus, Statthalter in Germanien; er reizte den german. Fürsten → Ărmĭnĭŭs durch seine rücksichtslose Romanisierung zum Widerstand und stürzte sich nach einer für die Römer entsetzlichen Niederlage 9 n. Chr. im Teutoburger Wald ins Schwert. [S. 100]
Vēiī, → 11 B
Vercellae, -ārum, Stadt in Oberitalien (heute: Vercelli) neben → Aquae Sextiae bekannt durch den röm. Sieg über die → Cimbri 101 v. Chr. [S. 70, 100]
Vergilius, P. Vĕrgĭlĭŭs Mărō (70–19 v. Chr.) berühmt durch sein Epos

Scīpiō, → 17 A 2
Semīramis, -ĭdĭs, griech. Name der assyrischen Königin Sammuramat, die → Babylon gegründet haben soll. [19 C]
Sĭbўllă, → 7 A 2
Sĭcĭlĭă, Sizilien, die größte Insel im Mittelmeer. Sie war Roms erste Provinz und eine seiner „Kornkammern" [S. 66, 17 B]
Sōl, Sōlis *m.*, → Rhodos [19 C]
Spărtăcŭs, thrakischer Gladiator, der 73 v. Chr. aus einer Gladiatorenschule in Căpŭă ausgebrochen war, sammelte ein Heer aus entlaufenen Sklaven (ca. 60 000 Mann) und siegte zunächst über die gegen ihn eingesetzten römischen Legionen; erst 71 v. Chr. konnte er besiegt werden. Der Anführer des größten antiken Sklavenaufstandes fiel. Die

Tĭbĕrĭŭs, Tib. Claudius Nĕrō (42 v. Chr.–37 n. Chr.) zweiter röm. Kaiser (14–37). [S. 9; 8 A 1; 12 B]
Trāiānus, M. Ulpius Trāiānus (53–117), Kaiser 98–117. Zu seiner Zeit hatte das röm. Reich seine größte Ausdehnung. [S. 107]
Trēverī, -ōrum, kelt.-german. Mischvolk an der Mosel; Hauptstadt: Trier (→ Augustus). [15 A 2]
Tuscī, -ōrum, Etrusker. Die Etrusker, deren Herkunft umstritten ist, haben im 8. Jh. v. Chr. in Etrurien (heute: Toscana) zu siedeln begonnen, beherrschten lange Zeit große Teile des Mittelmeerraumes (regierten auch über Rom); erst im 1. Jh. v. Chr. verschmolzen sie endgültig mit den Römern. Diese haben von den kulturell sehr hochstehenden

„Aeneis", in dem die Friedenspolitik des → Augustus als gottgewollt dargestellt wird, was er an Sagen und Mythen aus Roms Vorgeschichte nachzuweisen trachtet. [S. 22]
Vespasiānus, T. Flāvius Vespasiānus (9–79 n. Chr.), röm. Kaiser (69–79). Er sorgte für Ordnung im Reich; die Provinzen förderte er durch Straßenbau; in Rom erbaute er mit dem Amphitheātrum Flāvium (seit dem Mittelalter Colosseum genannt) für 50 000 Zuschauer das erste steinerne Amphitheater (48,5 m hoch), für Tier- und Gladiatorenkämpfe. [S. 126]
Vesta, → 10 B [12 A 2; S. 77]
Vitrūvius, → 15 A 1
Volscī, → 10 A
Zama, → 5 C

Register zum Cursus grammaticus

Die farbig gedruckten Stichwörter und Seitenzahlen beziehen sich auf den Vorkurs Seite 148–153.

Erklärung einiger grammatischer Begriffe

Viele grammatische Begriffe werden in OSTIA besprochen und erklärt. In dieser Übersicht findest Du diejenigen Begriffe, die Du schon aus dem Deutschunterricht kennst.

Adjektiv Eigenschaftswort
Adverb Umstandswort
adverbiale Bestimmung Umstandsbestimmung
Akkusativ 4. Fall, Wen-Fall
Aktiv Tatform
Artikel Begleiter
Attribut Beifügung *(zu einem Substantiv)*
Dativ 3. Fall, Wem-Fall
Deklination *Formenabwandlung eines Adjektivs oder Substantivs:* ‚Fallsetzung'
Demonstrativpronomen hinweisendes Fürwort, Verweiser
Femininum weibliches Geschlecht
Genitiv 2. Fall, Wes-Fall
Genus Geschlecht eines Nomens (Substantivs oder Adjektivs)
Genus Verbi Aktiv oder Passiv *(eines Verbs)*
Imperativ Befehlsform
Infinitiv Grundform eines Verbs (‚Nennform')
Interrogativ- Frage-
Kasus Fall *(→ Deklination)*
kausal begründend
Konjunktion Bindewort
Konnektor Verbindungsglied *zweier Sätze oder Satzglieder*
Konjugation Formenabwandlung eines Verbs
Maskulinum männliches Geschlecht
Neutrum „sächliches Geschlecht", *gemeint ist:* weder männlich noch weiblich
Nomen deklinierbares Wort (Substantiv, Adjektiv, Pronomen, Zahlwort); *oft nur* = Substantiv
Nominativ 1. Fall, Wer-Fall
Numerus (‚Zahl': *gemeint ist:*) Einzahl *oder* Mehrzahl
Objekt Ergänzung *im 2., 3., 4. oder (im Lat.) 5. Fall*
Passiv Leideform
Personalpronomen persönliches Fürwort, Verweiser
Plural Mehrzahl
Possessivpronomen besitzanzeigendes Fürwort *(gibt eine Zugehörigkeit an)*
Prädikat Satzkern, Satzaussage
Präposition Verhältniswort *(z. B. in, an, auf)*
Präpositionalobjekt Ergänzung (Objekt) mit Präposition
Präsens Gegenwart
Präteritum Vergangenheit *(im Dt.)*
Pronomen Fürwort, Verweiser
Singular Einzahl
Subjekt Satzgegenstand
Substantiv Hauptwort
Tempus Zeitform *(z. B. Gegenwart)*
Verb Tätigkeitswort, Zeitwort

Die Deklination der Nomina

		a-Dekl.	o-Deklination				e-Dekl.		u-Deklination	
Singular	Nom.	vīll-a	serv-us*	puer	ager	tēct-um	fid-ēs	rēs	frūct-us	gen-u**
	Gen.	vīll-ae	serv-ī	puer-ī	agr-ī	tēct-ī	fid-eī	reī	frūct-ūs	gen-ūs
	Dat.	vīll-ae	serv-ō	puer-ō	agr-ō	tēct-ō	fid-eī	reī	frūct-uī	gen-ū (-uī)
	Akk.	vīll-am	serv-um	puer-um	agr-um	tēct-um	fid-em	rem	frūct-um	gen-u
	Abl.	vīll-ā	serv-ō	puer-ō	agr-ō	tēct-ō	fid-ē	rē	frūct-ū	gen-u
Plural	Nom.	vīll-ae	serv-ī	puer-ī	agr-ī	tēct-a	r-ēs		frūct-ūs	gen-ua
	Gen.	vīll-ārum	serv-ōrum	puer-ōrum	agr-ōrum	tēct-ōrum	r-ērum		frūct-uum	gen-uum
	Dat.	vīll-īs	serv-īs	puer-īs	agr-īs	tēct-īs	r-ēbus		frūct-ibus	gen-ibus
	Akk.	vīll-ās	serv-ōs	puer-ōs	agr-ōs	tēct-a	r-ēs		frūct-ūs	gen-ua
	Abl.	vīll-īs	serv-īs	puer-īs	agr-īs	tēct-īs	r-ēbus		frūct-ibus	gen-ibus
Genus		Fem.	Mask.	Mask.		Ntr.	Fem. (Mask.)		Mask. (Fem.)	Ntr.
→ CG		6.1	6.1	3.3		6.1	17.2		17.1	17.1

* Maskulina auf -us haben im Sg. eine eigene Form für die Anrede: serv-e (Vokativ, → CG 4.4).

** das Knie

Adjektive:
laetus, -a, -um
miser, -era, -erum
pulcher, -chra, -chrum

Adverb auf -ē:
laet-ē, pulchr-ē
(oft auf -ō: sēdulō)

Partizip der Vorzeitigkeit Passiv:
laudātus, -a, -um

		gemischte Deklination					
		konsonantische D.			*Mischklasse*	*i-Dekl.*	
Singular	Nom.	cōnsul	vōx (voc-s)	nōmen	gēns	turr-is	mar-e*
	Gen.	cōnsul-is	vōc-is	nōmin-is	gent-is	turr-is	mar-is
	Dat.	cōnsul-ī	vōc-ī	nōmin-ī	gent-ī	turr-ī	mar-ī
	Akk.	cōnsul-em	vōc-em	nōmen	gent-em	turr-im	mar-e
	Abl.	cōnsul-e	vōc-e	nōmin-e	gent-e	turr-ī	mar-ī
Plural	Nom.	cōnsul-ēs	vōc-ēs	nōmin-a	gent-ēs	turr-ēs	mar-ia
	Gen.	cōnsul-um	vōc-um	nōmin-um	gent-ium	turr-ium	mar-ium
	Dat.	cōnsul-ibus	vōc-ibus	nōmin-ibus	gent-ibus	turr-ibus	mar-ibus
	Akk.	cōnsul-ēs	vōc-ēs	nōmin-a	gent-ēs/-īs	turr-īs/-ēs	mar-ia
	Abl.	cōnsul-ibus	vōc-ibus	nōmin-ibus	gent-ibus	turr-ibus	mar-ibus
Genus → CG 8.4		Mask. (Fem.)	Fem. (Mask.)	Ntr.	Fem./Mask. CG 11.8	Fem. CG 19.1	Ntr.

* auch Wörter ohne -e (<-i), z. B. animal, exemplar

Nach dem Muster der i-Dekl. flektieren die **Adjektive der gemischten Deklination:**
celeber, celebris, celebre
ūtilis, ūtilis, ūtile → CG 19.2.1/19.2.2
audāx, audāx, audāx

Adverb auf -ter: ūtiliter, audācter (→ CG 19.2.3)

sowie das **Partizip der Gleichzeitigkeit Aktiv:**
laudāns, terrēns, audiēns, capiēns, agēns (→ CG 18.1)

Grundsätzliche Genus-Regel:
Das biologische Geschlecht bestimmt das grammatische Geschlecht eines Wortes, unabhängig von seiner Endung (→ CG 1.1.3). Land, Insel, Stadt, Baum auf -us (Gen.-i) sind Feminina, Flüsse meist Maskulina.

Pronomina

Das adjektivische Interrogativpronomen und **das Relativpronomen:**

	Singular			*Plural*		
	m.	f.	n.	m.	f.	n.
Nom.	quī	quae	quod	quī	quae	quae
Gen.		cuius		quōrum	quārum	quōrum
Dat.		cui			quibus	
Akk.	quem	quam	quod	quōs	quās	quae
Abl.	quō	quā	quō		quibus	

→ CG 12.1.2

Das verweisende Pronomen is, ea, id

	Singular			*Plural*		
	m.	f.	n.	m.	f.	n.
Nom.	is	ea	id	eī/iī	eae	ea
Gen.		eius		eōrum	eārum	eōrum
Dat.		eī			eīs/iīs	
Akk.	eum	eam	id	eōs	eās	ea
Abl.	eō	eā	eō		eīs/iīs	

→ CG 13.1.1

Das substantivische Interrogativpronomen

Nom.	quis	quid
Gen.	cuius	
Dat.	cui	
Akk.	quem	quid
Abl.	quō	

→ CG 12.1.1

Das Personalpronomen

	1. P. Sg.	1. P. Pl.	2. P. Sg.	2. P. Pl.	3. P.	3. P. reflexiv Sg./Pl.
Nom.	egō	nōs	tū	vōs		
Gen.	meī	nostrī nostrum	tuī	vestrī vestrum	≈ is, ea, id	suī
Dat.	mihī	nōbīs	tibī	vōbīs		sibī
Akk.	mē	nōs	tē	vōs		sē
Abl.	mē	nōbīs	tē	vōbīs		sē

→ CG 8.8 → CG 13.1.2 → CG 14.6.1

Pronominaladjektive

Gen. Sg.	-īus
Dat. Sg.	-ī

ūnus (→ CG 14.2.2), sōlus (→ CG 20.2), tōtus (→ CG 14.3), nūllus (→ CG 17.6), alius (→ CG 14.3), alter (→ CG 18.4) u. a.

alius hat außerdem im Nom./Akk. Ntr. Sg. die Endung -d und im Gen. Sg. in der Regel alterīus.
nihil: → CG 17.7 nēmō: → CG 17.6

Die Tempora des Präsensstammes (Aktiv/Passiv)

	Präsens Aktiv → CG 4.1				
	a-Konj.	*e-Konj.*	*Lang-ī-Konj.*	*Kurz-ĭ-Konj.*	*kons. Konj.*
1. P. Sg.	laud-ō	terre-ō	audi-ō	capi-ō	ag-ō
2. P. Sg.	laudā-s	terrē-s	audī-s	capi-s	ag-i-s
3. P. Sg.	lauda-t	terre-t	audi-t	capi-t	ag-i-t
1. P. Pl.	laudā-mus	terrē-mus	audī-mus	capi-mus	ag-i-mus
2. P. Pl.	laudā-tis	terrē-tis	audī-tis	capi-tis	ag-i-tis
3. P. Pl.	lauda-nt	terre-nt	audi-u-nt	capi-u-nt	ag-u-nt
Inf.	laudā-re	terrē-re	audī-re	cape-re	ag-e-re
Imp. Sg.	laudā	terrē	audī	cape	ag-e
Imp. Pl.	laudā-te	terrē-te	audī-te	capi-te	ag-i-te
	Präsens Passiv → CG 15.1; 15.2.4				
1. P. Sg.	laud-or	terre-or	audi-or	capi-or	ag-or
2. P. Sg.	laudā-ris	terrē-ris	audī-ris	cape-ris	ag-e-ris
3. P. Sg.	laudā-tur	terrē-tur	audī-tur	capi-tur	ag-i-tur
1. P. Pl.	laudā-mur	terrē-mur	audī-mur	capi-mur	ag-i-mur
2. P. Pl.	laudā-minī	terrē-minī	audī-minī	capi-minī	ag-i-minī
3. P. Pl.	lauda-ntur	terre-ntur	audi-u-ntur	capi-u-ntur	ag-u-ntur
Inf.	laudā-rī	terrē-rī	audī-rī	cap-ī	ag-ī
Imp. Sg.	laudā-re	terrē-re	audī-re	cape-re	ag-e-re
Imp. Pl.	laudā-minī	terrē-minī	audī-minī	capi-minī	ag-i-minī

Imperfekt Aktiv → CG 10.1	Stamm	Tempussignal		Person
a-Konj.	laudā-	ba-	-m	1. P. Sg.
e-Konj.	terrē-	ba-	-s	2. P. Sg.
Lang-ī-Konj.	audi-	ēba-	-t	3. P. Sg.
Kurz-ĭ-Konj.	capi-	ēba-	-mus	1. P. Pl.
kons. Konj.	ag-	ēba-	-tis	2. P. Pl.
			-nt	3. P. Pl.

Imperfekt Passiv → CG 16.1.1				
a-Konj.	laudā-	ba-	-r	1. P. Sg.
e-Konj.	terrē-	ba-	-ris	2. P. Sg.
Lang-ī-Konj.	audi-	ēba-	-tur	3. P. Sg.
Kurz-ĭ-Konj.	capi-	ēba-	-mur	1. P. Pl.
kons. Konj.	ag-	ēba-	-minī	2. P. Pl.
			-ntur	3. P. Pl.

Die Tempora des Perfektstammes Aktiv

Perfektstamm	(1. Tempussignal)		Perfekt: Personalendung u. 2. Tempussignal		*Beispiel*	Plusquamperfekt: 2. Tempussignal + Personalendung		*Beispiel*
v-Perfekt	laudāv-	+	-ī	1. P. Sg.	dīxī	-era-m	1. P. Sg.	terrueram
u-Perfekt	terru-		-istī	2. P. Sg.	dīxistī	-erā-s	2. P. Sg.	terruerās
s-Perfekt	dīx-		-it	3. P. Sg.	dīxit	-era-t	3. P. Sg.	terruerat
Reduplikation	cucurr-		-imus	1. P. Pl.	dīximus	-erā-mus	1. P. Pl.	terruerāmus
≈ Präsensstamm	ascend-		-istis	2. P. Pl.	dīxistis	-erā-tis	2. P. Pl.	terruerātis
Dehnung	lēg-		-ērunt	3. P. Pl.	dīxērunt	-era-nt	3. P. Pl.	terruerant
Dehnung + Ablaut	ēg-		-isse	**Infinitiv der Vorzeitigkeit** → CG 9.1.1; 9.2	dīxisse			

→ CG 9.1.2

→ CG 11.1

Die Tempora des Supinstamms (Stamm des Partizips der Vorzeitigkeit Passiv)

Signal des Supinstamms:

-tus, -ta, -tum
-sus, -sa, -sum

laudātum cursum
territum ascēnsum
dictum āctum

		Perfekt Passiv	Plusquamperfekt Passiv
Singular	laudātus / laudāta	sum, es, est	eram, erās, erat
	laudātum	est	erat
Plural	laudātī / laudātae	sumus, estis, sunt	erāmus, erātis, erant
	laudāta	sunt	erant
		→ CG 16.1.2	→ CG 16.1.3

Infinitiv der Vorzeitigkeit Passiv	
laudātum / laudātam / laudātum	esse
laudātōs / laudātās / laudāta	esse
→ CG 16.1.4	

esse Sein

	Präsens	Imperativ	Imperfekt	Perfekt	Plusquampf.
1. P. Sg.	sum		eram	fuī	fueram
2. P. Sg.	es	es Sei	erās	fuistī	fuerās
3. P. Sg.	est		erat	fuit	fuerat
1. P. Pl.	sumus		erāmus	fuimus	fuerāmus
2. P. Pl.	estis	este Seid	erātis	fuistis	fuerātis
3. P. Pl.	sunt		erant	fuērunt	fuerant
	→ CG 4.2		→ CG 10.1	→ CG 9.2	→ CG 11.1

posse: → CG 4.3
prōdesse: → CG 17.3
velle/nōlle: → CG 14.1